Diogenes Taschenbuch 250/30

Friedrich Dürrenmatt

Werkausgabe
in dreißig Bänden

Herausgegeben
in Zusammenarbeit
mit dem Autor

Band 30

Über
Friedrich
Dürrenmatt

Herausgegeben von
Daniel Keel

Diogenes

Umschlagfoto: Eduard Rieben.
Chronik: Susanne Dorn.
Bibliographie der Primärliteratur: Franz Cavigelli.
Bibliographie der Sekundärliteratur: Winfried Hönes.

Originalausgabe

ISBN 3 257 20861 8

»Alles Kollektive wird wachsen, aber seine geistige Bedeutung einschrumpfen. Die Chance liegt allein noch beim Einzelnen. Der Einzelne hat die Welt zu bestehen. Von ihm aus ist alles wieder zu gewinnen. Nur von ihm, das ist seine grausame Einschränkung. Der Schriftsteller gebe es auf, die Welt retten zu wollen. Er wage es wieder, die Welt zu formen, aus ihrer Bildlosigkeit ein Bild zu machen.«

F. D.

Inhalt

Über das Prosawerk

Dürrenmatt als Maler und Zeichner

Zeugnisse

Anhang

Welt der Mitmacher und der Pannen

Gedanken von Friedrich Dürrenmatt
über uns und unsere Zeit

Die Tragödie setzt Schuld, Not, Maß, Übersicht, Verantwortung voraus. In der Wurstelei unseres Jahrhunderts, in diesem Kehraus der weißen Rasse, gibt es keine Schuldigen und auch keine Verantwortlichen mehr. Alle können nichts dafür und haben es nicht gewollt. Es geht wirklich ohne jeden. Alles wird mitgerissen und bleibt in irgendeinem Rechen hängen. Wir sind zu kollektiv schuldig, zu kollektiv gebettet in die Sünden unserer Väter und Vorväter. Wir sind nur noch Kindeskinder. Das ist unser Pech, nicht unsere Schuld: Schuld gibt es nur noch als persönliche Leistung, als religiöse Tat. Uns kommt nur noch die Komödie bei.

Die echten Repräsentanten fehlen, und die tragischen Helden sind ohne Namen. Mit einem kleinen Schieber, mit einem Kanzlisten, mit einem Polizisten läßt sich die heutige Welt besser wiedergeben als mit einem Bundesrat, als mit einem Bundeskanzler. Die Kunst dringt nur noch bis zu den Opfern vor, dringt sie überhaupt zu Menschen, die Mächtigen erreicht sie nicht mehr. Kreons Sekretäre erledigen den Fall Antigone. Der Staat hat seine Gestalt verloren, und wie die Physik die Welt nur noch in mathematischen Formeln wiederzugeben vermag, so ist er nur noch statistisch darzustellen. Sichtbar, Gestalt wird die heutige Macht nur etwa da, wo sie explodiert, in der Atombombe, in diesem wundervollen Pilz, der da aufsteigt und sich ausbreitet, makellos wie die Sonne, bei dem Massenmord und Schönheit eins werden.

Theaterprobleme

Selbst der Krieg wird abhängig davon, ob die Elektronen-Hirne sein Rentieren voraussagen, doch wird dies nie der Fall sein, weil man weiß, gesetzt die Rechenmaschinen funktionieren, daß nur noch Niederlagen mathematisch denkbar sind: wehe nur, wenn Fälschungen stattfinden, verbotene Eingriffe in die künstlichen Hirne, doch auch dies wäre weniger peinlich als die Möglichkeit, daß eine Schraube sich lockert, eine Spule in Unordnung gerät, ein Taster falsch reagiert; Weltuntergang aus technischem Kurzschluß, Fehlschaltung. So droht kein Gott mehr, keine Gerechtigkeit, kein Fatum wie in der fünften Symphonie, sondern Verkehrsunfälle, Deichbrüche infolge Fehlkonstruktion, Explosion einer Atombombenfabrik, hervorgerufen durch einen zerstreuten Laboranten, falsch eingestellte Brutmaschinen. In diese Welt der Pannen führt unser Weg ... Einleitung zur *Panne*

Indem Europa zwar den Geist hochleben läßt, aber ihm keine Wirkung zumißt und nach den Profiten lebt, indem es zu kleinmütig ist, die nationalen Vorteile der Einzelnen zu überwinden, und unfähig bleibt, das zu tun, was die Vernunft mit unerbittlicher Klarheit vorschreibt, begeht es ein größeres Verbrechen als jener, der den Geist leugnet und dem es, eine groteske Selbstverspottung, den Geist entgegenzuhalten wagt. Ein jeder wird nach seinem Maß gerichtet, und der Richter verhüllt schweigend das Haupt. Wer die Freiheit verbietet, nimmt sie wichtiger als der, welcher sie mißbraucht; wer die Persönlichkeit aufgibt, gewinnt mehr als der, dessen Rechte nicht weiß, was die Linke tut; und wer das Christentum unterjocht, begreift es wesentlicher als der, dem es gleichgültig ist.

Trieb, Über Europa

Nichts gegen die geistige Auseinandersetzung, alles gegen einen faulen Frieden. Aber vor allem alles gegen die für jeden denkenden Menschen beleidigende Einteilung in rechts und links, in marxistisch und faschistisch, in progressiv und reaktionär, in diese dem Fortschritt des Geistes hohnsprechenden mittelalterlichen Kategorien des Entweder-Oder.

PEN-Rede, Wien

Die Welt allein liefert den Stoff, den es in Literatur umzumünzen gilt.

Fragt man etwa nach dem Sinn der Natur, wird der Naturwissenschaftler in der Regel ausweichen. Seine Aufgabe ist nicht, dem Sinne der Natur nachzuforschen, sondern der Natur selber nachzugehen, ihren Gesetzen, ihrer Verhaltungsweise, ihrer Struktur, mehr verrät die Natur nicht, im letzten bleibt sie undurchsichtig, unergründlich, unerforschlich, weil ihr Sinn ja nur außerhalb ihrer selbst liegen kann, und so ist denn auch diese Frage nicht eine wissenschaftliche, sondern eine philosophische. Ähnlich liegt es bei der Frage nach dem Sinn eines Theaterstücks zum Beispiel, auch er ist außerhalb desselben angesiedelt, auf einer andern Ebene, und mit einem ganz bestimmten Recht darf deshalb der Schriftsteller behaupten, daß ihn der Sinn, die Aussage dessen, was er da geschrieben habe, nicht interessiere, mit dem Recht des Schöpfers nämlich, dessen Aufgabe es ist, zu erschaffen, nicht zu interpretieren. Er stellt den Stoff zur Interpretation her, nicht die Interpretation selbst.

Literatur nicht aus Literatur

Über
Friedrich
Dürrenmatt

»Wer verzweifelt, verliert den Kopf;
wer Komödien schreibt, braucht ihn.«

F. D.

Friedrich Dürrenmatt
Die Geschichte meiner Stoffe

Ich wurde am 5. Januar 1921 in Konolfingen (Kanton Bern) geboren. Mein Vater war Pfarrer, mein Großvater väterlicherseits Politiker und Dichter im großen Dorfe Herzogenbuchsee. Er verfaßte für jede Nummer seiner Zeitung ein Titelgedicht. Für ein solches Gedicht durfte er zehn Tage Gefängnis verbringen. »Zehn Tage für zehn Strophen, ich segne jeden Tag«, dichtete er darauf. Diese Ehre ist mir bis jetzt nicht widerfahren. Vielleicht liegt es an mir, vielleicht ist die Zeit so auf den Hund gekommen, daß sie sich nicht einmal mehr beleidigt fühlt, wenn mit ihr aufs allerschärfste umgesprungen wird. Meine Mutter (der ich äußerlich gleiche) stammt aus einem schönen Dorfe nahe den Bergen. Ihr Vater war Gemeindepräsident und Patriarch. Das Dorf, in welchem ich geboren wurde und aufwuchs, ist nicht schön, ein Konglomerat von städtischen und dörflichen Gebäuden, doch die kleinen Dörfer, die es umgeben und die zur Gemeinde meines Vaters gehörten, waren echtes Emmental und wie von Jeremias Gotthelf beschworen (und so ist es noch heute). Es ist ein Land, in welchem die Milch die Hauptrolle spielt. Sie wird von den Bauern in großen Kesseln nach der Milchsiederei, einer großen Fabrik mitten im Dorfe, der Stalden AG, gebracht. In Konolfingen erlebte ich auch meine ersten künstlerischen Eindrücke. Meine Schwester und ich wurden vom Dorfmaler gemalt. Stundenlang malte und zeichnete ich von nun an im Atelier des Meisters. Die Motive: Sintfluten und Schweizerschlachten. Ich war ein kriegerisches Kind. Oft rannte ich als Sechsjähriger im Garten herum, mit einer langen Bohnenstange bewaffnet, einen Pfannendeckel als Schild, um endlich meiner Mutter erschöpft zu melden, die Österreicher seien aus dem Garten gejagt. Wie sich meine kriegerischen Taten aufs Papier verzogen und immer grausamere Schlachten die geduldige Fläche bedeckten, wandte sich meine Mutter verängstigt an den Kunstmaler Cuno Amiet, der die blutrünstigen Blätter schweigend betrachtete, um endlich kurz und bündig zu urteilen: »Der wird Oberst«. Der Meister hat sich in diesem Falle geirrt: Ich brachte es in der schweizerischen Armee nur zum Hilfsdienst-Soldaten und im Leben nur zum Schriftsteller. Die weiteren Wege und Irrwege, die mich dazu führten, will ich hier nicht beschreiben. Doch habe ich in meine heutige Tätigkeit aus der Welt meiner Kindheit Wichtiges herübergerettet: Nicht nur die ersten Eindrücke, nicht nur das Modell zu meiner heutigen Welt, auch die Methode meiner Kunst selbst. Wie mir im Atelier des Dorfkünstlers die Malerei als ein Handwerk gegenübertrat, als ein Hantieren mit Pinsel, Kohle und Feder usw., so ist mir heute die Schriftstellerei ein Beschäftigen und Experimentieren mit verschiedenen Materien geworden. Ich schlage mich mit Theater, Rundfunk, Romanen und Fernsehen herum, und vom Großvater her weiß ich, daß Schreiben eine Form des Kämpfens sein kann.

Geleitwort zur Schallplatte ›Herkules und der Stall des Augias‹, vom Autor gelesen. Deutsche Grammophon-Gesellschaft, 1957.

Die Geschichte meiner Schriftstellerei ist die Geschichte meiner Stoffe, Stoffe jedoch sind verwandelte Eindrücke. Man schreibt als ganzer Mann, nicht als Literat oder gar als Grammatiker, alles hängt zusammen, weil alles in Beziehung gebracht wird, alles kann so wichtig werden, bestimmend, meistens nachträglich, unvermutet. Sterne sind Konzentrationen von interstellarer Materie, Schriftstellerei die Konzentration von Eindrücken. Keine Ausflucht ist möglich. Als Resultat seiner Umwelt hat man sich zur Umwelt zu bekennen, doch prägen sich die entscheidenden Eindrücke in der Jugend ein; das Grausen blieb, das mich erfaßte, wenn der Gemüsemann in seinem kleinen Laden unter dem Theatersaal mit seinem handlosen Arm einen Salatkopf auseinanderschob. Solche Eindrücke formen uns, was später kommt, trifft schon mit Vorgeformtem zusammen, wird schon nach einem vorbestimmten Schema verarbeitet, zu Vorhandenem einverleibt, und die Erzählungen, denen man als Kind lauschte, sind entscheidender als die Einflüsse der Literatur. Rückblickend wird es uns deutlich. Ich bin kein Dorfschriftsteller, aber das Dorf brachte mich hervor, und so bin ich immer noch ein Dörfler mit einer langsamen Sprache, kein Städter, am wenigsten ein Großstädter, auch wenn ich nicht mehr in einem Dorfe leben könnte.

Das Dorf selbst entstand, wo die Straßen Bern–Luzern und Burgdorf–Thun sich kreuzen; auf einer Hochebene, am Fuße eines großen Hügels und nicht weit vom Galgenhubel, wohin die vom Amtsgericht einst die Mörder und Aufwiegler gekarrt haben sollen. Durch die Ebene fließt ein Bach, und die kleinen Bauerndörfer und Weiler auf ihr brauchten einen Mittelpunkt, die Aristokraten ringsherum waren verarmt, ihre Sitze wandelten sich in Alters- oder Erholungsheime um. Zuerst war an der Straßenkreuzung wohl nur ein Wirtshaus, dann fand sich ihm schräg gegenüber die Schmiede ein, später belegten die beiden anderen Felder des Koordinatenkreuzes Konsum und Theatersaal, letzterer nicht unwichtig, wies doch das Dorf einen bekannten Dramatiker auf, den Lehrer Gribi, dessen Stücke von den dramatischen Vereinen des ganzen Emmentals gespielt wurden, und sogar einen Jodlerkönig, der Schmalz hieß. Der Thunstraße entlang siedelten sich der Drucker, der Textilhändler, der Metzger, der Bäcker und die Schule an, die freilich schon gegen das nächste Bauerndorf zu, dessen Burschen mich auf dem Schulweg verprügelten und dessen Hunde wir fürchteten, während das Pfarrhaus, die Kirche, der Friedhof und die Ersparniskasse auf einer kleinen Anhöhe zwischen der Thun- und der Bernstraße zu liegen kamen.

Doch erst die große Milchsiederei, die Stalden AG, an der steil ansteigenden Burgdorfstraße errichtet, machte das Dorf zu einem ländlichen Zentrum, die Milch der ganzen Umgebung wurde hergeschleppt, auf schweren Lastwagen, die wir in Gruppen erwarteten, als wir später nach Großhöchstetten in die Sekundarschule mußten, an die wir uns hängten, um so auf unseren Velos die Burgdorfstraße hinaufgezogen zu werden, voller Furcht, jedoch nicht vor der Polizei, dem dicken Dorfpolizisten fühlten sich alle gewachsen, sondern vor dem Französisch- und Schreiblehrer, den wir Baggel nannten, vor dessen Lektionen wir zitterten, war er doch ein bösartiger Prügler, Klemmer und Haarzieher, der uns auch zwang, einander die Hände zu schütteln: Grüß Gott gelehrter Europäer, und aneinandergehängt hinter dem rasselnden Lastwagen mit den tanzenden, am Morgen leeren Milchkesseln, malten wir uns den Lehrer als einen riesigen Berg aus, den wir zu besteigen hatten, mit grotesken Ortsbezeichnungen und entsprechend schwierigen Kletterpartien.

Doch das war schon kurz bevor ich in die Stadt zog, der Bahnhof ist in meiner Erinnerung wichtiger als die Milchsiederei mit ihrem Hochkamin, das mehr als der Kirchturm das Wahrzeichen des Dorfes war. Er hatte das Recht, sich Bahnhof zu nennen, weil er ein Eisenbahnknotenpunkt war, und wir vom Dorfe waren stolz darauf: Nur wenige Züge hatten den Mut, nicht anzuhalten, brausten vorbei nach dem fernen Luzern, nach dem näheren Bern; auf einer Bank vor dem Bahnhofgebäude sitzend sah ich ihnen oft mit einer Mischung von Sehnsucht und Abscheu entgegen, dann dampften sie vorüber und davon.

Aber noch weiter zurück gleitet die Erinnerung, in die Unterführung, dank deren die Bahngeleise die Burgdorfstraße überbrücken und von der aus man auf einer Treppe geradewegs zum Bahnhof gelangt. Sie stellt sich mir als eine dunkle Höhle dar, in die ich als Dreijähriger geraten war, mitten auf der Straße, von zu Hause ins Dorf entwichen; am Ende der Höhle war Sonnenlicht, aus dem die dunklen Schatten der Autos und Fuhrwerke heranwuchsen, doch ist nicht mehr auszumachen, wohin ich eigentlich wollte, denn durch die Unterführung gelangte man nicht nur zur Milchsiederei und zum Bahnhof, auch die besseren Leute hatten sich am Steilhang des Ballenbühls angesiedelt, so meine Gotte (welche die Gattin des Dorfarztes war, der ich später meine nie befriedigenden Schulzeugnisse zur Einsicht bringen mußte), der Kirchgemeindepräsident und außerdem der Zahnarzt und der Zahntechniker.

Die beiden betrieben das Zahnärztliche Institut, das noch heute weite Teile des Landes malträtiert und den Ort berühmt macht. Die beiden besaßen Automobile und waren schon deshalb privilegiert, und des Abends schütteten sie das mit Plombieren, Zahnziehen und Gebißverfertigen gewonnene Geld zusammen, um es mit bloßer Hand zu teilen, ohne noch genauer abzuzählen. Der Zahntechniker war klein und dick; mit Fragen der Volksgesundheit beschäftigt, ließ er ein Volksbrot verfertigen, vor dem einen das kalte Grausen überkam, der Zahnarzt jedoch war ein stattlicher Mann, dazu Welschschweizer, wohl Neuenburger. Er galt als der reichste Mann im ganzen Amtsbezirk; später sollte sich diese Meinung als tragischer Irrtum erweisen. Aber sicher war er der frömmste, redete er doch als Mitglied einer extremen Sekte noch während des Bohrens von Christus, und wurde er doch im Glaubenseifer nur noch von einer hageren Frau unbestimmten Alters erreicht, die sich stets schwarz kleidete, zu der freilich die Engel nach ihrer Behauptung niederstiegen, die noch während des Melkens die Bibel las und zu der ich nachts vom Pfarrhaus über die Ebene die Hausierer und Vaganten zum Übernachten bringen mußte, denn meine Eltern waren gastliche Pfarrsleute und wiesen niemanden ab und ließen mitessen, wer mitessen wollte, so die Kinder eines Zirkusunternehmens, welches das Dorf jährlich besuchte, und einmal fand sich auch ein Neger ein. Er war tiefschwarz, saß am Familientisch links neben meinem Vater und aß Reis mit Tomatensoße. Er war bekehrt, aber dennoch fürchtete ich mich.

Überhaupt wurde im Dorfe viel bekehrt. Es wurden Zeltmissionen abgehalten, die Heilsarmee rückte auf, Sekten bildeten sich, Evangelisten predigten, aber am berühmtesten wurde der Ort in dieser Hinsicht durch die Mohammedaner-Mission, die in einem feudalen Chalet hoch über dem Dorfe residierte, gab sie doch eine Weltkarte heraus, auf der in Europa nur ein Ort zu finden war, das Dorf, eine missionarische Wichtigtuerei, die den Wahn erzeugte, sich einen Augenblick lang im Mittelpunkt der Welt angesiedelt zu fühlen und nicht in einem Emmentaler Kaff. Der Ausdruck ist nicht übertrieben.

Das Dorf war häßlich, eine Anhäufung von Gebäuden im Kleinbürgerstil, wie man das überall im Mittelland findet, aber schön waren die umliegenden Bauerndörfer mit den großen Dächern und den sorgfältig geschichteten Misthaufen, geheimnisvoll die dunklen Tannenwälder ringsherum, und voller Abenteuer war die Ebene mit dem sauren Klee in den Wiesen und mit den großen Kornfeldern, in denen wir herumschlichen, tief innen unsere Nester bauend, während die Bauern an den Rändern standen und fluchend hineinspähten. Doch noch geheimnisvoller waren die dunklen Gänge im Heu, das die Bauern in ihren Tenns aufgeschichtet hatten, stundenlang krochen wir in der warmen, staubigen Finsternis herum und spähten von den Ausgängen in den Stall hinunter, wo in langen Reihen die Kühe standen.

Der unheimlichste Ort jedoch war für mich der obere fensterlose Estrich im Elternhaus. Er war voll alter Zeitungen und Bücher, die weißlich im Dunkeln schimmerten. Auch erschrak ich einmal in der Waschküche, ein unheimliches Tier lag dort, ein Molch vielleicht, während der Friedhof ohne Schrecken war. In ihm spielten wir oft

Verstecken, und war ein Grab ausgehoben, richtete ich mich darin häuslich ein, bis der herannahende Leichenzug, vom Glockengeläute angekündigt, mich vertrieb. Denn nicht nur mit dem Tode waren wir vertraut, auch mit dem Töten. Das Dorf kennt keine Geheimnisse, und der Mensch ist ein Raubtier mit manchmal humanen Ansätzen, beim Metzger müssen die fallengelassen werden. Wir schauten oft zu, wie die Schlächtergesellen töteten, wir sahen, wie das Blut aus den großen Tieren schoß, wir sahen, wie sie starben und wie sie zerlegt wurden. Wir Kinder schauten zu, eine Viertelstunde, eine halbe Stunde, und dann spielten wir wieder auf dem Gehsteig mit Marmeln.

Doch das genügt nicht. Ein Dorf ist nicht die Welt. Es mögen sich in ihm Lebensschicksale abspielen, Tragödien und Komödien, das Dorf wird von der Welt bestimmt, in Ruhe gelassen, vergessen oder vernichtet und nicht umgekehrt. Das Dorf ist ein beliebiger Punkt im Weltganzen, nicht mehr, durch nichts bedeutend, zufällig, auszuwechseln. Die Welt ist größer als das Dorf. Über den Wäldern stehen die Sterne. Ich machte mit ihnen früh Bekanntschaft, zeichnete ihre Konstellationen: den unbeweglichen Polarstern, den kleinen und den großen Bären mit dem geringelten Drachen zwischen ihnen, ich lernte die helle Wega kennen, den funkelnden Atair, den nahen Sirius, die ferne Deneb, die Riesensonne Aldebaran, die noch gewaltigeren Beteigeuze und Antares, ich wußte, daß das Dorf zur Erde und die Erde zum Sonnensystem gehöre, daß die Sonne mit ihren Planeten sich um das Zentrum der Milchstraße bewege Richtung Herkules, und ich vernahm, daß der gerade noch von bloßem Auge erkennbare Andromedanebel eine Milchstraße sei wie die unsrige.

Ich war nie ein Ptolemäer. Vom Dorfe aus kannte ich die nähere Umgebung, ferner die nahe Stadt, einen Ferienkurort auch in den nahen Bergen, darüber hinaus einige Kilometer Schulreisen, das war alles, doch nach oben, in den Raum hinein, baute sich ein Gerüst von ungeheuerlichen Entfernungen auf, und so war es auch mit der Zeit: Das Entfernte war wirksamer als das Unmittelbare.

Das Unmittelbare wurde nur wahrgenommen, soweit es in das Erfaßbare dringen konnte, als das reale Leben des Dorfes; schon die Dorfpolitik war zu abstrakt, noch abstrakter die Politik des Landes, die sozialen Krisen, die Bankzusammenbrüche, bei denen die Eltern ihr Vermögen verloren, die Bemühungen um den Frieden, das Aufkommen der Nazis, zu unbestimmt, zu bildlos alles, aber die Sintflut, die war faßbar, ein plastisches Ereignis, Gottes Zorn und Wasserlassen, den ganzen Ozean kippte er über die Menschheit aus, nun schwimmt mal, und dann der mutige David, der prahlende Goliath, die Abenteuer des Herkules, des stärksten Mannes, den es je gab, der königliche Theseus, der Trojanische Krieg, die finsteren Nibelungen, der strahlende Dietrich von Bern, die tapferen Eidgenossen, die Österreicher zusammendreschend und bei St. Jakob an der Birs einer unermeßlichen Übermacht erliegend, alles zusammengehalten, der Mutterschoß des Dorfes und die wilde Welt des Draußen, der Geschichte und der Sagen, die gleich wirklich waren, aber auch die unermeßlichen Gestalten des Alls, durch einen schemenhaften Lieben Gott, den man anbeten, um Verzeihung bitten mußte, von dem man aber auch das Gute, das Erhoffte und Gewünschte erwarten durfte als von einem rätselhaften Überonkel hinter den

Wolken. Gut und Böse waren festgesetzt, man stand in einem ständigen Examen, für jede Tat gab es gleichsam Noten, und darum war die Schule auch so bitter: Sie setzte das himmlische System auf Erden fort, und für die Kinder waren die Erwachsenen Halbgötter. Schrecklich-schönes Kinderland: Die Welt der Erfahrung war klein, ein läppisches Dorf, nicht mehr, die Welt der Überliefe-rung war gewaltig, schwimmend in einem rätselhaften Kosmos, durchzogen von einer wilden Fabelwelt von Heldenkämpfen, durch nichts zu überprüfen. Man muß-te diese Welt hinnehmen. Man war dem Glauben ausge-liefert, schutzlos und nackt.

Die beiden Texte erschienen unter dem Titel ›Vom Anfang her‹ und ›Dokument‹ in ›Theater-Schriften und Reden‹, Zürich 1966.
Abdruck mit freundlicher Genehmigung der Verlags AG ›Die Arche‹, Zürich.

Elisabeth Brock-Sulzer
*Handlung werden lassen
– und nichts weiter*
Der Dramatiker unserer Epoche
am Beispiel Dürrenmatts

Es war im Stadttheater Basel. Ein Stück Friedrich Dürrenmatts ging zum ersten Male über die Bretter. Was von
der Bühne herab sprach und agierte, ließ das Publikum in
regloser Aufmerksamkeit verharren. Aber mehr und
mehr wurde es dem Kritiker, der ganz vorn im Parkett
saß, schwer, sich nur auf die Bühne zu richten. Seitlich
fiel ihn ein anderer Sog an, aus der nahen Proszeniums-
loge drängte eine andere Kraft heran. Er schaute hinüber.
Im Dunkeln saß einer, ganz allein. Das volle Gesicht
bestand nur aus Löchern, weit geöffneten Höhlungen.
Alles an ihm hörte und schaute zugleich. Die Augenhöh-
len hörten, die Ohren schauten, in einer einzigartigen
Zusammenballung der sinnlichen Aufmerksamkeit schier
nur noch ein Gesamtsinn am Werk, ein wütend gespann-
tes Werkzeug, das Welt in sich hineinraffte, in sich
hineinfraß. Offenheit war hier ein Tun letzter Anspan-
nung. Wie ein grotesker Wasserspeier an einer Kathedra-
le beugte sich dieser Eine vor im Dunkel, hin zur Bühne.
Er war für sich allein ein tausendköpfiges Publikum, er
war das Publikum, die Allegorie des Publikums, eines
Publikums, das die Kraft hätte, zur Allegorie aufzu-
wachsen.

Man sah nur noch diesen Einen. Erst später, als der Raum hell wurde, erkannte man ihn. Es war Dürrenmatt.

Ein anderes Mal erkannte man ihn in der Direktionsloge des Zürcher Schauspielhauses. Das beinahe mythisch Anonyme war jetzt von ihm abgefallen. Er war auf dem guten Weg, halbwegs wie ein Autor im Theater sitzen zu können. Wieder lauschte und schaute man gespannt. Erwin Kalser spielte den Romulus. Ein kluger, sensibler Schauspieler, dem viel von der ironischen Weisheit seiner Rolle eignete. Aber wenn er deren geistige und seelische Grundstimmung hatte, so hatte er nicht deren Text. Denn er war ebenso gebildet wie phantasievoll, nie verlegen um Einfälle, oft verlegen um sein Gedächtnis. Ein Stegreifspieler war an diesem Dr. phil., der er auch war, verlorengegangen. Wo der Text eines Dichters sich ihm nicht mehr gab, da gab er dem Dichter seinen eigenen Text. Auch diesmal tönte es beinahe nach Dürrenmatt. Es tönte jedenfalls nach dessen Romulus. Das Publikum merkte nichts, Kalser war ja auch ein Meister in der Kunst, unfreiwillige Pausen mit weltmännisch zaubernder Gestik auszufüllen. Dürrenmatt behielt seine Haltung. Vielleicht machte es ihm gar Spaß, diese ihm noch ungewohnte Rolle des wohlerzogenen Autors durchzuhalten. Später bekannte er, er habe Qualen ausgestanden, aber es sei doch sehr spannend gewesen. Und eigentlich lustig, zu beobachten, wie ein anderer Mensch einen aus dem Stegreif erfunden habe.

Qual und Lustigkeit – diese Verbindung ist Dürrenmatt eigentümlich. Für die Lustigkeit muß er aber mehr Qualen leiden als für die Qual. Humor sei, wenn es gemütlich sei, sagt man. Gemütlich ist ein Dürrenmatt jedoch kaum je für lange. So nimmt man ihm seinen

Humor nicht ab. »Kann man denn in diesem Land nie lustig sein?« klagt er dann und wann auf gut berndeutsch. Kann man nicht von Güllen sprechen, ohne daß sich jedes Schweizer Landstädtchen getroffen fühlt? Kann man die Geschichte vom Augiasstall nicht mit echt erfundenen Schweizer Namen versehen, ohne daß die Staatsmoral sich bekleckert fühlt? Da baut ein Mensch eine eigene, standfeste Welt und nimmt die Steine dazu, wo er sie findet – die Möwen Zürichs, die Speicher Berns, den Andromeda-Nebel, das bayerische Barockschlößchen, die Hängebrücke Freiburgs, die Rue Royale, den Mond und Sophokles dazu –, eine Welt, deren Unwirklichkeit aus der Verbindung des Widersprüchlichen, Gegensätzlichen besteht, aber man behaftet ihn beim Satzteil, man hört nicht auf den Zusammenklang der Teile, auf diesen schrillen oder dumpf dröhnenden Zusammenklang. Güllen bleibt Güllen, wir wissen Bescheid in der Landwirtschaft. Pentheus vom Säuliboden bleibt unbestechlich in den Gefilden der Literatur.

Dürrenmatt ist heute vierzig Jahre alt. Seit vierzehn Jahren schreibt er Theaterstücke. Seit zwölf Jahren schreibt er für das Theater. Seine beiden ersten Stücke *Es steht geschrieben* und *Der Blinde* waren beinahe ins Leere hinein erdichtet. Er rechnete nur mit seinem Stoff und mit sich. Das Wiedertäuferdrama *Es steht geschrieben* sprengte stellenweise die Wände der Bühne. Das Drama aus dem Dreißigjährigen Krieg, *Der Blinde*, erfüllte sich ganz im Wort – man konnte die Werke aufführen, man brauchte es aber nicht unbedingt. Sie standen auf sich selbst. Dürrenmatt, der das Unglück kennt, hatte aber Glück. Er fand ein paar Theatermenschen, die ebensoviel Sinn für Dichtung wie für Theater hatten, er fand Horwitz, Teo Otto, Ginsberg. Sie öffneten ihm die Bühnen Basels und Zürichs. Fortan rechnete Dürrenmatt nicht nur mit seinem Stoff und mit sich, er rechnete auch mit der Bühne. Er schrieb für die Bühne, berechnet auf die Bühne, mittels der Bühne.

Dieser Typus des Dramatikers ist im deutschen Sprachraum eher selten anzutreffen – außer man suche ihn unter den schreibenden Schauspielern. Das deutsche Drama ist fast immer in der Einsamkeit des Studierzimmers entstanden. Der Gedanke an die Erfordernisse der Bühne hemmte diese Theaterdichter mehr, als daß er sie beflügelte. Die Bühne hat sie denn auch dafür nach Noten gestraft. Da ging und geht es den französischen Dramatikern besser. Sie, vor allem auch die Klassiker, wußten ihre Stücke genau in die künftige szenische Erscheinung einzupassen. Hier hatten die Dramaturgen nichts mehr zu wollen mit Schere und Rotstift.

Die heutige Dramatik ist nun fast überall durch ihre Abstimmung auf das Theater gekennzeichnet. Dabei geht manch herrliche Verwegenheit verloren – man war kühner nach dem Ersten Weltkrieg –, aber es wird eine Stimmigkeit zwischen Werk und Werkmittel erreicht, die neue Schönheit erschließt. Und vor allem braucht der moderne Dramatiker, wenn er sich einmal durchgesetzt hat, nicht mehr an der Einsamkeit zu leiden. Er wird gebraucht. Man reißt ihm die Stücke aus der Hand, kaum daß die Tinte trocken ist. Molière schrieb in unvorstellbarer Schnelligkeit für die festlichen Bedürfnisse des Hofes von Versailles, Bach schrieb mit unvorstellbarer Schnelligkeit für die Bedürfnisse des Gottesdienstes – heute schreiben die Dramatiker mit unvorstellbarer Schnelligkeit für die anonymen Menschheitsveranstaltungen, die sich Radio und Fernsehen nennen. Sie dürfen wieder wissen, für wen sie schreiben. Allerdings hat ihr Publikum kein Gesicht mehr. Aber es bezahlt. Auf ihren Geldstücken und Banknoten stehen immer noch Gesichter. Vorläufig wenigstens.

Der moderne Dramatiker wird aber auch oft in einem ganz besonderen und diesmal nicht mehr gespenstisch gesichtslosen Raum gebraucht. Er wird während der Proben herbeigezogen. Manchmal darf er gar inszenieren. Noch vor nicht zu langer Zeit verhängte man über den Autor während der Proben ein Theaterverbot. Dürrenmatt jedenfalls geschieht das nicht mehr. Denn mit seinem Wissen um sein Werk verbindet er eine unermüdliche Ansprechbarkeit, bis zuletzt noch läßt er sich glücklich inspirieren von Schauspieler und Bühnenbild. Er hat erst letzthin noch gesagt: »Ein Stück ist nicht, ein Stück wird.« Zwar hatte ihm Therese Giehse ursprünglich vorgeschwebt als Alte Dame, und sie hat denn auch die Figur in Zürich kreiert, aber als dann Hilde Hildebrandt die Rolle unter des Autors Regie in Bern übernahm, da dichtete er für sie eine zusätzliche Szene: Die Figur hatte unter der anderen Darstellerin ein anderes Volumen. Das Berner Atelier-Theater ist eine ganz kleine Bühne: Auch darauf nahm Dürrenmatt nicht nur Rücksicht, er ließ sich auch von dem, was bloße Hemmung sein zu müssen schien, inspirieren und fand Lösungen, die dem Stück einen neuen Reiz, eine neue Richtigkeit abgewannen. André Gides Wort, daß die Kunst aus dem Widerstand lebe, bewahrheitete sich einmal mehr. Dürrenmatts Ansprechbarkeit wurde reich belohnt: Japan hat ihn gespielt, New York, Mailand, München, Paris, Wien – in immer neuen Brechungen konnte der Dichter seine Stükke erleben, dieser Vollblutberner tummelt sich im Kosmopolitischen wie der Fisch im Wasser. Er ist in seinem Element, weil er nämlich nicht Angst zu haben braucht, sein Bernertum zu verlieren.

Aber nicht nur die Vielfalt der Räume kommt Dürrenmatts Beweglichkeit zugute, er ist ja auch hineingeboren worden in eine Welt, die in den vielfältigsten dramatischen Formen spricht. Eigentliches Theater, Film, Hörspiel, Fernsehspiel – all das bewältigt Dürrenmatt, und den Roman, die Novelle dazu. Wechsel der Form sei wie Einatmen und Ausatmen, hat er einmal gesagt. Wem Endgültigkeit immer noch das letzte Kriterium der Kunst ist, der wird oft nicht ohne zorniges Bedauern sehen, wie ein Text Dürrenmatts seine angestammte Form wieder verläßt, um sich neuen Forderungen anzupassen. Die *Panne* ist eine echtbürtige Novelle – man hat aus ihr ein Spiel in dieser und jener Form gemacht. Wie es dem *Mississippi* und der *Alten Dame* beim Film gehen wird, bleibt abzuwarten. Immerhin haben wir ja dem Film und seinen ungemäßen Ansprüchen den bisher besten Roman des Berners zu verdanken: *Das Versprechen* hat seine endgültige Form gefunden als Widerspruch gegen die erste, filmische Fassung des Themas. Es wäre aber ungerecht, die Lebensneugier Dürrenmatts zu hemmen, indem man ihm verwehren wollte, all die neuen Möglichkeiten des Dramatischen auszuprobieren. Wer wird einem Komponisten verwehren, Instrumente zu erproben?

Die Offenheit Dürrenmatts ist nämlich schon in tieferen Schichten seines Wesens zu finden. Alle seine Stücke wollen sich mit herkömmlichen Formbezeichnungen nicht zufriedengeben. Da gibt es kaum die ›Komödie‹, nicht das ›Drama‹, nicht einmal das ›Stück‹ – von der

›Tragödie‹ ganz zu schweigen –, da gibt es die »fragmentarische Komödie«, die »ungeschichtliche historische Komödie«, die »tragische Komödie«, die »Oper« – doppeldeutig ist schon die Tonart, zwischen Dur und Moll spielend, so sehr, daß ein und dasselbe Werk zwei Schlüsse haben kann, wie die *Panne* und *Grieche sucht Griechin*, in letzterem Werk sogar beide fest mit dem schnurrigen Ganzen verbunden.

Also ein Relativist? Ein Dichter, der immer auch anders kann, der spielt mit dem So oder So? Ein komödiantischer Niemandsländler? Dürrenmatts Handschrift ist hart und füllig. Er liebt die gemauerten Konturen. Wäre er ein Relativist – diese Handschrift müßte ihn als einen ziemlich unerfreulichen Lügner entlarven. So viel Härte der Aussage und so wenig Eindeutigkeit – wie geht das zusammen? Aber so ist die Gangart des Grenzgängers. Er setzt den Fuß fest und blickt doch auch auf die andere Seite.

Gemessen an der heute wohl zu Unrecht versunkenen Dramatik der ersten zwanziger Jahre wirkt die heutige Dramatik meist merkwürdig müde. Es reicht kaum mehr zur Anklage, die Revolte wird in der Perspektive heutigen Geschehens und aus der Verwüstung heraus, die Hitler und die Seinen angerichtet haben, unangemessen. So unangemessen, als ginge man mit Dreschflegeln gegen Schußwaffen vor. Man kann von dieser Hoffnungslosigkeit der heutigen Menschheit nicht klarer überzeugt sein als ein Dürrenmatt. Aber wenn er die Menschheit der Blässe ihres bloßen Begriffs überläßt, so nicht den Menschen. Auf ihm besteht Dürrenmatt immer noch, immer wieder und immer bestimmter. Auf ihm steht auch seine Kunst. Er versagt unserer Zeit die Tragödie, den Helden

– aber er verweist diese unsere Zeit auf den tapferen Menschen. Der Held, der die Welt ändern wolle, werde an der totalen Aussichtslosigkeit seines Unternehmens zum Unsinn, der tapfere Mensch jedoch, der diese schreckliche Welt bestehe, er sei immer noch, immer mehr das Ziel. Das klarsichtige Lachen ist eine Art, die Welt zu bestehen. Seine Menschenrolle anstandsvoll durchzuhalten, sich nicht zu drücken, sich nicht falsch zu entschuldigen – immer geht es darum. Und darum ist auch vielleicht das Theaterspiel die Dürrenmatt angemessenste Form. Der Schauspieler ist ganz geradlinig der Mensch, der seine Rolle spielt, der sich nicht drücken darf, der hier und jetzt sein Rhodos findet, wo er tanzen muß.

Auf vielfältige Weise hat der Berner Dichter diese Bewährung des Menschen dargestellt. Als Erfüller des christlichen Paradoxes in den beiden ersten Dramen. Als tapferen Ironiker in Romulus, diesem »als Narr verkleideten Weltenrichter, dessen Tragik genau in der Komödie seines Endes, in der Pensionierung liegt«. Als Liebenden der Erde in Akki. Als schlicht Einsichtigen in Ill. Als Bekenner der menschlichen Freiheit, die nie müssen müsse, in dem Buchhalter der Oper. Als Don Quijote der Liebe in Übelohe. Alles Menschen, die sich dem Gericht stellen, jenem Gericht, unter dem der Mensch steht, weil er ein Mensch ist, ein seinem Wesen nach »zum Tode Verurteilter«. Jenem Gericht auch, das Gnade walten lassen kann, weil es Gottes Gericht ist, eine Gnade freilich, die, weil sie Gottes Gnade ist, den Menschen überwältigt. Dürrenmatts Theater ist für jeden auch nur ein wenig unter die Oberfläche dringenden Blick untrüglich religiöses Theater.

Es ist aber ein gutes Zeichen für die gediegene Handwerksgesinnung Dürrenmatts, daß den Kritiker beinahe ein schlechtes Gewissen überkommt, wenn er derart die geistige Substanz seiner Werke bloßlegt. Denn zu allererst will Dürrenmatt eben Dramen, Hörspiele, Geschichten schreiben. Einen Stoff »Handlung werden lassen und nichts weiter«, darum geht es ihm, wenn er ein Theaterstück schreibt. »Auf Schneiderart« will er von seiner Kunst sprechen. Und als »Schriftsteller« davon sprechen. Nicht Dichter nennt er sich ja, Schriftsteller, was die handwerkliche Bezeichnung des Berufs ist.

Welche Zeiten haben vordringlich vom Handwerk des Dichters gesprochen? Jene, denen die Inspiration eine Selbstverständlichkeit war. Boileau sagte einmal, es wäre denn doch zu bequem, wenn es genügte, als Dichter geboren zu werden, um ein Dichter zu sein. Dürrenmatt schöpft derart aus dem vollen, daß für ihn die Sorge um den Einfall überhaupt nicht aufkommt. Nur, wie er seine Einfälle in den Griff bekomme, ist sein Problem. Im Grunde ist er ein Geschichtenerzähler. Man muß ihn gehört haben, wie er ein geplantes Werk erzählt. Er erreicht da eine Form, die mit gleicher Würde neben der Ausführung des Plans bestehen darf. Er lebt dann jenes unvergleichliche Doppeldasein dessen, der sich selbst Publikum ist. Weniger unheimlich als jene Gestalt, die man im Theater belauschte, denn jetzt ganz nur auf sich gestellt, nicht dem Zufall der Aufführung durch fremden Leib hindurch ausgeliefert. Nein, ganz gelöst, ganz befreit und von dem kindlichsten Vergnügen über das Spiel der Phantasie mit der Welt und mittels der Welt erfüllt. Dürrenmatt wäre denkbar als fahrender Sänger, als orientalischer Geschichtenerzähler, als Kalendermann.

Aber wir schreiben 1961. Da gaukelt denn dieser Mann, dieser Pfarrerssohn aus dem Lande Gotthelfs, über die Ätherwellen und durch die Körper der bedeutendsten Schauspieler unserer Zeit. Aber man vergesse doch nie, daß im Grunde die Theaterkunst die traditionellste aller Künste ist, stärker als jede andere an den Menschen und seinen Leib gebunden, die Kunst, die sich der natürlichsten Mittel bedienen muß. Alles Wagnis, zu dem sie sich ermannt, bleibt gebunden an diese Mittel und bleibt immer nur Antwort auf diese Mittel. Auftrotzende oder geschmeidige Antwort. Ent-sprechung im ganzen Umfang des Wortes. Das ist die Qual und die Lustigkeit des Metiers. Denn da spricht die Natur natürlich hinstrebend zu ihrer theatralischen Übersteigerung. Der Mensch, da er Mensch ist, will sich deutlicher sehen und macht sich zur Theatergestalt. Dürrenmatt hat die Ausmaße dieser Gestalt ausprobiert. Mit dem Ergebnis, daß er immer kategorischer fordert, sie müsse den Menschen durchscheinen lassen. Den Menschen unter dem Gericht, der das Gericht besteht, die Welt besteht. Den tapferen Menschen. Nötigenfalls mag er als Narr verkleidet vor dem Gericht und den Scheinwerfern erscheinen. Aber immer geht es in diesem Theater um den Menschen im richtenden Licht.

Aus: ›Frankfurter Allgemeine Zeitung‹, 13. 5. 1961.
Abdruck mit freundlicher Genehmigung der Autorin.

Walter Jens
Ernst gemacht mit der Komödie
Über Mord, Moral
und Friedrich Dürrenmatt

Friedrich Dürrenmatt, nach dem Tode des unvergleichlichen Brecht der bedeutendste Dramatiker deutscher Sprache, wurde im Jahre 1921 zu Konolfingen in der Schweiz geboren. Er hat nach gewissenhafter Vorbereitung, stetig fortschreitend, 1956 sein Meisterwerk, den *Besuch der alten Dame* geschrieben, und es steht schon heute außer Zweifel, daß man ihm in spätestens fünfzig Jahren zu Konolfingen ein Denkmal setzen wird – dankbar bewegt können die Berner dann jenes großen Sohnes gedenken, der ihnen, so ist zu hoffen, nicht minderen Ruhm und Reichtum einbringen wird als Frau Claire Zachanassian geborene Wäscher den Bürgern von Güllen. Friedrich Dürrenmatt aber, der Erzpoet mit der Schellenkappe und den blitzend satirischen Augen – halb Embonpoint und halb Jonathan Swift – wird es sich freundlich gefallen lassen. Kein Zweifel, er ist sich seines Weges schon heute gewiß; nur ein Komödienschreiber kann es sich leisten, einer ersten Lese seiner Früchte die stolze, auf kommende Ernten verweisende opus-Zahl »I« hinzuzusetzen: *Friedrich Dürrenmatt: Komödien I.*

Dabei ist Dürrenmatt, ungeachtet allen Vertrauens zu künftigen Leistungen auf dem gleichen Feld, keineswegs ein Optimist. Verklärung und Verharmlosung sind nicht sein Metier. Im Gegenteil, gerade ihm, dem Mann aus Konolfingen, der das bei Aristophanes und Nestroy erlernte Handwerk mit Anmut beherrscht, verdankt die Komödie die Wiederherstellung ihrer feierlichsten Würden und ältesten Ämter. Aristophanes – wir hatten es allzu lange vergessen – war ja auch ein großer Tragöde, und das ›Shakespearisieren‹, der jähe Umschlag von Scherz und Burleske in Pathos und Ernst, gehört seit den Tagen der ›Wolken‹ und ›Vögel‹ nun einmal zum komischen Stil.

Darüber hinaus aber hat gerade Friedrich Dürrenmatt *(Theaterprobleme)* gezeigt, daß in unserer vom Wert-Zerfall gezeichneten Epoche vielleicht nur noch die Komödie die Wahrheit zu sagen vermag ... sie, die das Unvollkommene, Zersprungene, im Übergang Befindliche darstellt, während die Tragödie, ihre erlauchte Schwester, immer ein festgefügtes Ordnungssystem voraussetzt und bestimmter überindividueller Phänomene, des Staates, der Familie, der Religion bedarf, um sich entfalten zu können. Nicht Zweifel und Anonymität, sondern Norm und sichtbare Ordnung schaffen den tragischen Helden; nur überindividuelle Gesetze ermöglichen es dem Dramatiker, die ›Fallhöhe‹ seiner Personen zu demonstrieren – in einer Welt der Relativität wird der Sturz der Könige belanglos.

Die Tragödie variiert das Vorgefundene, Mythos und legendäre Geschichte; die Komödie erfindet, braucht Einfälle und Pointen, die das Unwiederbringliche einer Situation zu schildern vermögen – ihr Gegenstand ist das Individuelle. Die Tragödie hat einen Stil, die Komödie schafft Stile; die eine ruht auf dem Plafond der Tradition, die andere tanzt auf der Nadelspitze der Sekunde ...

nicht am Bestehenden weiterzubauen, sondern die Brüchigkeit der Fundamente zu demonstrieren, nicht Bestätigung, sondern Persiflage, Travestie und Neuschöpfung wird von ihr verlangt. Das Bewegliche darstellend, ist sie selbst in Bewegung, und es scheint deshalb kein Zufall, daß die Geschichte der Komödie auch eine Geschichte der wiederholten Fassungen ist.

Dürrenmatt selber gibt dafür ein Beispiel. Von den vier in den *Komödien 1* enthaltenen Stücken sind drei *(Romulus der Große, Die Ehe des Herrn Mississippi* und *Ein Engel kommt nach Babylon)* Bearbeitungen von Frühfassungen. Man sieht, Dürrenmatt ist Praktiker und Experimentator, der sich den Anforderungen des Theaters fügt und gelernt hat, auf Bühnenbild und Szenerie Rücksicht zu nehmen. Er, der Stückeschreiber und Regisseur, kehrt damit zur handwerklichen Technik der griechischen Meister zurück.

Wie so viele große Künstler – und niemand wird bestreiten, daß der Autor der *Alten Dame* ein *großer* Schriftsteller ist – hat auch Friedrich Dürrenmatt nur ein einziges Thema, das er in jedem Stück unter einem anderen Aspekt zu betrachten sucht. Es heißt: Wie behauptet sich ein reiner Mensch in einem Äon des Chaos, der Heuchelei und der Macht?

Wie ergeht es Romulus, dem letzten römischen Kaiser, der nichts mehr tut, weil er erkennt, daß er nur so den gerechten Untergang Roms beschleunigen kann? Wie steht es mit Akki *(Ein Engel kommt nach Babylon),* der in einer Welt tyrannischer Vollkommenheit die Würde seines genialen Bettlertums wahrt? Warum scheitert der arme Graf Übelohe *(Die Ehe des Herrn Mississippi),* der sich inmitten von Sadisten und Lügnern als einziger für

die Liebe als ein der menschlichen Würde angemessenes
Pathos entscheidet?

In einer Umgebung, in der man Morde mit idealisti-
schen Gesängen und Hinrichtungen mit Bürgerchören zu
begleiten pflegt (Grundthema der modernen Literatur:
die Verschwisterung von Terror und Biedermanns-Äs-
thetizismus), ist der ›Held‹ von vornherein zum ›Opfer‹
bestimmt. Nicht einmal der Engel kann sich behaupten,
und der Bettler ist nur noch im geheimen ein Lehrer des
Volkes.

Aber dennoch tragen gerade die einzelnen, die vom
Würgegriff der Macht Bedrohten, auch in die zerfallende
Welt noch das alte Thema der Schuld. Im Leiden stellt
sich die Frage der Gerechtigkeit neu, und Dürrenmatt ist
nicht müde geworden, sie in immer neuen Variationen
vorzuführen. Manchmal tut er dabei des Guten freilich
ein wenig zu viel: vom *Nächtlichen Gespräch* bis zur
Panne, vom *Richter und Henker* bis zum *Mississippi,* ja,
zur *Alten Dame* immer das gleiche Personal: Richter und
Staatsanwalt, Verteidiger und Angeklagter! Man atmet
wirklich auf, wenn in einem Opus einmal kein Henker
auftritt und niemand ermordet wird ...

Trotzdem, das sei nicht vergessen, hat Dürrenmatt
gerade im Gleichnis des Kriminalfalls unvergleichliche
Gestalten, Kommissare und Gerichtete, geschaffen und
in den Gesprächen zwischen Henkern und Opfern, Ge-
rechtigkeitsfanatikern und Todeskandidaten (hier Mississippi, Nebukadnezar und Frau Zachanassian, dort Übelohe, Akki und Alfred Ill) Tiefen ausgemessen, in die
heute nur noch der Witz des Spötters zu dringen vermag.

Indem Dürrenmatt – wiederum sehr griechisch – die
Frage der Gerechtigkeit in den Mittelpunkt seines Wer-

kes rückt, gelingt es ihm, einen Fixpunkt zu schaffen,
von dem aus die Welt, gerade in all ihren Schattierungen,
sich noch einmal in der ursprünglichen Geschiedenheit
von Hell und Dunkel darstellt. Jäger und Gejagte, Bankiers und Bettler, einzelne und Chöre, Morde und Ge-
sänge – im kontrastierenden Miteinander der Komödie
schimmert mehr an strenger Wertung durch als in der
allzu direkten, vorgegebenen Trennung von Hoch und
Nieder, die der Tragödie eigen ist. (Nicht zufällig be-
sticht Dürrenmatts Drama gerade durch die indirekte
Akzentuierung, die, im Sinne Brechts, das letzte Wort
dem Zuschauer überläßt.)

Welch ein Reichtum der Mittel und Motive, welche
Fülle von Variationen: Geld und Gerechtigkeit, Verfüh-
rung und Standhalten. Welche Meisterschaft der Charak-
terisierung allein bei jenem einen Alfred Ill, der sich,
beinahe unvermerkt, von einem Schmierkrämer zu einer
Figur von tragischem Pathos entwickelt! Wie organisch
verbinden sich bei Dürrenmatt Poesie und Zeitkritik im
Medium jener Ironie, die allein noch von einer auf
Vorwände, Alibis und idealistische Verbrämungen einge-
stellten Welt zu fürchten ist. (Nur der distanzierende,
Unvollkommenheiten voraussetzende Scharfblick der
Komödie spiegelt Fragmentarisches in einem adäquaten
Medium.)

Dürrenmatts Spannweite ist mächtig: sie reicht von
Schwank, Kabarett und Burleske, von billigem Wortspiel
(»was bleibt, stifte ich den Dichtern«) und trivialer Rhe-
torik (Mississippi und Saint-Claude) bis zur Erfindung
wahrhaft aristophanischer Szenerien (Güllen als Mord-
stätte; das Trauliche, Petersche Scheune und Konradsweilerwald, als Feme-Ort; das Führerhauptquartier als

ein verdreckter Hühnerhof), bis zur genialen Parabolik eines Moralisten von Rang (Dürrenmatt will es nicht sein, aber er ist es), bis zu der auf Parallele, Kontrast und Kalkül aufgebauten Dramaturgie der *Alten Dame,* bis zu Maximen von Lichtenbergscher Prägnanz: »Vaterland nennt sich der Staat immer dann, wenn er sich anschickt, auf Menschenmord auszugehen.«

Kurzum: Dürrenmatts erster Komödienband verspricht für kommende Zeiten das Schönste: die Konolfinger werden ihr Denkmal bauen; die Perspektiven sind, wie es sich für einen Komödienschreiber geziemt, durchaus erfreulich.

Aus: ›Die Zeit‹, Hamburg, 18. 7. 1958.
Abdruck mit freundlicher Genehmigung des Autors.

Werner Oberle
Der unbequeme Dürrenmatt
Fragen und Antworten

Ist Dürrenmatt ein Nihilist?

Als Ill an der Zuverlässigkeit und Redlichkeit seiner Mitbürger mit Recht zweifelt, wirft ihm der Bürgermeister vor, er habe einen nihilistischen Zug. Wenn Nihilismus Zweifel an der Vollkommenheit, Anständigkeit, Redlichkeit, Wahrhaftigkeit und Harmonie unserer menschlichen Welt bedeutet, dann ist Dürrenmatt Nihilist, so gut wie Jacob Burckhardt, so gut wie Gotthelf und Barlach. Wenn Nihilismus ferner darin bestehen soll, daß menschliche Freuden und Leiden und Errungenschaften nicht als absolute Größen genommen werden, wenn sie vielmehr im Vergleich zur gesamten Schöpfung oder zur Unendlichkeit Gottes oder angesichts des Todes in grotesker Zwerghaftigkeit erscheinen, so ist er ebenfalls Nihilist, so gut wie Jean Paul oder Büchner. Versteht man aber unter Nihilismus das Leugnen aller Maßstäbe, die Gleichwertigkeit aller Werte, die Wertlosigkeit aller Einsichten und womöglich noch den Genuß an dem gestaltlosen Mischmasch, dann ist Dürrenmatt nicht Nihilist. Gewiß sagt er, »Seele, Geständnisse, höhere Werte, Moralien, brauchbare Sentenzen, eine Literatur, die irgend etwas überwindet oder bejaht, bald gängige Verzweiflung, bald Christentum«, all das mache ihn ratlos, all das wolle und könne er nicht bieten. Aber das nicht deshalb, weil er nur an die Sinnlosigkeit glaubt; es sind die Begriffe selbst und die Erwartungen, die man üblicherweise an diese Begriffe knüpft, die ihn verfälscht dünken.

Er gehört nicht zu den Verzweifelten modischer Verzweiflung, die sich von der Literatur der Verzweiflung ganz ordentlich nähren, wie die Dichter in Babylon. Er gehört anderseits auch nicht zu jenen modernen Klassizisten, die die Probleme verschönern und darum erholsam langweilig wirken. Er gehört auch nicht zu jenen Autoren, deren Literatur zur Droge geworden ist, wie Herr Korbes sagt, zu einer Droge, die ein Leben ersetzt, das nicht mehr möglich ist. Er ist einer von denen, die den immer wieder lächerlichen Versuch unternehmen, die Welt auszumisten. Er trägt Züge seines grotesken Herkules, von dem Phyleus sagt: »Es ist schändlich. Der Mann, der unser Land ausmisten könnte, diese einzige wirklich positive Kraft, muß im Zirkus auftreten.« Er hat, wie sein Mississippi, »die Fähigkeit, das Böse aufzuspüren, wo auch immer es sich findet«, und vielleicht leidet er wie jener an dieser Begabung. Er ist, wie Mississippi, eine jener Bestien, die der Menschheit an die Gurgel springt. Man lese nur einmal seine *Schiller-Rede*: wie er mit mehr oder weniger belanglosen Sätzen, mit einem literaturgeschichtlichen Flirt anfängt, und plötzlich ist das Publikum angefallen, plötzlich muß es Farbe bekennen: Wer nimmt Schiller heute schon ernst? Wer kann sich ehrlich auf Schiller berufen gegen die Angriffe Brechts? Er lockt das Publikum listig an, um es mit der Wirklichkeit zu konfrontieren: »Die Dramatik kann den Zuschauer überlisten, sich der Wirklichkeit auszusetzen, aber nicht zwingen, ihr standzuhalten oder sie gar zu bewältigen.«

Arbeitet Dürrenmatt den Kommunisten in die Hände?

In der *Schiller-Rede* heißt es:

> Brechts Dichtung ist eine Antwort auf unsere Welt, auf unsere Schuld, eine der wenigen ehrlichen Antworten auf unsere Phrasen, eine Darstellung dessen, was wir unterlassen haben, auch wenn es eine kommunistische Antwort ist. Wir müssen uns mit ihm auseinandersetzen.

Nur Leute wie Zeno der Isaurier, Leute, die auch Lügen verteidigen, wenn sie nur antikommunistisch sind, halten solche Sätze für kommunistenfreundlich. Dürrenmatt hat seinen Unglauben an die menschlichen, irdischen Paradiese im *Mississippi* und im *Engel* deutlich genug gezeigt, noch mehr, er hat den innern Widerspruch, den Selbstverrat der kommunistischen Machthaber aufgedeckt mit den Worten Saint-Claudes. Der Kommunismus, so sagt jener, sei die Lehre, »wie der Mensch über die Erde herrschen soll, ohne den Menschen zu unterdrücken. Aber ich kann diese Lehre ohne Macht nicht durchsetzen.«

Ist Dürrenmatt ein hoffnungsloser Pessimist?

Kann er nur das Ende, nicht aber eine mögliche Lebensform zeigen? »Wir können als Einzelne die Welt nicht

retten«, sagt Gulliver zu Bärlach im *Verdacht.* »Was alle
angeht, können nur alle lösen«, stellt Dürrenmatt in den
21 *Punkten zu den ›Physikern‹* fest. Gulliver aber fährt
fort: »Wir können nur im einzelnen helfen, nicht im
gesamten [...] So sollen wir die Welt nicht zu retten
suchen, sondern zu bestehen, das einzige wahrhafte
Abenteuer, das uns in dieser späten Zeit noch bleibt.« Im
Versprechen geht Dürrenmatt weiter: vielleicht könne
man die Welt gar nicht bestehen, man werde stolpern,
über den ›Zufall‹ etwa, wie Kommissär Matthäi, oder
über die ›Materie Mensch‹, über die ein Romulus gestol-
pert ist. Wichtig sei nun, wie man dieses lächerliche
Stolpern auffasse, ob man es hinnehmen könne in Demut, in der Art, wie der gestolperte Romulus seine
Pensionierung angenommen hat. Auch Dürrenmatt sieht
ein Heldentum, aber ein bescheidenes, unpathetisches,
phrasenloses, ein Heldentum nach menschlichem Maß.

Dazu gehört zunächst Wahrhaftigkeit, in der Beurteilung seiner selbst und der andern. Wahrhaftigkeit auch
dann, wenn die Umwelt in Hülle und Fülle mildernde
Umstände, Entschuldigungen, Verniedlichungen bereit-
hält. Vielleicht tut sie es nicht aus Nächstenliebe, sondern
weil sie sonst selbst als schuldig erscheinen müßte. Es
gehört zu dieser Wahrhaftigkeit der Sinn für wirkliche
Proportionen. Der Mensch soll nicht vergottet werden,
und ebensowenig menschliche Einrichtungen. »Mit der
Anbetung eines Esels hat es noch immer angefangen und
mit Massenmord aufgehört. Wir kennen die Symptome.«
So sagt sogar ein Abderit. Das ist eine sehr protestantische Forderung. Zum Protestantismus gehört, daß er
kritisch ist gegen alle Ordnungen und Instanzen, die in
Gefahr sind, sich absolut zu setzen; dazu gehört auch die

kritische Haltung gegenüber der Heiligen Schrift selbst.
Dazu gehört die kritische Haltung gegenüber jeder Ideologie. Dürrenmatt mißtraut jeder Ideologie, aber nicht
aus Konservativismus, wie man schon geschrieben hat,
sondern weil er für lebendige, ehrliche und kritische
Auseinandersetzung ist. »Wir müssen tun, was der Kommunismus versäumt, sonst erstarren wir wie er in einer
Ideologie.« Von Konservativismus müßte man bei denen
reden, die alte Begriffe wie Banknoten ohne Deckung
verwenden. »Sind unsere ständigen Hinweise auf die
Freiheit nicht Ausreden, die uns gestatten, das Notwendige zu unterlassen, um bei den alten Werten zu bleiben,
mit deren Zinsen sich leben läßt, die wir übernommen
haben, ohne sie aufs neue zu durchdenken?«

Auch das Vaterland ist kein absoluter Wert. Es gibt
Situationen, wo das Opfer für das Vaterland abgelehnt
werden muß. Das Vaterland muß so sein, daß das Opfer
gut ist. »Soll man denn nicht das Vaterland mehr lieben
als alles in der Welt?« fragt Rea. »Nein«, antwortet
Romulus, »man soll es weniger lieben als einen Menschen.« Der Kaiser ist bereit, das verruchte und verrotte-
te römische Imperium für eine Handvoll Sesterzen zu
verkaufen, aber es fällt ihm nicht ein, seine Tochter zu
verschachern. Widerstand um den Preis seines Lebens
und seines Gutes kann sinnvoll sein; »Widerstand um
jeden Preis«, sagt Romulus, »ist das Sinnloseste, was es
geben kann.«

Ferner gehört zum Dürrenmattschen Helden Mut,
Mut zur Wahrhaftigkeit, zur richtigen Einschätzung,
Mut, entschlossen und tapfer das Seine zu tun. Diesen
Mut kann nur der gewinnen, der zum Opfer bereit ist,
zum Opfer seiner Behaglichkeit, seines Geldes, seines

Rufes, seiner Stellung, auch seines Lebens. Es ist der Mut
zur wirklichen Freiheit und damit zur Verantwortlich-
keit. Der sterbende Böckmann erkennt, daß die Berufung
auf die »verfahrene Situation« eine feige Ausrede ist: »In
jeder Stunde hätten wir umkehren können, in jedem
Augenblick unseres bösen Lebens. Es gibt kein Erbe, das
nicht auszuschlagen wäre, und kein Verbrechen, das
getan werden muß. Wir waren frei ..., in Freiheit erschaffen und der Freiheit überlassen.«

Zum Helden gehört schließlich die Liebe, nicht eine
verblendete Liebe, sondern eine Liebe trotz allem. Zu
dieser Liebe bekennt sich Übelohe, nachdem Glaube und
Hoffnung entschwunden sind, und Dürrenmatt bekennt
sich zu Übelohe. Zu dieser sehenden Liebe gelangt der
Grieche Archilochos. Sein Sehendwerden wird im ersten
Schluß des Romans dadurch dargestellt, daß er die Brille
verliert. Im Schluß für Leihbibliotheken, das heißt hier
für Leser, die Zeichen nicht zu deuten verstehen, heißt es
ausdrücklich: »Die Liebe deiner Blindheit mußte zerstört
werden um der Liebe willen, die sieht und allein zählt.«
Die Liebe zum Mitmenschen, die unerwiderte und un-
verdiente, die lächerliche Liebe, ist die größte Leistung
des Menschen und erscheint zugleich, wenigstens in früheren Werken Dürrenmatts, als ein Abglanz der göttlichen Liebe. Warum aber stellt Dürrenmatt den mutigen,
wahrhaftigen, freien, liebenden Helden komisch verzerrt
dar? Warum läßt er ihn nicht in edler Einfalt und stiller
Größe auftreten? Ist es nicht doch Zynismus, daß er das
Positive in so erbärmlichen Gestalten zeigt? Der Held
Dürrenmatts ist Mensch und nicht Gott, auch er ist
sterblich, auch er lebt in dieser Welt. Dadurch wird das
Bild seiner Gestalt doppelt gebrochen: als Endliches steht

er vor dem Unendlichen, in all seiner relativen Vortrefflichkeit eine Farce. Und als innerlich Gerader steht er in einer schiefen Welt und wirkt, von dieser Welt aus gesehen, selber schief: eine Farce auch von der Welt aus gesehen. Das Groteske drückt seine Stellung in der Welt und vor dem Unendlichen aus.

Ist Dürrenmatt ein Dichter?

Darf man ihn zu jenen Autoren rechnen, die wir mit diesem wert- und rangbedeutenden Namen bezeichnen, zu Shakespeare, Büchner und Kleist, zu Nestroy, Brecht und Kafka? Man darf. Entscheidend ist nicht der Tiefgang der Gedanken oder gar die Summe der verwertbaren Sentenzen. Wichtiger ist schon die Frage, ob es ihm gelingt, Welt in Kunst, in Theater, in Roman zu verwandeln, und zwar so, daß die einzelnen Mittel wie Wort, Gebärde, Szenerie, Rhythmus, Aufbau aus einem Punkt zu kommen scheinen und zusammen stimmen. Diese Übereinstimmung findet sich bei Dürrenmatt im Grotesken. Entscheidend ist schließlich das Verhältnis des Autors zur Sprache. Wie steht es mit Dürrenmatts Naturburschentum? Meint man damit, Dürrenmatt habe kein bewußtes Verhältnis zur Sprache, so wird man auf jeder Seite seines Werkes widerlegt. Die Art, wie er seine Gestalten durch ihre Sprechweise charakterisiert, von den Henkern bis zu den Theologen, ist Zeichen für eine bewußte Sprachführung. Bewußte Sprachkunst zeigen die Parodien sowohl wie die Makamen Akkis, und die sprachlichen Freß-, Sauf- und Untergangsorgien so gut

wie die Schilderungen der Landschaft. Oder bezieht sich
der abschätzig gemeinte Ausdruck ›naturburschenhaft‹
auf seine Grammatikfehler, seine Helvetismen? Das würde heißen, daß man Sein oder Nichtsein eines Dichters
von der Aufmerksamkeit und der Autorität eines Ver-
lagslektors oder des Korrektors abhängig macht. »Überhaupt gehört er zu den Ignoranten, welche den gramma-
tikalischen Unterschied zwischen dem Dativ ›mir‹ und
dem Akkusativ ›mich‹ nicht kennen.« »So fehlerhaft
schrieb vor ihm noch niemand« – so äußerte man sich
über Goethe, im Jahre 1823. So wenig allerdings Kasus-
fehler den Dichter kennzeichnen, so wenig Entscheiden-
des sagen sie gegen sein Dichtertum aus. Ein Gotthelf
war Dichter auch ohne die Korrekturen des Berliner
Oberlehrers Schmitt – oder noch eher: ihnen zum Trotz.
Dürrenmatts Sprache ist dicht, manchmal gewaltig,
manchmal gewalttätig vielleicht; sie kugelt durch die
Bereiche des Erhabenen und des Lächerlichen, sie enthält
die ironisch-weltschmerzliche Dialektik mancher Shake-
speare-Szenen und die Wucht der Luthersprache, sie
umspannt Makamen und gassenhauerische Chansons;
man kann darüber die Nase rümpfen, aber eines kann
man ihr nicht nachsagen: daß sie blutleer oder zufällig
sei. Sie ist in ihrer ganzen Buntheit ein hervorragend
beherrschtes Mittel, mit dem Dürrenmatt seine groteske
Welt zeichnet. Und sie ist spürbar die Sprache eines
Dichters, der die Welt liebt, trotz ihrer relativen Nichtigkeit und trotz ihrer unübersehbaren Unvollkommenheit.
Diese Liebe äußert sich nicht behutsam, gediegen zu-
rückhaltend, denn sie ist paradox; sie äußert sich nicht
auf einer einzigen Stilhöhe, denn es ist eine Liebe in
grotesker Situation, aber sie äußert sich in einer lebendi-

gen Sprache, die blutvoll ist, sogar dort, wo Engel sub specie aeterni sprechen:

> Alles, was ich fand auf diesem Stern, war Gnade und nichts anderes: Ein unwirkliches Wunder in den erhabenen Wüsteneien der Gestirne. Der blaue Sirius, die weiße Wega, die tosenden Cepheiden in der Nachtschwärze des Alls –
> so abenteuerlich auch ihre Leiber und die Kraft,
> mit der ihre Nüstern Lichtgarben in den Raum fegen,
> weltenweite Blasebälge,
> nie wiegen sie dieses Körnchen Materie auf, diese winzige Kugel,
> an ihre Sonne gebunden, umkreist von einem kleinen Mond,
> gebettet in Äther,
> atmend im Grün der Kontinente, im Silber der Meere.

Aus: ›Der unbequeme Dürrenmatt‹, herausgegeben von Reinhold Grimm, Willy Jäggi und Hans Oesch, Basel/Stuttgart 1962.
Abdruck mit freundlicher Genehmigung der Basilius Presse.

Hans Mayer

Dürrenmatt und Brecht
oder
Die Zurücknahme

> »Es gibt für uns Physiker nur noch
> die Kapitulation vor der Wirklich-
> keit. Sie ist uns nicht gewachsen.
> Sie geht an uns zugrunde. Wir
> müssen unser Wissen zurückneh-
> men, und ich habe es zurückge-
> nommen. Es gibt keine andere
> Lösung, auch für euch nicht.«
> Johann Wilhelm Möbius in der
> Komödie *Die Physiker*

Möbius spricht den Satz in der großen Szene des zweiten Aktes, als die drei Physiker unter sich zu sein glauben. Die Masken Newtons, Einsteins, des armen Königs
Salomo hat man beiseite gelegt: dies ist ein Gespräch
unter geistig gesunden Männern der Wissenschaft. Zwei
Leute feindlicher Geheimdienste und das physikalische
Genie Möbius, das sie einander streitig zu machen suchen, denn der deutsche Physiker ist, wie Newton-
Kilton sagt, »ein Genie und als solches Allgemeingut«.
Möbius aber spricht von »Zurücknahme«. Diesmal ist es
ein Mann der Wissenschaft, der ›zurücknimmt‹, aber
man kennt dies Wort und diesen Begriff der Zurücknahme in der deutschen Literatur der zweiten Nach-

kriegszeit. Zuerst hatte ein Künstler davon gesprochen, eine Romangestalt, die gleichfalls, nach dem Willen ihres Verfassers, wenngleich in anderer Weise als Möbius und seine beiden Kollegen, im Grenzbereich zwischen Hellsicht und Wahnwitz zu leben hatte. Als sein Patenkind, der kleine Fridolin, so früh und schrecklich sterben muß, sagt der deutsche Tonsetzer Adrian Leverkühn zu seinem Freund: »»Um was die Menschen gekämpft, wofür sie Zwingburgen gestürmt, und was die Erfüllten jubelnd angekündigt haben, das soll nicht sein. Es wird zurückgenommen. Ich will es zurücknehmen.‹« Der Freund, Serenus Zeitblom, versteht immer noch nicht und will genauer wissen, was denn zurückgenommen werden solle. »›– Die Neunte Symphonie‹, erwiderte er. Und dann kam nichts mehr, wie ich auch wartete.«

Eine berühmte Stelle der neueren Literatur. Durchaus möglich, daß Friedrich Dürrenmatt bei seinem Hang zu Parodie und geheimen literarischen Zitaten mit den Worten des Johann Wilhelm Möbius auch eine geistige Konstellation der modernen Literatur bestimmen wollte. Zurücknahme der Neunten Symphonie, also des Kunstschaffens aus klassischer Humanität, durch den deutschen Tonsetzer Adrian Leverkühn, der mit seinen vor der Umnachtung geschaffenen apokalyptischen Oratorien gleichsam eine Neunte Symphonie der Inhumanität zu intonieren gedachte. Zurücknahme des bürgerlichen Wissenschaftsideals durch Möbius, der nun keineswegs mehr die Thesen Max Webers über ›Wissenschaft als Beruf‹ und voraussetzungslose Forschung zu befolgen gewillt ist. Hier: die Zurücknahme der bürgerlichen Ästhetik; dort – die Zurücknahme des überlieferten Wissenschaftsideals.

Nun sind es freilich Geschöpfe dichterischer Einbildungskraft, die so reden und handeln: eine Romanfigur bei Thomas Mann, eine Komödiengestalt bei Friedrich Dürrenmatt. Dennoch spürt man an diesen entscheidenden Wendepunkten des Romans ›Doktor Faustus‹ und der Komödie *Die Physiker* eine verhältnismäßig große Nähe von Schöpfer und Geschöpf. Es geht beiden um Deutung einer geschichtlichen Situation im Begriff der Zurücknahme. Thomas Mann freilich versteht den Vorgang weitgehend bloß als Symptom. In Leverkühns Handeln erblickt er einen – verzweifelten – Versuch, Auswege zu finden aus dem Zustand eines zu schwer gewordenen, daher stockenden Kunstschaffens. Diagnose ohne alle Billigung. Thomas Mann als Schriftsteller handelt nicht wie der Tonsetzer Adrian Leverkühn.

Vergleicht man dagegen die Thesen des Möbius im Schauspiel mit den einundzwanzig Punkten Dürrenmatts, die als Thesen des Autors dem Komödientext beigegeben wurden, so spürt man ein hohes Maß der Übereinstimmung. Dürrenmatt scheint das Verhalten des Möbius zu billigen. Nicht bloß Diagnose eines Zustandes wie bei Thomas Mann, sondern Anleitung zum Handeln für heutige Physiker. Nicht bloß für Physiker.

Mag sein also, daß das Wort »Zurücknahme« an dieser Stelle des Schauspiels *Die Physiker* mit Parodie und Zitat zu tun hat: als Unterstreichung der Parallelität von Kunstsituation und Wissenschaftslage. Sicherlich jedoch ist die Stelle noch in einem anderen Sinne als Parallel-Aktion aufzufassen, oder wohl eher: als Gegenaktion. Noch genauer: als Zurücknahme. Was Möbius und Dürrenmatt hier nämlich treiben, läuft hinaus auf eine Zurücknahme des ›Galilei‹ von Bertolt Brecht.

Wie immer Brecht die Gestalt seines widerrufenden Physikers ursprünglich konzipiert haben mochte: fest steht, daß er die Revokation seines negativen Helden mit den vielen positiven Zügen als Verrat an der Wissenschaft verstanden wissen wollte, und als Mahnung an die Physiker des 20. Jahrhunderts. In seiner Selbstanalyse vor dem einstigen Schüler Andrea, die Brecht in Abänderung der ursprünglichen Fassung in die 14. Szene seines Schauspiels einfügte, um mit Hilfe dieses Kunstgriffs das gewünschte Befremden des Publikums über Galileis Verhalten zu provozieren, doziert der abtrünnig gewordene Wissenschaftler, der sein Wissen, ganz im Sinne von Johann Wilhelm Möbius, zurückgenommen hatte: »Ich halte dafür, daß das einzige Ziel der Wissenschaft darin besteht, die Mühseligkeit der menschlichen Existenz zu erleichtern. Wenn Wissenschaftler, eingeschüchtert durch selbstsüchtige Machthaber, sich damit begnügen, Wissen um des Wissens willen aufzuhäufen, kann die Wissenschaft zum Krüppel gemacht werden, und eure neuen Maschinen mögen nur neue Drangsale bedeuten.« Ein Mann, der diesen Prinzipien widerspreche, der also die Verantwortung für die Folgen seines Forschens ablehne, oder gar dies Forschen selbst durch Widerruf zurücknehme, habe in den Reihen der Wissenschaft nichts mehr zu suchen. Die Selbstaussage des Galileo Galilei stimmt mit der Analyse überein, die der Stückeschreiber Brecht aus dem Studium des Falles Galilei gewonnen zu haben glaubte. In der 13. Szene des Schauspiels, die vom Widerruf handelt, sagt Andrea – und scheint damit an dieser Stelle auch die Meinung des Stückeschreibers auszudrücken: »Aber es ist alles verändert heute! Der Mensch hebt den Kopf, der Gepeinigte, und sagt: ich kann leben. So viel ist gewonnen, wenn nur einer aufsteht und Nein sagt!«

Galilei bei Brecht ist zwar ein negativer Held, aber noch ein Held. Sein negatives Handeln soll den Blick freigeben auf die Möglichkeiten positiven Handelns, die Brecht eigentlich nirgendwo in Frage stellt. Der Physiker kann vorbildlich handeln, also soll er es auch. Es ist wichtig, daß er aufsteht und Nein sagt. Die Verweigerung eines Widerrufs oder – in der Epoche des Stückeschreibers Brecht – die Weigerung der Physiker, ihre Forschung in den Dienst der Menschheitsvernichtung zu stellen, ist sinnvoll, daher notwendig. Freilich scheint Brecht in seinen letzten Lebensjahren in der Beurteilung des Falles Galilei, bei Aufrechterhaltung der Grundposition, vorsichtiger geworden zu sein. In Anmerkungen zu seinem Schauspiel, die aus dem Nachlaß veröffentlicht wurden, findet sich am Schluß des theoretischen Epilogs zur amerikanischen Aufführung des Galilei (im Sommer 1947) ein Hinweis auf die Situation amerikanischer Physiker, vor allem wohl Robert Oppenheimers: »Große Physiker verließen fluchtartig den Dienst ihrer kriegerischen Regierung; einer der namhaftesten nahm eine Lehrstelle an, die ihn zwang, seine Arbeitszeit auf das Lehren der elementarsten Anfangsgründe zu verschwenden, nur um nicht unter dieser Behörde arbeiten zu müssen. Es war schimpflich geworden, etwas zu entdekken.« Hier spürt man bereits die Ansätze zu einem Gedankengang, den Dürrenmatt weiterführen sollte: über Brechts Galilei hinaus und gegen ihn.

Wenn es nämlich schimpflich werden kann, etwas zu entdecken, läßt sich die Forderung der Galilei-Figur nach humanitärem Dienst der Naturwissenschaftler nicht mehr in der überlieferten Weise erfüllen. Dann ist die Schlußfolgerung des Johann Wilhelm Möbius nicht fern: auf Forschung zu verzichten, weil es verderblich wurde, etwas zu entdecken. Dann wurde die These der Dürrenmatt-Figur sogar von Brecht her bereits denkbar, »daß es heute die Pflicht eines Genies ist, verkannt zu bleiben«. Als Forderung an alle Physiker gerichtet: »Entweder bleiben wir im Irrenhaus oder die Welt wird eines. Entweder löschen wir uns im Gedächtnis der Menschen aus oder die Menschheit erlischt.« Man sieht: Brechts hintergründiges Schauspiel, das dem Stückeschreiber selbst aus den Händen glitt und das er immer wieder einzufangen bemüht war, läßt sowohl die Entwicklung auf positiv heldenhaftes Handeln zu, inspiriert durch den Anblick des negativ handelnden Galilei (hier arbeitet Brecht mit ähnlichen Mitteln wie bei der negativ handelnden Gestalt der Mutter Courage), wie auch die erst von Dürrenmatt zu Ende gedachte Möglichkeit, daß die Physiker in der heutigen Welt und Gesellschaft nicht mehr zu Helden irgendwelcher Art taugen, weder negativ noch positiv.

Auch das steht übrigens schon im ›Leben des Galilei‹ und gehört zu den bemerkenswerten Widersprüchen dieser dramatischen Schöpfung. »Unglücklich das Land, das keine Helden hat!« In Wut und Verzweiflung über den Widerruf seines Lehrers ruft es Andrea. Galilei antwortet: »Nein. Unglücklich das Land, das Helden nötig hat«. Der Satz stammt noch aus der ersten Konzeption des Schauspiels, die den Widerruf als insgeheim zu billigenden Kompromiß verstanden hatte, weiterarbeiten zu können. Der Satz gehörte zu den Texten in der Sklavensprache. In den ›Flüchtlingsgesprächen‹ hatte Ziffel bemerkt: »In einem Land leben, wo es keinen Humor gibt, ist unerträglich, aber noch unerträglicher ist es in einem Lande, wo man Humor braucht.« Hier formulierte der Emigrant Brecht aus den Erfahrungen mit dem Dritten Reich. Unglücklich das Land, wo man Humor braucht, um weiterleben zu können, wo Heldentum gefordert wird, weil sonst das Alltagsleben nicht weitergehen kann. Noch an einer anderen Stelle führt das Denken Bertolt Brechts über die vorgesehenen Dimensionen des Galilei-Stückes hinaus. In Anmerkungen zum Schauspiel, die man im Nachlaß fand, begründete der Verfasser mit wenigen, aber bemerkenswerten Sätzen, warum das Schauspiel ›Leben des Galilei‹, seinem Aufbau zum Trotz, keine Tragödie darstelle. Es beginne mit einer Begrüßung der neuen Zeit durch den großen italienischen Physiker, ende aber mit dessen Absage an eben diese neue Zeit. »Nach den herrschenden Regeln des Stücke-baues muß der Schluß eines Stückes schwerer gewogen werden. Aber das Stück ist nicht nach diesen Regeln gebaut.« Das ist ein wichtiger Satz. Brecht wehrt sich ebenso dagegen, von einer Tragödie des Galilei zu spre-chen, wie von dessen Heldentum. Entscheidend sei die geschichtliche Objektivität im Anbruch einer neuen Zeit. Daß Galilei in dieser Ära versage, spreche nicht gegen das Phänomen dieser neuen Ära. Denkt man aber auch dies zu Ende, so wird jene andere Grundthese Brechts frag-würdig, wonach das vorbildliche Handeln von Männern der Wissenschaft stets geschichtlich notwendig und wis-senschaftlich unabdingbar sei. Wenn der Gelehrte vor dem geschichtlichen Augenblick und vor seiner Wissen-schaft versagt, wie im Falle Galilei, setzt sich dann die neue Zeit trotzdem durch? Brecht scheint es zu meinen, die Geschichte hat es bestätigt. Daß er im Entwurf eines Vorworts zum ›Leben des Galilei‹ den Widerruf des Mannes aus Pisa für die wachsende Isolierung der Wissenschaft vom Volk verantwortlich macht, bedeutet kein wirkliches Argument. Hier setzt sich der Verdinglichungsprozeß der bürgerlichen Gesellschaft durch und hätte sich durchgesetzt auch ohne Widerruf des Galilei. Selbst aber wenn Brechts Thesen im Zeitalter des Galilei noch berechtigt sein mochten, das immerhin im Zeichen einer Emanzipation des Individuums stand, so bleibt die Frage nach der parabolisch-didaktischen Bedeutung der Brecht-Thesen im 20. Jahrhundert. Brecht glaubte an die Möglichkeit verantwortungsvollen Handelns: nicht bloß im Jahrhundert des Galilei, sondern auch in der Lebenszeit des Bertolt Brecht. Trotzdem sprach er selbst andeutungsweise davon, daß Heldentum einen prekären Begriff darstelle und daß das Galilei-Stück keine Tragödie sei.

Friedrich Dürrenmatt hatte darauf bereits in den *Theaterproblemen* von 1955 geantwortet.

> Die Tragödie setzt Schuld, Not, Maß, Übersicht, Verantwortung voraus. In der Wurstelei unseres Jahrhunderts, in diesem Kehraus der weißen Rasse, gibt es keine Schuldigen und auch keine Verantwortlichen mehr. Alle können nichts dafür und haben es nicht gewollt. Es geht wirklich ohne jeden. Alles wird mitgerissen und bleibt in irgendeinem Rechen hängen. Wir sind zu kollektiv schuldig, zu kollektiv gebettet in die Sünden unserer Väter und Vorväter. Wir sind nur noch Kindeskinder. Das ist unser Pech, nicht unsere Schuld: Schuld gibt es nur noch als persönliche Leistung, als religiöse Tat. Uns kommt nur noch die Komödie bei.

Hier findet sich bereits der geistige Ansatzpunkt für das Schauspiel *Die Physiker*. Mit einer scheinbaren Einschränkung, die in Wirklichkeit eher eine Spezifizierung bedeutete, hatte der Theoretiker Dürrenmatt noch hinzugefügt:

> Doch ist das Tragische immer noch möglich, auch wenn die reine Tragödie nicht mehr möglich ist. Wir können das Tragische aus der Komödie heraus erzielen, hervorbringen als einen schrecklichen Moment, als einen sich öffnenden Abgrund, so sind ja schon viele Tragödien Shakespeares Komödien, aus denen heraus das Tragische aufsteigt.

Angewandt auf das Schauspiel von den Physikern ergab das beim Theoretiker Dürrenmatt die Punkte 3 und 4 seines Stückkommentars: »Eine Geschichte ist dann zu Ende gedacht, wenn sie ihre schlimmstmögliche Wendung genommen hat« und »Die schlimmstmögliche Wendung ist nicht voraussehbar. Sie tritt durch Zufall ein«. An dieser Stelle der soziologischen und dramaturgischen Auseinandersetzung Dürrenmatts mit Brecht wird deutlich, wie der Stückeschreiber Dürrenmatt seine Zurücknahme der Galilei-Konzeption des Stückeschreibers Brecht, die in den Worten von Johann Wilhelm Möbius ausgesprochen worden war, theoretisch zu begründen gedenkt.

Zunächst freilich scheint eine sehr weitgehende Übereinstimmung mit Brecht vorzuliegen. Auch Brecht hat niemals Tragödien im herkömmlichen Sinne geschrieben. Wo er sich einmal – in Abwendung von seiner sonstigen Vorliebe für die römische Welt – mit griechischer Tragik, mit der ›Antigone des Sophokles‹ einließ, war er sorgfältig bemüht, eine Katharsis im aristotelischen Sinne dadurch auszuräumen, daß er das Werk historisierte und zum Gegenstand einer Bearbeitung machte, die sich schon mit ihrem Titel ›Die Antigone des Sophokles‹ als literarisch-dramaturgisches Gesamtzitat vorstellte. Ein Vorspiel mit der Angabe »Berlin. April 1945«. Dann die von Brecht bearbeitete Hölderlin-Übersetzung der sophokleischen Tragödie. Dies hier war nicht mehr dramatisches Geschehen, das Mitleid und Schrecken erregen, die Leidenschaften reinigen sollte, sondern distanzierter Vorgang im Sinne von Brechts Bemerkungen über die chinesische Schauspielkunst, die er dergestalt für das deutsche epische Theater fruchtbar zu machen suchte, daß »hauptsächlich die Historisierung der darzustellenden Vorgänge« geleistet werden müsse. Brecht bot die bekannte Antigone des berühmten Sophokles im historisierenden Zitat. Ein extremer Fall also der Distanzierung. Was immer es sein mochte: Tragödie war es nicht mehr. Dem entsprach auch Brechts Tendenz, in seinen Schauspielen, wenn irgend möglich, nicht bloß den üblichen Begriff des tragischen Helden zu vermeiden, sondern insbesondere die Tragödienkonvention des tragischen Todes eben dieses Helden. In den Schauspielen des Stückeschreibers Brecht kommt es verhältnismäßig selten vor, daß der Bühnentod für die dramatische Handlung bemüht wird. Im Falle der ›Heiligen Johanna der Schlachthöfe‹ ist er weitgehend als parodistisches Zitat zu verstehen. Die Fahnen der Heilsarmee, die sich über der toten Johanna Darc niedersenken, werden von einer Regieanweisung dirigiert, die Brecht unverhohlen aus der ›Jungfrau von Orléans‹ übernahm. Eigentlich nur in der Sterbeszene der stummen Kattrin in ›Mutter Courage‹ bedient sich Brecht für eine – allerdings bedeutungsvolle

– Episode des Bühnensterbens, dem er sonst im allgemeinen aus dem Wege geht.

Von hier aus allerdings wäre, obenhin betrachtet, ein extremer Gegensatz zwischen Brecht und Dürrenmatt zu konstruieren, denn im Unterschied zum Stückeschreiber Brecht pflegt der Dramatiker Dürrenmatt den Theaterboden jeweils mit ganzen Leichenbergen zu füllen. Verzicht aber auf den Schaubühnentod und allzu reichliche, geradezu requisitenmäßige Benutzung des Theatertodes entspringen der gleichen dramaturgischen Grundposition. In seiner bemerkenswerten Analyse des dramatischen Erstlings *Es steht geschrieben* von Friedrich Dürrenmatt hat Beda Allemann festgestellt, bei Dürrenmatt werde »die Tragödie selbst als die Seinsweise des überlieferten abendländischen Theaters von der Parodie bedroht«. Der Tod des Helden sei nicht mehr möglich, »weil das Pathos, mit dem dieser Tod ausgesprochen werden müßte, unglaubhaft klänge«. Allemann glaubte festzustellen, Dürrenmatt habe dadurch aus diesem Dilemma für sich eine Lösung gefunden, daß bei ihm »der tragische Tod abgelöst wird vom Henkertod«. Das Thema des Henker- und Scharfrichtertodes spielt bekanntlich in den Anfängen von Dürrenmatts Werk eine wesentliche Rolle. Die Auseinandersetzung konzentrierte sich später zum berühmten *Nächtlichen Gespräch mit einem verachteten Menschen* von 1957 (geschrieben 1951, wie Dürrenmatt ausdrücklich mitteilt). Gespräch also zwischen Henker und Opfer. Der tragische Tod des Freiheitskämpfers mit Abgangsworten eines Marquis Posa oder Mortimer ist nicht mehr möglich. Das Opfer erkennt in diesem nächtlichen Gespräch: »Welche Komödie! Ich kämpfe für die Freiheit und besitze nicht einmal eine Waffe, um den Henker in meiner Wohnung über den Haufen zu schießen.« Der Nexus von Schuld und Sühne nimmt parodistische Züge an.

Diesem Prinzip ist Dürrenmatt im Grunde treu geblieben, wenngleich er in den späteren Dramen den Henkertod mehr durch Mord und damit durch Mechanismen des Kriminalromans zu ersetzen strebte. In der Gangsteroper *Frank V.* wird massenhaft gemordet wie nur je in einem Groschenheftchen. Die Wirkung ist die gleiche: keine tragische Erschütterung des Publikums über den, der hier umgebracht wird, eher heitere Entspannung, wenn wieder einmal letal beseitigt wurde. Die drei ermordeten Krankenschwestern in den *Physikern,* sogar die dritte, die nach und in einer Liebesszene erwürgt wird, lösen nach Dürrenmatts Willen bloße Heiterkeit aus, keine aristotelische Reinigung der Leidenschaften. Es ist ganz wie im Detektivroman oder Kriminalfilm, wo keiner daran denkt, sich bei Mitgefühl mit einem der obligaten Ermordeten aufzuhalten, weil es bloß darauf ankommt, den Mörder zu finden und zur Strecke zu bringen. Die Massentöterei des Dramatikers Dürrenmatt entspringt daher ganz ähnlichen Erwägungen wie Brechts Verzicht auf das Requisit des Theatertodes. Um es mit Dürrenmatts Worten zu wiederholen: »Uns kommt nur noch die Komödie bei«. Freilich eine Komödie, die mit Leichen umzugehen weiß. Übrigens waren auch ›Troilus und Cressida‹ bei Shakespeare, wo die edlen Geister im Krieg zugrunde gingen, während Thersites davonkam, oder ›Maß für Maß‹, wo der Henker umging, für den Stückeschreiber Shakespeare und sein Publikum dennoch unzweifelhafte Komödien.

Auch das Brecht-Thema der Verfremdung findet sich

schon früh als besondere Abwandlung in den theoretischen Überlegungen Friedrich Dürrenmatts. In ihrer
Ausgabe vom 22. Februar 1952 hatte die in Zürich er-
scheinende Zeitung ›Die Weltwoche‹, deren Theaterkritiker damals Friedrich Dürrenmatt war, einen Aufsatz
Anmerkung zur Komödie veröffentlicht. Dürrenmatt
sprach sich hier bereits, wie drei Jahre später in den
Theaterproblemen, gegen die Tragödiengattung aus. Ein
Tragiker könne auf vorhandene Mythen zurückgreifen,
um sie jeweils abzuwandeln. Der Komödiendichter dagegen sei undenkbar ohne wirkliche Einfälle. Zurück zu
Aristophanes.

> Aktuell wird jedoch Aristophanes erst durch die Frage
> nach der Distanz. Die Tragödien stellen uns eine Vergan-
> genheit als gegenwärtig vor, überwinden Distanz, um uns
> zu erschüttern [...] Aristophanes geht den umgekehrten
> Weg. Da sich seine Komödien in der Gegenwart abspielen,
> schafft er Distanz, und ich glaube, daß dies für eine
> Komödie wesentlich ist.

Damit aber ist der Dramaturg Dürrenmatt in beträchtli-
che Nähe zum epischen Theater Brechts geraten, denn
gerade Brechts Aufsatz ›Die Straßenszene‹, von dem sich
Dürrenmatt drei Jahre später so ausdrücklich abzugren-
zen gedachte, geht vom gleichen Gedanken aus: aktuelles
Geschehen in distanzierter Form dem Zuschauer vorzu-
tragen.

Auch in den *Theaterproblemen* von 1955 gelingt es
Dürrenmatt noch nicht, mit seinen Grundthesen von der
Distanzierung und von der Aktualität der Komödie die
nötige – Distanz zu Brecht herzustellen.

Die Brechtsche These, die er in seiner ›Straßenszene‹ entwickelt, die Welt als Unfall hinzustellen und nun zu
zeigen, wie es zu diesem Unfall gekommen sei, mag groß-
artiges Theater geben, was ja Brecht bewiesen hat, doch
muß das meiste bei der Beweisführung unterschlagen werden: Brecht denkt unerbittlich, weil er an vieles unerbittlich nicht denkt.

Das ist ein Bonmot, mehr nicht. Dürrenmatt steht jetzt
zwischen der Tradition aristotelischer Dramatik und der
Brecht-Lehre einer nicht-aristotelischen Bühnenkunst.
Man kann ebensowenig sagen, in der Frage nach der
Funktion des Bühnengeschehens habe von Anfang an
eine Antithese Dürrenmatts zu Brecht bestanden. In
seiner *Anmerkung zur Komödie* von 1952 ist Dürrenmatt
weit davon entfernt, funktionsloses oder gar irgendein
absurdes Theater im damaligen Sinne Ionescos fordern zu
wollen. Die Komödie sei Zeittheater und bedürfe der
Einfälle. Denn:

Sie ist unbequem, aber nötig. Die Tyrannen dieses Planeten werden durch die Werke der Dichter nicht gerührt, bei
ihren Klageliedern gähnen sie, ihre Heldengesänge halten
sie für alberne Märchen, bei ihren religiösen Dichtungen
schlafen sie ein, nur eines fürchten sie: ihren Spott.

Aber das war ein Satz, den auch Brecht geschrieben
haben konnte.

Dürrenmatts Auseinandersetzung mit dem Schaffen
Brechts mußte weitergehen. Merkwürdig übrigens, wie
sich in Dürrenmatts eigener Entwicklung gewisse Konstellationen der künstlerischen Laufbahn Bertolt Brechts
zu wiederholen scheinen. Dürrenmatts dramatisches De-
büt *Es steht geschrieben* scheint – ein Vierteljahrhundert

später – die Anfänge Brechts mit ›Baal‹ wiederholen zu wollen. Die Wiedertäufer-Komödie und Brechts anti-expressionistischer Erstling demonstrierten bereits nicht bloß eine ungewöhnliche Begabung, sondern ein poetisches Programm, das später weiter entwickelt wurde. Noch in Brechts Bearbeitung des ›Hofmeisters‹ von Lenz finden sich bewußt eingesetzte Lyrismen des Baal-Dichters. Erstaunlich auch in beiden Fällen – bei aller Distanz von nahezu drei Jahrzehnten – die Faszination durch Frank Wedekind. Der war eines der großen Erlebnisse des jungen Brecht gewesen: in seinem Bänkelsang und seiner auf Büchner wie den Sturm und Drang zurückweisenden Themenstellung. Friedrich Dürrenmatt hat bekanntlich – ähnlich übrigens wie der Brecht der ›Dreigroschenoper‹ – einen albernen Plagiatsanwurf im Zusammenhang mit Wedekind erleben müssen, wobei sonderbarerweise bloß Äußerlichkeiten der Handlungsführung in der *Ehe des Herrn Mississippi* die literarischen Sachkenner in Sachen Wedekind auf den Plan riefen, während man schon bei dem Wiedertäuferstück hätte entdecken können, daß hier im Gegeneinander von Bockelson und Knipperdollinck die Konstellation Keith-Scholz aus Wedekinds ›Marquis von Keith‹ übernommen worden war.

Auch bei Dürrenmatt – weitgehend unabhängig von Brecht, denn eine nähere Beschäftigung mit dessen Stücken und Theorien wird man bei Dürrenmatt wohl erst für Anfang der fünfziger Jahre anzusetzen haben – die Faszination der Trivialliteratur. Boulevard-Komödien, Kriminalromane, Kabarettszenen, bei Ablehnung einer eingehenden Beschäftigung mit der sogenannt ›hohen Literatur‹: das alles kannte man schon vom Brecht der zwanziger Jahre. Brechts »unliterarische Tradition«, die sich damals, um 1925, vor allem auf Kriminalromane, Sport und Technik berief, findet ihr Gegenstück beim jungen Dürrenmatt, der keine Gelegenheit versäumt, ähnlich wie Brecht im gleichen Lebensalter, es den Literaturwissenschaftlern zeigen zu wollen. Mag sein, daß Dürrenmatt, als er sein unhistorisches Wiedertäuferstück schrieb, die ›Heilige Johanna der Schlachthöfe‹ mit ihren Schillerzitaten und Hölderlinzitaten und Bibelzitaten bereits gelesen hatte. Notwendig ist es nicht, denn die Schillerzitate des Scharfrichters in Dürrenmatts erstem Stück entspringen durchaus der dramaturgischen Grundkonzeption und brauchen gar nichts mit Einflüssen irgendeiner Brechtlektüre zu tun haben.

Die Konstellation Dürrenmatt-Brecht besitzt also durchaus objektive, geschichtliche Züge. In Dürrenmatts Anfängen scheint sich, fünfundzwanzig Jahre später, die Ausgangskonstellation Bertolt Brechts zu wiederholen. Das hat nichts mit literarischer Metaphysik zu tun, sondern mit den Gegebenheiten einer Situation von Literatur und Theater am Ausgang der Bürgerzeit. Gemeinsamkeit also der gesellschaftlichen wie der künstlerischen Ausgangssituation. Das Ansich dieser Konstellation aber wird bald für Dürrenmatt zu einem Anundfürsich, indem er durch das Studium der Brecht-Werke und -Theorien dieser dialektischen Entsprechung bewußt wird. Der Essay *Theaterprobleme* bedeutete noch keine wirkliche Klärung, weshalb Dürrenmatt in seiner *Schiller-Rede* von 1959 das Thema abermals aufgreifen sollte.

Inzwischen nämlich war auch der Dramatiker Dürrenmatt immer wieder in die Nähe des Stückeschreibers Brecht geraten. Nach der *Ehe des Herrn Mississippi*, die ein großer Erfolg geworden war und gleichzeitig in die

Sackgasse führte, in der Beziehung von Ideologie und Handlung gar nicht so unähnlich dem dramaturgischen Treiben Sartres, das der Kritiker Dürrenmatt bei einer Rezension von ›Der Teufel und der liebe Gott‹ im November 1951 als »Waffe niedrigster Art« und als »philosophischen Schlagring« bezeichnet hatte, war bei Dürrenmatt immer stärker die Verwendung von Brecht-Motiven aufgefallen. Unverkennbar vor allem in der zweiten Fassung der Komödie *Ein Engel kommt nach Babylon,* aber auch im *Besuch der alten Dame* und vor allem selbstverständlich in *Frank V.,* dieser »Oper einer Privatbank«, die nicht, wie prompt behauptet wurde, ein Plagiat an der ›Dreigroschenoper‹ darstellte, sondern eine Neufunktionierung des Brechtthemas anstrebte. Bei Brecht: auch Gangster sind eigentlich Bürger. Bei Dürrenmatt: Bürger sind eigentlich Gangster.

In der Mannheimer *Schiller-Rede* von 1959 sollten nun die dialektischen Vermittlungen zwischen Dürrenmatt und Brecht näher bestimmt, die Distanzen wie die Gemeinsamkeiten theoretisch fixiert werden. Brecht ist tot, aber für Dürrenmatt ist er aktueller denn je. Brecht ist in unserer Zeit, nach Meinung Dürrenmatts, »die extremste Form des sentimentalischen Dichters« im Sinne Schillers. Der Marxismus ist, wie der Mannheimer Redner allen gutgemeinten oder schlechtgemeinten Versuchen entgegenhält, den reinen Dichter Brecht vom bloßen Kommunisten trennen zu wollen, integrierender Bestandteil dieses besonderen Künstlertums.

Deshalb stellt das Ärgernis, daß sich zu unserer Zeit der größte deutsche Dramatiker im Glauben, menschlich zu handeln, auf die Seite einer Revolution schlug, an uns die

Frage nach unserer Antwort auf unsere Zeit. Haben wir
überhaupt eine Antwort, oder tun wir nur so, als ob wir
eine hätten?

Vermutlich war das eine rhetorische Frage, denn im
Grunde mußte es dem Schillerpreisträger Dürrenmatt
einigermaßen gleichgültig sein, ob die festliche Versamm-
lung, an die er sich wandte und die schon zu Beginn
dieser Schiller-Rede einige Unruhe verriet, mit ihm bereit
war, sich eine Antwort über ihr Verhältnis zu Brecht
auszudenken. Für ihn selbst aber war das durchaus nicht
belanglos. Zum Marxismus wollte Dürrenmatt sich nicht
bekennen. Ein religiöser Dichter gedachte der Pfarrerssohn ebensowenig zu sein. Darüber steht bereits in den
Theaterproblemen ganz unmißverständlich der Satz, die
Welt erscheine möglicherweise »von einem Punkt außerhalb«, aus der Transzendenz also, weniger bedrohlich,
»doch habe ich kein Recht und keine Fähigkeit, mich
außerhalb zu stellen«. Auch hier also wieder einmal –
Holthusen zum Trotz, der den gleichen Vorgang bereits
an Thomas Mann sehr heftig gerügt hatte – eine »Welt
ohne Transzendenz«. Aber auch kein dialektischer Mate-
rialismus. Was also? Absurdes und funktionsloses Theater? Blickt man heute, in Kenntnis des Schauspiels *Die
Physiker* auf die *Schiller-Rede* von 1959 zurück, so finden
sich neben dem Bekenntnis zur Auseinandersetzung mit
Brecht auch bereits die Ansätze zu jener Gegenposition
und Zurücknahme, die nicht ganz drei Jahre später zur
Zurücknahme des Galilei und der Funktionsdramatik
Brechts führen sollte. Gegen Ende der Mannheimer Rede, als der Mittelteil über den sentimentalischen Dichter
Brecht abgeschlossen und Dürrenmatt von neuem zur

Konfrontierung unserer Zeit mit der Schillerzeit überge-
gangen war, kommt es zu einer Konstatierung, die
gleichzeitig gegen Schiller und gegen Brecht
gerichtet ist:

> Wir haben aufs neue zu durchdenken, was des Staates und
> was des Einzelnen ist, worin wir uns zu fügen haben, wo
> zu widerstehen ist, worin wir frei sind. Die Welt hat sich
> nicht so sehr durch ihre politischen Revolutionen verän-
> dert, wie man behauptet, sondern durch die Explosion der
> Menschheit ins Milliardenhafte, durch die notwendige
> Aufrichtung der Maschinenwelt, durch die zwangsläufige
> Verwandlung der Vaterländer in Staaten, der Völker in
> Massen, der Vaterlandsliebe in eine Treue der Firma ge-
> genüber.

Es folgt ein Satz, der heute als geistige Keimzelle des
Schauspiels von den drei Physikern anmutet, denn Dürrenmatt glaubt feststellen zu müssen:

> Der alte Glaubenssatz der Revolutionäre, daß der Mensch
> die Welt verändern könne und müsse, ist für den Einzel-
> nen unrealisierbar geworden, außer Kurs gesetzt, der Satz
> ist nur noch für die Menge brauchbar, als Schlagwort, als
> politisches Dynamit, als Antrieb der Massen, als Hoffnung
> für die grauen Armeen der Hungernden.

Erst hier findet sich die Antwort Dürrenmatts an
Brecht, denn die Mannheimer Rede greift ebenso unauf-
fällig wie unverkennbar die Frage auf, ob die heutige
Welt auf dem Theater wiederzugeben sei und ob dieses
Theater die Welt verändern könne. Bertolt Brecht hatte
als schwerkranker Mann im Jahre 1955 in einem Brief an
die in Darmstadt tagenden Dramaturgen sowohl die

Möglichkeit zugelassen, die heutige Welt auf der Schaubühne sichtbar zu machen, wie die andere Möglichkeit, mit Hilfe einer im Theaterstück richtig gedeuteten Welt den Zuschauer zur Welterkenntnis und zur Weltveränderung zu bringen. »In einem Zeitalter, dessen Wissenschaft die Natur derart zu verändern weiß, daß die Welt schon nahezu bewohnbar erscheint, kann der Mensch dem Menschen nicht mehr lange als Opfer beschrieben werden, als Objekt einer unbekannten, aber fixierten Umwelt. Vom Standpunkt eines Spielballs aus sind die Bewegungsgesetze kaum konzipierbar.« Das war damals – 1955 – eine Antwort Brechts an Dürrenmatt gewesen, denn der Verfasser der *Ehe des Herrn Mississippi*, die auf das Lob des Opfers hinauslief, hatte die Frage gestellt, »ob die heutige Welt durch Theater überhaupt noch wiedergegeben werden kann«. In Brechts Antwort wird daher der Name Friedrich Dürrenmatt schon in der ersten Zeile genannt. Nicht die Perspektive des Opfers, nicht der Standpunkt des Spielballs. Die Entwicklung der Naturwissenschaft hat bereits die Möglichkeit für »menschenwürdige« Gesellschaftsverhältnisse geschaffen. Die heutige Welt kann daher auch auf dem Theater wiedergegeben werden, »aber nur, wenn sie als veränderbar aufgefaßt wird«. Veränderbar durch wen? Brecht antwortet: »Ich habe dies viele Jahre lang aufrechterhalten und lebe jetzt in einem Staat, wo eine ungeheure Anstrengung gemacht wird, die Gesellschaft zu verändern.«

Erst wenn diese Thesen Brechts in das Gespräch Brecht-Dürrenmatt einbezogen werden, versteht man einige Sätze der *Schiller-Rede*, die umgekehrt stipulieren, die Entwicklung der modernen Naturwissenschaft habe die Erde nicht bloß immer unbewohnbarer gemacht, sondern auch die Möglichkeit geschaffen, die vom Verfasser des Galilei beklagte Scherenentwicklung zwischen Naturwissenschaft und Gesellschaftswissenschaft dadurch zu beseitigen, daß beide vernichtet werden. Der Brecht-These, daß die Welt veränderbar sei, folglich verändert werden müsse, antwortete Dürrenmatt mit dem soziologischen Hinweis darauf, eine Veränderbarkeit der Welt durch den Einzelnen sei »unrealisierbar geworden, außer Kurs gesetzt«.

Von hier führte der Weg Dürrenmatts zu dem Schauspiel *Die Physiker,* das alle früheren Themen abermals aufgreift: Nutzen oder Nutzlosigkeit des Opfers; Möglichkeiten des Einzelnen, den Weltlauf zu beeinflussen; Komödie mit Toten; Wirksamkeit oder Unwirksamkeit der Stückeschreiber bei Veränderung der Welt. Trotzdem hatte Dürrenmatt nicht einfach die Thesen seiner *Schiller-Rede* von 1959 ›dramatisiert‹. Das Schauspiel selbst bedeutete eine n e u e Position: auch gegenüber Brecht. Die 21 Punkte des Nachworts zum Schauspiel von den Physikern machen das deutlich.

Auch für das Physiker-Stück Friedrich Dürrenmatts nämlich gilt der kritische Einwand, den G o t t f r i e d B e n n zehn Jahre vorher (1952) bei Betrachtung der *Ehe des Herrn Mississippi* gemacht hatte: daß der Verfasser dieses ungewöhnlichen Schauspiels (es kam selten vor, daß Benn sich für zeitgenössische Literatur interessierte; hier war es einmal der Fall) die strenge Scheidung der beiden Welten Kunst und Leben nicht genügend respektiere. Als Kritiker Friedrich Dürrenmatts postulierte Benn: »Kunst ist etwas Hartes, wenn sie wirklich Kunst ist, bringt und fordert sie Entscheidung. Wie steht es mit der Entscheidung unseres Autors? Ist es möglich, die innere Lage des heutigen Menschen, seine beiden Grundzüge, den des Individuellen und den des von der Schöpfung gegebenen Zwangs, auf der Bühne zum Ausdruck zu bringen, wenn man Zeit und Raum atomisiert und sich sogar geographisch nicht entscheiden kann, nämlich ob für den Süden mit der Zypresse oder für den Norden mit dem Apfelbaum?« Die Folgerung für das Stück von der absoluten Gerechtigkeit und vom Opfer: »Und da muß man antworten, daß vielfach die Trennung zwischen dem relativierenden und diskutierenden Autor und seinen Figuren nicht ganz vollzogen ist.«

Gottfried Benn traf damit eine entscheidende Schwierigkeit dieser Dramaturgie. Dürrenmatts Antwort (oder Nicht-Antwort) auf die Frage nach Funktion oder Funktionslosigkeit seiner Stücke soll nämlich weder mit Benn noch mit Brecht etwas zu tun haben. Weder apodiktische Trennung von Kunst und Leben wie bei dem monologischen Lyriker, noch sentimentalische Dichtung eines Marxisten, der die Welt mit Hilfe der Schaubühne verändern möchte. Bei solcher Negativität aber von Dürrenmatts Haltung kann es nicht ohne Widersprüche abgehen. Eine Zeitlang mochte es scheinen, als stelle Dürrenmatts gesamte Dramatik immer wieder in Abwandlungen die Notwendigkeit und Größe des menschlichen Opfers dar. Aber bereits die Opferung Ills im *Besuch der alten Dame* entbehrte der tragischen Größe: die ungeheuerliche Konstellation in den Beziehungen zwischen der alten Dame und der Stadt Güllen ließ das herkömmliche Spiel von Schuld und Sühne gar nicht mehr zu. Das Opfer vollends, das der Physiker Möbius auf sich nehmen wollte – »daß es heute die Pflicht eines Genies ist, verkannt zu bleiben« –, ist weder tragisch

noch auch nur erfolgreich. Die Opferung Ills hatte wenigstens, wie der schauerliche Schlußchor bewies, dem
Städtchen Güllen für eine Weile den Wohlstand gesi-
chert. Die Zurücknahme aber seiner Forschungen durch
Möbius blieb belanglos, denn die ›alte Dame‹ dieses
neuen Stückes konnte trotzdem, mit Hilfe der zurückge-
nommenen Forschungen, ihren Trust der Weltbeherr-
schung oder Weltvernichtung aufbauen. Hatte es ursprünglich so ausgesehen, als neige Dürrenmatt den Gedanken zu, die Benn in seinem Hörspiel ›Die Stimme
hinter dem Vorhang‹ genau zehn Jahre vor den *Physikern*
verkündet hatte: »Im Dunkel leben, im Dunkel tun, was
wir können«, so zeigt der Fall Möbius, daß eben dies in der
heutigen Gesellschaftslage gar nicht mehr möglich ist. Der
Physiker Johann Wilhelm Möbius möchte im Dunkel leben
und auf Forschen wie Handeln verzichten. Aber es erweist
sich die Richtigkeit der 18. These Dürrenmatts zu seinem
Schauspiel von den Physikern: »Jeder Versuch eines Einzelnen, für sich zu lösen, was alle angeht, muß scheitern.«
Also doch Brecht und nicht Benn?

Der Physiker Kilton kriecht am Schluß des Schauspiels
wieder in die Verrücktenpose zurück und gibt sich abermals als Newton aus; er bekennt als seine und Newtons
wissenschaftliche Maxime: »Hypotheses non fingo«. Das
war die Haltung des Physikers Newton, nicht die des
Dramatikers Dürrenmatt. Der nämlich hatte seinem vor-
letzten Stück *Frank V.* eine *Standortbestimmung* mit auf
den Weg gegeben, die mit den Worten begann: »Hypotheses fingo«. Gemeint war dies:

Der Weg, den meine Dramatik eingeschlagen hat, ist nicht
ohne weiteres einzusehen. Ohne vom Komödiantischen,

Spielerischen als ihrem Medium zu lassen, ist sie vom
›Denken über die Welt‹ zum ›Denken von Welten‹ überge-
gangen. Nicht um philosophisches, naturwissenschaft-
liches oder theologisches Denken zu kritisieren, sondern
um etwas anderes zu treiben. In dieser Richtung ist auch
Frank der Fünfte zu suchen, nicht als ein nationalökono-
misches Stück (da wäre es zu naiv und zu oberflächlich),
sondern als Arbeit über ein fingiertes Modell. Modell von
was? Von möglichen menschlichen Beziehungen.

Als Dramatiker aber deute er die Welt nicht, denn dies sei
nicht seine Aufgabe. Trotzdem könnten, wie Dürrenmatt
ausdrücklich zugibt, Vorgänge der heutigen Welt in den
Fabeln und Situationen seiner Stücke durchaus versteh-
bar gemacht und – durch Kritiker oder Zuschauer –
gedeutet werden. Daß ein Zuschauer, wenngleich vielleicht nicht immer ein Kritiker, das Treiben der Bühnen-
figuren auf seine eigene Zuschauerwirklichkeit beziehen
könne, auch beziehen solle, ist für Dürrenmatt selbstverständlich. Was dabei im Leben des Zuschauers »heraus-
komme«, lasse sich kaum vorhersagen, erst recht nicht
dramaturgisch einkalkulieren. Den dialektischen Zusammenhang von Theorie und Praxis im Sinne Brechts
scheint Dürrenmatt nicht anzuerkennen. Er würde vermutlich nicht daran denken, nach dem Vorbild Brechts,
neben dem Versuch, eine neue Kunst des Stückeschrei-
bens zu begründen, auch noch eine neue »Zuschaukunst«
beim Publikum zu inaugurieren. Wieder einmal verschiedene Auffassungen über die Veränderbarkeit der Welt.

Die Schlußthese zu den *Physikern* faßt Dürrenmatts
Ansicht über die Beziehungen zwischen Substanz und
Funktion einer heutigen Dramatik, die weder Brecht
noch Benn zu folgen gedenkt, in dem Satz zusammen:

»Die Dramatik kann den Zuschauer überlisten, sich der Wirklichkeit auszusetzen, aber nicht zwingen, ihr standzuhalten oder sie gar zu bewältigen«. Demonstriert wird: Opfer des Einzelnen sind heute sinnlos. Der Einzelne kann die Welt weder durch Opfer erlösen, noch durch sein Denken und Handeln von Grund auf verändern, und sei er selbst der größte Physiker der Menschheitsgeschichte. Die Zeit der weltverändernden großen Individuen, der Helden wie der Heiligen, scheint für Dürrenmatt vorbei zu sein. Daraus folgt, wie Punkt 17 betont: »Was alle angeht, können nur alle lösen«. Physiker haben mit der Physik zu tun, mit der physikalischen Forschung nämlich. Deren Auswirkungen aber gehen alle Menschen an; weshalb auch nur alle Menschen zusammen, nach Meinung Dürrenmatts, die schlimmstmögliche Wendung zu verhindern vermögen.

Die Dramaturgie eines Schauspiels, das sich hypothetische Fälle menschlichen Gegenwartsverhaltens ausdenkt, geht nur den Stückeschreiber und seine Gehilfen auf der Bühne an. Die Folgerungen glaubt Dürrenmatt dem Publikum überlassen zu sollen, wobei er nur scheinbar offenläßt, welche Folgerungen der Zuschauer oder ein Dürrenmatt-Leser nun wirklich zieht. Der Schweizer Dürrenmatt ist durchaus nicht so neutral, wie er manchmal tun möchte. Billigung der gesellschaftlichen Lebensform in Güllen war dem dramatischen Bericht über den Besuch einer alten Dame wohl kaum zu entnehmen. Güllen war ein Modell, wie später ›Andorra‹ bei Max Frisch. Beide Modelle hatten übrigens mit der Schweiz zu tun. An der *Ehe des Herrn Mississippi* störte den Kritiker Gottfried Benn damals noch die Ungenauigkeit der Geographie. Das ist nun längst nicht mehr der Fall.

Die Privatbank der Dynastie Frank steht am Ufer des Zürichsees. Wer sich auskennt, wird nach der Lektüre der Vorbemerkung zu den *Physikern* unschwer entdekken, daß sich das Nervensanatorium mit den drei Physikern am Ufer des Neuenburger Sees befindet: unweit der Gegend, wo die Familie Dürrenmatt wohnt.

Dennoch wäre es ganz töricht, daraus folgern zu wollen, Dürrenmatt ›meine‹ die Schweiz. Auch die heutige Schweiz ist ein Modell. Sie erlaubt dem Dramatiker das »Denken von Welten«. Mit dem Denken aber hat das gesamte Schaffen dieses schweizerischen Schriftstellers zu tun. Auch darin steht er in der Nachfolge Bertolt Brechts. Nicht bloß Galilei, sondern auch der Schöpfer dieser Bühnengestalt empfand das Denken als Lust, Laster und Versuchung. Friedrich Dürrenmatt – Hypotheses fingo – hält es nicht anders. Denken als Versuchung, aber auch als Verantwortung in einer Zeit, die gekennzeichnet scheint vom Hang zur allgemeinen Verantwortungslosigkeit. Bevor sich Johann Wilhelm Möbius von neuem und diesmal endgültig in den armen König Salomo verwandelt, spricht er den Satz: »Was einmal gedacht wurde, kann nicht mehr zurückgenommen werden«. Abermals die Zurücknahme. Aber diesmal ist es, denkt man den Satz zu Ende, gleichzeitig eine Zurücknahme der Zurücknahme. Was einmal gedacht wurde, kann nicht mehr zurückgenommen werden. Also auch Brecht nicht. Dürrenmatt weiß es.

Aus: ›Der unbequeme Dürrenmatt‹, herausgegeben von Reinhold Grimm, Willy Jäggi und Hans Oesch, Basel/Stuttgart: Basilius Presse 1962.
Abdruck mit freundlicher Genehmigung des Autors.

Heinz Ludwig Arnold
*Theater als Abbild
der labyrinthischen Welt*

Versuch über den Dramatiker
Friedrich Dürrenmatt

> *A perfect judge will read each
> work of wit with the same spirit
> than its author writ.*
>
> Alexander Pope

I

Friedrich Dürrenmatts erstes, nie veröffentlichtes Stück,
die im Spätherbst 1943 vollendete *Komödie,* ist der Versuch, die Erfahrung der Welt als Labyrinth, die Zerstörung des in religiöser Umgebung vermittelten Glaubens,
den grundsätzlichen Zweifel an einem Sinn und den
Willen zur Erkenntnis eines möglichen Sinns in eine
Form zu bringen: in eine Form, die Bildlichkeit und
Reflexion im sprachlichen Ausdruck vereint. Das Ergebnis ist ein expressionistisches Stück, genannt *Komödie,*
aber wahrlich keine Komödie im allgemeinen Verständnis, sondern ein Drama, das Ur-Drama des Menschen,
der, umstellt von Bedrängungen, überallhin flieht, in den
Tod, in den Suff, in das Verbrechen, in die Macht, und
der dem Ende doch nicht entkommt; der Schluß des
Stücks: »Alle fallen in die Knie. ›Gott, erbarme dich

unser.‹ Der Boden beginnt zu zittern. Dann zerreißt die Explosion alles. Ende.«

Diesem Ende geht voraus die Wanderung Adams, des Menschen, durch die Welt, die bevölkert ist von Verwundeten, Bettlern, Krüppeln, Huren. Adam ist Soldat: prototypisch; der Mensch als Tötender und Getöteter zugleich, als ein Wesen im Labyrinth, das gehetzt wird vom Minotaurus, dieser gewalttätigen, unbändigen, willkürlich ausbrechenden und alles herumwirbelnden Kraft der Zerstörung, Produkt einer gleichsam mythischen Ursünde. Adam wird geführt und begleitet von dem Besoffenen, der auf orakelhafte Weise Bescheid weiß um diese Welt: Bescheid weiß darum, daß Fragen diese Welt formen:

> ADAM Warum leben wir?
> BESOFFENER Du weißt es nicht und ich weiß es nicht. Wir sind eingeschlossen in einer Hölle von Fragen, die keiner beantworten kann, und unsere Strafe ist, ›warum‹ zu schreien, und unser Sein Sünde und Gnade zugleich. Laß uns eilen.
> ADAM Wohin führst du mich?
> BESOFFENER Geradewegs ins Nichts. Komm.

Dürrenmatt hat seiner *Komödie* einen Vorspruch beigegeben:

> Meine Komödie gehört nur in wenige Hände. Sie ist den Menschen bestimmt, die wissen, und es sind wenige. Das hieß dichten einst: den Raum dichten zum Wort. So war es bei den Griechen, ihnen war der Raum und so Staat, Religion und Kunst eines, als Dimensionen des Raums. Alles war bedeutend, weil es im Raum bestimmt war. Jetzt aber ist alles anders. Wir sind von Unraum, von unwesentlichem bedeutungslosen umgeben. Der Staat, die Religion

und die Kunst sind für sich, ohne Beziehung zueinander: Abstrakt, überschwemmt von der Technik, dem Bild des Wesenlosen. Wie die Zeit geworden ist, müssen wir sie ertragen. Im Ertragenkönnen liegt die Gnade. Aber Pflicht ist, Raum zu schaffen durch den Geist: Daß im Wort alles wieder eins sei, daß Wort Fleisch werde. Diese Worte setze ich an den Anfang. Raum schaffen ist Schicksal, denn sonst werden wir uns selber morden, denn alles wendet sich dann nach innen und zerstört. – Meine Komödie ist Abschluß und Umkehr. Darin liegt ihre Bedeutung und nur darin. Sie wird dort wahr, wo die Hölle zu denken wäre, in der vierten Dimension, in unserer Zeit. Und dies war dann Erkenntnis: Daß Leben ohne Raum in nichts endet.

Dürrenmatts bislang letztes Stück, *Der Mitmacher* von 1973, spielt in einem Kellerraum fünf Stockwerke unter der Erde:

> Ein Stück über das Mitmachen von einem, der selber mitmacht. Die Personen sind Typen, Endtypen ...; im übrigen sind es durchaus Figuren unserer Zeit, Feldherren unserer Schlachten und ihre Opfer, die da auftreten, nicht eigentlich übertrieben, sondern zu Gestalten verdichtet.

Das Ende der Menschen = Gesellschaft vollzieht sich da nicht in der Explosion, sondern in der restlosen Verstrickung, für die eine Explosion nur noch die Erlösung sein könnte. Die Verstrickung aller in allem, durchaus so allgemein begriffen und dargestellt, verhindert, daß der Mensch Raum um sich schafft: seine Freiheit, seine Würde. Nur die Flucht in den Wahnsinn oder die Annahme des Todes erscheinen als Möglichkeiten, im Auslöschen von Existenz und Leben ein letztes Mal wie in einem Funkenschlag noch Raum herzustellen: Würde zu beweisen wie Cop, der sich der Mitmacherei durch den

Tod entzieht, oder die scheinbare Freiheit ins Unermeßliche zu treiben wie Bill, der den grandiosesten Anarchismus institutionalisieren will: für 10 Millionen jährlich vergibt er den Dauerauftrag, einen Präsidenten nach dem anderen ermorden zu lassen.

Sein erstes Stück hat Friedrich Dürrenmatt nicht veröffentlicht: Seine Perspektivlosigkeit, seine vage Begrifflichkeit, näher bei der philosophischen Lektüre des Studenten als bei seiner kraftvoll expressionistischen Malerei, die überzogene Allegorisierung schließlich mögen Dürrenmatt dazu bestimmt haben. Da gibt es Wörter, Sätze, Zusammenhänge – etwa in der Vorbemerkung –, die Dürrenmatt schon wenige Jahre später nicht mehr benutzt oder gar entschieden zurückgewiesen hätte. Die *Komödie* ist eben ein erster Versuch – und dennoch: bei all dieser Selbstkritik und dem Verständnis dafür, daß ein Schriftsteller nicht auf seine ersten und längst überwundenen Anfänge verwiesen werden möchte, kann man feststellen, daß in diesem ersten Stück Themen, Motive und Klänge angeschlagen sind, die sich durch das gesamte Werk Dürrenmatts ziehen. Mit veränderten Worten, in jeweils anderen Konstellationen zeigt dieser Dramatiker die verschiedenen Spielweisen des Menschen auf der Bühne: im Bewußtsein einer labyrinthischen Welt, begabt mit einem urwüchsigen Humor, der sich dem blindwütigen Minotaurus entgegenstellt, nicht um den unzerstörbaren Schleier über dieser dunklen Welt zu zerreißen, sondern um in das Dunkel wenigstens ein paar Lichtpunkte zu werfen.

Friedrich Dürrenmatts Komödie *Der Mitmacher* führte zu einer Niederlage auf der Bühne; obgleich das Stück in Dürrenmatts eigener Inszenierung, in Mannheim, die

Zuschauer beeindruckte, haben die Kritiker kein gutes
Haar daran gelassen. Sein expressionistisch anmutender
Aufschrei, sein abgründiger Humor, seine thematische
Rigorosität und seine symbolhafte Reduktion (Dürrenmatt versteht das Manuskript des *Mitmachers* so entschieden wie das von *Porträt eines Planeten* als ›Partitur‹)
passen, so scheint's, nicht in diese Zeit. Und: Die Kritiker waren in ihrem Urteil von der aus allen Fugen
geratenen Zürcher Uraufführung ein für allemal geprägt –
so schrieb Günther Rühle in der FAZ vom 12. 3. 1973:
»Die Reaktion des Zürcher Publikums war die Reaktion
auf eine Inszenierung, die diese Lockerheit, die Mechanik in der Dramaturgie Dürrenmatts nicht bloßlegte.
Niemand war am Ende der Probezeit mehr verantwortlich. Der Regisseur Andrzej Wajda distanzierte sich von
der Inszenierung, weil Dürrenmatt in sie eingriff. Wahrscheinlich spürte Dürrenmatt, wieviel hier zerdehnt, also
nicht geschärft war.« Er spürte es in der Tat. Doch
keinem der Kritiker, die aus dem Verriß einer mißglück-
ten Inszenierung einen Verriß von Stück und Autor
machten, fiel es ein, seine Kritik anhand Dürrenmatts
eigener Inszenierung in Mannheim zu revidieren. Und
die Dramaturgen folgten der Kritik: Dürrenmatts *Mitmacher* wurde seither nicht mehr gespielt.

Zwischen dem ersten und dem letzten, sechzehnten
Stück Dürrenmatts spannt sich die Welt seines Theaters,
seiner Dramaturgie, seines Denkens. Die Grundkonstel-
lation ändert sich kaum: die Erfahrung mit der Welt, ja
an Welt wird zwar reicher, aber all diese Erfahrungen
spiegeln und bestätigen jenes Empfinden von Welt, für
das Dürrenmatt mit dem Wort labyrinthisch früh schon
eine Formel gefunden hat: Ob Adam im ersten Stück, der

Herzog im *Blinden*, Knipperdollinck in *Es steht geschrieben* oder Romulus, ob Möbius in den *Physikern*, Ill in der *Alten Dame* oder Mississippi, Saint-Claude und Übelohe in *Die Ehe des Herrn Mississippi* und schließlich Doc, Bill, Cop im *Mitmacher* – sie alle sind Abbilder des Menschen im Labyrinth, in dem der Minotaurus rast; das Labyrinth ist Dürrenmatts mythisches Symbol für die Welt. Doch darin trotzdem sich selbst zu sein, Raum um sich und andere zu schaffen, Licht in die Dunkelheit zu tragen, die Blinden sehen zu machen, ohne ihnen die Augen erneut mit Ideologie zu verkleben, bleibt ein ständiger Versuch, die Welt gegen den Minotaurus zu bestehen: selbst im Bewußtsein des Scheiterns. Gegen einen Minotaurus, der in verwandelbarer Gestalt die Schicksale umtreibt – in der Gestalt Claire Zachanassians in der *Alten Dame*, als Mathilde von Zahnd in den *Physikern* –, hilft noch das Gelächter, das die komödiantischen Figurationen des Dramatikers hervortreiben. Aus dem totalen Zweifel des Anfangs kommend, entwickelt sich Dürrenmatt zunehmend zu einem Dramatiker, der den Zweifel in Erkenntniskritik verwandelt und der Verzweiflung an der Welt seine vom Humor getragenen Spiele menschlicher Möglichkeiten entgegenstellt. Doch diese Konfrontation zwischen der Welt, wie sie ist, und den Möglichkeiten, ihr zu begegnen, ist nicht starr mechanisch; sie lebt von einer Dialektik, die existentiell begründet ist und deshalb wandlungsfähig im erkenntniskritischen Sinne bleibt. Denn wo im barocken Trauerspiel – der Vergleich mit Dichtungen von Andreas Gryphius oder Lohenstein liegt nahe – das Elend Welt bestanden wurde, weil es den Glauben an das Jenseits gab, in dem sich der Märtyrer manifestierte, gibt es in der Welt des Dürrenmattschen Theaters diese starre, mechanistische Verheißung, die sich heute nur noch als Ideologie, bezogen aufs Jenseits im Religiösen oder aufs Diesseits im Marxismus z.B., anbietet, nicht; denn Religion und Marxismus sind zu Dogma und Doktrin erstarrt. Nicht der Glaube an eine Ideologie, sondern der Zweifel an den Heilslösungen ist das Movens der Dürrenmattschen Dramatik; denn nur der Zweifel an diesen Heilslösungen, die den Menschen unter ihr Gebot stellen, schafft schließlich auch den Glauben an den Menschen in seiner eigenen Würde – keinen Glauben als Blankoscheck, einmal ausgestellt und fürderhin gültig auf die Zukunft und jegliche Entwicklung, sondern den Glauben im ständigen Zweifel. Die Dialektik von Glauben und Zweifel konstituiert die Dialektik der Dramaturgie Friedrich Dürrenmatts.

II

»Wie die Zeit geworden ist, müssen wir sie ertragen. Im Ertragenkönnen liegt die Gnade. Aber Pflicht ist: Raum zu schaffen durch den Geist«: schon in der Vorbemerkung zur *Komödie* liegt das Grundmuster dieser Dialektik der Dramaturgie offen, und auch deren Formulierungen verweisen schon darauf, daß Dürrenmatt diese Dialektik existentiell begreift und nicht ideologisch: weder idealistisch wie Hegel noch ökonomisch-materialistisch wie Marx, sondern im erkenntniskritischen antiideologischen Sinn Kantscher Vernunft und Moral. In diesem Grundmuster ist die These das Labyrinth der Welt: die Gegebenheit. Um sie bestehen zu können, muß ihr der erkenntniskritische Zweifel entgegengesetzt werden: Die Welt ist nicht hinzunehmen, sondern in Zweifel zu ziehen, in Frage zu stellen – »Raum zu schaffen durch den Geist« heißt die Aufgabe: durch die eigene Existenz sind die Antithesen zu dieser labyrinthischen Welt zu schaffen: der Dramatiker realisiert sie als Spiele auf der Bühne. Welt und Mensch, These und Antithese ringen im ständigen Kampf miteinander, die Synthese aus Sein und Fragen muß unentwegt neu hergestellt werden: es gibt keine Ideallösungen, um den »Raum« zu gewinnen, das Dasein des Menschen in Würde und Freiheit. Nur so konstituiert der Zweifel den Glauben: als Vertrauen in einer Welt, die den Dialog der Einzelnen miteinander möglich macht oder doch wenigstens den Einzelnen in seiner Subjektivität und Individualität bewahrt; nicht aber als sich verfestigenden Glauben, als Dogma oder als Doktrin.

Das Leben des Menschen ist ein andauernder Kampf um die Würde des Menschen. Eine erste neue und vorläufige Position, die aus dem radikalen Nihilismus herausführt, gewinnt Dürrenmatt in seinem zweiten Stück *Es steht geschrieben* (1946). In diesem Stück ist für die zu Gott drängende zentrale Figur Knipperdollinck die Gnade Gottes zwar etwas subjektiv Geglaubtes, doch die letzte gebliebene Hoffnung, das Elend der Welt zu bestehen. Gnade ist ein Begriff der Theologie, ein Erlösendes, das der Mensch nicht aus sich selbst zu schöpfen vermag, sondern das, von einem jenseitigen Gott erfleht, gespendet oder verweigert werden kann. Der Mensch war zwar in das Labyrinth Welt geworfen, aber er hatte noch Hoffnung auf etwas, das hinter den Mauern des Labyrinths lag: gleichsam ein metaphysischer Schimmer, ein Bezugspunkt, der über diese Welt hinausweist.

Zwanzig Jahre später, in der Neubearbeitung des Stücks, das nun sachlich *Die Wiedertäufer* (1967) heißt, bleibt diese Hoffnung auf eine jenseitige Gnade, die früher das Scheitern an der Welt vielleicht auffangen konnte, nicht mehr unbefragt; sie wird kommentiert. Schon die Klage Knipperdollincks, in der einst die Gnade erfleht wurde, wird weniger ausschweifend erhoben, eher kritisch unterlaufen: »Der Schrei meines Mundes«, der in der ersten Fassung zum Lobe Gottes »verklingt«, »verröchelt« nun. Und wo früher »Du hast keine meiner Gaben verschmäht« geschrieben stand, heißt es jetzt außerdem kontradiktorisch, ja fast höhnend, keineswegs demütig: »Nimm nun auch meine Verzweiflung entgegen.« War früher Gott noch eine jenseits geglaubte, das Leben schließlich wenigstens noch ins Jenseits rettende, eine Gnade aussäende Macht, so wird Gott nun als ins Diesseits versetzte (oder im Wortsinne: heruntergekommene) und vom Menschen mißbrauchte, zur Ideologie zermanschte Größe angesehen. Denn auf den letzten Ausruf des sterbenden Knipperdollinck: »Mein Leib liegt in diesem erbärmlichen Rad wie in einer Schale / Die Du jetzt mit Deiner Gnade bis zum Rande füllst«, antwortet der Bischof, dem nach dem Fall der Wiedertäufer die Stadt Münster wieder ›gehört‹, mit dem Kommentar:

> Der Begnadete gerädert, der Verführer begnadigt
> Die Verführten hingemetzelt, die Sieger verhöhnt durch
> den Sieg:
> Das Gericht besudelt durch die Richter
> Der Knäuel aus Schuld und Irrtum, aus Einsicht und
> wilder Raserei
> Löst sich in Schändlichkeit
> Die Gnade, Knipperdollinck, zwischen blutigen Speichen
> hervorgekratzt
> Klagt mich an.

Und die Schlußzeilen des Stücks nun, aus dem Munde des Bischofs: »Diese unmenschliche Welt muß menschlicher werden / Aber wie? Aber wie?« Vorhang.

Es bleibt nicht die Gnade, nicht Gott als Hoffnung, kein Trost. Wo sich der expressionistische Drang des frühen Stücks noch an eine von außen eingreifende Metaphysik gewandt hatte, um in der Not des die Welt Bestehen-Müssens eine Ausflucht zu etwas zu finden, das außerhalb dieser Welt lag und eben deshalb imstande war, die Welt zu überwinden, ist spätestens in *Romulus der Große* (1949), andeutungsweise aber schon in *Der Blinde* (1948), jede metaphysische Größe, ist Gott als Bezugspunkt dieser Weltflucht nicht mehr vorhanden, sondern nur noch als Derivat: als Ideologie in die dialektische Dramaturgie des Diesseits hereingezogen. An die Stelle der metaphysischen Bezugsgröße, die, auf welche Weise auch immer, ins Diesseits einzugreifen vermochte, dem Menschen als Gnade, Hoffnung oder Trost zur Hilfe kam, die jedenfalls sein Schicksal bestimmte, tritt nun die Ideologie: als Heilslehre, als dogmatische Verheißung, der, um die Welt zu bestehen, der neue Gläubige blindlings zu folgen hat. Im *Blinden* bereits hatte Dürrenmatt vorgeführt, welchem Spiel der auf den Glauben Angewiesene ausgeliefert war. Im *Meteor* von 1966 demonstrierte er an dem Erzzweifler Schwitter, daß mit Blindheit auch der geschlagen ist, der den Zweifel zur Doktrin seiner Existenz macht: vor dem Ereignis des Wunders seiner ›Auferstehung‹ versagt seine Erkenntnis. Und nur in der Erkenntnis, die kritisch und dialektisch ist, kann der Mensch als Einzelner gegen die undurchschaubare Welt überleben, stürbe er auch.

Im *Meteor* operiert Dürrenmatt souverän mit dem

Zufall. Der Zufall, ein wichtiges Element der Dürrenmattschen Dramaturgie, ermöglicht das ›Wunder‹ auf der
Bühne, er räumt dem Dramatiker jede Freiheit auf der
Bühne ein, läßt jede Konstellation und Spielentwicklung
zu. Doch nicht bedingungslos, nicht als Willkür: Der
Zufall als veränderndes, konstituierendes, zerstörendes
usw. Ereignis ist die Antwort des Dramatikers Dürrenmatt
auf die Willkür des die Welt im Labyrinth herumtreibenden
Minotaurus, ist gleichsam seine dialektische Verlängerung
– der Zufall bietet die Möglichkeit, Minotaurus in Gestalten und Handlungen umzusetzen und dadurch sichtbar,
auf der Bühne vorführbar zu machen, als Provokation und
Reaktion, die sich im Spiel verdichten zum oft paradox
anmutenden Gleichnis: Romulus kann den Krieg nicht
verhindern, obgleich er das Reich friedlich zum Konkurs
führte; die Privatbank Franks V. überlebt im Staatsinteres-
se, weil die von ihr betriebene Korruption ins Monströse
angewachsen ist. Das paradoxe Gleichnis, vom Zufall
gesteuert, macht den Widersinn offensichtlich, den Minotaurus im Labyrinth der Welt bewirkt.

Doch der Zufall auf der Bühne Friedrich Dürrenmatts
dient nicht nur als Vorzeigeinstrument dieser Bühnen-
dramaturgie. Er verhindert auch, daß die Dialektik des
dramaturgischen Denkens, als Ergebnis der gegenseitigen
Bedingung von Zweifel und Glauben, zum schemati-
schen Dreiklang erstarrt. Verhindert schon die dialektische Beziehung von Zweifel und Glauben die ideologische Fixierung, bleibt also der – vielleicht – erreichte
Glauben immer ein vom Zweifel angenagter Glauben, so
dient der Zufall, wie eine zusätzliche Sicherung der Freiheit, selbst noch der Zersprengung einer möglichen Ideologisierung der dialektischen Dramaturgie.

Der Zufall erweist sich auch als Indikator ideologischen Denkens, ideologischer Haltungen: so erscheint der Nobelpreisträger Schwitter im *Meteor* auch nicht als Gläubiger, sondern durchaus als Zweifler; aber als ein Zweifler ohne jedes Vertrauen, als Zweifler, der seinen Zweifel nicht infragestellt durch einen möglichen Glauben: nicht nur der Gläubige (sei er Christ, sei er Marxist usw.) ist ja ein Ideologe, sondern auch der Zweifler, der nichts ist als ein Zweifler: er ist Zyniker. Dürrenmatt exponiert ihn durch den Zufall: er läßt auf der Bühne ein Wunder geschehen, das Wunder der Auferstehung Schwitters. Schwitter, der Zweifler, kann, weil er nicht auch glaubt, das Wunder nicht als Wunder erkennen, er denkt außerhalb der Möglichkeiten eines Wunders. Für den Zuschauer zerstört der Zufall ›Wunder‹ bzw. ›Auferstehung‹ den Glauben an Schwitter als Anti-Ideologen. Zweifeln ist für Schwitter zur Ideologie geworden, ist sein Maßanzug, hinter dem sich sein ausschließender Glaube verbirgt: der Zweifler Schwitter glaubt nur an sich, zweifelt also in Wirklichkeit nicht. Seine Außenhaut ist der Zynismus, er zweifelt nicht an dem Zweifel, sondern ist ihm verfallen. Er stellt sich nicht in Frage, und er bleibt unberührt von einem möglichen Vertrauen auf etwas außerhalb seiner selbst; das Wunder prallt an ihm ab, liegt so außerhalb seines Denk- und Erlebensvermögens, daß er zwar schließlich am ›Wunder‹ verzweifelt, aber ohne daß dadurch seine Ideologie des Zweifels angerührt würde:

> Ich bin berufen zum Sterben, allein der Tod ist ewig. Das Leben ist eine Schinderei der Natur sondergleichen, eine obszöne Verirrung des Kohlenstoffs, eine bösartige Wucherung der Erdoberfläche, ein unheilbarer Schorf.

> Aus Totem zusammengesetzt, zerfallen wir zu Totem.
> Zerreißt mich, ihr Himmelstrommler! [gemeint ist die
> Heilsarmee] Zerstampft mich, ihr Handorgelbrüder!
> ... Schmettert mich die Treppe hinunter, ihr Psalmenjod-
> ler! ... Seid gnädig, ihr Christen! ... Schlagt mich mit
> euren Gitarren und Posaunen tot!

Und schließlich:

> Wann krepiere ich denn endlich!

Ausrufezeichen – nicht Fragezeichen: der Zweifler
Schwitter zweifelt mit keinem Wort an seinem biologisti-
schen, Erkenntnis verhindernden Glauben. Schwitter
glaubt der Ideologie ›Zweifel‹. Der Zufall entlarvt ihn.

Auf andere Weise setzte Dürrenmatt den Zufall in den
Physikern (1961) ein: Der Wissenschaftler Johann Wilhelm Möbius entzieht sich dem Zwang der Gesellschaft,
die seine Erfindung ausbeuten will, in die Freiheit des
Irreseins und ins Irrenhaus, das unter der Leitung des
Fräulein Doktor Mathilde von Zahnd steht. Um der
Entdeckung zu entgehen, erdrosselt er die Krankenschwester Monika Stettler, die er liebt – in einer Liebe
ohne Glauben, ohne Vertrauen. Deshalb bleibt diese Tat,
die unnötig gewesen wäre, hätte Möbius Monika nur
vertraut, für die – ohnehin schon sinnlose – Wahrung der
Freiheit sinnlos. Denn der Zufall will es, daß Mathilde
von Zahnd selbst irre ist – die einzige Irre unter all denen,
die ihr Irresein nur vorgeben, um dahinter ihre Zuflucht
in einer geglaubten Freiheit zu finden. Der Raum der
Freiheit, den sie so um sich zu schaffen versuchen, wird
zerstört durch den Zufall: es war nur ein scheinbarer
Freiheitsraum. Doch was wird daran erwiesen?

»Und dies war dann die Erkenntnis: Daß Leben ohne Raum in nichts endet.« So schloß der Vorspruch zum ersten, ungedruckten Stück. Während der Zufall den scheinbaren Zweifler Schwitter in seiner ideologischen Erstarrung entlarvt, diskreditiert der Zufall in den *Physikern* die Flucht in die Freiheit des Irrenhauses als Scheinfreiheit: weil diese Flucht die Selbstverleugnung einschließt, Raum nur scheinbar schafft.

Wie eine Vorausdeutung auf den *Mitmacher* tönt, was Dürrenmatt die irre Irrenärztin von Zahnd gegen Ende des Stücks sagen läßt: »Die Rechnung ist aufgegangen. Nicht zu Gunsten der Welt, aber zu Gunsten einer alten, buckligen Jungfrau.« Und: »Gehen wir, [...] Der Verwaltungsrat wartet. Das Weltunternehmen startet, die Produktion läuft an.« Denn im *Mitmacher,* dieser bittersten Komödie der Selbstverleugnung, ist der Mensch nur noch da, um im riesigen Weltgeschäft der Korruption und des Verbrechens, in der raumlosen Welt der Unfreiheit, des Zynismus und der Hoffnungslosigkeit eben nur noch mitzumachen. Allenfalls im Tod vermag er seine Würde noch zu bewahren: um sich nicht auch selbst noch verleugnen zu müssen. In der Welt des *Mitmachers* gibt es nicht einmal mehr eine Illusion von Freiheit.

III

Die Dramaturgie von Dürrenmatts Denken, und also auch die Dramaturgie seines Theaters, lebt von der so beschriebenen Dialektik. Und die darin einbezogene Konzeption des Zufalls verhindert, daß diese Dialektik zur reproduzierbaren Theatermechanik verkommt, weil sie die Selbstgewißheit des Denkens, des Ablaufs stören soll. Die Kritik aber hat im *Mitmacher* wegen seiner Reduktion auf Endtypen und auf sprachliche Formeln, die der Darstellung der Selbstverleugnung dienen, eben eine solche Mechanisierung der Handlung vermutet. Sie hat darüber hinaus, in ihrer progressiven Selbstsicherheit, die heilende Perspektive vermißt: der Zustand der Welt, wie er ist, wurde nicht der Welt, sondern dem Dramatiker, der ihn durch seine Inszenierung hervortrieb, vorgeworfen. Eine Zeit der Ideologisierung aller Bereiche ist einem solchen Stück nicht günstig gesinnt. Daß aber die Zeit hier selbst, samt jenen, die sie zu bewegen glauben, ohne ihre eigene Mitmacherei zu erkennen und dann auch noch zuzugeben, einer Anklage unterzogen wurde, eingeschlossen den Autor, haben die Angeklagten kaum verstanden. Das eben hat Dürrenmatt irritiert, es hat ihn, für lange Zeit danach, auf sein eigenes Stück zurückgeworfen: er hat seine Grundlagen, hat seine Voraussetzungen und wechselseitigen Bedingungen durchdacht, und erstmals legt er nun in dem Buch *Der Mitmacher – Ein Komplex* die Karten, mit denen er spielt, offen auf den Tisch; er zeigt seine Gedankenwelt, die hinter der veräußerlichten Welt seines Theaters liegt. Zum ersten Male offenbart er die verschlungenen Wege, die vom Gedanken zur dramatischen Konzeption, von der stofflichen Voraussetzung zum Stück führten. Nie hat Dürrenmatt Interpretationen und Verständnishilfen für seine Stücke gegeben – was zu den merkwürdigsten interpretatorischen Bocksprüngen in Kritik und Sekundärliteratur geführt hat.

Doch auch in *Der Mitmacher – Ein Komplex* werden solche vordergründigen Hilfen nicht geliefert. Aber indem Dürrenmatt in Zweifel über ein durchgefallenes

Stück geriet, wurde er produktiv in der Darstellung und Deutung der Welt, aus der ein Stück wie der *Mitmacher* herauswachsen konnte. Denn Dürrenmatt beschreibt im *Mitmacher-Komplex* Zustände dieser Welt in offenbaren Abhängigkeiten und in gewählten Entscheidungen, die freilich so gewählt, so frei auch nicht sind. Er schildert die monumentale Hierarchie der technokratisch-wissenschaftlichen Welt; er skizziert bizarr und grotesk die zufällige Entwicklung der Gattung Mensch; er zeichnet den Niedergang des Christentums zum Dogma und des spekulativ-materialistischen Marxismus zur Doktrin nach; er malt ein auf provozierende Weise erschreckendes Bild unserer Wirklichkeit, die von all dem bestimmt ist. Eine Welt der zum Wahnsinn hochgetriebenen Überbewaffnung, scheinbar von einer Vernunft gesteuert, die das Überleben garantieren soll, begibt sich zu einer Zeit, da absehbar ist, daß selbst Uganda usw. einmal im Besitz der Atombombe sein wird, in die Hand des Zufalls: des Menschen also, den die Vernunft, die ihm als Gegengewicht zur Natur gegeben wurde, nicht mehr beherrscht – in zwanzig Jahren kann diese Menschheit an den Punkt gelangt sein, da sie, weil sie der Vernunft nicht mehr trauen kann, der totalen Unterdrückung jedes Einzelnen nachgeben muß, um überleben zu können, dem zufälligen Druck eines Irren auf den Knopf ausgeliefert, der den Atomschlag auslöst. Was heute in einzelnen Geisel›dramen‹ signalisiert wird, mag in weniger als einer Generation Wirklichkeit sein. Wenn 1975 eine Handvoll südmolukkischer ›Freiheitskämpfer‹ beim holländischen Beilen einen Zug mit Geiseln nimmt – warum sollte ein Nachfahre Idi Amins im Besitz der Atombombe nicht noch anderes wollen, als Aufmerksamkeit für Minderheitenprobleme erwecken? Die Erpressung ist die Frucht der Korruption.

Dies ist das Thema des *Mitmachers*, ist der Gedanke, der den *Mitmacher* hervorgeholt hat aus einer grundsätzlichen Angst: heute machen sich Kritiker lustig über eine Theaterfigur, die wie Bill jedes Jahr für 10 Millionen den jeweils amtierenden Staatspräsidenten ermorden lassen will. Aber ist nicht in dem, was heute, in der Verstrickung finanzieller, machtpolitischer, ideologischer Verhältnisse Realität ist, ein Verweis auf die möglichen, ja wahrscheinlichen Schrecken der Zukunft? Man braucht nicht an George Orwell zu erinnern, um an Dürrenmatts Vision vom *Mitmacher* eine authentische Warnung abzulesen. Weil Dürrenmatt spürte, und durch eine Theaterniederlage darauf gestoßen wurde, daß er wohl nicht deutlich genug gesprochen hatte, indem er seine Klage in einem Stück allegorisierte, hat er den *Mitmacher-Komplex* geschrieben – wohl wissend, daß er, ein Schriftsteller und Stückeschreiber, sich damit, daß er glaubte, auf der Bühne verstanden zu werden, auch einen Komplex als Autor eingehandelt hatte.

Der Mitmacher ist ein geschlossenes Stück: Spielform und Spielraum signalisieren, in hier bewußt ausgesprochener Erinnerung an den Vorspruch zur *Komödie,* die Thematik, den Stoff. Theaterwelt als nur geringes, ja harmloses Abbild der Welt.

Der Raum: ein Keller, fünf Stockwerke unter der Erde, nur durch einen Lift zu erreichen. Die Figuren manifestieren sich in ihren Monologen, durch sie teilen sie dem Publikum ihre eigene Geschichte mit, von der alle anderen auf der Bühne keine Ahnung haben. Die Dialoge aber erstarren in Formeln, dialogische Beziehungen zwischen den Figuren entstehen nicht. Wo sie denkbar wären: etwa im Verhältnis des Mitmachers Doc zu seinem Sohn Bill, dem nun reichsten Mann der Welt; oder entstehen könnten: wie in der keimenden Liebe Docs zu Ann, da scheitern sie an Mißtrauen und Lüge. Das demonstrative Paradox dieses Stückes, das auf groteske Weise zutage gefördert wird, ist, daß alle (am Verbrechen) mitmachen, ohne eine individuelle, menschliche Beziehung zueinander zu haben: sie machen mit, ohne miteinander zu sein, ohne sich zu erkennen als Menschen. Sie sind nur mehr Vereinzelte, keine subjektiv bewußten Einzelnen mehr. Die Freiheit zum gegenseitigen Erkennen ist nicht mehr vorhanden, kein Bewegungsraum für die nur noch Vereinzelten in der totalen Verstrickung aller in alle und alles. Spiegelbildlich erscheint diese Unfähigkeit, den anderen zu erkennen, darin, daß der andere verleugnet wird: Doc, der im Auftrag des großangelegten Verbrechens Leichen auflöst und verschwinden läßt, verleugnet, um sich selbst im Mitmachen scheinbar zu retten, zuerst den Sohn Bill, dann die Geliebte Ann, die gleichzeitig die Geliebte von Boss ist, der das Verbrechen organisiert: Boss, der im Verbrechen die staatliche Ordnung abbildet und nachvollzieht: als Geschäft eines pünktlichen Steuerzahlers. Und noch im Negativen, in der mißlingenden Rache, manifestiert sich die Beziehungslosigkeit in dieser Welt ohne Dialog: Cop, von Boss, der sich daran allerdings nicht mehr erinnert, zum Krüppel geschossener Polizeichef, der nur deshalb ins Geschäft = Verbrechen eingestiegen ist, um sich an Boss zu rächen, tötet zwar Boss, doch der stirbt, ohne Cop und dessen Absicht: die Rache erkannt zu haben.

Die Raum- und Entwicklungslosigkeit dieser *Mitma-*

cher-Figuren, dieser in die Mitmacherei verstrickten Endtypen, wie Dürrenmatt sie nennt, wird als Ablauf auch in der Spielform sichtbar. Das Stück endet, wie es beginnt: Doc, der sich, zu seinem Monolog, am Anfang mühsam aus der erlittenen bürgerlichen Niederlage erhebt, sinkt am Schluß, zusammengeschlagen, wieder nieder. Sein Versuch, und dies ist das Paradigma des Stükkes, den Raum für die Entwicklung aus der Verstrickung heraus zu schaffen, mißlingt, weil Doc, um endlich doch noch aus dem Geschäft aussteigen zu können, für eine Zeitlang nur noch mitmachen will: doch er muß sich schließlich selbst verleugnen und scheitert eben daran endgültig – sein Leben wird in diesem Keller, fünf Stockwerke unter der Erde, enden, würdelos, raumlos, lebendig begraben. Cop hingegen stirbt freiwillig, erkennend, daß der Tod seine letzte Möglichkeit ist, der Mitmacherei zu entsagen, um wenigstens im Tod noch seine Würde zu retten, sich als Einzelner zu manifestieren.

Dürrenmatt hat dieses trostlose, den Nihilismus der Welt naturgemäß in der Reduktion deutende Stück dennoch eine Komödie genannt. Auch sein erstes Stück trug diese Überschrift – nicht als Gattungsbezeichnung, sondern als Haupttitel. Beide Stücke sind Spiele, in denen Typen figurieren (darin auch durchaus expressionistisch). Beide Stücke zeigen das Schicksal des Menschen vor dem Nihilismus. Beide Stücke sind abgrundtiefe Klagen über den Zustand der Welt, über ihre Raumlosigkeit, die den Menschen als Menschen, als Einzelnen erdrückt. Ein Stück also ohne Perspektive, ohne eine Lösung? Dazu Dürrenmatt:

> Darf ich eine Lösung anbieten? Ich habe einmal gesagt, das Schlimmste, was ich mir vorstellen kann, ist, daß ich an

einer Buchhandlung vorübergehe und dort im Fenster ein
Büchlein sehe mit dem Titel: ›Trost bei Dürrenmatt‹.
Dann muß ich sagen: Jetzt bin ich fertig. Literatur darf
keinen Trost geben [...] Literatur, glaube ich, darf nur
beunruhigen [...] Wenn ich Trost gebe, lüge ich; dann
beruhige ich mich, [...], und das ist falsch [...] Ich weiß
jetzt, was ich schreiben werde, ich weiß jetzt genau mein
nächstes Stück; und ich weiß genau, daß es keinen Trost
gibt, sondern eine Riesenklage. Also: Meine Produktion ist
mein Trost. Mein aktives Handeln, mein Mich-Ausdrücken,
das Formulieren der Trostlosigkeit ist mein Trost.

Dürrenmatt, das zeigt so entschieden wie keines seiner
anderen Stücke der *Mitmacher,* ist nicht, was ihm immer
wieder angeklebt wird: er ist weder ein Moralist noch ein
Zyniker. Er verweigert, weil die Dialektik seiner Dramaturgie existentiell und nicht ideologisch, erkenntniskri-
tisch und nicht idealistisch begründet ist, die positive
Globalperspektive gegenüber der negativen Welt; er kritisiert diese Welt nicht durch Gegenentwürfe auf dem
Theater, sondern er stellt diese Welt in den verschieden-
sten Erscheinungsweisen als Spielmöglichkeiten dort dar;
doch diese Darstellung erweist sich jedem, dem sie konfrontiert wird, als Aufruf: zu handeln, für sich, nach
seinem Gebot – als Einzelner. Dürrenmatt zwingt nicht
zum Handeln in einer scheinbar allgemeinen, scheinbar
progressiven Richtung, er verlockt nicht zum Glauben an
einen von ihm als vielleicht richtig erkannten Weg aus
dem erfahrenen und dargestellten Labyrinth. Daß er sich
so weigert, öffentlich Moralist zu sein und seine Moral
als Ausweg aus der Ausweglosigkeit vorzugeben, legen
ihm viele als Zynismus aus. Doch der Zynismus, dieses
Abbild, diese Außenhaut des Nihilismus, ist der Welt

eigen, die Dürrenmatt zeigt; über sie ist er betroffen, ihn treibt er hervor. Es dünkt ihn billig, einen Weg da heraus zu zeigen, an den er selbst vielleicht, und dann doch nur zweifelnd, zu glauben vermag und der, selbst wenn er für ihn persönlich vorhanden wäre, doch nicht für andere gangbar sein muß. Denn vor allem anderen mißtraut Dürrenmatt auch sich selbst. Auch so ist der Zweifel das Movens seines Schreibens. Ist der *Mitmacher,* eine Komödie, weil er, nach Dürrenmatts eigenen Worten, die Welt im Zustand ihrer schlimmstmöglichen Wendung zeigt, so rechtfertigte dies auch den Titel *Komödie* für das erste Stück: wo dort die Welt in einer riesenhaften Explosion zerplatzt, Minotaurus und Labyrinth zusammen mit dem Menschen untergehen, verendet nun Minotaurus kläglich in seinem Gefängnis, erlöscht im *Mitmacher* der Mensch als Mensch: frei sind die Figuren im *Mitmacher,* wenn überhaupt, nur noch in den Monologen, die aber unvermittelbar blieben: ihre Freiheit ist ihre Gefangenschaft in sich selbst. Ging die Welt dort von außen unter, wenn auch durch Menschen bewirkt, krepiert der Mensch hier von innen heraus – oder nach innen hinein, wie man will: »Raum schaffen ist Schicksal, denn sonst werden wir uns selber morden, denn alles wendet sich dann nach innen und zerstört.« Was Dürrenmatt in der Vorbemerkung zur *Komödie* zum Ausdruck brachte, in Worten, die er heute nicht mehr so und nicht mehr in diesem Sinn gebrauchen würde, wird im *Mitmacher,* dreißig Jahre später, theatralisch manifestiert: »Und dies war dann Erkenntnis: Daß Leben ohne Raum in nichts endet.«

Aus: ›Text und Kritik‹, Heft 50/51: ›Friedrich Dürrenmatt I‹), München, Mai 1976.
Abdruck mit freundlicher Genehmigung des Autors.

Über das
dramatische Werk

»Die Bühne stellt für mich nicht
ein Feld für Theorien, Weltanschauungen und Aussagen, sondern ein Instrument dar, dessen
Möglichkeiten ich zu kennen versuche, indem ich damit spiele. Natürlich kommen in meinen Stük-
ken auch Personen vor, die einen
Glauben oder eine Weltanschauung haben; lauter Dummköpfe
darzustellen, finde ich nicht interessant, doch ist das Stück nicht um
ihrer Aussage willen da, sondern
die Aussagen sind da, weil es sich
in meinen Stücken um Menschen
handelt, und das Denken, das
Glauben, das Philosophieren auch
ein wenig zur menschlichen Natur
gehört.«

F. D.

Karl G. Schmid
Es steht geschrieben

Der Stoffkreis um die sogenannten Wiedertäufer hat die
Dichter immer wieder angezogen. Es mag, neben anderen Dingen, die rätselvolle Mischung von schlichter In-
nigkeit und grotesker Exzentrik sein, was fasziniert. Man
kann dem Wesen des Religiösen näherkommen, wenn
man sich mit der Wiedertäuferbewegung befaßt; man
kann es aber auch gänzlich verfehlen und über dem
Pathologischen die Maßstäbe verlieren. Narren und Heilige sind zunächst nicht leicht voneinander zu unterscheiden. Kein Narr, der nicht Nachfolger reinen Herzens
fände. Kein Heiliger, der nicht auch Narren schüfe.
»Wenn die Religionen sich wenden«, fängt Keller seine
›Ursula‹ an, »so ist es, wie wenn die Berge sich auftun;
zwischen den großen Zauberschlangen, Golddrachen
und Kristallgeistern des menschlichen Gemütes, die ans
Licht steigen, fahren alle häßlichen Tazzelwürmer und
das Heer der Ratten und Mäuse hervor.«
   Der Wiedertäuferbewegung ist das Tragische wie das
Komische eingeboren. Wer möchte sich der Ahnung
verschließen, daß das Komische und Kindische, in dem
sie sich äußert, der Naivität und kindlichen Hilflosigkeit
verwandt ist, welche wir an den größten und edelsten
Menschen als Zauber bemerken? Wer vermöchte anderseits zu übersehen, daß die rein und stark aufbrechende
Quelle viel Schmutz und Gemeinheit mit sich führt und

daß sich immer wieder die verächtlichste Menschen-
schwäche mit Vorliebe sektiererische Mäntelchen um-
wirft? Wie die weltliche Parole »Zurück zur Natur« das
Elementar-Kräftige entbindet, aber auch das schlechthin
Kulturfeindliche und Geistfremde, so haftet auch allen
ähnlichen Reaktionen auf Form und Gefüge innerhalb
des Religiösen die Zwiespältigkeit an. Was die alten
Schläuche sprengt, ist immer so die echte Ergriffenheit
wie das Heillos-Triebhafte, das die ›Bewegung‹ an sich
und letztlich das Chaos will. Je nach der Beleuchtung
und je nach dem Standort des Betrachters erscheint im
Gesicht des Wiedertäufers das Tragisch-Irrende, oder
aber das Faunisch-Komödiantische. Christ oder Anti-
christ? – wo der Geschichtsschreiber nur zögernd urteilt,
ist die andere Urteilskraft des Dichters aufgerufen. Keiner von beiden wird sich die letzte Instanz anmaßen.

Friedrich Dürrenmatt hat die Geschehnisse in Münster
zwischen 1533 und 1536 als Ausgangspunkt gewählt.
Nur als Anlaß und Ausgangspunkt; er verwahrt sich
dagegen, Geschichte dramatisiert haben zu wollen. Aber
er wendet sich ebensosehr gegen eine Interpretation seines Stückes, die das Geschichtliche lediglich als Maske
und Kostümierung eines Gegenwartsgeschehens verstän-
de. Eine Anmerkung, die berechtigt ist, da einige in die
Augen springende Parallelen einer solchen Ausdeutung
Vorschub leisten könnten. Die Gestalt des religiös um-
wehten Hochstaplers ist uns Heutigen nicht unbekannt.
Von Jan Bockelson, der zwielichtigsten aller Figuren im
Kreise von Münster, sagte Ranke: »Mit Matthys war Jan
Bockelson nach Münster gekommen, geboren zu Leyden, Sohn eines Schulzen dort in der Nähe und einer
leibeigenen Westfälin, die dann von ihrem Manne losge-

kauft worden war. Als Schneidergeselle war er in England und Flandern auf der Wanderschaft gewesen und hatte sich endlich zu Leyden niedergelassen, nahe am Tore, wo der Weg nach dem Haag führt. Da hatte er jedoch nicht lange Gefallen an seinem Handwerk gefunden, vielmehr es vorgezogen, mit seiner Frau, der Witwe eines Schiffers, eine muntere Herberge zu eröffnen und sich in kaufmännischen Geschäften zu versuchen, die ihn von Lissabon nach Lübeck führten, in denen er jedoch nur Verluste erlitt. Zu Hause war sein Ehrgeiz, in dem poetischen Verein, den Leyden so gut wie die meisten anderen niederländischen Städte besaß, der Kammer von Rhetoryke, zu glänzen. So traf ihn die Bewegung der Wiedertäufer und riß ihn an sich. Er ward von Jan Matthys selbst getauft und las die Schriften von Hoffmann, er erwarb sich eine ziemliche Kunde der Heiligen Schrift, wobei er aber, wie diese autodidaktischen Handwerksleute pflegten, nationale und religiöse Elemente vermischte und, was er mit feuriger Imagination ergriffen, mit allen zufälligen Nebenbeziehungen auf die gegenwärtige Welt anwandte. Er besaß eine glückliche äußere Bildung, natürliche Wohlredenheit, Feuer und Jugend ...« Von der munteren Aktualität dieses ›autodidaktischen Handwerksmanns‹, der die nationalen und religiösen Elemente so ungescheut vermischte, mag weiterhin zeugen, wenn man bei Ranke liest, er habe den Landgrafen Philipp von Hessen in einem Briefe kollegialvertraulich mit »Lieber Lips!« angesprochen. »Wohl gab es einige, die an seinem Pomp, an der Zahl seiner Weiber, deren er immer eine über die andere nahm, den goldenen und silbernen Ketten seiner Diener, Mißfallen äußerten. ›Pfui über euch!‹ rief er aus; ›aber ich will über euch herrschen und über die ganze Welt, euch zum Trotz!‹ Die fanatische Beschränktheit, mit der man nichts anerkannte als die eigene Lehre, erhob sich auf eine neue Stufe, indem man jede Abweichung mit Tod und Verderben bestrafte. Aus der alles andere negierenden Idee erhebt sich notwendig und allemal der Schrecken.«

Es wäre vor Dürrenmatts Werk so falsch wie anderswo, wenn man mit Gleichheitszeichen (›Bockelson gleich X oder Y‹) die Dichtung dem Publikum ›näherbringen‹, sie ›aktualisieren‹ wollte. Es steht hier eines jener geschichtlichen Urphänomene zur Diskussion, wie sie hinter den Revolutionen, den Bewegungen, den Reaktionen, den Sekten, den Schreckensherrschaften usw. wirken und die ewige Wiederkehr lenken. Freilich: ›Urphänomen‹ (hier würde es sich um das Urphänomen einer religiös verbrämten Heilslehre handeln, in der Machtwille und Erlösungssehnsucht eine blocksbergische Hochzeit feiern …) – Urphänomen ist ein blasses und nicht das richtige Wort. Es ließe vermuten, daß hier auf intellektuelle Weise versucht worden wäre, die psychische Struktur und die geschichtliche Erscheinungsform solcher ›Sekten‹ oder ›Bewegungen‹ am beispielhaften Falle vorzuzeigen. Nichts falscher als das. Kein Wort, das nicht an die dichte Einmaligkeit des Geschehens von Münster gebunden wäre, und selbst das ironischste Spiel mit den Figuren, die kühnsten und lockersten Arabesken vermögen dieser Wirklichkeit nichts anzuhaben.

Welche Seite der Wiedertäufer von Münster steht für Dürrenmatt im Vordergrund, die tragische oder die komische? Im Manuskript fehlt jede Bezeichnung, die uns eine Hilfe zum Verständnis geben könnte. Mir scheint, es handle sich um eine Tragikomödie, und zwar, wie gleich

beigefügt sei, um eine der verzweifeltsten und gewagte-
sten Tragikomödien, die wir kennen. Man wird nun
wohl an Shaw denken, der ja wohl als der größte Veräch-
ter geschichtlicher Patina, der ungehemmteste Bilderstür-
mer in den Galerien historischer Größe zu gelten hat.
Der Stoff wäre eines G. B. S. würdig, gewiß; ›würdiger‹
noch als der der ›Heiligen Johanna‹. Aber Dürrenmatt
erinnert an niemand weniger als an Shaw. Denn seine
Kühnheit, seine ›Frechheit‹, sein ›Zynismus‹ sind nicht
an Shaws sicher angebundenen Spalierbäumchen des un-
bezweifelten gesunden Menschenverstandes gewachsen.
Was an diesem Werke, das alles andere als »leicht einge-
hend«, als »geschickt«, als »handfest gezimmert« ist (um
ein paar schmückende Beiwörter aufzuzählen, mit denen
man wohlbeleumdete Dramen zu garnieren pflegt), was
an diesem Werke nun doch bezwingen muß, ist die
verzweifelte Wahrheitsliebe oder die ungelogenste Verzweiflung, von der und für die es mit dichterischer Kraft
zeugt. Das ist ein dichterisches Zeugnis unserer Zeit,
ihrer Atonalität und Diskontinuität. Da liegt seine Aktualität – die wichtigere als jene, die in politischen Parallelen zu beweisen wäre. Und von hier aus gesehen sind
auch alle jene Anklänge legitimiert (an Wilder, an Brecht
usf.), die eben weniger Anklänge als Gleichklänge sind.
Vergesse man, wenn man diese Assonanzen rügend ver-
merkt, nicht, daß eine der größten Zeiten der deutschen
Dichtung, der Sturm und Drang, sich durch ein unbe-
greifliches Maß an Entpersönlichung der Sprache und
Gemeinsamkeit der Problematik auszeichnete. –

Es ist sehr schwer vorauszusagen, wie dieses unbändi-
ge, irgendwie barocke Stück von der Bühne her wirken
wird. Die Zeiten sind vorbei, wo junge Dichter die

Hamburgische Dramaturgie studierten! Der ›Götz‹ ist beinahe übertroffen, was die Anzahl der Personen angeht, und sicher in den Schatten gestellt, was Auflösung der Handlung, Vielfalt des Bühnenbildes, surrealistische Verachtung der Theaterwirklichkeit anbetrifft. Aber daß dieser Friedrich Dürrenmatt, von dem ich den Namen und sonst kein Jota weiß, über eine fast unheimliche Kraft der Begabung verfügt, dafür lege ich meine Hand ins Feuer. Eine der wichtigsten Gestalten in diesem Stücke beklagt sich über den Autor:

> Wir halten es für unsere Pflicht, darauf hinzuweisen, daß der Schreiber dieser zweifelhaften und in historischer Hinsicht geradezu frechen Parodie des Täufertums nichts anderes ist als ein im weitesten Sinne entwurzelter Protestant, behaftet mit der Beule des Zweifels, mißtrauisch gegen den Glauben, den er bewundert, weil er ihn verloren ...

So ist in dieser genialischen Skizzenfolge auch der Zeichner selbst in einer Ecke abgebildet, so wie in mittelalterlichen Altarbildern die Maler es zu tun pflegten. Sein Gesicht ist zerrissen und verzweifelt, wie in seinem Werke das zerrissene Lumpengewand der Geschichte flattert, shakespearisch durchblasen, heldenlos, aber voll von Verzweiflung, Hybris, Not und Schmutz der Erde. Wenn Max Frisch die Seele des heutigen Menschen aufbricht, um ihre ungesehenen Dunkelheiten zu weisen, so zerreißt Dürrenmatt die braven Abläufe der Geschichte und findet in den Verrücktheiten und Verzückungen das göttliche Tier Mensch, dessen Verzweiflung aus dem Horror vacui, der Angst vor dem Leeren, dem Nichts, stammt – Angst, die zum Tierischsten wie zum Göttlichen ihn führen kann.

Aus dem Programmheft der Uraufführung von ›Es steht geschrieben‹ im Schauspielhaus Zürich am 19. 4. 1947.
Abdruck mit freundlicher Genehmigung von Frau Elsie Schmid-Attenhofer.

Werner Weber
Der Blinde

Ein anderer Dürrenmatt hat sich an dieser Uraufführung gezeigt. Wo in seinem früheren Stück *Es steht geschrieben* noch Figuren im Agon standen (hätten sie nicht alle in ihrer Sprache den dialektischen Einheitsschliff, dann könnten sie Individuen heißen), da ergibt nun eine bis in den letzten Sektor aufgefächerte Innerlichkeit eher Reflexe als Handlung. Dürrenmatt ruft Masken auf, Chiffren der Seele, jede für eine Mutation, für eine der ewigen Gewißheiten innerlicher Not stehend – Gewißheiten, denen kein Gläubiger entgeht. Insofern sind weder die äußere historische Handlung, noch der Raum verbindlich zu verstehen. Dreißigjähriger Krieg und Deutschland stehen für eine allgemeinere Gegenwart.

Zuerst: der Blinde. Maske eines Herzogs. Sein Auge fängt keinen Strahl mehr von dieser Welt. Sich in solche Blindheit ergeben ist Glauben. Und wie die Welt versinkt, steigt Gott auf. Da rührt Dürrenmatt in den ersten Augenblicken seines Spiels an das Erschütternde: für den weltgebundenen Menschen ist jenes Blindsein, jene absolute Fortwerfergeste in ihrer Heiligkeit ruchlos. Man kann sich nicht mehr verständigen. Die Kongruenz zwischen Wort und Sinn ist gestört. Der Blinde sieht. Der Sehende ist blind. Geborstene Portale wandeln sich in Triumphbögen, die zum Glanz führen. Der Glaube schafft die größte Ironie – für den Wissenden. Man rühmt den Triumphbogen und weist auf Trümmer.

Das ist aber nicht mehr der Blinde. Neben den Herzog tritt als Sohn und Nächster die Maske des Palamedes. Seine Untertanen sind alle traurigen Menschen – traurig, denn in ihre Wesensmitte ist die Grenze zwischen Glauben und Wissen gebrannt. Palamedes ist Brücke vom Herzog zur Welt, in der Hunger, Mord, Gewalt und Unzucht Wahrheiten bleiben, auch wenn die Blinden sie nicht in ihre glänzende Nacht mitgenommen haben. Für diese Wahrheiten steht als dritter Name der General Negro da Ponte. Man ist gebannt von der Genauigkeit, mit der Dürrenmatt nun die Relationen fügt, unerbittlich ehrlich, mit einem Zug ins Sektiererische. Und ergreifend: die Trauer, die alles Tun am unerhörten Gegenstand umgibt. Wissen und Zweifel bohren im Glauben, schaffen Verzweiflung – Palamedes verrät seinen Vater, den Blinden. Dürrenmatt führt da zur ergreifendsten Stelle seines Stückes – der Schrei des Blinden: »Ich bin blind« … Ich glaube, hilf meinem Unglauben, möchte man übersetzen. Und gerade hier teilt sich dem Zuschauer die Sauberkeit mit, in der Dürrenmatt seinen Weg legt. Undogmatisch. Ohne Wärmelndes und patzig Bekennerhaftes. Frömmigkeit, die keine Zeit hat, die Augen zu verdrehen.

Mit jenem Schrei des Blinden beginnt das Spiel der Welt. Ein ewiges Spiel. Immer neu zu gewinnen, zu verlieren. Dürrenmatt wählt den Ausweg der Zuversicht. Die Maske Octavia, Tochter des Herzogs, die sich Tier nennt und als Geliebte der Welt weder Gnade duldet noch erhofft, kehrt doch durch den Tod zum Vater, zum Blinden, zurück. Da Ponte muß weitergehen. Es ist ein ewiges Spiel. Seine ›Idee‹? Dürrenmatt würde vielleicht das berühmte Wort aufnehmen und sagen: »Der Glaube ist die große Tat.« Und wir könnten zustimmend, mit einiger Malice uns Goethescher Worte bedienend fortfahren, das sei zwar ein wirksamer, manches erklärender guter Gedanke, aber keine Idee, die dem Ganzen und jeder einzelnen Szene im besonderen zugrunde liegt. Aber in diesem Diagramm des Glaubens ist in kühner Verwandlung das Bild Hiobs aufgestanden, gegenwärtig, jeden treffend.

Bei solchem Gegenstand kann man nicht sagen, des Lebens Bühne habe die Kunst beschämt. Dürrenmatt faßt an, wo wir die unsichere Richtung der Gegenwart ernst bedenken und peinlich fühlen. Wie müßte uns aber dieser Gegenstand aufregen, wenn er auf der Bühne von einem Menschen gelebt würde. Da könnte das Stereotype, das Zerdehnte nicht aufkommen. Kapricen des Ernstes müßten an den Forderungen der Gestalt zunichte werden. Dürrenmatt läßt oft Worte steigen wie Bälle, die man abschießt – wobei manche lautlos platzen. Dann steigen neue. Faites vos jeux. Aber Schauspiel ist nicht Wortspiel. Auch das verböte ein Mensch, den der Dichter für uns schaffen müßte. Dürrenmatt kann das. Er hat es im *Blinden* zwar nicht getan; aber in *Es steht geschrieben* hat man den Beweis. Man verfolgt mit Teilnahme den Weg dieses Dramatikers, der uns Stärkstes verspricht.

Aus: ›Neue Zürcher Zeitung‹, 12. 1. 1948.
Abdruck mit freundlicher Genehmigung des Autors.

Max Frisch
Romulus der Große

Romulus der Große ist das dritte Stück, das Friedrich
Dürrenmatt bis heute aus der Hand gegeben hat, eine
Komödie – schon das, finde ich, ist beneidenswert, denn
es ist eine wirkliche Komödie. Nicht daß er die Leute
zum Lachen bringt, rechtfertigt diese hohe Bezeichnung,
sondern worüber er sie zum Lachen bringt. Kurz gesagt:
wir lachen über den Untergang eines Imperiums, immerhin eines römischen, nicht aus Schadenfreude, denn wir
sind ja auch nicht auf der Seite seiner schnurrigen Germa-
nen, die im letzten Akt, nach einem dramaturgisch großartigen Anmarsch, die Weltgeschichte übernehmen. Dürrenmatt hat Witz, so viel, daß er meines Erachtens gar
keine Witzelei nötig hätte; sein Witz, sein bester, liegt in
den Situationen, schon im ersten Akt: Der letzte römische Kaiser, frühstückend, nicht gestimmt, Nachrichten
vom Kriegsschauplatz anzuhören, köpft sein tägliches Ei,
zahlt die staatlichen Schulden, indem er bald die letzten
goldenen Lorbeerblätter aus seiner Kaiserkrone rupft, ein
Antiquar ist da, der zu schoflen Preisen die Büsten
glorreicher Römer kauft, pauschal, die Flavier zu einem
Einheitspreis, es fehlte nur noch, daß mit Zigaretten
bezahlt wird, kurzum, Ausverkauf einer Kultur. Einmal
sagt Romulus: »Ist Kultur denn etwas, was man retten
kann?« Seine beiden Kammerdiener, gewiß, die glauben
noch daran, daß das Imperium nicht untergehen kann,

unmöglich, denn sie können Horaz und Vergil auswendig. Ein gewisser Kaufmann großen Stiles, Herr Rupf mit Namen, ist bereit, das Imperium zu sanieren; freilich mit gewissen Bedingungen, denn er ist kein Träumer und Schwärmer, sondern ein Rechner. Romulus, der Kaiser, verhindert auch das, tut alles, damit die Historie ihren (uns bekannten) Gang nimmt. Ein Defaitist? Seine Witze, zeigt sich, sind planmäßig; nicht das Achselzucken eines milden Schwächlings; er will etwas. Ein Verräter? So nennen sie ihn, die Vaterländischen, die ihn umbringen wollen, geführt von dem jungen Aemilian, dem Geschundenen aus germanischer Gefangenschaft – diese Figur ist wichtig: sie ist der Ernst, die bittere Wirklichkeit, und daß Romulus, bisher vielleicht als Scharlatan mißdeutbar mindestens bei flüchtigem Zuhören, auch diesem Gräßlichen standhält, enthüllt ihn endgültig als Willen, als Vollstrecker. Im dritten Akt, der etwas Wedekindsches hat, offenbart sich vollends, worin das Muß dieser lächelnd-unerbittlichen Vollstreckung liegt – dies mit unzulänglichen Worten auszuplaudern, ist nicht der Zweck einer solchen Anzeige. Bewundernswert erscheint mir, wie bisher an allen Werken von Friedrich Dürrenmatt, der Zug ins Große; wie im ersten Stück, mir vorläufig das liebste, gelingen ihm Szenen, die grandios sind in ihrer theatralischen Kongruenz, etwa die Begegnung zwischen Aemilian und seiner Braut, Rea, die ›Antigone‹ rezitiert. Das kaiserliche Landhaus in der Campagna, von Hühnern umgackert, so, daß man unversehens auf Eier tritt, das animalische Gegacker über dem Einsturz eines Imperiums, das in etlichen Köpfen immer noch die Welt ist, das sind Metaphern, die restlos im Theatralischen aufgehen, Szenen, wo man den Mund schon vollnehmen darf und sagen kann: Hier wird nicht auf der Bühne gedichtet, sondern mit der Bühne ... Genug, das Loben wollen wir unseren Rezensenten überlassen! Das Burleske, das vor allem den letzten Akt bestimmt, vielleicht wären wir dafür gewappneter, wenn jener Dichter, dem Dürrenmatt vielleicht am nächsten steht, von unseren Spielplänen nicht so vernachlässigt würde: Wedekind. Eine wirkliche Komödie, scheint mir, ist es darum, weil es das Lachen nicht durch Vergessen erkauft; Ausverkauf einer Kultur, dreister könnte man nicht in unsere Lage hineinsteigen. Wie man darüber lachen kann? Als Zyniker; das ist aber bei Dürrenmatt nicht der Fall. Auch wenn man seinen Kierkegaard nicht kennt, wie Dürrenmatt ihn kennt, merkt man, daß der unzimperliche Verfasser, und das ist das Beneidenswerte, über eine Bejahung verfügt, also über jenes äußerst Rare, das zu den Voraussetzungen jeder echten Komödie gehört. Eine Bejahung, eine absolute, etwa eine religiöse, hat es allerdings an sich, daß sie ein sehr großes Nein sagen kann; das macht das Religiöse so ungemütlich.

Aus: ›Die Weltwoche‹, Zürich, 6. 5. 1949.
Abdruck mit freundlicher Genehmigung des Autors.

Erich Kästner
Die Ehe des Herrn Mississippi

Der große Premierenerfolg, den Friedrich Dürrenmatts Komödie *Die Ehe des Herrn Mississippi* in den Münchener Kammerspielen verzeichnen konnte, hat eigentlich – insofern, als ein interessantes Stück unter Hans Schweikarts Regie ausgezeichnet gespielt wurde – legitime Gründe genug; trotzdem scheint es angebracht, einen zusätzlichen Grund, den theaterhistorischen, wenn nicht gar den historischen Hintergrund, aufzuzeigen.

Nach dem Zusammenbruch des Dritten Reichs glich Deutschland samt seinen zerstörten Theatern einer tabula rasa. Damals waren Welt und Bühne öd und leer. Und als wieder gespielt wurde, ging man nicht ins Theater, man wallfahrtete. Die Mägen knurrten. Die Schauspieler froren. Die Zuschauer saßen mit abgetragenen Mänteln in kalten, zugigen Ställen. Und sie sahen Wilders ›Kleine Stadt‹ und ›Wir sind noch einmal davongekommen‹, Sartres’ ›Antigone‹, Giraudoux’ ›Troja‹ und ›Die Irre von Chaillot‹, Borcherts ›Draußen vor der Tür‹, Frischs ›Nun singen sie wieder‹, Strindbergs ›Traumspiel‹ und Camus’ ›Belagerungszustand‹. Diese Stücke gingen aufs Ganze, und den Zuschauern ging es ums Ganze.

Kurz nach Kafkas ›Prozeß‹ begann ein neuer Prozeß: es begann die politische, die wirtschaftliche und auch die Theater-Restauration. Mit französischem Cognac und Frankfurter Würstchen in der Pause. Vor und nach die-

sem Höhepunkt wurde man für untüchtige Handlungs-
reisende, katholische Ehebrecher mit doppeltem Boden,
nymphomanische Lehrerinnen, häßliche Erbinnen mit
Vaterkomplexen und andere Spezialitäten interessiert. Es
wurden für Millionen und Abermillionen Theater gebaut, die so groß geraten sind, daß Wallensteins Lager
zur Amöbenversammlung wird, und so technisiert, daß
ein Toningenieur, wie in der Kanzel eines Stratosphären-
flugzeugs sitzend, mit so vielen Schalthebeln zu kämpfen
hat, daß es, meilenfern und droben auf der Bühne, ganz
gewiß blitzt oder zwitschert, obgleich es, dem unmaß-
geblichen Wunsche eines Dramatikers zufolge, ein wenig
regnen sollte.

In diesem Augenblick besann sich nun ein Theater zur
Pflicht. Es brachte eine Komödie heraus, die nach des
Autors Worten »ein ungemütliches Stück« ist. Ein Stück,
das uns daran erinnert, daß die Welt aus den Fugen ist,
trotz allen Kleisterns.

Und ein Stück, das uns daran erinnert, wie uns vor
einem Vierteljahrhundert zumute war, als wir die unge-
mütlichen Stücke von Kaiser, Unruh, Brecht, Toller,
Bruckner und Sternheim sahen. Jedesmal hieß es: Tua res
agitur. Und um unsere eigene Sache geht es auch bei
Dürrenmatt.

Der Reminiszenzen ist Legion. Auch hinsichtlich der
Stilmittel, genauer: der stilauflösenden Mittel. Tote erhe-
ben sich und sprechen weiter. Eine Hauswand wird
durchsichtig, und mehrere Szenen laufen simultan ab.
Verse tauchen inmitten der Prosa auf. Sprechchöre und
Maschinengewehrstöße werden hinter der Bühne laut.
Die Darsteller fallen aus der Rolle und verwandeln sich
vorübergehend in Conférenciers. Vorgänge, Charaktere

und Konversation werden aus der Psychologie in die Parodie vertrieben. Man plaudert wie bei der Courths-Mahler. Man mordet einander wie im Grand Guignol. Man hat Lebensläufe hinter sich wie bei Wedekind und Pirandello. Und das ganze kasperltheaterhafte Pan-Optikum dient einem einzigen Zwecke: daß die Dogmen und Diskussionen der Hauptfiguren um so eindringlicher wirken.

Herr Mississippi, der Generalstaatsanwalt des Landes, der stolz darauf ist, dreihundertfünfzig Menschen gehenkt zu haben und der die Rettung des Erdballs von der Rückkehr zu drakonischen, mosaischen Gesetzen erwartet, kommt ins Irrenhaus, entflieht und krepiert an Gift im Kaffee. Saint-Claude, sein Jugendfreund aus der Gosse, ein pausenloser Revolutionär, der den Kommunismus vom wichtigsten Fehler, von der russischen Herkunft, reinigen will, endet durch Genickschuß. Graf Übelohe-Zabernsee, ein reicher Menschheitsbeglücker, ein Idealist vom reinsten Feuerwasser, stirbt den Tod der Lächerlichkeit. Anastasia, ihrer aller Geliebte, wenn nicht gar Frau, die Meisterin des Augenblicks, die Lügnerin bis ins Sterben, auch sie fällt giftigem Kaffee zum Opfer. Der einzige, der sie alle überlebt, der Justizminister Diego, der den Aufstand niederschlägt und, ohne echte und falsche Ideale, zum Ministerpräsidenten avanciert, behält mit seiner Maxime »Alles kann man ändern, nur die Menschen nicht« abscheulich recht. Die Unterhaltungen zwischen diesen fünf skurrilen Figuren hat nicht der Marionettenspieler Dürrenmatt geschrieben, sondern ein gescheiter und gepeinigter Mensch, der so wenig einen Ausweg weiß wie wir.

Daß man, mit der Zeit, unsere Konflikte nicht länger

durch Tragödien werde darstellen können, hat schon
Schiller prophezeit. Wie recht er gehabt hat, wissen wir.
Der tragische Fall ist vom Zufall und Unfall abgelöst
worden. Wir dürfen es beklagen. Wir können es nicht
ändern.

Aus: ›Die Weltwoche‹, Zürich, 4. 4. 1952.
Abdruck mit freundlicher Genehmigung von Herrn Dr. Ulrich Constantin.

Elisabeth Brock-Sulzer
Ein Engel kommt nach Babylon

Ein Engel kommt nach Babylon, um ein eben von Gott geschaffenes Mädchen dem letzten und ärmsten aller Menschen, einem gewissen Akki, dem letzten dem Sozialstaat entronnenen Bettler, zu übergeben. Diesen Bettler aber will der König von Babylon, selber als Bettler verkleidet, überreden, endlich von seinem unwürdigen Handwerk abzulassen. Der Engel findet also zwei Bettler vor, täuscht sich, hält den König für einen wirklichen Bettler, und da dieser als Bettler dem wahren Bettler unterlegen ist, gibt der Engel das Mädchen dem König. Aus diesem verhängnisvollen Irrtum des Himmelsboten entsteht die ganze Handlung: das Mädchen liebt den Bettler im König, dieser liebt das Mädchen aber nur als König, und wie er nun ob seines Königtums verschmäht wird, rüstet er sich zur Rache am Himmel, einen Turm wird er bauen und damit den Himmel stürmen. Akki und das Mädchen hingegen ziehen in die Wüste hinaus, um eine freie, immer wieder junge Welt zu finden.

Sollte man Dürrenmatts neues Stück nicht eher als Märchen denn als Komödie bezeichnen? Was der Dichter uns gibt, ist freilich Komödie, aber nur in dem Sinn, wie ein Balzac, ein Vigny (in der ›Maison du Berger‹) von »menschlicher Komödie« sprechen. Das menschliche Getriebe, das vom Übermenschlichen her unbeträchtlich, ja komisch werden muß, es aber auch wiederum nicht ist, da es doch von diesem Übermenschlichen her und durch es erst i s t. Diese doppelte Wesenheit prägt sich in Dürrenmatts Engel sehr klar aus. Er bleibt dem Menschenschicksal gegenüber unempfindlich, sieht alles in Harmonie, hat recht darin und ist doch ungerecht darin – er ist eben ein Engel, der sich irrt –, und das Hin und Her der Handlung ist nichts anderes als die Bemühung, diesen Irrtum im Sinn des Himmels wiedergutzumachen. Ein recht ungewöhnliches Trio geistert unten im Triebwerk des Stückes herum: das Schicksal, das gar nicht blind ist, sondern zielbewußt christlich den Letzten zum Ersten machen will – der vom Schicksal Geschickte, der Engel, der sich täuscht und damit die dramatische Bewegung in Gang setzt –, und endlich der Dichter, der gar nicht engelhafte, der mit viel Pfiffigkeit und menschlicher Wendigkeit die Rechnung des Himmels ins reine bringt. In diesem Sinn steckt denn durchaus ein Stück christlichen Welttheaters in dieser Komödie. Daß man damit auch in gefährliche Nähe zum Tragischen kommt, ist unvermeidlich. Aber wer bestritte, daß alle ganz starken Komödien der Weltliteratur in dieser Nähe leben? Tragisch das Mädchen, das in seiner Verzweiflung vom Engel nur mit der Schönheit der Erde getröstet wird. Tragisch der König Nebukadnezar, der die Gnade des Himmels erhält, weil er eigentlich der Letzte aller Menschen ist und der diese Gnade verscherzen muß, ebenfalls weil er dieser Letzte ist. Aber noch einmal: wo immer man auf die Komödie in ihrer größten Form stößt, sei es bei Kleist, bei Molière, bei Lessing oder bei dem w i c h t i g e n Nestroy, stößt man auch auf das Tragische.

In seinem Einführungsvortrag in der ETH sagte Dürrenmatt ein Wort, das seine Auffassung vom Komischen wesentlich erhellt: hohle Tragik werde selbsttätig komisch. Das trifft zu vor einem Zuschauer mit wirklichem Humor und mit sicherem Instinkt für das Hohle und für das Gediegene. Kann der Zuschauer aber diese beiden letzteren Dinge nicht unterscheiden, so geht er in die Irre. Und hat er keinen Humor, so geht er nicht mit. Dürrenmatt selber hat Humor. Und hat Instinkt. Darum traut er seinen Zuschauern auch gerne zu, daß sie eine Figur von hohler Tragik leicht und sicher entlarven. Er wird lernen müssen, noch stärker mit unserer Humorlosigkeit und unserer Instinktlosigkeit zu rechnen und darob weder den eigenen Humor noch den eigenen Instinkt zu verlieren. Was freilich ein Rat ist, der auf der niedrigen Kritikerebene den schönen Ratschlägen des Engels an das Mädchen entspräche ... So ist denn also der hohl tragische Nebukadnezar die größte Klippe des Stückes. Er muß mit allen Mitteln daran gehindert werden, das Werk mit seinem Gewicht zum Kentern zu bringen. Wir besitzen ja als eines der Hauptthemen unserer Zeit den luziferischen Menschen, der aus der Auflehnung gegen Gott sich eine neue, rein menschliche Größe erfindet. Kommt nun ein Dichter wie Dürrenmatt und traut sich zu, diese Auflehnung als eigentlich komisch hinzustellen, so wird er zunächst mit allen möglichen Mißverständnissen rechnen müssen. Ein Rechner sein müssen. Und was wäre er weniger!

Fülle ist das Zeichen seiner Kunst. Echte Fülle, das hat er wieder bewiesen. Sein Bettler ist ein Verschwender (es gibt ja sehr viel häufiger den Typus des geizigen Bettlers), ist ein Mensch der Fülle, der Freiheit. Und wenn ihm am Ende des Stückes das Mädchen doch zufällt, anders als es möchte freilich, so ist das die Erfüllung des

Bibelwortes, daß dem, der da habe, gegeben werde. Sinnvoll klingt denn auch das Stück aus in einen Hymnus des Bettlers an das Leben und die Erde. Einen Hymnus, der die menschlich reiche Antwort ist an den Hymnus, den der Engel auf die Erde singt ...

Dürrenmatts *Engel* ist reich an Schönheiten und Funden. Der Dialog ist lebendig und findet die Übergänge in die pointierte Reimprosa und in den freien Hymnus mit sicherer Kraft. Echt theatermäßig ist der Bettelwettstreit des ersten Aktes. Dicht gerundet die Erzählung des Dichters inmitten der Dichter, die er sich wie zahme Mäuse in seiner Vagantenwohnung unter der Gilgameschbrücke hält. Reich und flutend die Worte des Engels über die von ihm entdeckte Schönheit der Erde. Schlagend der Einfall, den zufällig regierenden und den ebenso zufällig geknechteten König bei der Gefährdung ihrer Herrschaft roboterhaft einheitlich reagieren zu lassen. Eulenspiegelhaft weise die Figur des Bettlers. Daß eine Aufführung gleich allen Reichtum des Werks verwirklichen würde, ist kaum zu erwarten. Aber mir persönlich war noch jedesmal dann im Theater am wohlsten, wenn es mir das Erlebnis vermittelte von der Unerschöpflichkeit eines dramatischen Werkes.

Aus: ›Die Tat‹, Zürich, 2. 2. 1954
Abdruck mit freundlicher Genehmigung der Autorin.

Oskar Wälterlin
Der Besuch der alten Dame

Es sind jetzt einige Jahre vergangen, seit Friedrich Dürrenmatt an unserem Theater mit seinem ersten Werk an die Öffentlichkeit getreten ist. Die Diskussion war schon in der Première heftig. Wie immer, wenn eine elementare Kraft zum Ausdruck durchbricht, war es schwer zu unterscheiden, ob die Strahlkraft des Ausgesagten die fließende Lava und die Schlacken zu den Notwendigkeiten zu formen imstande sei, aus denen die variablen und gut und böse schillernden Bestandteile einer dramatischen Landschaft entstehen – einer Landschaft, die das Leben mit seinen Gefahren und Abgründen gleichzeitig mit der Kraft, aus diesen herauszublicken und herauszufinden, darstellt.

Der Besuch der alten Dame heißt sofort zwingend das neue Werk, und alle Änderungsversuche am Titel haben gezeigt, daß jeder Buchstabe darin am Platze ist. Und so, wie der Titel, hat das Werk seine Gesetze, die ihm Inhalt und Gestalt diktieren und die von innen heraus automatisch, unfehlbar und sicher wie im Schlafwandel reinigen, was zu reinigen ist.

Das Werk ist streng und herb, unerbittlich und hart aus sich und mit uns. Aber seine Härte und seine Strenge sind, was wir brauchen und wünschen, weil es uns heilt durch Erkenntnis und hebt durch den Glauben an etwas, das höher ist als unser aus unserer Existenz unvermeidliches Irren.

Das Thema, das in die Luft geworfen wird, ist primitiv wie im Gleichnis, wie im Volksmärchen, wie im Mythos.

Es wird in ein Leben getaucht, das das unsere ist ohne Bemäntelung, es wird von unseren Stürmen hin und her gezogen, in unsere persönliche Gegenwart und Vergangenheit verstrickt. In den Trägern der Handlung und in den Gegenspielern sind wir, in ihren Fehlern, ihrem Gericht, ihrer Vergeltung, ihrer Sehnsucht, ihrer für hier unvollkommenen Erfüllung, wie in der opportunistischen Übergehung des Tragischen aus dem Trost der Selbsterhaltung heraus, der sich am Schluß in die antike Form des Chores kleidet.

Während das langsame Enthüllen von Schuld, Verstrickung und Gefahr, die Unentrinnbarkeit an die schicksalhafte Tragödie der Griechen erinnern, führt uns die Fügsamkeit des Schuldigen, der durch das Wirrsal seiner Ängste sich durchkämpfend zur Bereitschaft für die Buße und so zur Überwindung seines irdischen Ichs kommt, in die Gegend des christlichen Dramas, wie wir es noch in der Nachschöpfung des ›Jedermann‹ kennen.

Das soll nicht heißen, daß Dürrenmatt Anlehnung sucht an alte Formen. Seine neue, eigene Form hat nur aus seinem Erleben unserer Zeit und ihrer Probleme mit unseren Mitteln den Anschluß gefunden an die primitiven großen Formen der aus großen Epochen bekannten Dramentypen.

Schon der Beginn des Werkes, der uns in das trostlose, verkrachte Städtchen Güllen führt, zeigt das.

Einige Bürger, die wie ein moderner Chor die Situation schaffen, beleben den Bahnhof, in dem wir uns befinden sollen. Ihre Sprache ist, wie die im ganzen Stück, eine scheinbar durchaus realistische. Nur ist der

Realismus des Wortes so karg, daß dieses wie in Stein gehauen ist und sein muß.

Bei aller unmerklich drohenden Tragik entbehrt dieser Realismus nicht der Komik, so daß wir leicht am Rande des Abgrundes lachen, wie es sich gehört für eine Zeit, in der man lernen muß, auch dem Erschreckenden mit Fassung und ohne Verkrampfung ins Antlitz zu schauen.

Wir warten also mit den Bürgern von Güllen – schon in den Namen zeigt sich die oft enthüllende Kraft des Sprachkünstlers, der darum die zünftige Sprache mutig mit manchem gesunden Helvetizismus bereichert – auf die vorbeisausenden Züge. Die auf der Bühne nur unzulänglich oder lächerlich darzustellenden Eisenbahnzüge werden geschaffen durch das zuschauende Spiel der Darsteller.

Diese selben Darsteller treten nachher als Bäume der Bahnhofatmosphäre gegenüber und deuten den Wald an:

> Wir sind Fichten, Föhren, Buchen.
> Wir sind dunkelgrüne Tannen,
> Moos und Flechten, Efeudickicht,
> Unterholz und Fuchsgeheg,
> Wolkenzüge, Vogelrufe,
> Echte deutsche Wurzelwildnis,
> Fliegenpilze, scheue Rehe,
> Zwerggeflüster, alte Träume.

Einer von ihnen trägt an der Brust das Herz, das der Held mit seiner nun reich zurückgekehrten Jugendgeliebten in die Rinde geschnitten hat und das mit den Jahren in die Breite gewachsen ist wie das einstige Liebespaar. Einer von ihnen ist das Reh, wie damals. Einer macht das Hämmern des Spechtes, einer das Kuckucksrufen. Sie alle den Wind in den Bäumen. Und wir sind unmerklich dem raffinierten Realismus eines Natur kopierenden Theaters entronnen in die primitive Kraft des Theaters auf der kindlichen Stufe seiner Ursprungszeit, wo das Wort »du sollst jetzt das und das sein« überzeugender sein kann als eine triviale Realität.

Dadurch, daß die Realitäten nur nach Bedarf eingefügt und so auf ihre notwendige Funktion im Dienste der lenkenden Phantasie zurückgezwungen sind, bleibt die Ausdrucksweise einheitlich, und es entsteht ein Stil, der scheinbar realistisch, in Wirklichkeit aber nur vom Notwendigen diktiert ist in äußerster Konzentration und Dichtigkeit.

Der Stil ist einheitlich dadurch, daß alles, was in dem Stück erscheint, zwanghaftes Glied in einem Gefüge ist und von der inneren Handlung gefordert wird.

So hat der Wechsel der Einzelszenen im zweiten Akt des Werkes, der zu Füßen des Balkons des Hotels ›Zum goldenen Apostel‹ vor sich geht, auf dem die Heldin, Claire Zachanassian, über den Vorgängen im Städtchen Güllen wacht, nichts von virtuosem Effekt. Er führt und unterstreicht die innere Handlung.

Wie ein Karussell, fast wie ein Totentanz, drehen sich die Ereignisse um den Balkon, auf dem Claire Zachanassian mit sicherer Ruhe auf die unfehlbare Erfüllung ihres Verlangens wartet.

Das Simultane, Gleichzeitige und Gleichräumliche der verschiedenen Szenen ist kein technischer Trick, sondern eine innere Verzahnung. Die Stichworte leben von lauter doppelbodigen Beziehungen und verweben die Szenen zu einer engverschlungenen Weltbühne, wie im ganzen Stück Situationen, Bilder und Aussprüche sich in fast unmerklichem Gleichsinn treffen und überkreuzen.

Der dritte Akt, der die Entscheidung unter allzu menschlichen moralischen Vertuschungen und Umkleidungen bringt, trägt alles noch näher an uns heran, indem es die Bühne zur Bühne macht und den Saal, in dem das Publikum sitzt, einbezieht, als wären wir alle Güllener.

Das gibt den Fingerzeig, daß nichts als Karikatur gezeichnet werden darf. Alle sind Menschen, wie wir es sind. Und wie das Irren Ills und die Unbedingtheit der Dame unsere eigenen Lebensnotwendigkeiten sein könnten, ist auch das aus Eigensucht erwachsende harte Gericht unsere eigene Untat.

Was vor uns sich abspielt, ist tatsächlich das Drama eines modernen Jedermann. Nicht ein memento mori schreckt uns auf, sondern die Erinnerung an nicht mehr gutzumachende Schuld und an verfehltes Leben. Und der Held sieht um sich nicht schwache Freunde, die das sinkende Schiff verlassen, sondern Kameraden mit dem Willen, zu ihm zu stehen, die aber – bis in seine Familie hinein – doch schließlich von ihrer Armut erlöst sein wollen, auch um den verächtlichen Preis, daß sie auf seinen Tod spekulieren.

Nicht Engel treten zu ihm, nicht gute Werke und Glauben helfen ihm das Erdenleben überwinden. Die eigene Erkenntnis wächst ihm in und aus der Angst, aus dem Erfassen der Schwäche der andern, die seine Schwäche war. Und er nimmt das Urteil der andern auf sich, der andern, obwohl sie kaum ein Recht haben, dieses Urteil zu sprechen.

Und Claire Zachanassian, einst die rotgelockte siebzehnjährige Baumeisterstochter, die in der Peterschen Scheune und im Konradsweilerwald mit Ill die Liebe fand, die durch falsche Zeugen und ein Fehlurteil in ein

Dirnenschicksal und in einen lieblosen Reichtum gestoßen wurde und nun, von Gatten zu Gatten irrend, Gerechtigkeit kaufen will, Gerechtigkeit, die ihr ihren Romeo tot überliefert, erscheint als harte, unerbittliche Parze, als lebensfadenspinnendes Verhängnis. Die Liebende wird, nachdem man ihre Liebe vernichtet hat, personifizierter Reichtum und personifizierte Macht. Allein sie ist im Grunde Sehnsucht nach nicht erfüllbarer Liebe. Sie dürstet nicht nur nach Rache, sondern über Rache hinaus nach endgültiger Erfüllung. Erst an der Leiche des als Held Gefallenen löst sich ihre Spannung in Worten.

Die Interpretation des Werkes verlangt unnachgiebige Treue und kalten Verzicht auf jeden Effekt, der nicht durch die innere Partitur vorgezeichnet ist.

Als würden sich natürlichste Dinge zufällig abspielen, denen man nicht lauschen sollte, so muß die Überlebenswahrheit vorgestellt werden.

Aus einem Vortrag. Erschienen im Programmheft der Uraufführung von ›Der Besuch der alten Dame‹ im Schauspielhaus Zürich am 29. 1. 1956.
Abdruck mit freundlicher Genehmigung des Schauspielhauses Zürich.

Hugo Loetscher
Frank V. – Oper einer Privatbank

Wenn Sie, verehrter Leser, an dieser Stelle nicht den
üblichen gepflegten Aufsatz lesen, in dem ein literarisch
Beflissener in essayistischer Manier zu Ihnen über Theater spricht, dann wundern Sie sich nicht, sondern schau-
en Sie sich erst einmal die Oper *Frank V.* von Friedrich
Dürrenmatt an, überlegen Sie sich, was Sie dazu sagen
könnten und möchten – und Sie werden auch diese Form
der Präsentation gutheißen. Denn dessen kann Sie der
Verfasser versichern, er wollte einen ausgeglichenen Aufsatz schreiben, aber was machen Sie, wenn der Autor
selber, über den Sie schreiben, Sie beim Kultiviert-Sein
stört? Wenn er Sie narrt? Nicht aus Bosheit, sondern
durch die Art, wie er schafft, durch die Welt, die er
kreiert, durch das Phänomen, das er darstellt. Da ent-
wischt er Ihnen, obwohl er zu allen Gesprächen und
Interviews bereit war, mit seiner ganzen dämonischen
Gemütlichkeit. Soll man sich rächen, indem man ihn
interpretiert, ihn, der auf keine Formel und auf keine
Linie hin angelegt ist? Das wird geschehen, und man
wird sich noch wundern, wieviel Metaphysik hier drin
steckt. Aber um das machen zu können, müßte man
vorerst verdaut haben, was einem vorgesetzt wurde;
doch für den Schreibenden heißt die Schwierigkeit gar
nicht: Was hab ich mit Dürrenmatt verdaut oder nicht,
sondern: wie ißt man Dürrenmatt?

Am Anfang war der Tresor, das festverschlossene Sinnbild der Sicherheit, und dieses Sinnbild geisterte im Kopfe eines Mannes und wollte mehr sein als nur ein Einfall oder ein Bild. Es ist bezeichnend, daß ein solches Bild oder Symbol, wie immer man will, bei Dürrenmatt zuerst da ist und nicht irgendeine Idee oder eine Absicht – eine Idee zum Beispiel, ein Theaterstück gegen oder über das Geld zu schreiben und sich damit zu den berühmten Verächtern des Fetischs Geld zu stellen, oder die Absicht, die Gesellschaft unserer Zeit in ihrer Sozial- und Wirtschaftsmoral unter die Lupe und erhöht auf die Bühne zu nehmen. Nicht davon geht ein Dürrenmatt aus, sondern von einem Bild, das nun die Logik der Weiterentwicklung bestimmt. Nicht daß dieser Bildeinfall dann auch am Anfang des eigentlichen Stückes stehen müßte, er kann völlig zurücktreten oder eine Szene ergeben wie in *Frank V.*, wo die Bankleute sich alle um den Tresor einfinden, um diesen und sich gegenseitig zu bewachen. Entscheidend ist, daß das Drama bei Dürrenmatt ein zu einer Welt ausgeweiteter dramatisierter Szeneneinfall ist.

Das Schauspielhaus hatte bei Friedrich Dürrenmatt eine Art Ode bestellt für den Jubiläumsakt. Anläßlich der Feier des zwanzigjährigen Bestehens der Neuen Schauspielhaus AG hätte man sie vernehmen sollen. Wegen dieser Ode saßen Dürrenmatt und Paul Burkhard zusammen. Aber sie dichteten die Ode nicht, und sie komponierten sie nicht, sondern sie beschlossen vielmehr, ein ganzes Theaterstück zusammen auf die Bühne zu bringen. So verfaßte Dürrenmatt vorerst einmal Texte, in denen schauerliche Dinge vor sich gingen, und Paul Burkhard schrieb die Musik dazu. Noch lachend erzählte der Komponist, mit welch bubenhafter Freude sich Dürrenmatt auf die Schenkel schlug, wenn sie wieder irgend jemanden textlich und musikalisch umgebracht, verscharrt oder erledigt hatten. Derart waren die Spaziergänge in einer der lieblichsten Neuenburger Gegenden ausgefüllt, und dabei entstand in zweimal dreieinhalb Tagen eine Reihe von Chansons zu einem Theaterstück.

Die dramaturgische Ausgangslage war also derart: um die Chansons, die man einmal hatte, eine Handlung, eine Story zu bauen, so, daß dann doch ein Ganzes ohne Lücken entstehe. Damit begann das Schachspielerische, wie es Dürrenmatt nannte. Das Spiel, von den selbst geschaffenen Voraussetzungen nun folgerichtig weiterzugehen. Das scheint nur jenem ein undenkbares und unseriöses Vorgehen, der von der Bühne erwartet, sie zeige ihm Menschen aus Fleisch und Blut, doch übersieht diese Forderung, daß man mit Schminke und Perücke viel mehr auf der Bühne ausrichten kann als mit der Gesundheit praller Backen. Und es geht ja Dürrenmatt gar nicht darum, Figuren, die er fest umrissen vor sich sieht, so miteinander zusammenzubringen, daß dramatische Situationen entstehen; der Weg geht vielmehr umgekehrt. Figuren sind für ihn zunächst nur Prinzipien, es gibt vorerst einmal Dinge, Gefühle, es gibt die dramatische Situation, und aus dieser entwickeln sich allmählich die Figuren in ihrer Kontur und Gestalt. Und die Tatsache, daß sie im Manuskript stehen, heißt noch lange nicht, daß sie die Proben auch überstehen; wenn es die dramatische Konsequenz bei der Umsetzung auf die Bühne verlangt, werden neue Figuren ebenso eingesetzt wie gestrichen. Die Figuren sind nicht Voraussetzung, sondern Ergebnis der dramatischen Situation.

Nun ist bei einer Oper wie *Frank V.* nicht die Einzelfigur das tragende dramatische Ereignis; es gibt nicht mehr den individuellen Helden, sondern in dieser Welt der verkürzten Elemente ist der individuelle Held nur noch ein Punkt in einem größeren Beziehungssystem. Der eigentliche Held ist ein Kollektiv, das in verschiedenen Stimmen variiert zum Wort kommt. Man könnte bei Dürrenmatt von den Anfängen bis zu *Frank V.* aufzeigen, wie er immer stärker zu dieser Kollektivierung des dramatischen Helden hinneigt. Und da die einzelnen Figuren nur aus solchem Beziehungssystem heraus verständlich sind und sein können, brauchen sie nicht, ja können sie gar nicht fest umrissene Gestalten sein, und wenn sie auch so reagieren, daß wir sie nach unserer Alltagspsychologie verstehen, dann entgehen sie ihr immer gleichzeitig in jenem Maße, als sie eben Marionetten eines größeren Zusammenhanges sind. Man kann diese Kollektiv-Problematik im vorliegenden Falle auch inhaltlich, das heißt übertragbar auf die reale Umwelt, verstehen, und dann dürfte man mit Dürrenmatt in diesem Bankhaus so etwas wie ein Modell für jedes Machtsystem sehen.

Die Kollektivgruppe, aus dem Einfall des Tresors geboren, ist der Stab der Frankschen Bank, und zwar in der fünften Generation. Es ist eine unglückliche Generation, die nicht mehr die einstige Höhe der ertragreichen Gangsterbank besitzt. Diesen Gaunern mißlingt das Gaunern, denn es sind Gauner aus einer anderen Zeit, unschöpferische Gangster, sie machen alles nach der Methode der Vorfahren und wundern sich dann, daß sie verlieren. Denn sie verlieren, werden übergaunert von zwei jungen Gangstern, die die Chance der Stunde erkannt haben; diese gaunern nicht mehr als Handwerker, was dilettantisch wäre, sondern sind Gangster einer modernen, technisierten Welt – sie erfinden den neuen Stil, die neue Sachlichkeit des Gauners, indem sie nun nicht einfach ehrlich, sondern »stinkehrlich« sind – es kommen jetzt die Verbrechen im Rahmen der heutigen Gesetze: Frank VI. Aber wenn diese Gauner versagen, dann nicht nur, weil sie methodisch ungeschickt sind, sondern auch, weil sie in ihrer Gangstergesinnung einen Hang zum Guten aufweisen, der sie zu angekränkelten Bösen macht.

Ob diese Bösen vom Guten angekränkelt sind oder nicht – das, was man vorgesetzt erhält in dieser Szenenfolge, ist eine Kumulierung von Kraßheiten und Betrügereien. Die Welt, die Dürrenmatt auf die Bühne bringt, ist überhaupt nur kriminell und korrupt, so daß man wahrlich für einen Moment entsetzt sein kann. Aber man könnte bei der Empörung ja nicht einmal sagen, es sei bezeichnend für die heutige Zeit, daß sie solch Schreckliches auf der Bühne zeigt – denn so ungeheuer modern ist das gar nicht, und wenn auch nicht Klassik, so ist es doch beste europäische Theatertradition. Warum sollte man Dürrenmatt verbieten, was man von Shakespeare oder doch zumindest von den Elisabethanern annimmt an Greueln? Wir müssen trotz unserer Moderne bescheidener werden, wir haben die Untaten keineswegs erfunden.

Und daß die Welt chaotisch ist, dafür können wir ja nicht die Dichter behaften. Man muß als Gegenpol zu Dürrenmatt auf Samuel Beckett hinweisen – auch dort wird eine Welt gezeigt, in der es nichts mehr von jenen Werten gibt, die wir als humanistische Überlieferung in die Schulhefte schrieben, aber bei Beckett handelt es sich um völlig asketische Dramentechnik, die das Geschehnis auf wenige Striche und eine innere Bewegungslosigkeit reduziert, im Gegensatz zu Dürrenmatt, der sich keine Stellung im Text und keine Stellung auf der Bühne entgehen läßt, um seine Schauervision noch auszubauen und zu bereichern; er gibt die Welt in aller Fülle ihrer Grauenhaftigkeit. Das ist eine Form der Desperatheit, auch wenn man manchmal den Eindruck hat, daß Dürrenmatt nicht die Desperatheit liebt, aber die Dinge, die sich bei einer solchen verzweifelten und chaotischen Welt ereignen.

Zumindest etwas hat der Autor mit der fünften Generation der Franks gemeinsam – er kann nicht ein absoluter Verhöhner sein, plötzlich bricht der Moralist durch, und wenn es auch so aussieht, als sei hier ein höhnischer Mann am Werk. Denn das Gefälle des Stückes scheint nach unten zu gehen. Vom Guten wird nur insofern gesprochen, als es sich um Sentimentalität und Lüge handelt oder als neuer Gangstertrick, und am Ende steht man vor der Tatsache, daß sich hier nicht viel ändern wird bei diesem Bankhaus. Und man möchte es sich einfach machen und sagen, ja so ist das eben in dieser Welt, und dann das Bankhaus als Zerrbild einer Clique oder einer Gruppe nehmen. Aber das wäre zu praktisch gedacht, denn das Franksche Unternehmen drängt doch darüber hinaus, nur für die Welt der Bankiers zu stehen, und stände es dafür, dann wäre es äußerst naives und kindisches Unternehmen, und man wünschte sich sogleich ein Kriminalstück über Putzfrauen.

Wenn das Bankhaus für die Welt schlechthin steht, dann hat man allerdings ein zynisches Fazit vor sich, denkt man an die Klammern des Prologs und des Epilogs. Vielleicht könnte man sich noch moralisch an die Überlegung halten, es werde demonstriert, wie das Böse eben nur das Böse zeugen könne, und man könnte versuchen, auf einem anderen Wege zu einer moralité zu kommen: man erlebe hier die wilde Vision, daß die Bösen dem Guten nicht entrinnen.

Bei diesen Überlegungen könnte man immer noch sagen, man wollte etwas moralisch retten, was sich von vornherein außerhalb jeder Moral stellen wolle. Und wenn es einem tatsächlich um eine moralische Legitimierung von Dürrenmatt geht, dann muß man nicht an die Fallinie des Stückes denken, nicht an das letzte Wort, sondern an jene Szene, wo der Kassier, Böckmann, auf dem Sterbebett liegt. Nicht etwa, weil er beichten und sich mit seiner Kirche aussöhnen möchte, da spielen zu viel praktische Sicherungsüberlegungen mit; sondern Böckmann zerreißt die Ausreden der Frankschen Welt, denn diese Gauner kommen sich ja alle als Opfer ihrer Tüchtigkeit vor, als Märtyrer der Bank, und rechnen sich als solche auch gegenseitig die Leiden vor, die sie von ihrem Einsatz davongetragen haben. Böckmann ist der einzige, der erklärt, daß sie nicht Opfer seien, sondern Henker, daß sie jederzeit hätten umkehren können, wenn sie wirklich hätten umkehren wollen – in dieser Entdeckung der Freiheit zum Bösen liegt das Moment des Moralischen bei Dürrenmatt, aus dieser Freiheit holt er sich aber auch die Legitimität, als Kulissen-Detektiv und Kulissen-Staatsanwalt seine Figuren durch die Szenen und über die Bühne zu hetzen und zu jagen.

Nun schrieb aber Dürrenmatt nicht einfach ein Theaterstück, sondern eben eine Oper. Zum Dichter gesellte sich der Komponist. Und die Musik, die dazu geschrieben wurde, stellt nicht einfach ein Ausschmücken, ein Dekorum dar – sondern sie ist Konstituens des Dürrenmattschen Dramenstils.

Durch die Musik nämlich wird das Bühnengeschehen aus jedem auch nur irgendwie denkbaren realistischen Rahmen herausgenommen, denn alles, was sich nun auf der Bühne ereignet, wird in seinem Spielcharakter aufgezeigt und bestätigt. Was vom Text aus als unerträglich erscheinen könnte, wird erträglich, und zwar gerade dadurch, daß die Musik nicht den Gehalt und die Tonart der Sprache unterstützt oder pointiert, sondern daß sie charakterisierend die Härte kontrastiert. So entsteht eine eigene Bühnensprache, die sich im Spannungsfeld von Wort und Musik befindet; die Dramatisierung setzt sich bis in die Verwendung der Musik fort.

Erträglich heißt aber nicht nur, auf diese Weise mache man etwas einnehmbar, was sonst nicht so leicht einzunehmen wäre. Sondern die Musik bringt die Poetisierung dieser absurden Welt. Erst durch die Möglichkeit der Chansons – ob sie nun den dramaturgischen Charakter des Monologs, des Dialogs oder des Chores annehmen – wird die jeweilige Einzelszene zusammengefaßt und aus dem, was einem als reales Geschehen vorkommen könnte, in den Bereich des Bühnenraumes geholt, in einen Bereich der fiktiven Welt. Die Musik macht das Absurde theatralisch real.

Dürrenmatt wehrte sich denn auch, diese Oper als eine Parodie zu nehmen. Wenn er *Frank V.* eine Oper nennt, dann denkt er an die traditionelle Oper, an jene Oper, die so unmögliche Szenen und Ereignisse berichten konnte, wo die Librettisten sich alle Freiheiten herausnehmen durften, um die unwahrscheinlichsten Dinge vor sich gehen zu lassen. Zu diesen Librettisten fühlt sich Dürrenmatt hingezogen, weil sie eine Urmöglichkeit des Theaters benutzen, in einer fiktiven Welt urtragische Situationen durchzuexerzieren, wie es Dürrenmatt einmal selber ausdrückte. Für seinen Grotesk- und Überhöhungsstil muß ihm diese Richtung gelegen kommen, denn wo man der Fiktion nicht mißtraut, wo der Phantasie alle Spielmöglichkeiten offen gelassen werden, da wird wieder etwas möglich, an das wir kaum zu glauben wagen, das große Theater. Das Theater mit den großen Gebärden und den großen Gängen. Und wenn Dürrenmatt eine Oper schrieb, dann nur aus Sehnsucht nach diesem großen Theater, das er auf die moderne Bühne heimholen wollte.

Nun ist das Neuartige aber, daß im Gegensatz zu diesen alten Opern, bei denen kein Mensch sich um den Text kümmert, sondern diesen einfach hinnimmt, weil die Musik das Entscheidende ist, bei Dürrenmatt der Text in seiner Spannung zur Musik das Entscheidende bleibt. Was Dürrenmatt damit schuf, ist die Einführung des Opernstils für die Sprechbühne, und damit ein Theater, das sich seiner phantastischen, fiktiven Möglichkeiten nicht geniert. Je mehr wir die Kunst ideologisch, politisch, moralisch, je mehr wir sie von Außenwarten aus betrachten, um so mehr sieht sie sich gezwungen, auf ihre eigensten Möglichkeiten zurückzugehen – das heißt im Falle Dürrenmatts, ihn darnach zu bemessen, ob er dem Theater gibt, was des Theaters ist.

Aus dem Programmheft der Uraufführung von ›Frank V.‹ im Schauspielhaus Zürich am 19. 3. 1959.
Abdruck mit freundlicher Genehmigung des Autors.

Walter Muschg
Die Physiker

Das Irrenhaus erfreut sich eines Zuspruchs wie noch nie. Dichter so verschiedener Art wie Robert Walser und Ezra Pound fühlten sich nur noch hinter seinen Mauern geborgen, und ihre in Freiheit lebenden Kollegen wählen es mit Vorliebe als Schauplatz ihrer Zeitsatiren (etwa Ernst Kreuder in seinem witzigen Roman ›Herein ohne anzuklopfen‹). Es besitzt eben eine ganz neue Anziehungskraft, seitdem die Welt zum Tollhaus oder zum Gefängnis geworden ist. Was hat nun aber Dürrenmatt daraus gemacht!

Für ihn ist das Irrenhaus keine poetische Metapher, sondern die höchst normale Endstation einer realen Entwicklung. Er untersucht die verbreitetste Form unseres noch nicht diagnostizierten Wahnsinns, die Jagd nach Atomphysikern, und läßt deren drei als Insassen einer privaten Nervenklinik auftreten. Die liebevolle Schilderung der Lokalität in der einleitenden Regieanweisung läßt ein schweizerisches Publikum über den Ort der Handlung nicht lange im Zweifel, aber man wird ihn wie die Stadt Güllen überall mühelos mit einem Ort in der näheren Umgebung identifizieren. Auch das grausige Idyll des ersten Akts bleibt noch im Rahmen dessen, was sich jedermann unter dem Tageslauf schizophrener Patienten vorstellt, denn daß es da gelegentlich hoch hergeht, versteht sich von selbst.

Der psychiatrisch gewitzte Zuschauer nimmt höchstens daran Anstoß, daß ein Patient, der an dem Wahn
leidet, Newton zu sein, im Kostüm des frühen achtzehnten Jahrhunderts auftritt. Schizophrene brauchen bekanntlich kein Kostüm zur Darstellung ihrer fixen Idee,
sie sind innerlich mit ihr eins und haben keinen Sinn für
den Widerspruch zwischen ihrer eingebildeten und ihrer
wirklichen Existenz. Weiß Dürrenmatt das nicht? Er
weiß es sehr gut. Dieser Newton verrät mit seiner über-
triebenen Aufmachung, daß es mit seinem Irrsein nicht
richtig ist. Aber man durchschaut ihn nicht, sowenig wie
den Patienten Möbius, der Besuche des Königs Salomo
erhält und mit dem *Psalm, den Weltraumfahrern zu
singen* – einem Psalm, wie ihn Salomo heute dichten
würde – seine Geistesverfassung schon deutlich genug
kundgibt. Der Wutausbruch gegenüber seiner Familie
beim Besuch seiner gemütlichen Frau mit dem öligen
Missionar, dem sie die Hand zu einem glücklicheren
Ehebund gereicht hat, enthüllt diese Geistesverfassung
noch deutlicher. Im Gespräch mit Schwester Monika
lüftet Möbius sein Geheimnis ganz, aber auch sie begreift
ihn nur halb, weil auch sie ihn für geisteskrank hält. Dem
Zuschauer schwant vielleicht auch einiges, aber den wahren Sachverhalt erkennt er im ersten Akt noch nicht.

Wie immer bei Dürrenmatt steigt aus der scheinbaren
Farce ruckweise das kalte Grauen auf. Im zweiten Akt
beginnt sich die Welt dieser Klinik auch für ihre normalen Besucher und für den Zuschauer um sich selbst zu
drehen. Er setzt mit der spiegelbildlichen Umkehrung
des Gesprächs zwischen der Leiterin und dem Polizei-
inspektor ein, bei dem die Rollen vertauscht sind. Dann
fallen die sichernden Wände zwischen Wirklichkeit und

Wahn mehrmals hintereinander derart zusammen, daß man mit den Patienten nicht mehr weiß, wo die Grenze zwischen Verrückt und Normal verläuft. Man sitzt wie in einem Kurven ziehenden Flugzeug, wo die Landschaft bald rechts unten, bald links oben auftaucht. Ich lasse es bei Andeutungen bewenden, um die Überraschungen nicht zu verraten. Sie drehen sich um die Entlarvung der drei Physiker, vielmehr um die Gründe, die jeden von ihnen bewogen haben, diesen Aufenthaltsort zu wählen. Ihre Superintelligenz wird an sich selbst zuschanden und muß vor der Wirklichkeit die Waffen strecken. Nicht weil sie ihr gegenüber den kürzeren zöge, sondern weil die Ergebnisse der Wissenschaft von den sogenannten Normalen unverzüglich in Irrsinn umgesetzt werden. Der geniale Möbius hat daraus die Konsequenzen gezogen und ist freiwillig hinter die Anstaltsmauern geflohen, weil er nur noch hier denken kann, ohne die Menschheit der Vernichtung auszuliefern. Als reiner Gelehrter ist er der einzige Ehrliche in einer Welt der Lüge. Er stellt sich verrückt, um seine Entdeckungen verheimlichen und, wenn es sein muß, vernichten zu können. Es gelingt ihm auch, seine beiden im Dienst feindlicher Regierungen stehenden Kollegen von der Richtigkeit seiner Handlungsweise zu überzeugen und auf seine Seite hinüberzuziehen. »Entweder bleiben wir im Irrenhaus oder die Welt wird eines. Entweder löschen wir uns im Gedächtnis der Menschen aus oder die Menschheit erlöscht.«

Auch dieser Entschluß stellt sich jedoch als ein frommer Wunsch heraus. Die Dinge sind bereits weiter gediehen, als die drei ahnen. Auch das Irrenhaus ist für sie keine Zuflucht mehr, sie haben sich in eine Falle manövriert, aus der es kein Entrinnen gibt.

Dürrenmatts neues Werk ist eine weitere Bestätigung seiner These, daß unserer Zeit nur noch die Komödie angemessen sei. Vor noch nicht langer Zeit erlebte ich aus Freundesnähe das Ringen Hans Henny Jahnns um die dramatische Gestaltung des gleichen Themas und sein schweres Wegsterben über diesem Versuch, der vor Jahresfrist in einer Bearbeitung durch fremde Hände als ›Der staubige Regenbogen‹ in Frankfurt uraufgeführt wurde. Ich habe das Original in der Buchausgabe gegen seine Bearbeiter in Schutz genommen und es dem Leser anheimgestellt, Gelingen und Mißlingen dieses Stückes Dichtung im Atomzeitalter gegeneinander abzuwägen. Denn mir scheint, an diesem Thema zu scheitern ist ehrenvoller, als die Augen davor zuzudrücken. Jahnn war nicht der erste beste, und er wäre der erste gewesen, der Dürrenmatts Physikerkomödie bewundert hätte. Hier ist gelungen, was er beabsichtigte und wozu er in seiner Verzweiflung nicht mehr imstande war. Er trat als expressionistischer Pathetiker an das Problem der Kernphysik heran, es war für ihn mit persönlichem Leiden an dieser Zeit und mit prophetischem Zorn über sie geladen. Davon ist bei Dürrenmatt wenig zu spüren. Ein Unterschied der Generationen wird sichtbar. Neben Jahnn wirkt Dürrenmatt frivol, verspielt, aber auch nüchterner und realistischer. Er verfügt über eine geistige Überlegenheit, die einem fortgeschrittenen Zustand unserer Bedrohung entspricht. Er hat keine Tragödie, sondern das »Satyrspiel vor der Tragödie« geschrieben. Die Politiker, die den Amoklauf gegen die Menschheit auf dem Gewissen haben, bleiben bei ihm im Hintergrund, der Blick richtet sich auf die von ihnen erpreßten Forscher. In drei Typen des unter die Räder der Politik geratenen

Wissenschaftlers spiegelt sich sinnbildlich die gegenwärtige Weltlage, vor allem aber die moralische Zertrümmerung des heutigen Menschen. Das dramatisch kaum darstellbare Thema gewinnt für Dürrenmatt Gestalt, indem er die Vision des Furchtbaren in die tragikomische Sicht des Irrenhauses verpflanzt. So entlarvt sich die zum Verbrechen entartete Geheimwissenschaft der Physik als der Totentanz aller Begriffe und Phrasen, mit denen wir angeblich in Freiheit und Anstand lebenden Zeitgenossen unsern Untergang betreiben.

Als Künstler zeigt Dürrenmatt in seinem achten Drama ein neues Gesicht. Die Einheit von Raum, Zeit und Handlung ist streng eingehalten, worauf er selbst boshaft hinweist: »Einer Handlung, die unter Verrückten spielt, kommt nur die klassische Form bei.« Die äußere Handlung ist aber minim, die Spannung ergibt sich aus der inneren Veränderung der Situationen und der Reaktion der Figuren auf sie. Alles ist virtuos ineinander verzahnt, kein einmal angeschlagenes Motiv bleibt ungenützt, scheinbar Nebensächliches wird ausschlaggebend, und man muß sehr genau hinhören, um den Grund des scheinbar Unsinnigen zu erfassen (so etwa vor dem Mord am Schluß des ersten Aktes). Dazu kommt eine letztmögliche Einfachheit der Gebärden, überhaupt der verwendeten theatralischen Mittel. Der Dialog verläuft in trockenen bis banalen, aber schlagenden Kurzsätzen, die wie Zündschnüre abbrennen und den Sprengstoff der tragischen Satire explodieren lassen. Die ›teuflische‹ Vermischung des Komischen und Tragischen, auf der Dürrenmatts Dramaturgie beruht, der Doppelsinn der Vorgänge, die Maskenhaftigkeit der Figuren und der Zug zum Abstrakten sind hier direkt durch das Thema bedingt und zu neuen Wirkungen gesteigert. Das rein komische Element erscheint nur in den Wärterszenen, dafür spielt nun alles als sublime Groteske auf der haarscharfen Grenze zwischen Gelächter und tödlichem Ernst, die wie ein klirrendes Seil über das Nichts gespannt ist.

Die Physiker sind Dürrenmatts bisher gekonntestes Stück. Es macht aber auch so klar wie kein früheres, daß es diesem Dichter nicht nur um artistisches Können zu tun ist. Möchte ihm mehr als ein künstlerischer Triumph beschieden sein.

Aus dem Programmheft der Uraufführung von ›Die Physiker‹ im Schauspielhaus Zürich am 20. 2. 1962.
Abdruck mit freundlicher Genehmigung von Frau Elli Muschg.

Elisabeth Brock-Sulzer
Herkules und der Stall des Augias

Herkules und der Stall des Augias ist eines der am meisten gehaßten Hörspiele des Berners Friedrich Dürrenmatt. Wir sagen: des Berners, denn seine Landsleute waren und sind es vorwiegend, die ihm diese aristophaneische Darstellung der ältesten Demokratie – Griechenlands blutig übelgenommen haben.

Eines der am meisten gehaßten, aber auch eines der lustigsten Werke Dürrenmatts ist dieser *Herkules*. Nun hat ihn Dürrenmatt wieder vorgenommen und hat – wie er es gerne und oft tut – den Stoff in einer neuen Form, dem Theaterstück, erprobt. Nicht Verlegenheit um Motive trieb ihn dazu, sondern seine Lust, gegebene Formen immer wieder neu zu prüfen. Solche Umformungen dürften ja keineswegs leichter sein als Neuschöpfungen. Es gilt genau zu sichten, was bewahrt und was verworfen werden muß; es gilt weiter, die Nahtstellen unsichtbar zu machen; es gilt vor allem, den Schwung, der eine Neuschöpfung tragen sollte, auch bei einer bloßen Umformung zu gewinnen. Es gilt dann ferner, das Publikum zu lösen von seiner an der ersten Fassung gewonnenen Einstellung, sei diese nun bejahend oder ablehnend.

Entstanden ist nun ein lustiges, gegenüber dem Hörspiel eher weniger aggressives Stück, das das Thema in mancher Richtung ausweitet und vertieft, das die Darsteller fesselt, und das im einzelnen betrachtet von erstaunlicher Treffsicherheit ist. Dem Zuschauer bleiben in erster Linie Szenen haften, die tiefere Einheit ergibt sich erst dem Nachdenkenden. Schönste Dinge dieses Theater-*Herkules* sind oft Partien, die zunächst eher unverbunden wirken, das Neue erscheint nicht selten als Einsprengsel, die Nähte sind also noch sichtbar. Doch wird das gemildert, wenn nicht gerechtfertigt durch die Form des Stücks, das episches Theater ist.

Nicht in Brechts Sinn freilich. Er wolle »weder ein realistisches Stück noch ein Lehrstück, noch absurdes Theater machen«, er wolle ein »dichterisches Stück« vorführen, läßt er seinen Prologus, den Sekretär des Herkules, Polybios, sagen. Episch ist im *Herkules* die Verbindung von Spiel und Erzählung, episch die gebrochene Zeitenführung – wir erfahren sogar des Herkules Sterben in einer der frühen Szenen des Stücks –, episch ist die Fügung aus fest umschriebenen Bildern.

Ich erinnere mich nicht, daß Dürrenmatt schon einmal den wörtlichen Anspruch erhoben hätte, ein »dichterisches« Stück zu schreiben. Er liebt es ja nicht, als Dichter bezeichnet zu werden. Aber wahrscheinlich müssen wir, wenn wir ihn hier recht verstehen wollen, das Wort »dichterisch« so nehmen, wie er anderswo von »schneiderisch« gesprochen hat. Nämlich, er wolle über sein Handwerk so sprechen wie der Schneider von dem seinigen, sachlich, den Gegebenheiten seiner Arbeit gemäß. Und doch bleibt natürlich der Unterschied zwischen dichterisch und schneiderisch bestehen. Der *Herkules* ist nicht nur ironisch gemeint ein dichterisches Stück. Daß Dürrenmatt ausgerechnet anläßlich der Darstellung einer im Mist versinkenden und erstickenden Welt sich zu dieser Bezeichnung entschloß, ist kennzeichnend.

In dem Theaterstück steht dieses Motiv nicht mehr im Vordergrund, es ist nur eines von mehreren tragenden Motiven. Und sichtbar wird hier, welchen Mist Dürrenmatt gemeint hat. Er spottet: »Bieten wir schon Mist, dann wenigstens einen berühmten«. Den des Herkules. Das Ausmisten ist unter seinen Heldentaten die am wenigsten besungene, die schmutzigste. Aber: »Meine schmutzigste Arbeit wird meine beste gewesen sein«, sagt Herkules, als er noch meint, sie ausführen zu können. Er kann es nicht, weder hier noch im Hörspiel, er scheitert an der demokratischen Maschinerie und scheitert – namentlich in der neuen Fassung des Stoffs – an sich selbst. Ein anderer wird den Mist bewegen, Augias, und wird es tun, nicht auf die Weise eines Heros, sondern auf Menschenart. Aus Mist wird er Humus machen, aus Ungestalt einen Garten. So schließt auch das Hörspiel, seine letzte Seite ist ein guter Schlüssel für Dürrenmatts Schaffen. Auch gute Schlüssel sind freilich nur nützlich, wenn man sie benützt.

Es ist vor allem die Gestalt des Herkules, die in der Neufassung des Stoffes angereichert erscheint. Dürrenmatt hat ihn nun ganz ausdrücklich in Gegensatz gestellt zu dem tapferen Menschen, den er ja von allem Anfang an immer wieder als Nachfolger des alten, heute unmöglich gewordenen Helden gefordert hat. Herkules erkennt sich selbst als einen Anachronisten, als einen lebensunfähigen Saurier, ganz zufällig nur mit übermenschlicher Stärke begabt und deshalb ohne jedes Verdienst bei seinem Tun. Wirkliche Größe sei menschlich, sei das Tun eines Menschen, der sich fürchte und die Furcht überwinde. So ist Augias, so vielleicht sein Sohn, der sich von der Liebe zu Deianeira lösen muß und zum Trost in des

Vaters wohlversteckten Garten geführt wird. Herkules aber sinkt von Stufe zu Stufe, er ist ein etwas müder, alternder Mann, der zwar noch Ungeheuer vertilgt, aber seiner schönen Frau nicht mehr gewachsen ist, ein von den Gläubigern verfolgter Artist, der sogar im Zirkus auftreten muß, danach den stinkenden stymphalischen Vögeln zu Leibe rücken soll, und zuletzt grausam hingemordet wird, als er seine Frau um eines jungen Mädchens willen verläßt. Wir sehen ihn einmal mit dem fürchterlichen Hemd, das ihm den Tod bringt, augenblickslang aufflammend in einer Zukunftsvision – eben jener eingeblendeten Zukunftsszene, die man wohl genießt, aber erst später vielleicht begreift. Herkules darf eben doch nicht einfach langsam und traurig auf den Hund kommen, er muß noch seinen gräßlichen Heldentod sterben, er muß noch in alter Manier von der Bühne abtreten. Den Tod des Augias brauchen wir nicht zu sehen, er wird wohl in seinem Bett sterben. Zwar ist das nicht überliefert, aber warum sollte es schon überliefert sein, es versteht sich ja von selbst. Die neue Tapferkeit versteht sich von selbst. Die neue Tapferkeit hatte schon in F. T. Vischers verwegenem Wort Platz, das Moralische verstehe sich von selbst.

Aus: ›Frankfurter Allgemeine Zeitung‹, 22. 3. 1963.
Abdruck mit freundlicher Genehmigung der Autorin.

Hugo Loetscher
Der Meteor

Der Meteor wurde gleichzeitig wie *Die Physiker* konzipiert; doch nach den *Physikern* machte sich Friedrich Dürrenmatt zunächst an die Bühnenfassung von *Herkules und der Stall des Augias*. Die Anfänge des *Meteors* liegen also im Jahre 1961; die Thematik selber geht weiter zurück, sicherlich bis zu jener Stelle im *Pilatus,* wo der junge Dürrenmatt schreibt: »Denn alle Dinge [...] waren nur da, weil Gott da war und er und nichts anderes, und waren da, weil es zwischen Gott und dem Menschen keine Verständigung gibt als den Tod ...«

Die Thematik ist das Sterben. Nun war Dürrenmatt immer großzügig gewesen mit dem Sterben. Seine Phantasie im Erfinden von Bühnengestalten zeigte sich auch im Erfinden von Bühnen-Toden; nicht zufällig befassen sich bereits zwei Dissertationen mit dem Problem des Todes in seinem Werk. Und Dürrenmatt ist sich auch im *Meteor* treu geblieben; es wird wiederum viel und zur Überraschung gestorben; nur eben ausgerechnet jener Mann, der am Anfang erklärt, er wolle sich hinlegen zum Sterben, schreit am Ende: »Wann krepiere ich denn endlich!«

Es gehört zum Theaterbegriff Dürrenmatts, daß wir zunächst meinen, wir würden im *Meteor* zuschauen, wie einer stirbt. Aber bald stellen wir fest, daß sich die Perspektive verschoben hat: wir erleben das Sterben aus der Perspektive eines Sterbenden, die Welt stirbt um ihn, sie erscheint im Zeitraffer; er, der sich vornimmt, in der Todesstunde einmal Wirklichkeit zu erleben, erfährt, daß die Realität an ihm vorbeisaust; das hat dramaturgisch zur Folge, daß sich ganze Biographien auf einzelne Szenen verkürzen. Blitzlichter zu jener »ewigen Schrecksekunde«, wie Dürrenmatt das Sterben genannt hat.

Ein Ereignis stellt Dürrenmatt auf die Bühne und nicht eine Handlung. Spricht man heute mit Friedrich Dürrenmatt über Theaterprobleme, trifft er sogleich die Unterscheidung von Ereignis und Handlung, und fragt man ihn, was ihn an der Handlung störe und weswegen er sich zum Ereignis gezogen fühle, dann führt er in folgendem Sinne aus: Damit eine Handlung sich logisch abspielt, muß man immer wieder den Zufall benützen und so tun, als sei man ohne Zufall ausgekommen, als habe alles sich so ergeben müssen; dabei ist das Ergebnis nichts als Arrangement, der logische und damit auch chronologische Ablauf einer Handlung ist reine Fiktion. Ein Ereignis hingegen kennt eine andere Kausalität, da darf der Zufall als das auftreten, was er ist, als Zufall; beim Ereignis gibt es nicht wie bei der Handlung die moralische Begründung, ein Ereignis ist ungreifbar, alle Rechtfertigung kann sich nachher ergeben und einstellen, aber sie betrifft das Ereignis nicht.

Bildlich gesprochen: Ein Meteor schlägt ein; wer dabei umkommt, ist rein zufällig. Und was Dürrenmatt darstellen will, ist all das, was geschieht, wenn ein Ereignis eintrifft – wenn im Stück *Meteor* der Häusermakler Muheim vernichtet wird, dann nur, weil er dem Schriftsteller Schwitter in sein Sterben hineingeraten ist. Der Meteor ist das Ereignis, das plötzlich da ist wie der sterbende Schriftsteller, und es gehört zu den Eigenschaften dieses Himmelskörpers, daß er eine ungeheure Energie besitzt, bevor er aufschlägt; so entwickelt der Sterbende eine Vitalität, er trinkt und liebt. Mit dem *Meteor* aber ist auch sogleich das Transitorische aller Ereignisse mitgemeint.

Was Dürrenmatt also darstellt, ist die aktive Seite des Sterbens – das Sterben als Aktion und damit als Theater, zwischen den beiden Sätzen, daß das Sterben toll ist und das Sterben unmenschlich ist. Da ist das Sterben etwas anderes, als es der Kanzeltrost haben will. Es ist durchaus denkbar, sieht einer, wie Dürrenmatt mit dem Tode und dessen Requisiten umspringt, daß er dem Dramatiker den Vorwurf der Pietätlosigkeit macht. Aber dann übersieht er, daß man am Grad des Auflachens das Ausmaß des Entsetzens ablesen kann, dann übersieht er, daß sich die Brutalität aus dem Akt des Sterbens in Konsequenz ergibt, und dann vergißt er, daß Pietät in der Kunst noch nie eine Kategorie war.

Sterben ist in diesem Stück das Problem einer geistigen Haltung. Es ist der Augenblick, wo alle Hemmungen fallen – angesichts der Ewigkeit gibt es keine Rücksichtnahme mehr, weder für sich noch für andere. Und damit auch die Stunde der Wahrheit: »Die Gedanken, die einem kommen, die Hemmungen, die fallen, die Einsichten, die einem aufgehen. Einfach großartig.« Und Schwitter benimmt sich auch als Parvenu der Wahrheit.

Er ist im besonderen Maße gierig darauf, weil er sein Leben als Fiktion erlebt hat – und deswegen ist die Hauptfigur, eben der sterbende Schwitter, nicht zufällig Schriftsteller, ein Mann, der die Wirklichkeit mehr verwertet als erlebt hat; er hat diese Fiktion mit Erfolg aufgebaut, und in der Stunde des Todes will er sie durchstoßen: »Ich will ehrlich sterben ohne Fiktion und ohne Literatur.« Dann aber, wenn alle Hemmungen und Bindungen wegfallen, hat man den Augenblick der totalen Freiheit, eine Freiheit, die der Sterbende bei Dürrenmatt schamlos ausnutzt, und diese Freiheit wird zum Egoismus, wie ihn nur Sterbende kennen. Gerade diese Freiheit, welche das Sterben ermöglicht, ist für den Menschen etwas Unmögliches in ihrer Absolutheit. Der Schrei: »Wann krepiere ich denn endlich!« ist zugleich das Eingeständnis, daß eine solche Haltung unmenschlich, weil dem Menschen nicht entsprechend, ist.

Nun hat aber Dürrenmatt als Kontrapunkt zum Sterben, dieser radikalen Reflexion, das Thema der Auferstehung gewählt, und es gab sich für ihn das Problem: wie stellt man eine solche Auferstehung dar, damit sie auf der Bühne glaubwürdig ist? Und hier erweist sich Dürrenmatt als Künstler der Pause. Theaterschreiben heißt ja nach ihm die Kunst, Spielmomente herbeizuführen, und einen solchen Spielmoment haben wir, wenn nach der Pause der tote Schriftsteller sich aus seinen Kränzen befreit und ins Leben zurückkehrt.

Aber diese Auferstehung ist repetierbar und daher schon komisch, bevor die Situation komisch ist – unentwegt vollzieht sich die Auferstehung bei diesem sterbenden Schwitter. Ein Wunder ja, aber eines, an das er selber nicht glauben kann und das ein Wissenschafter nicht gelten lassen darf – aber es ist ein Auferstehen, das sich dann einstellt, wenn es nicht mehr möglich ist zu sterben. Wenn Schwitter im Gespräch mit Frau Nomsen der Wahrheit begegnet, dann nicht nur, weil diese Frau ohne die Fiktion auskam, indem sie die Menschheit aufs Geschäft reduzierte, sondern weil er durch ihren Tod erfährt, daß sein Sterben ein Zustand ist; was er als großen Augenblick erleben wollte, entpuppt sich als Ewigkeit; er begreift seine Unsterblichkeit – aber als Panik. Und daher endet dieses Wunder auch in einer negativen Apotheose; es sind die Falschen, welche es am Ende mit ihren Gitarren und Posaunen besingen.

Indem Dürrenmatt als Kontrapunkt zum Sterben die Auferstehung wählt, macht er deutlich, daß es beim Sterben nicht nur um eine geistige Haltung geht, sondern daß Sterben zugleich eine religiöse Kategorie ist. Dürrenmatt ist ein religiöser Dichter; nicht einer, der für Konfessionen schafft, für die Bibelstunde ungeeignet, aber wir leiden ja auch anders, als es der Katechismus sich ausdenken kann. Nichts wäre leichter, als in der Bühnenverwendung von Sterben und Auferstehen eine wenn auch noch so großartige und begabte Blasphemie zu sehen. Genau so leicht, wie aus dem Gespräch zwischen dem Schriftsteller und der Abortfrau eine nihilistische Weltschau herauszulesen, weil in diesem Gespräch die Bilanz gezogen wird und diese Bilanz negativ ist.

Natürlich schockiert es, auf der Bühne Vorgängen beizuwohnen, an denen jeder von uns im Leben schon teilgenommen hat – aber wir sind nur betroffen, weil uns das Stück all das nimmt, womit wir uns trösten möchten. Was Dürrenmatt gibt, ist völliger Antitrost, nicht weil er eine trostlose Welt haben will, sondern weil der Trost, an den wir uns und die anderen gewöhnt haben, die Ungeheuerlichkeit der Welt und des Sterbens verpaßt.

Dürrenmatt hat mit dem *Meteor* ein Stück über die Unmöglichkeit zu sterben geschrieben. Was für ein erstaunlicher Gegenstand in einer Zeit, in der gestorben wird wie selten, und wo die Ärzte wie selten zu den Auferstehungen des verlängerten Lebens verhelfen. Aber die Unmöglichkeit zu sterben ergibt sich in diesem Stück aus anderen Gründen – in einer Welt, wie sie ein Schwitter gelebt hat, kann man nicht sterben, diese Welt hat sich auch noch diese Möglichkeit genommen. Und jetzt muß man an die Stelle erinnern, die wir eingangs zitierten, nämlich daß der Tod die einzige Möglichkeit ist, sich mit Gott zu verstehen – um diese Möglichkeit haben wir uns gebracht.

Aus dem Programmheft der Uraufführung von ›Der Meteor‹ im Schauspielhaus Zürich am 22. 1. 1966.
Abdruck mit freundlicher Genehmigung des Autors.

Elisabeth Brock-Sulzer
Die Wiedertäufer

Es steht geschrieben ist das erste der beiden »frühen Stücke«, die Dürrenmatt in deutlicher Trennung von seinem späteren Theaterschaffen noch nicht Komödien genannt hat. Vom *Romulus* an hat er ja bekannt, er glaube nicht mehr an die innere Möglichkeit einer heutigen Tragödie, uns Menschen von jetzt sei nur noch die Komödie angemessen. Damit sprach er ein verstecktes, aber nicht minder herbes Urteil über uns aus. Wir »verdienten« die Tragödie nicht mehr. Andererseits sei für ihn als »Stückeschreiber« der »Humor etwas Selbstverständliches, ohne den es sich gar nicht schreiben ließe«, ein Stück, bei dem es nichts zu lachen gebe, halte er nicht aus ...

Nun aber ist dieser ausschließliche Komödienschreiber daran gegangen, sein erstes Stück, dem zu einer Komödie viel fehlte (obwohl das Lachen daraus nicht ganz verbannt war), neu zu schreiben. Besser gesagt: das Thema seines ersten Stücks in der Perspektive der Komödie zu sehen. Das sollte keine Korrektur, keine Verbesserung sein – und darum könnte man auch nicht von einer allfälligen Verschlechterung sprechen. Ein neues Stück ist entstanden. Schließlich haben ja auch die Maler ein und dasselbe Thema immer wieder neu hervorgeholt, neu angeschaut. Im Fall von Dürrenmatts Wiedertäuferdrama ist die Sache nun freilich ganz besonders gewagt: er hat sich halsbrecherisch nahe an der ersten Fassung gehalten. Verliebtheit in einen Erstling, der Liebe verdient? Ich glaube nicht. Ich glaube vielmehr, daß Dürrenmatt zu seinem eigenen Erstaunen erlebte, wie wenig es dazu bedarf, aus einem tragischen Stück ein komisches zu machen. Eine kleine Drehung des Blickwinkels, und schon stehen wir im entgegengesetzten Seelen- und Formraum. Held und Narr sind Zwillinge, eineiige. Im Helden ist der Narr verborgen, in manchem Narren ein Held.

Dürrenmatt wurde also angefragt, ob er eine nach zwanzig Jahren längst fällige Neuaufführung von *Es steht geschrieben* erlauben würde. Der Komödienschreiber, der er geworden war, betrachtete das frühe Stück, und wie mit einem Magnet holte er dessen komische Möglichkeit heraus, sie »stand ja geschrieben« in dem frühen Text, verschattet, beiläufig, aber wortwörtlich: »Johann Bockelson, Schneidergesell, Mitglied eines dramatischen Vereins, Wanderprediger und Prophet der Wiedertäufer, gestorben auf eine grausame und gewalttätige Weise zu Münster in Westfalen am 22. Januar 1536.« Der komisch begabte Magnet holte sofort das »Mitglied eines dramatischen Vereins« heraus. Bockelson war ein Komödiant, lebte sein Komödiantentum aus als Wanderprediger und Prophet der Wiedertäufer, wäre nicht Prophet geworden ohne seine dramatischen Aspirationen. Eine kleine Änderung der Belichtung, und das Fundament eines neuen Stückes leuchtete klar auf. Allerdings half dazu die Weltgeschichte selbst: wir haben ja sehen müssen, was verhinderte Künstler oder Pseudokünstler anrichten, wenn sie als Propheten Geschichte machen. Es ist begreiflich, wenn angesichts des neuesten Stücks von Dürrenmatt

Brechts ›Aufhaltsamer Aufstieg des Arturo Ui‹ bedacht wird – beide Werke wären ohne Hitler nicht geschrieben worden. Aber Dürrenmatt ist auch in diesem Fall Brecht nur so verwandt wie ein Gegenpol dem anderen. Dürrenmatts zweites Wiedertäuferdrama hat sich nicht gelöst von seinem durch und durch religiös bestimmten Grund. Dieser Unterschied zu Brecht ist entscheidend. Zu seinem ersten Stück hatte Dürrenmatt als knappstes Vorwort angegeben, es sei nicht seine Absicht gewesen, Geschichte zu schreiben. Kaum habe er einige wenige Bücher gelesen über das, was sich damals in Münster in Westfalen zugetragen habe.

> Was mich rührte, war die Melodie, die ich aufgenommen habe, wie bisweilen neuere Instrumente alte Volksweisen übernehmen und weitergeben. Inwieweit sich heutiges Geschehen in ihr spiegelt, sei dahingestellt. Es wäre jedoch der Absicht des Verfassers entsprechender, die mehr zufälligen Parallelen vorsichtig zu ziehen.

Von »rühren«, von »Melodie« würde der heutige Dürrenmatt wohl nicht mehr so leicht sprechen, an die »nur wenigen Bücher« braucht man auch nicht unbedingt zu glauben, und was der Zufall einem Dürrenmatt im Lauf seines Schaffens alles an durchaus nicht Zufälligem zufallen zu lassen pflegt, haben wir ja nachgerade erfahren. Hitler war eben kein Zufall, und darum kann er auch keine zufälligen Parallelen liefern. Aber nichtsdestoweniger sind Dürrenmatts *Wiedertäufer* kein Schlüsseldrama. Bockelson und Hitler sind Urbilder des unverantwortlichen Verführers, jederzeit möglich, jederzeit wirklich. Figuren aus jenen Randbezirken der Welt, wo sich das Lachen von dem Grauen nicht mehr trennen läßt.

Schon zum *Meteor* hatte Dürrenmatt bekennen müssen, er habe die Bezeichnung »Komödie« für das Stück nur in Ermangelung einer anderen, passenderen gewählt. Das gilt für die *Wiedertäufer* ebenfalls. Aber was sollen schon ästhetische Kategorien anläßlich eines Themas wie der *Wiedertäufer!* »Melodie«, lyrische Stimmung, monologisches Ausströmen waren bei aller Wildheit der Tenor von *Es steht geschrieben* gewesen, die *Wiedertäufer* sind auf Handlung, Härte, Dialog zurückgenommen, geschärft; sie sind ein zentral theatergerechtes Werk. Der junge Dürrenmatt war der Bühne und ihren Gesetzen noch recht unvertraut, und hätte er nicht Helfer und Förderer gefunden, die den Dichter über den Theaterpraktiker stellten, so hätten sich ihm die Pforten zum Theater kaum geöffnet. Horwitz, Teo Otto, Ginsberg standen damals für ihn ein, striegelten das wilde Fell seines Textes, ohne dessen Kraft zu schwächen, es kam zu einer unvergeßlichen Aufführung, einem der schönsten Theatermomente, an die ich mich erinnern darf, es gab Widerspruch und noch mehr Zuspruch. Karl Schmid schrieb damals den Programmartikel, Walter Muschg, Emil Staiger, Max Frisch standen zu dem Stück mit vielen anderen. Das muß doch auch gesagt werden. Dürrenmatt wurde gleich gehört, man konnte ihn nicht mehr überhören. Und wenn er daneben nicht aufgehört hat, ein Stein des Anstoßes für viele zu bleiben, so liegt das in der ihm aufgetragenen geistigen Pflicht. Die *Wiedertäufer* sind nicht weniger skandalös als *Es steht geschrieben.* Ihre Angriffskraft ist sogar noch direkter, weil gezielter. Wir haben uns dem Angriff zu stellen. Wir haben das Stück zu bestehen. Uns ihm auszusetzen. Lösung bringt es nicht, Trost bringt es nicht, aber den heilsamen Zwang, das, was es sagt, durchzudenken, mitzudenken. Und was es sagt, geht unmittelbar auf Wesen und Treiben unserer Welt. Mit Händen ist zu greifen, was Dürrenmatt gezwungen hat, dieses neueste Stück zu schreiben und es so zu schreiben, wie es geschrieben steht, aber die Anlässe bleiben nicht vordergründig, sie sind ihrerseits durchsichtig für tiefere, konstitutive Weisheiten der Menschenwelt.

Da ist also Münster in Westfalen. Wiedertäufer haben sich da gesammelt, haben die Macht an sich gerissen, die Andersgläubigen vertrieben und wollen das neue Jerusalem hier errichten, einen Gottesstaat, der Gütergemeinschaft, Vielweiberei proklamiert, kurz: das Bibelwort geradlinig in die Tat überführen möchte. Der vertriebene Bischof sammelt ein Heer gegen die Stadt, zunächst wollen die Wiedertäufer durch Widerstandslosigkeit Gottes Beistand und damit den Sieg erringen, dann, nachdem ihr erster Führer bei diesem Versuch umgekommen ist, reißt der Komödiant die Macht an sich: wenn einmal den Leuten von Münster nichts mehr geblieben sei als Hunger und Phantasie, würden sie ihn schon zum König salben. Der frühere Führer habe in seinem Hochmut den Sieg allein erringen wollen, der doch nur dem Volke Gottes zukomme, jetzt sei die Stunde des Widerstandes gekommen. Das Volk greift denn auch zu den Waffen, nährt sich von Ratten, Hunden und Katzen, Bockelson als neuer Salomon lebt im Überfluß und dirigiert seinen Harem mit allen Künsten der Regie. Was an Widerspruch laut wird in der Stadt, wird ausgerottet. Der Hunger hat aber schon alles unterwühlt, der Sturz der Stadt wird nur hinausgezögert von den Landsknechtführern. Krieg rentiert sich für sie und für andere, darum geht es weiter. Die Entscheidungen fallen längst nicht

mehr vor den Mauern Münsters, sondern in den diplo-
matischen Besprechungen, in denen es wiederum um
lächerlich abseitige Dinge geht, nicht zuletzt um die
Theatergruppen, die sich die Kirchenfürsten halten. So
wird Politik ein blutiges Theater um des Theaters willen,
und Bockelson ein Trumpf in diesem Spiel. Seine Begabung erweist er freilich nur in seiner tödlich sicheren
Politik, aber der Ausweis gilt. Landgraf, Kurfürst und
Kardinal streiten um ihn.

> Ich stellte einen König dar
> Und rezitierte komödiantisch einen Possentext
> Durchsetzt mit Bibelstellen und mit Träumen einer beßren
>   Welt
> Die halt das Volk so träumt [...]
> Das Spiel ist aus, ihr Fürsten ohnegleichen
> Ich trug eure Maske bloß, ich war nicht euresgleichen
> Münster sei euch und eurer Wut
> Noch leben einige. Nun gut
> Sie mögen jetzt am Rad verbleichen
> Doch der das Spiel euch schuf, der kühne Denker
> Erwartet einen Lorbeerkranz und nicht den Henker.

Worauf ihn der Kardinal mit dreifacher Spitzengage an-
stellt. Irgendein anderer, der Sprache nicht mehr mächtig
und mit verstümmeltem Gesicht, solle beim Hochgericht
den Bockelson vertreten. Es bleibt der Reiche Mann, der
alles hingegeben, Gottes Wort einfältig erfüllt hat und
nun am Rade stirbt »wie in einer Schale / Die Du mit
Deiner Gnade bis zum Rande füllest.« Es bleibt der
Bischof, der, obwohl Leiter des Widerstands gegen Münster, über und außer dem bloßen Interessenspiel blieb, da
er es durchschaute, dieser Bischof, der zugleich gelähmt

und einsichtig ist, und der nun in der letzten Szene
plötzlich aufsteht und das Fazit zieht:

> Der Begnadete gerädert, der
>   Verführer begnadigt
> Die Verführten hingemetzelt, die Sieger
>   verhöhnt durch den Sieg
> Das Gericht besudelt durch den Richter.
> Der Knäuel aus Schuld und Irrtum,
>   aus Einsicht und wilder Raserei
> Löst sich in Schändlichkeit.
> Die Gnade, Knipperdollinck, zwischen
>   blutigen Speichen hervorgekratzt
> Klagt mich an.

Er reißt sein Bischofskleid in Fetzen und stampft das
Kreuz »verspottet durch deine Ohnmacht« in die Erde.
Natürlich kann man da von Lästerung sprechen, man
kann es immer dort, wo der Stein des Anstoßes bloßge-
legt wird. Aber man dürfte es nicht. Man müßte genau
lesen. Verspottet wird das Kreuz durch die Ohnmacht,
»deine« Ohnmacht, und der Bischof spricht zu sich
selbst. Gott ist eben nicht »ganz von selber gnädig«, auch
hier hallt wieder jene Grundszene des Dürrenmattischen
Werks durch, die Szene zwischen Böckmann und Frank.
Und wenn wir den seltsamen Schluß der *Wiedertäufer*
hören, der sicher von vielen als bloße Ausflucht oder
schwacher Trost mißverstanden werden wird, »Diese
unmenschliche Welt muß menschlicher werden. Aber
wie? Aber wie?«, so werden wir an eine Anmerkung zu
der Bochumer Aufführung des *Frank V.* denken müssen:
»Menschlichkeit ist mehr als eine Phrase: ein Wagnis,
und damit dieses Wagnis keine Torheit sei, braucht

es die Anstrengung aller.« Dürrenmatt biegt dann freilich sofort in die vorher zitierte Wendung zur Komödie hin ab, erklärt, das sei nur eine nachträgliche Selbstinterpretation, ein Stück, in dem es nichts zu lachen gebe, halte er eben nicht aus. Es gibt zu lachen in den *Wiedertäufern,* wie es zu lachen gibt im *Frank V.,* wie im *Meteor.* Zu lachen als einzige noch mögliche Gegenwehr. Und es gibt Theater zu realisieren auch hier in den *Wiedertäufern,* glänzendes, hinreißendes, bezwingendes Theater. Dürrenmatt gibt dem Theater, was des Theaters ist, und das in einem Stück, das das Theater als die verbrecherische Zerrform der Menschenwelt hinstellt. Auch hier wird Welttheater aus religiöser Sicht gemacht. Aber wir schreiben 1967.

Aus: ›Die Tat‹, Zürich, 20. 3. 1967.
Abdruck mit freundlicher Genehmigung der Autorin.

Trudis Elisabeth Reber
König Johann
nach Shakespeare

Schon Brecht hat mit der provokativen Bemerkung »wir können den Shakespeare ändern, wenn wir ihn ändern können« die Kritik herausgefordert, seine Bearbeitung des ›Coriolanus‹ zu prüfen. Sein Ruf als moderner Klassiker ließ jedoch erst spät und vereinzelt kritische Stimmen laut werden. Eine von ihnen, die von Johannes Kleinstück, hat brillant und überzeugend festgestellt, Bert Brecht sei es nicht gelungen, den Shakespeare zu ändern. Die Gründe führt Kleinstück in einem glänzenden Essay über die Brechtsche Bearbeitung an. (Literaturwissenschaftliches Jahrbuch, N. F. 9, 1968)

Doch nicht von Brecht, von Dürrenmatt soll hier die Rede sein. Auch er ist in die lange Tradition der Shakespeare-Bearbeitungen eingetreten. Zuerst reizte ihn *König Johann*, später folgte der *Titus Andronicus*. Hat nun Dürrenmatt vermocht, den Shakespeare zu ändern? Oder trat er zu einer Kraftprobe an, der er nicht gewachsen war?

Die Kritiker der Uraufführung, die im Basler Stadttheater stattfand, waren sich unisono einig – und das gibt es verhältnismäßig selten! –: Dürrenmatt bleibt Dürrenmatt! Siegfried Melchinger (Theater heute, Okt. 1968) fand erstaunt, dem Dürrenmatt sei hier »etwas wahrhaft Grimmiges« geglückt. Indem er »einen stückschwachen

Shakespeare zu einem ›starken Stück‹ dürrenmattisierte, unterlief ihm auf die sonderbarste Art eine stupende Vergegenwärtigung«. Günther Rühle (FAZ, 20. 9. 1968) behauptet, daß Dürrenmatt den Shakespeare »nicht nur übersetzt, nicht nur verarbeitet« habe, »er hat ihn hart gemacht und beißend. Ein langer Weg ist für Dürrenmatt damit zu Ende. Auf den Shakespeare gekommen, das heißt für ihn: endlich zeigen können, wie die Grundstrukturen von Politik und Herrschaft immer die gleichen geblieben sind«. Er sieht Dürrenmatt »als die bisher deutlichste Konsequenz aus unserem Mißvergnügen an Shakespeares Historie. Was mit Brechts/Engels ›Coriolan‹-Inszenierung von 1925 begann, hat sich über Zadeks ›Held Henry‹ und Palitzschs ›Rosenkrieg‹-Inszenierungen auf sehr verschiedene Weise ausgedrückt«. Dürrenmatts beißendes Strukturstück vom *König Johann* fängt die Machtpolitik der Gegenwart in ein altes Stück ein. Sein Zorn über die Unvernunft in der Politik hat sich hier auf eine recht grausame Art »zum szenischen Gleichnis versachlicht«.

Den politischen Zeitbezug dokumentierte denn auch das Programmheft der Baseler Uraufführung. Ein paar Photos vom Friedensschluß in Versailles, von der Münchner Konferenz 1938, von der Konferenz von Jalta, von den Pariser Vietnam-Verhandlungen oder der Konferenz des Warschauer Paktes in Bratislava – und schon werden die politischen Schachzüge im *König Johann* recht schauderhaft durchsichtig bis in unsere Tage hinein!

König Johann von Shakespeare behandelt den Kampf des Königs von England gegen Philipp von Frankreich (der sich zum Verfechter der Thronansprüche von Johanns Neffen Arthur aufgeworfen hat), die Invasion Englands durch den Dauphin und den Sieg des päpstlichen Legaten, des Kardinals Pandulpho, über die englische Krone. König Johann war in der Tradition als ein nur wenig erfolgreicher Verteidiger der nationalen Unabhängigkeit dargestellt worden. Als solcher erscheint er in dem anonymen Drama ›The Troublesome Reign of Kynge John‹ (1591 gedruckt). Die Stoßrichtung dieses Werkes, von dem Shakespeare in der Fabel wie auch in den Episoden vieles übernommen hat, war polemisch-aggressiv auf die Gefahr gerichtet, die England durch die Machenschaften der katholisch-feudalen Reaktion nur wenige Jahre zuvor erwachsen war. Shakespeare drängte die zwei Teile des alten Dramas zu einem einzigen zusammen, zugleich erweiterte und verallgemeinerte er die Aussage seines Stückes gegenüber dem anonymen Vorläufer. Der Kampf gegen die Kirche, der nur-polemische Charakter, tritt gegenüber der positiven Mahnung zur nationalen Einheit gegen alle Welt zurück:

> BASTARD
>
> Dies England lag noch nie und wird auch nie
> Zu eines Siegers stolzen Füßen liegen,
> Als wenn es erst sich selbst verwunden half.
> Nun seine Großen heimgekommen sind,
> So rüste sich die Welt an dreien Enden,
> Wir trotzen ihr: nichts bringt uns Not und Reu,
> Bleibt England nur sich selber immer treu.

Shakespeares Stück schließt patriotisch. Es geht um England. Der Mann, der die eben angeführten Schlußworte spricht, ist der Bastard Faulconbridge. Mit dieser Figur hat Shakespeare die Idee, die sein Drama trägt, gegenüber dem alten Stück entscheidend verändert. »Der Figur des schwächlichen, eigennützigen Königs, der die Interessen der Nation bedenkenlos preisgibt, setzt er die

Gestalt des Bastards gegenüber, dessen Charakter mit der Aufgabe des Kampfes um den nationalen Bestand reift und der sich zur großen Persönlichkeit entfaltet. Das ist eine jener Gestalten, an denen die elisabethanische Epoche so reich ist, die, aus dem Nichts emportauchend, für die Geschicke der Nation bedeutend werden.« [Armin-G. Kuckhoff: Das Drama William Shakespeares. Berlin (Ost) 1964, S. 93 f.]

Shakespeare sieht den historischen Stoff des *König Johann* mit den Augen des Elisabethaners und gestaltet ihn für das elisabethanische Publikum. Alle Ereignisse der Regierungszeit Johanns werden unter diesem Aspekt gesehen, auch wenn diese zur Zeit der Hochblüte des Feudalismus in England einen vollständig anderen Charakter tragen als die Geschehnisse im England Elisabeths.

Was faszinierte Shakespeare an dem anonymen Stück so sehr? Die Herrschaft der Tudors stand seit Heinrich VII. im Zeichen des Kampfes gegen die katholische Kirche: Elisabeth hatte, gestützt auf Bürgertum, Gentry und Volk, ihren Anspruch gegen Rom und die mit ihm verbündeten reaktionären, hochfeudalen Kräfte durchsetzen müssen. Die elisabethanischen Geschichtsschreiber und Dramatiker sahen, aggressiv-polemisch gegenüber der katholischen Kirche eingestellt, in den Kämpfen Johanns einen Vorläufer der eigenen Kämpfe von höchst aktueller Bedeutung. Sie sahen in seiner Kapitulation vor Rom, seiner Annahme der Lehnsoberhoheit des Papstes (1213) ein Versagen vor seiner eigentlichen Aufgabe, eine Schuld gegenüber dem Gedanken der Nation, die auch gegen den Anspruch der Kirche zu vertreten war; im Verhalten jener Adligen, die auf die Seite des französischen Dauphins übergingen, einen Verrat an England; in der Niederlage des Königs eine Niederlage der Nation, hervorgerufen durch inneren Zwist. Shakespeare mahnt mit der Darstellung solcher Ereignisse zur Erhaltung der durch das Bündnis von Tudor-Königtum und Bürgertum (Volk) in schweren Kämpfen errungenen Freiheit und Souveränität der Nation. Die Idee der Nation trägt die Konstruktion des Stückes. Das bringt uns wieder zurück zu der Gestalt des Bastards, dem konsequenten Verteidiger der nationalen Freiheit. Die bürgerliche Nation kann sich erst durch freie, tatkräftige Persönlichkeiten entfalten, die den Begriff der Treue nicht nur verkörpern, sondern auch dafür kämpfen. Diese Persönlichkeit, nur auf sich selbst gestellt, gelöst von allen Interessen der feudalen Welt, des Besitzes, wird auch in ihrem Handeln das Interesse der Nation vertreten. Eine solche tatkräftige, freie Persönlichkeit ist Shakespeare in der Figur des Bastards Faulconbridge geglückt.

Dürrenmatts Absichten bei der Bearbeitung gehen klar aus seinen *Anmerkungen* [F. D. *König Johann/Titus Andronicus.* Zürich: Diogenes 1980, detebe 250/11] hervor. Er wollte die Komödie der Politik entlarven. Somit wird sein Stück – wie seine Vorlage – zum politischen Stück: »Es zeigt die Maschinerie der Politik, das Zustandekommen ihrer Abkommen und ihrer Unglücksfälle, doch ist es ein Spiel unter den Mördern, nicht unter den Opfern«. Wer sind die Mörder? Wer die Opfer? Die Mörder sind bei Shakespeare die Vertreter der Macht (König Johann – Philipp – die Kirche), die Opfer – das Volk. Vertreter des Volkes sind der Außenseiter Faulconbridge und das Volk von Angers. Doch auch Faulconbridge reiht sich, zum Schluß geadelt, in den Kreis der Königstreuen ein.

Die Gründe für diese Entwicklung liegen in der shake-

speareschen Weltauffassung. Ihrem eigentlichen Wesen
nach ist für Shakespeare die Welt geordnet. In seiner
›Historie vom König Johann‹ zeigt er, wie sie aus dem
Gleichgewicht durch den ›Eigennutz‹ der Mächtigen geraten ist. Nicht daß es Eigennutz gibt, ist das Entscheidende, sondern daß der Eigennutz sich mit offener
Schamlosigkeit als einziger Motor des Handelns bei den
Repräsentanten der Macht an die Stelle der anderen,
bisher gültigen Normen des gesellschaftlichen Lebens
setzt. Daß man nun unverhüllt Eide bricht, Vorsätze je
nach Laune ändert, richtungslos nur seinen Interessen
folgt – ohne Rücksicht auf große Aufgaben –, das ist bei
Shakespeare das Entscheidende! Die für die Feudalord-
nung sittliche Forderung der Treue ist abgewertet, ihres
Sinnes entleert. Der Bastard Faulconbridge hat selber
schon ein durchaus distanziertes Verhältnis zu diesem
veralteten Begriff der Treue und dem des Eigennutzes
(bei voll ausgebildeter kapitalistischer Wirtschaft heißt er
dann ›Gewinn‹, ›Profit‹):

BASTARD

> Und warum schelt ich auf den Eigennutz?
> Doch nur, weil er bis jetzt nicht um mich warb.
> Nicht, daß die Hand zu schwach wär, zuzugreifen,
> Wenn seine schönen Engel sie begrüßen;
> Nein, sondern weil die Hand, noch unversucht,
> Dem armen Bettler gleich, den Reichen schilt.
> Gut, weil ich noch ein Bettler, will ich schelten
> Und sagen, Reichtum sei die einzge Sünde;
> Und bin ich reich, spricht meine Tugend frei:
> Kein Laster geb es außer Bettelei.
> Bricht Eigennutz in Königen die Treu,
> So sei mein Gott, Gewinn, und steh mir bei!

Man sollte meinen, daß Faulconbridge hier bereits die spät-kapitalistische Ethik vertrete, auch wenn sie durch seine Selbstironie gemildert, harmlos erscheint. In Wirklichkeit zeigt dieser oft mißdeutete Monolog am Ende des zweiten Aktes die kritische Haltung des Bastards zu Johann. Faulconbridge ist bei Shakespeare keine statische Figur. Er entwickelt sich, wird von Akt zu Akt kritischer, versucht die Frage nach der Pflicht seinem König gegenüber für sich zu beantworten. Seine Entscheidungen werden überlegter von Akt zu Akt. Er hat König Johann durchschaut. Am Ende des vierten Aktes ist bereits klar, daß es ihm nicht mehr darum geht, die Frage des Rechts für oder gegen Johann zu entscheiden: es geht ihm einzig und allein um England! Und da Englands Sache im argen liegt, muß er dem Vertreter des Landes die Treue halten:

> [...] Ich will zum König:
> Denn viele tausend Sorgen sind zur Hand,
> Der Himmel selbst blickt dräuend auf das Land.

Faulconbridges moralische Überlegenheit über Johann wird vollends evident im fünften Akt. Der König hat sich mit seinen kriegerischen Schachzügen matt gesetzt; nur »der mißgeborene Teufel, Faulconbridge, / Trotz allem Trotz, hält er die Schlacht allein«. Er ist es auch, der vor dem päpstlichen Legaten, dem Kardinal Pandulpho, das Bild eines Königs von England entwirft, das ihm für die Zukunft vorschwebt. Die königlichen Rollen scheinen vertauscht. Obwohl er nicht König ist, spricht er wie ein König.

Johann, der im ersten Akt als erfolgreicher Usurpator die Bühne betritt, stirbt im fünften Akt einen jämmerlichen Tod, während er sich den Bericht Faulconbridges über Englands Verluste anhören muß:

KÖNIG JOHANN

Mein Herz hängt noch an einer armen Schnur,
Die kaum wird halten während deiner Zeitung;
Dann ist, was du hier siehst, nichts als ein Erdkloß
Und Abbild des zerstörten Königtums.

Selbst im Angesicht des Todes verhüllt der Bastard, treuer Gefolgsmann Englands, seinem Vertreter nicht die schreckliche Wahrheit. Nach Johanns Tod kniet er vor dessen Nachfolger, Prinz Heinrich, nieder. Die wahre Stärke seines Charakters, die ihn zum würdigsten von Johanns Erben (und eventuell zum Nachfolger) hätte machen können, läßt ihn jeglichem persönlichen Ehrgeiz entsagen. Seine Pflicht ist es, den neuen König als Vertreter der Nation anzuerkennen:

BASTARD

Und glücklich lege Euer holdes Selbst
Des Lands ererbten Staat und Hoheit an,
Dem ich in aller Demut, auf den Knien,
Zu eigen gebe meinen treuen Dienst
Und Unterwürfigkeit für ewge Zeiten.

Diese Worte spricht derselbe Wirrkopf aus, der zu Beginn des Stückes proklamierte: »So sei mein Gott, Gewinn, und steh mir bei!« In einer Welt des Eigennutzes und der Selbstsucht war es möglich, daß sein Konzept der Treue wuchs, bis daß er – fähig zum Verzicht – England seinen treuen Dienst anbieten konnte. Ein wahrhaft patriotischer Schluß bei Shakespeare!

Doch gerade hierfür hat Dürrenmatt kein Verständnis;

denn ihn und Shakespeare trennt ein zu großer geschichtlicher Zeitraum. »Nichts gegen diesen wilden Prachts-
kerl«, bemerkt Dürrenmatt, aber »gerade durch seine
politische Haltung, die er bei Shakespeare einnimmt,
wird er für uns doch etwas bedenklich; denn ein Patrio-
tismus um jeden Preis leuchtet uns nicht mehr ohne
weiteres ein«. Und somit sind auch für Dürrenmatt die
»ideologischen Formeln Shakespeares Johann=England
und Philipp = Frankreich nicht mehr aufrechtzuerhalten.
Für uns gilt die Formel Johann = Philipp = Feudalismus«. Also muß Dürrenmatt revidieren, »die Weiche
umstellen«, wie er es nennt, auch auf die Gefahr hin, daß
der Zug sich immer mehr von seinem ursprünglichen Ziel
entfernt. Um die Handlung straffer zu machen, fehlen
bei ihm die langen sentimentalen Reden. Damit entfernt
er auch die für uns falsche Rührung und Empfindung
aus der Vorlage. Der vierte und fünfte Akt sind erheblich gekürzt und gestrafft. Es fehlen die Volksszenen;
denn für ihn ist das Nennen der Zahlen der Geschlach-
teten wirksamer. Auch die Schlachten erschüttern heute
nicht mehr, man kennt ja den Krieg von anderer Warte!
»Statt des mühsamen Kleinkrieges, mit dem Shakespeare
und sein Vorgänger ihr Matt erzielen«, versucht Dürrenmatt es mit wenigen Spielzügen. Es gelingt ihm auch. Er
hat damit die »Komödie der Politik« durchsichtig
gemacht.

Was stellt nun in der Dürrenmattschen Bearbeitung die
Weiche um? Er beantwortet die Frage selbst: »das neuge-
sehene Verhältnis König Johann–Bastard.« Indem er
Faulconbridge gleich zu Beginn als Demonstrationsfigur
der Vernunft auftreten läßt, muß sich in der Folge für alle
weiteren Akte eine andere Richtung ergeben. Dieser

Bastard, der im System der »Mächtigen« keinen legitimen
Zugang hat und nie haben wird, treibt vom Rand aus das
Stück voran:

> BASTARD
>> Doch wen die Mode nicht gedrechselt hat,
>> Der bleibt ein Bastard, auch wenn er geadelt.
>> Drum will ich, Bastard, auch ein Bastard bleiben!
>> Das Spiel mitspielend, das ich wählte,
>> Nach außen adlig, ganz ein echter Ritter,
>> Weiß doch mein Sinn, daß alles Hurerei,
>> Was diese noble Welt in Ehren treibt.
>> Verstellend mich, um mich nicht zu belügen,
>> Bleib ich, die Welt belügend, mir so treu,
>> Erklettere mit kühnen Heldentaten
>> Der Ehre Hühnerleiter voller Dreck.

Als Außenseiter steht er einem System gegenüber, das er
mit Hilfe eines Werkzeugs (König Johann) ändern möchte, indem er Vernunft proklamiert. In Johann findet er
einen »Mächtigen«, der die Gabe hat, der Vernunft zu
gehorchen. Aber im Feudalsystem ist Vernunft nicht
durchzuführen; denn sie wird verhöhnt durch die
Fakten.

Gelingt es dem Bastard, die Welt, in der wir leben, zu
einer besseren zu machen? Shakespeares Bastard bleibt in
der Hoffnung auf Besserung der Zustände ein Königs-
treuer. Nichts von alledem bei Dürrenmatt. Sein Bastard
muß sich Johanns wütenden Vorwurf: »Du hast mich mit
Vernunft vergiftet [...] Die Welt verbessernd, machtest
du sie nur verdammter!« – anhören. Er wird sogar von
ihm vertrieben:

Kehr zurück zu deinen Schweinen,
Zurück in deinen Bauernmist, hinweg
Aus meinen Augen –

Trotzdem bietet Dürrenmatts Bastard einen Ausweg – einen dürren freilich, aber den einzigen: nicht mitmachen! Der Provokateur der Vernunft räumt das Feld vor den nachrückenden Vertretern des Systems, »eines bestimmten Systems« – wie Dürrenmatt es nennt; denn »Dummheit zog den Wagen des Geschicks!« Er wird wieder eintauchen ins Volk, das Land mit Bastarden bevölkern; denn nur das Volk, stark gemacht durch Vernunft, kann diesem England noch helfen.

Dürrenmatts Zorn über die Unvernunft in der Politik hat hier extreme Formen angenommen. Versprach sich der geadelte Faulconbridge bei Shakespeare eine bessere Zukunft von kommenden Königen und treuen Gefolgsmännern, so ist es bei Dürrenmatt eindeutig das System, das eine Besserung der Zustände unmöglich zu machen scheint. Ist es das Volk, von dem er sich eine Gesundung der Zustände verspricht?

BASTARD
Verflucht vom König und zurückgeschickt,
Kehr ich zurück nach Faulconbridge. Ich mischte
Mich in die Welt der Mächtigen hinein,
Versuchte sie zum besten Ziel zu lenken.
Doch Dummheit zog den Wagen des Geschicks.
Und Zufall. Was ich hoffte, das blieb aus,
Nach soviel Feilschen, Morden und Verrat
Kam statt Vernunft ein Pembroke bloß heraus.
Mein Land, du liegst darnieder. Tauchend in
Dein Volk, werd ich ein Teil des Volkes wieder,

Und sei es auch als Stallknecht meines Bruders.
Auf deinen Adel, deine Ehren pfeifend,
Mit jeder Kuhmagd schlafend, die ich schnappe,
Mit jeder Wirtshausköchin, deren Hintern
Mir diese Welt voll Finsternis erleuchtet,
Zeug ich Bastarde, wie ich selber einer,
Und senke in das Volk die Kraft des Löwen!
Nur so ist diesem England noch zu helfen.

Charakterlich ist Dürrenmatts Bastard somit völlig verschieden von dem Shakespeareschen Vorbild. Doch so ist es mit allen bei Dürrenmatt vorkommenden Dramatis Personae. Nur die Ausgangskonstellation ist die gleiche. »Je weiter das Stück vorankommt, desto dürrenmattischer wird es«, schreibt Rühle. Es gibt völlig neue Szenen, groteskere, komischere, ganz dem gestischen und szenischen Spiel gewidmet. Und das ist natürlich wieder eine Folge aus der Änderung der Charaktere. Dürrenmatt selbst weist in seinen *Prinzipien der Bearbeitung* darauf hin, daß eine genaue Charakter-Analyse zeigen würde, wie sehr er seine Figuren geändert habe:

Einigen Figuren ließ ich ihre Charaktere, anderen änderte ich sie, wenn auch eine genaue Analyse meiner Bearbeitung vielleicht zeigen könnte, daß ich überhaupt alle Figuren charakterlich verändert habe. Indem ich zuerst wenig veränderte, mußte ich am Ende alles verändern.

Dürrenmatts Johann ist ein verwahrloster Wüstling, ein Wesensbild aus Gier, Geilheit, Hinterlist, Tücke und kaltherziger Brutalität. Aber er kann zuhören! Im Wiener Volkstheater wurde dieser Johann von Qualtinger gespielt. Man kann sich nach Hilde Spiels vorzüglicher

Beschreibung der schauspielerischen Leistung (Theater heute, Jan. 1971) gut vorstellen, wie sich Qualtinger kahlköpfig, mit Zahnlücke und eigenem dichten Bart im behäbigen und doch flinken Gestus über die Bühne bewegte. Mitreißend muß die augenzwinkernde Lumperei gewesen sein, mit der er mordete, sengte, verbrannte, seine Verwandten verschacherte, umbrachte. Umwerfend komisch muß auch sein Canossa-Gang im weißen Büßerhemd gewesen sein. Dies alles ist natürlich nur »komisch« im dürrenmattschen Sinne!

Bei Shakespeare ist Johann nichts als ein armer, schwacher König, der durch seine Grausamkeit und Machtgier das Land ins Unglück stürzt. Bei Dürrenmatt hat er die Gabe, den Ratschlägen eines anderen zu folgen.

> Indem er dem Bastard gehorcht, wird er zum Reformpolitiker. Doch jede Reform ruft den Widerstand des ganzen Systems hervor, so daß jeder vernünftig durchgeführte Zug durch die Reaktion des Systems eine noch schlimmere Lage schafft, die wiederum den Bastard und Johann zu noch tiefgreifenderen Reformen zwingen, bis sie schließlich die Magna Charta vorschlagen.

Um den König und seinen Berater herum gruppiert Dürrenmatt das schaurige Wachsfigurenkabinett wilder Weiber. Die Königinmutter Eleonore – männertolle Oma und Kupplerin; Johanns Nichte Blanka – Edelnutte und selbstbewußte, reiche Millionenerbin; Johanns Schwägerin Konstanze – Lagerhure und Schandweib! Sie alle sind bei Dürrenmatt völlig andere Charaktere als bei Shakespeare – Mithelfer im Schachspiel um die Macht. Die schiefe Isabelle von Angoulême ist bei Dürrenmatt neu; denn wo nähme auch Johann am Schluß des Stückes

seinen Thronfolger her? Auch die männlichen Charaktere erscheinen im Licht des unvernünftigen Systems, ob
Franzosen, Engländer oder Repräsentanten der Kirche,
die »aus der Gosse stammen« – bei Dürrenmatt! Die
rührendste, das heißt poetischste Szene bei Shakespeare
zwischen Hubert und Arthur fällt bei Dürrenmatt weg.
Bei ihm stört Rührung nur; denn »die Verhältnisse, die
sind nicht so«! Er vertraut den jungen Arthur dem Bastard an.

Alle diese Läufer und Springer im aristokratischen
Spiel mit Menschen und der Macht verharren zum Schluß
immer noch in der Ausgangsposition. Sicherlich, es sind
einige von ihnen verschwunden vom Spielfeld, aber die
Zurückgebliebenen fahren fort,

> dies Land durch unsre Zeit hindurch zu karren
> Im alten Gleise, ungestört von Narren.

Hat Dürrenmatt vermocht, den Shakespeare zu ändern? Zweifellos hat er die Kraftprobe bestanden. Shakespeare half durch das historische Beispiel des ›König
Johann‹ den bürgerlichen Gedanken der tatkräftigen Persönlichkeit, gelöst von allen Interessen der feudalen
Welt, zu bilden. Dürrenmatt half, dringlicher denn je,
durch kritisches, zeitbezogenes Theater im alten Gewand
das Bewußtsein seines Publikums zu schärfen. Er zeigte:
im dargestellten System ist die Vernunft nicht durchführ-
bar. Also müßte man das System ändern?

Aus: ›Friedrich Dürrenmatt, Studien zu seinem Werk‹, herausgegeben von Gerhard P. Knapp, Heidelberg 1976.
Abdruck mit freundlicher Genehmigung des Lothar Stiehm Verlags.

Elisabeth Brock-Sulzer
Porträt eines Planeten

Vor vielen Jahren hat Friedrich Dürrenmatt ein Hörspiel über eine politische Expedition auf die Venus geschrieben, das *Unternehmen der Wega*. Von jeher lockte und erschreckte ihn der Blick in die kosmischen Räume, in einer biographischen Notiz schrieb er einmal:

> ... ich wußte, daß das Dorf zur Erde und die Erde zum Sonnensystem gehöre, daß die Sonne mit ihren Planeten sich um das Zentrum der Milchstraße bewege Richtung Herkules, und ich vernahm, daß der gerade noch von bloßem Auge erkennbare Andromedanebel eine Milchstraße sei wie die unsrige. Ich war nie ein Ptolemäer ...

Kosmische Räume leuchten immer wieder einmal auf in dem, was er geschrieben hat. Astronomie fesselt ihn als Wissenschaft und erregt ihn als Quelle des Worts. Was diese Wissenschaft zutage fördert, damit lebt er auch, er begnügt sich nicht mit dem Wissen. Er lebt kopernikanisch. Lebensmäßig gesehen sind aber die meisten Menschen von heute immer noch Ptolemäer. Was immerhin nicht ihr größtes Versagen ist.

Jetzt hat Dürrenmatt ein *Porträt unseres Planeten* geschrieben. In vierundzwanzig kurzen und kürzesten Szenen, Momentaufnahmen menschlichen Lebens, raffen acht Darsteller, nach den Urvätern Adam, Eva, Kain, Abel, Henoch, Zilla und Naema genannt, eine Geschichte des Menschengeschlechts zusammen, frei waltend über zeitliche Abläufe, fern Vergangenes mit ganz Heutigem verknüpfend, und alles hinbezogen zum Untergang unseres Planeten. Die Sonne werde »hops gehen«, prophezeit der »erste Gott« am Anfang; die Sonne sei »hops gegangen«, stellt er am Ende fest. Unbewegt, fühllos – die Sonne ist für ihn nur eine von vielen Sonnen, und von der Erde weiß dieser Gott wie die ihn begleitenden drei anderen Götter schlechthin nichts. Ihr Reich ist die Unendlichkeit, die sie »stinklangweilig« finden. Daß diese vier Götter zusammen mit vier Urmüttern nun als Schauspieler das Leben auf unserem Planeten in gerafften Beispielen darstellen, das ist ein dramaturgischer Trick – alles soll ja hier mit den einfachsten Mitteln bewerkstelligt werden.

Dieses Erdentheater dauert denn auch nur wenig mehr als anderthalb Stunden. Pausenlos läuft es ab auf einer nackten Bühne. Die Darsteller tragen ein Grundkleid in erdigen Tönen, sie wandeln es behelfsmäßig ab durch eine andere Jacke, eine Kopfbedeckung; solche Verwandlung muß in Sekunden geschehen, denn die einzelnen Szenen gehen unmittelbar ineinander über – gleitend oder in harten Brüchen. Verrotteter Frieden bricht unmittelbar in das Sterben auf dem Schlachtfeld auf, Urweltliches wird unversehens von rein Zivilisatorischem überblendet, enge heimatliche Geborgenheit wird neben das Sterben von Mondfahrern gestellt. Moderne Ehen verzanken sich flau neben wandelloser Bindung von Mann und Frau, allen geht alles schief und schlecht – aber die Europäer schneiden noch etwas schlechter ab, an ihnen vor allem läßt es sich ablesen, daß die »Chance«, die unser Planet durch seine genaue Abstimmung auf menschliches Dasein ist oder war, ungenutzt bleibt. Zu spät kommt die Erkenntnis, wie man hätte leben sollen. In zwei Szenen stellen die acht Personen je einen ihrer Lebensläufe dar, Dürrenmatt verwendet da seine Technik der Selbstdarstellung, wie er sie ja seit seinen dramatischen Anfängen mit Meisterschaft geübt hat – aber diese acht sind in diesen Selbstporträts alle uralt, die Frauen in einem Altersheim, die Männer in einem Irrenhaus. Alle auf Typen abgebaut: die Mütterliche, die Dirne, die Pflegende, das Mannweib – der Gewerkschaftssekretär, der Physiker, der Maler, der Gärtner (aber kein Augias, Blumen hegt er, Menschen mordet er), alles Gescheiterte und an sich selbst irre Gewordene im allergeradlinigsten Sinn. Seit seinem zweiten Stück, dem *Blinden*, hat Dürrenmatt sich vielleicht nie mehr so stark auf den reinen Typus beschränkt. Aber das stimmt zusammen mit dem Charakter des Werks, das ja mehr Welttheater ist als irgend etwas, was Dürrenmatt sonst geschrieben hat. *Porträt eines Planeten* ist ein durchaus paradigmatisches Stück, ganz unpsychologisch, aber nicht falsch vereinfacht durchgeführt. Es beweist viel für die Tragkraft des Werks, daß der Zuschauer die ununterbrochene, mit einem Mindestmaß an äußeren Mitteln praktizierte Verwandlung ohne Schwierigkeit mitvollzieht.

Dürrenmatt bleibt in seiner Linie. Es geht ihm auch hier, wo er die Gestalten rigoros abbaut, um den Menschen. Um dessen Glück, dessen Gerechtigkeit, dessen Vernunft. Zwar geht dieser Planet ins Nichts, aber er tut das schuldhaft, das Nichts wird nicht vergottet, nicht absolut gesetzt. Den vier fühllosen und deshalb dummen, stumpfen Göttern steht unsichtbar jener Gott entgegen, den die von der kosmischen Zerstörung der Erde endgül-

tig bedrohten Menschen vor ihrem Ende anrufen. Auf die
Erde gekrümmt, in die Erde gekrallt, sprechen sie die
Worte des Glaubens, »loben« sie »den Herrn«, rufen sie
ihn an, nehmen sie ihn beim Wort. Was verheißen ist,
soll er halten. Doch ist dieses letzte Wort: »Der Sünder
müssen ein Ende werden auf Erden und die Gottlosen
nicht mehr sein.« Ich weiß nicht, wie man das aus dem
Religiösen, dem Christlichen wegpräparieren könnte –
falls man es überhaupt sollte. Immer noch, immer wieder
scheint mir Dürrenmatts Kunst ohne die Bindung an das
Christliche unmöglich. Aber die vier Götter des Anfangs
und des Endes? Der eine äußerlich verständig, der andere
taub und stumpf, der dritte eitel und verspielt, der vierte
umgänglich und ahnungslos? Immer wieder habe sich ja
die Philosophie und die Dichtung beladen mit der Angst,
die Götter könnten zwar s e i n, aber sich um den Menschen nicht k ü m m e r n, weil ihnen der Kummer fern sein
müsse, wenn sie vollkommen sein wollten. Die tauben
Götter schließen in ihren zwei ganz symmetrisch und fast
wortgleich gefaßten Szenen das Stück wie mit einer
Klammer zusammen. Sie stehen auf glühend rotem Boden, hinter ihnen leuchtet die Milchstraße. Nie ist das
Bühnenbild schöner als hier. Nie wird auch die Struktur
dieses Spiels sinnenfälliger als hier.

Denn diese Abfolge von sich widersprechenden, sich
im Gegensatz erklärenden, durch den Gegensatz aufrei-
zenden Szenen ist bei aller scheinbaren Zufälligkeit sehr
streng gefügt. Keine Szene steht allein. Früher oder
später findet sie ihre Entsprechung. So könnte man auch
keine Szene, sei sie noch so schlagkräftig, herauslösen.
Die bis zum Äußersten getriebene Schmucklosigkeit der
Sprache und der optischen Mittel wird zusammengehal-

ten durch ein dichtes Netz der Beziehungen; die einzelnen Blöcke stützen sich durch ihr Gewicht und können den Mörtel entbehren. Was sich seit langem schon in Dürrenmatts Dramatik anbahnte, eine unwiderstehliche Neigung zum Lapidaren, Einsilbigen, das ist hier bis an seine Grenzen getrieben. Aber wähnten wir Dürrenmatt nicht schon oft an seinen Grenzen angelangt, und hat er sie dann nicht doch abermals erfolgreich überschritten? Wir haben in den nächsten Tagen durch ein Gastspiel des Tournéetheater Basel die Gelegenheit, das *Porträt eines Planeten* unmittelbar neben *Play Strindberg* zu sehen. So verschieden die beiden Stücke sind, die sprachlichen Ähnlichkeiten lassen sich nicht übersehen.

Aber da ist noch eine andere Ähnlichkeit. *Play Strindberg* nähert sich musikalischem Ausdruck. Es spielt ein Theater etüdenhaft durch, vielleicht mit dem durchsichtigsten Cembaloton. Das *Porträt eines Planeten* ist ein Stück für acht Stimmen, ein Oktett. Immer wieder zielt es hin auf die Kantate. Nicht lyrisch – das hätte der junge Dürrenmatt wohl noch gewagt, der jetzige Dürrenmatt versagt es sich. Diese Kantate singt nicht, sie tönt harsch und verhalten. Da heißt es im Vorwort:

> Je älter ich werde, desto mehr [...] sind mir die schönen Sentenzen und schönen Sätze verhaßt [...] Ich versuche immer einfacher zu zeigen, immer sparsamer zu werden, immer mehr auszulassen, nur noch anzudeuten. Die Spannung zwischen den Sätzen ist mir wichtiger geworden als die Sätze selbst. Meine Dramatik spielt sich zwischen den Sätzen, nicht in den Sätzen ab. Vom Schauspieler her gesehen. Ich vertraue seiner Wirkung mehr als der Literatur. Ich spiele ihm die Sätze zu, die nichts als das letzte Resultat seines Spiels sein möchten [...] Die Bühne wird

bei mir zu einem theatralischen Medium, nicht zu einem literarischen Podium. Noch extremer: Ich schreibe meine Theaterstücke nicht mehr für Schauspieler, ich komponiere sie mit ihnen ...

Immer stärker treten in den letzten Werken Dürrenmatts, nicht zuletzt in seinen »Bearbeitungen«, die Strukturen nackt an die Oberfläche. Dürrenmatt läßt sich heute ebenso als Architekt wie als Komponist erkennen. Darin liegt Verwegenheit. Denn schließlich war er innerhalb der modernen Dramatik lange Zeit ein Inbegriff der sinnlichen Fülle, des nie versiegenden Reichtums. Nun scheint er in seinen letzten Stücken diesen Reichtum auf die Zerreißprobe zu stellen und zu beobachten, wie weit der Reichtum sogar noch der Umkehrung in die kunstvolle Armut trotze. »Dessiner, c'est omettre.« Dürrenmatt folgt dem strengen Rezept. Vielleicht wird sein Schaffen auch wieder einmal zurückkehren zu seiner Fülle, das könnte nicht zuletzt möglich werden gerade durch die Erprobung, die er durch seine sprachliche Askese dem früheren Reichtum aufgezwungen hat.

Komponieren mit den Schauspielern. Dürrenmatt hat in Zürich für sein *Porträt eines Planeten* außerordentliche Instrumente gefunden. Acht sehr verschiedenartige Temperamente und Talente: Agnes Fink, Christiane Hörbiger, Anne-Marie Kuster, Claudia Wedekind – Norbert Kappen, Helmut Lohner, Wolfgang Reichmann, Ingold Wildenauer, tatsächlich ein Oktett, wobei die einzelnen Instrumente ihren Ton immer wieder verwandeln. Diese an ihre alten Namen geschmiedeten Figuren wissen sich alle nur möglichen Tönungen abzugewinnen. Die Kunst dieser Inszenierung Dürrenmatts erweist sich vielleicht am sichtbarsten in der Sicherheit der Übergänge von einer Szene zur anderen. Besonders schwer war es natürlich, die absichtlich schlaffen Szenen zur Wirkung zu bringen. Schließlich müßte ja in der Darstellung unserer Selbstvernichtung das Versinken in die Flauheit, in die Nichtigkeit eine entscheidende Rolle spielen. Ein bis zum Paroxysmus der Läppischkeit getriebener Haschischrausch zum Beispiel muß hier unmittelbar umschlagen in eine Szene, wo drei Gefangene auf ihre Hinrichtung warten und sich klarwerden, daß sie versagt haben in ihrem Streben nach Gerechtigkeit. Ein Gespräch zwischen einem Staatspräsidenten und seinem militärischen und seinem wissenschaftlichen Berater kann nur ans Ziel kommen, indem man den Präsidenten bis an den Rand des Wahnsinns vortreibt. Man müßte in einer Besprechung eigentlich Szene um Szene aufrufen: was zum Porträt unseres Planeten gehöre, war ja eine Hauptfrage für den Autor. Hier wäre denn auch dann und wann eine andere Auswahl denkbar, hier würde Dürrenmatt wahrscheinlich in ein paar Jahren teilweise anders wählen, wie er vor ein paar Jahren teilweise anders gewählt hätte. Das liegt in der Natur des Themas. An der heutigen Form könnte das eine und andere noch gerafft werden, so etwa die Aufräumeszene nach dem Hurrikan, die ja im Textbuch, das mir vorliegt, sehr viel kürzer gehalten ist als in der Aufführung. Im ganzen aber ist dieses Spiel von hoher Spannung, ein großer Anspruch wird erfüllt.

Ich habe die Düsseldorfer Aufführung nicht gesehen. Warum man in Deutschland vorwiegend nein gesagt hat zu dem Stück, ist mir schwer erfindlich. Dürrenmatt selber sieht den Vorzug der Zürcher Inszenierung gegenüber der Düsseldorfer Inszenierung vor allem in der

Verwendung der Guckkastenbühne. Diese erlaube eben doch eine Konzentration, die der Arenabühne weitgehend abgehe. Tatsächlich ist die Bühne, die John Gunter in Zürich gebaut hat, unmittelbar bezwingend. Doch muß das Stück natürlich für Leute, die den sozialen Fortschrittsglauben zum Glauben schlechthin erheben, schwer annehmbar sein. Sie werden sich Dürrenmatts Ideen ebenso oft nahe finden wie im Endgültigen fern. Sie werden den enttäuschten Gewerkschaftssekretär schwer schlucken, könnten sich aber trösten damit, daß der Mann ja im Irrenhaus sitzt. Und der Maler, der den Abbau des Stofflichen bis zum völligen Nichts treibt, werden sie nicht als Hohn auf die abstrakte Malerei mißverstehen dürfen (das verwehrt ihnen Dürrenmatt übrigens expressis verbis), sondern sie werden eben doch darin ein Beispiel für die restlose Selbstaushöhlung des Menschen sehen müssen. Dieser Planet geht ja nicht nur zugrunde, weil seine Sonne platzt, sondern weil seine Bewohner versagen. Weil sie »ihre Chance nicht wahrnehmen«. Ein heutiges Wort für die Schuld an sich.

Es gab am Ende der ersten Aufführung starken Beifall und starke Protestrufe, die aber vom Beifall nach kurzer Zeit deutlich übertönt wurden. Was der Protest bedeutete, ist nicht ganz klar. Am Mitgehen des Publikums, an seiner Anteilnahme jedenfalls war nicht zu zweifeln.

Aus: ›Die Tat‹ Nr. 74, Zürich, 29. 3. 1971.
Abdruck mit freundlicher Genehmigung der Autorin.

Anni Carlsson
Der Mitmacher – Ein Komplex

Dürrenmatt kennzeichnet seine Stücke dahin, »daß ich in Gestalten denke« – dem Schachspiel vergleichbare Figuren-Denk-Spiele mit der Richtung auf »das schlimmstmögliche Ende« hin, »das Schachmatt, während andere nur das Patt suchen«. Diese Struktur hat auch sein Stück *Der Mitmacher,* das er nun mit umfangreichem Kommentar: Auskünften über die Denkhintergründe und ihre architektonischen Absichten, herausgebracht hat. Obwohl die Anweisungen des Autors zum besseren Verständnis des Stücks vorliegen, zeigen die Figuren eine Selbständigkeit, die innerhalb ihres Spiel-Raums auch andere Deutungen zuläßt; sie sind geräumiger und damit dem Kommentar überlegen.

Dürrenmatt zeigt die Verstrickung eines rücksichtslos brutalisierten Lebenskampfes der Gesellschaft als – das Brecht-Thema – »die prinzipiell radikale Welt der Geschäfte«, radikal im Sinne der totalen Korrumpierung. Er stilisiert die Welt auf einen ihrer Aspekte hin »als ein einziges Watergate« und stellt fest: »Durch diese Übertreibung wird die Welt komisch«. Gleichwohl wird diese Gesellschaft von Mitmachern auch mit Figuren konfrontiert – und hier differenziert sich das Thema –, die sich radikal weigern, an ihren Geschäften teilzuhaben: der Ideologe, der die Gesellschaft mit allen Mitteln »verändern« will, und der Michael Kohlhaas, der die Gerechtigkeit sucht: fiat justitia, pereat mundus. Und erst mit der Einbeziehung dieser Figuren zeigt sich (unbeabsichtigt vom Autor?), daß die Partie nicht nur die Spieler, sondern auch die Gegenspieler mattsetzt. Aufs Letzte gesehen gleichen sie sich alle im Kampfstil und in der Wahl der Mittel für ungleiche Ziele, im menschenverachtenden Kalkül: sie sind ausnahmslos Mörder. Das Mitmacherbild einer Gesellschaft von Mördern aber ist, gerade weil es eine Teilwahrheit verabsolutiert, grausig. Kann solches Grausen noch komisch sein? Vielleicht in einem äußersten Sinn, denn die Figuren bringen die Voraussetzungen mit, ihr Spiel clownesk zu spielen.

Sie gleichen sich alle in ihrem Kampfstil, weil ihre Art der Beweisführung dieselbe ist: Sie suchen die Schuld an den bestehenden Verhältnissen – ob Wirtschaftskrise, Korruption oder mangelnde Gerechtigkeit – ausschließlich bei den andern, bei dem Abstraktum ›Gesellschaft‹; von sich verlangen sie nichts. So argumentiert eine unentwickelte oder »auf den Nullpunkt« herabgesunkene Menschlichkeit. Doc, der Mitmacher par excellence, der restlos korrumpierte Intellektuelle, der nach Verlust seiner Stellung als freier Forscher und einer Zwischenzeit als Taxichauffeur dazu übergeht, die Opfer des Berufsmörders Boss mit Hilfe eines von ihm erfundenen Nekrodialysators spurlos aufzulösen – ein gewinnbringendes Kompaniegeschäft –, soll noch die »Ausstrahlung einstiger Größe« haben. Menschlicher Größe – die hier doch allein relevant wäre? Daß er einmal ein künstliches Virus herstellte, ist kein Beweis für menschliche Reife; im Gegenteil, er beleuchtet die übliche Existenz von der Stange mit ihren Statussymbolen, wenn er rückblickend einräumt: »Ich führte ein großes Haus, behängte eine

Frau mit Schmuck und verwöhnte einen Sohn.« Für den Menschen spricht einzig, daß er sich – wie die Begegnung mit Ann zeigt – noch in der totalen Verstrickung »eine Chance« bewahrt hat: er ist fähig, zu lieben und Liebe zu wecken. Er kann damit nicht mehr »aussteigen«, »ein neues Leben beginnen«, doch ahnungsweise ermöglicht ihm die Liebe, sie allein, den »Teufelskreis« für einen Augenblick zu brechen.

Dürrenmatt vergleicht die Positionen der beiden »gescheiterten Wissenschafter« Doc und Faust. Er sieht in Faust den »dämonischen Mitmacher«, Doc hingegen »diesseits jeder Dämonie« (damit ohne starkes Triebleben), bezeichnet aber gleichwohl den Pakt zwischen dem Mörder Boss und dem Handlanger Doc als »Geschäft zwischen Faust und Mephisto«. Letztlich sind beider Positionen vom Format und von der Weltstunde her gesehen fast unvergleichlich. Doc hat sich selbst aufgegeben; Faust dagegen – so sieht es Dürrenmatt – geht es nach seinem »Erkenntniskollaps« nur um den Selbstgenuß seiner Verzweiflung. Dabei bleibt Faust nicht stehen. In Wahrheit kommt er mit den Bedingungen, die er dem Teufel stellt (der auf weite Strecken seinerseits in die Rolle des Mitmachers gedrängt wird: ein dialektisches Verhältnis), durch Verschiebung seines Wissensdranges weit großartiger ans Ziel: An die Stelle des »Alles wissen« setzt er das »Alles fühlen wollen«, um so, vor allem Schmerzen fühlend, sein eigen Selbst zum Selbst der Menschheit zu »erweitern« – durch Erfahrung zu wissen.

Dürrenmatts Stück zeigt dagegen: Was wird aus einer Gesellschaft, die fast nichts mehr fühlt? Ihr Produkt ist Bill. Dieser, Docs Sohn, will, »durchaus grandios«, die Gesellschaft »verändern«: indem er jedes Jahr den amtie-

renden Staatspräsidenten ermorden läßt. Es wird von ihm
gesagt, daß er (wie Hamlet) seine Mutter haßt, die den
Vater verlassen und den reichsten Industriellen des Landes geheiratet hat; es wird von ihm gesagt, daß er den
Vater an der Gesellschaftsordnung, die Doc zerstörte,
rächen will. Unterstrichen werden seine Naivität, seine
Hoffnung, sein Glaube – obschon Dürrenmatt selbst bis
ins Letzte nachweist, wie illusorisch, wie irrational und
widersprüchlich diese Hoffnung und dieser Glaube sind.
Tatsächlich scheinen alle diese Motive noch vordergründig. Dürrenmatt stellt fest: »Bill verstößt gegen ein
Klischee [...] Er ist die ›fiktive‹ Gestalt im Stück, die
unwahrscheinlichste«, denn »in einer Welt, in der alles
mitmacht, denken wir uns den reichsten Mann des Landes [den Erben des reichsten Mannes] nicht als Verfechter
eines extremen ›Anarchismus‹, den er auch noch prakti-
zieren will.«

Vom Aufbau der Schachpartie her ist Bill aber gerade
in dieser Eigenschaft die wahrscheinlichste, die folgerich-
tigste Figur des Stücks. Sein elementares Motiv ist nicht
die Rache für den Vater, auf der er Doc gegenüber so
hartnäckig besteht, obschon ihn mit diesem nur noch
»blasse zärtliche Erinnerungen an einen längst versunkenen Vater« verbinden. Bill rächt zuletzt die Sinnlosigkeit
der eigenen Existenz inmitten einer Gesellschaft von
zivilisierten Kriminellen bar jeder Liebe, ohne Fundamente; er rächt eine kalte, bezugslose Isolierung (auch
der eigene Vater wußte nichts anderes mit ihm anzufan-
gen, als ihn zu »verwöhnen«) mit einem blind wütenden,
ebenso sinnlosen »Amoklaufen« – eine Demonstration,
die keinen Adressaten mehr hat. Bill setzt 10 Millionen
aus für jeden Präsidentenmord: Er, der den Bankrott der

Gesellschaft verkörpert, ihr reichster und eben darum ärmster Sohn, »verpulvert« das Geld, das für diese Gesellschaft allein Wert besitzt und eben darum für ihn völlig wertlos ist, um die letzte Konsequenz zu ziehen: die Welt in die Luft zu sprengen. Dürrenmatt wirft denn auch die Frage auf, »ob er und seinesgleichen nicht vielmehr Objekte darstellen statt Subjekte«.

Selbst Cop, der Polizist, den die Schüsse des Gangsters Boss einmal zum Invaliden gemacht haben – von Dürrenmatt als der Gerechtigkeitssucher, der Michael Kohlhaas, der Nichtmitmacher, der zuletzt absolut Einzelne geplant –, bleibt im Rahmen. Lebenslang sucht er sein Recht, um schließlich vor der Einsicht zu kapitulieren, daß Ungerechtigkeit die Welt beherrscht. Wenn er nun »eine kurze Weltsekunde lang« »dem fatalen Abschnurren der Geschäfte Einhalt gebietet«, indem er zwei Menschen ermordet, glaubt er, die Bühne, ganz auf sich gestellt, zu räumen: »Wer stirbt, macht nicht mehr mit«. Aber bis in den Tod hinein bedient er sich der handelsüblichen Methode: Als Mörder bleibt er ein Mitmacher bis zuletzt. Den Teufelskreis hätte er nur durchbrochen, wenn er – statt mit zwei Morden abzutreten – stark genug gewesen wäre, die Ungerechtigkeit anzunehmen und sich auf die eigene Bastion zurückzuziehen – die einzige Chance, die Dürrenmatt selbst für den Einzelnen sieht in der Erkenntnis: »Wer verliert, gewinnt«.

Die Dialoge der Figuren sind »Handlungen«, in denen »Emotionen«, und mit ihnen vielleicht der wichtigste Teil der Wahrheit, »unterdrückt« werden. So stellt Bill fest: »Ich bin Wissenschaftler ... die persönlichen Erlebnisse, die zu meinen Erkenntnissen führen, sind unerheblich ...« Entsprechend sein Vater: »Ich bin zufällig dein

Vater und du bist zufällig mein Sohn, etwas anderes haben wir uns nicht zu sagen ...« Der Berufsmörder Boss überschlägt seine Lebensgeschichte: »Unwichtig, daß ich den Namen meiner Mutter und den Namen meines Vaters nicht weiß, nebensächlich, daß ich mit sieben Jahren aus einem Waisenhaus entwich, unerheblich, daß ich mit neun Jahren eine Bande anführte ...«

So gesehen besteht diese kaltschnäuzige Gesellschaft aus – Wildenten. Die Vielschichtigkeit der Figuren ermöglicht verschiedenen Aufführungsstilen, die Mitmacher, die Mörder oder die verkrüppelten Menschen herauszuarbeiten.

Aus: ›Neue Zürcher Zeitung‹ Nr. 141, 18./19. 6. 1977.
Abdruck mit freundlicher Genehmigung der Autorin.

Huldrych M. Koelbing
Die Frist

Friedrich Dürrenmatts Drama *Die Frist*, das in den letzten Wochen über die Zürcher Schauspielbühne ging, hat Befremden ausgelöst. Auf diesen gemeinsamen Nenner kann man wohl am ehesten die Besprechungen in den Zeitungen bringen: Text und Aufführung hätten wohl ihre Meriten; es sei dem Autor und seinen Interpreten jedoch nur mangelhaft gelungen, das auszudrücken, was er eigentlich sagen wollte.

Persönlich habe ich von der Zürcher Aufführung der *Frist* indessen einen ganz anderen Eindruck gewonnen: wir sahen ein faszinierendes, lebensvolles, folgerichtig durchgeführtes Spiel um die Macht. Ihre Verlockung wurde deutlich und zugleich die Sinnlosigkeit des Kampfes um dieses Gut, das seinem Besitzer unter den Händen zerrinnt; der Mißbrauch, der mit ihr getrieben wird, die Korruption der Menschen, Institutionen und Kräfte, die in ihren Dienst gezogen werden: Staat, Kirche, Wissenschaft (mit der Medizin als Beispiel), Technik (in der Form des allgegenwärtigen Fernsehens). Vor hundert Jahren erklärte der Historiker Jacob Burckhardt in seinem stillen Basler Hörsaal, die Macht an sich sei böse; heute gibt Friedrich Dürrenmatt mit dem Zürcher Schauspielensemble eine bunte, höchst zeitgemäße Illustration zu diesem Satz. Ich halte ihn zwar in der absoluten Formulierung Burckhardts nicht für wahr: die Macht kann Stütze des Rechtes sein und Menschlichkeit schützen; aber sie ist wohl tatsächlich immer in Gefahr, ins Böse umzuschlagen.

In welchen Formen dies heute zu geschehen droht oder schon geschehen ist, zeigt uns Dürrenmatt. Er hält uns einen magischen Spiegel vor, in dem wir uns selber sehen können, teils so, wie wir werden könnten, teils so, wie wir sind. Seine dramatischen Bilder mischen das Gewaltige mit dem Grotesken, den äußersten Realismus – etwa das im Überwachungsgerät überlaut verstärkte Röcheln des sterbenden Diktators – mit dem Symbolischen: der grausigen Schar der »Unsterblichen«, dieser Zerrbilder von Goethes »Ewig-Weiblichem«, die sich hohnlachend vom Machtkampf der Männer und deren Gott lossagen, Vernichtung kündend und sich selbst zum unfruchtbaren Nichts verdammend. Diese Mischungen mit ihren dramatischen Effekten sind Dürrenmatts persönlicher Stil.

Aber – um noch einmal auf die Medizin zu kommen – so wie Molière eine Seite der Medizin seiner Zeit bloßstellte, nämlich das selbstgefällige Erstarren der Fakultät in Privilegien, die durch keine tüchtige Leistung mehr gerechtfertigt waren –, so läßt nun Dürrenmatt eine Tendenz der heutigen Medizin sich zum erschreckenden Alptraum auswachsen: ihr Bemühen, mit großem technischem und personellem Aufwand den natürlichen Tod des Menschen willkürlich hinauszuschieben. Leise geht daneben Dr. Goldbaum, der menschliche Arzt, über die Bühne. Wer verkörpert nun wirklich die Medizin unserer Zeit? Was ist unsere Aufgabe? Diese Fragen können sich etwa dem Arzt stellen, der Dürrenmatts *Frist* auf sich wirken läßt. Andere Betrachter werden sich von anderen Elementen des Dramas stärker angesprochen, ja angegrif-

fen fühlen; aber niemand kann wohl sagen, diese dramatische Fabel von der zum bösen Selbstzweck gewordenen
Macht gehe ihn nichts an.

Aus: ›Neue Zürcher Zeitung‹ Nr. 285, 5. 12. 1977.
Abdruck mit freundlicher Genehmigung des Autors.

Peter André Bloch
Die Panne
Das Zuendedenken einer Idee

In unendlich vielen Varianten hat Dürrenmatt bisher das Thema der Gerechtigkeit umspielt, und in jedem Werk werden die Fragen aggressiver, die Antworten höhnischer. Als Denker entfernt sich Dürrenmatt immer mehr von den Prämissen eines geschlossenen, in sich sinnvollen Weltbildes, indem er konsequent die sogenannt gültigen Instanzen hinterfragt, um sie in ihrer Relativität, Mehrdeutigkeit und daher auch grundsätzlichen Unverbindlichkeit und Zufälligkeit bloßzustellen. Durch dieses Wagnis der Infragestellung entfernt er sich gleichermaßen von allen bestehenden Bekenntnissen und Ideologien allerorts, besonders aber in der geistesgeschichtlich orientierten germanistischen Kritik, verlegenes Kopfschütteln verursachend, weil anscheinend überzeugende – weltanschauliche – Kriterien zu seiner Beurteilung fehlen, außer daß Dürrenmatt gerade noch den meisten – halbwegs überzeugend allerdings – in die Rolle des witzelnden Hofnarrs paßt. Hatte er im *Besuch der alten Dame* und auch noch in den *Physikern* und *Frank V.* so etwas wie eine vordergründige Wirklichkeit mitdargestellt und das dramaturgische Argumentationsnetz immer auf diese Wirklichkeit zurückbezogen, so ändert er jetzt seine Darstellungsformen; an die Stelle der sprachlichen Faßlichkeit und der psychologischen Nachvollziehbarkeit treten das Zufällige und Absurde, die Auflösung in die scheinbare Sinnlosigkeit des Paradoxen. War früher bei ihm das ›Böse‹ oder ›Verrückte‹ in eine Welt scheinbarer Harmonien eingebrochen, so erscheint jetzt in totaler Verkehrung – quasi von hinten gesehen, im Sinne der mittelalterlichen Allegorie der Frau Welt – der ganze Weltmechanismus in seiner leeren Selbstbezogenheit, der alles, was sich auf ihn bezieht, nicht nur mehrdeutig, sondern gleich – im Absoluten relativ – alldeutig macht. Und auf dieser weiten Palette der Deutigkeiten ist das ›Verrückte‹ im Grunde nichts anderes mehr als eine Variante des ›Normalen‹, das Eindeutige erscheint von vornherein als Spezialfall, als fragwürdige Reduktion von so vielen andern Möglichkeiten.

Dürrenmatt hat dieses Spiel, in dem es um die alten Themen von Schuld und Sühne, Recht und Gerechtigkeit geht und das mit dem Selbstmord des sich selbst verurteilenden Angeklagten endet, als eine Komödie bezeichnet. Nehmen wir also an, es handle sich – im Sinne des traditionellen Komödienverständnisses – um ein Spiel der Verkehrungen und der Umdrehungen übernommener Vorstellungen und Relationen, dann wäre es in einem ersten Schritt vielleicht sinnvoll, dieses Spiel auf seine Grundmuster zu reduzieren. Und wenn man konsequent durch die das Thema orchestrierenden Begleit- und Gegenaktionen hindurchsieht, dann erkennt man sofort, daß im Handlungsablauf in erster Linie zwei Grundthemen eng ineinander verwoben sind: Auf einer ersten vordergründigen Handlungsebene erfährt sich ein Textilreisender im Gespräch mit Rechtsspezialisten als Held, wobei diese Selbsterfahrung in den Tod – den Heldentod – führt. Anderseits gibt es die Ebene des Gerichts, das sich selbst eingesetzt hat und sich selbst ad absurdum führt, indem es angesichts der eigenen Absolutheit – d.h. angesichts des Fehlens anderer fester Instanzen – kein eindeutiges Urteil mehr fällen kann. Durch ihr improvisiertes Spiel bringen sich die Rechtssprecher selbst zur Einsicht der Problematik, ja Unhaltbarkeit eindeutiger Urteile; alles wird zur Frage der jeweiligen Perspektivik, d.h. der individuellen Interpretation.

Dürrenmatt läßt es selbstverständlich nicht bei diesem einfachen Spannungsverhältnis zwischen Angeklagtem und Gericht bewenden, sondern kompliziert beide Grundmotive dadurch, daß einerseits eine Verkehrung des Heldenverständnisses stattfindet. Der Textilreisende Traps sieht sich am Ende seiner ›Selbstfindung‹ – nach langem Zögern und tiefer Unkenntnis seiner selbst – als einzigartigen Verbrecher: »Ich beging den außergewöhnlichsten Mord des zwanzigsten Jahrhunderts« [*Die Panne,* Werkausgabe Bd. 16. detebe 250/16, S. 164]. In Wirklichkeit ist er ein Mensch ohne Schicksal, ohne Übersicht und ohne eigentliches Bewußtsein, dem aber in zunehmender Trunkenheit die Augen über sein anderes Ich, eine Art Wunsch-Verbrecher-Ich, aufgehen. Der Alkohol und die Argumentation der Anwälte lassen ihm die Zusammenhänge seines ›instinkthaften‹ Handelns bei seiner Geschäftskarriere klarwerden. Er, der im Grunde bisher von niemandem ernst genommen, von allen mißbraucht und nur von Sinnlichkeit und Ehrgeiz getrieben wurde, erkennt jetzt plötzlich seine Chance, ›jemand‹ zu sein, eine Verbrecherfigur großen Stils, die ihr recht durchschnittlich-unbedeutendes Leben nur als Deckmantel für ein umsichtig geplantes Verbrechen benützte.

An diesem Punkt wird plötzlich – für eine Komödie

der Umdrehungen symptomatisch – eine Nebenhandlung
dominant; und zwar Traps' Beziehung zur geilen, män-
nerverschlingenden Justine von Fuhr, die ihn nur als
großen Verbrecher bewundern und lieben will. In senti-
mentaler Verstiegenheit machen sie sich gegenseitig in
großen Worten ihres Verbrechertums wichtig:

JUSTINE Der Morgen steigt herauf.
TRAPS Der dritte Hahnenschrei.
JUSTINE Ein neuer Tag bricht an.
TRAPS Der Tag des Gerichts.
JUSTINE Gehen wir wieder ins Haus.
Erheben sich, gehen gegen die Mitte.
JUSTINE Alfredo.
TRAPS Justine.
JUSTINE Ich erwarte dich nach dem Urteil.
TRAPS Nur als Mörder bin ich deiner würdig, Justine.
Küssen sich. [158–159]

Eine neue Verkehrung: Sinnlichkeit, die tötet, statt
Leben zu spenden. Um vor Justine und sich selber zu
bestehen, will Traps seine Schuld beweisen und seinen
Freispruch entkräften: In einer Gesellschaft, wo sich kein
Mensch ernst nimmt, fällt er, mit Dürrenmatts Worten
»aus dem Spiel in den Tod« [65], eine Witzfigur, die
aus Selbstüberschätzung und aus dem grundsätzlichen
Mißverstehen der Spielsituation heraus die Spielregeln
bricht. In der Maske hängt er erschossen im Lüster, sein
Tod ist so sinnlos wie sein Leben, pathetisch, aber ohne
jeden Hauch von Schicksalhaftigkeit und Tragik, im
Grunde nichts als ein peinlicher Abschluß – eine Episode
– eines für die andern Anwesenden sonst so geistreichen
und gewöhnlichen Herrenabends:

WUCHT Der gute Alfredo. Er verteufelte mir beinahe den schönsten Herrenabend. [173]

Traps könnte als Held nicht unbedeutender sein; sein Denken und Handeln kennt nur vordergründige Motive, ein metaphysischer Hintergrund geht ihm in jeder Hinsicht ab. Der Tod ist ihm Ausweg aus der eigenen Bedeutungslosigkeit, Überwindung der Nichtigkeit – fürwahr ein makabres Happy-End, nach bewährtem Schema einer Komödie gebaut, wenn auch mit der totalen Verkehrung der Inhalte: anstelle von Leben steht der Tod, anstelle von Einsicht der Triumph der Illusion, anstelle einer Heldentat ein untragischer, wenn auch tödlicher Zufallsschuß, anstelle von Gelächter betroffenes Schweigen. Selbst die Liebesbeziehung erweist sich in jeder Hinsicht als völlig leer. Justine zu Traps vor dem Urteil »Ich liebe Männer« [155], nach seinem Tod »Eigentlich war er bloß ein Angeber« [172]; nachdem sie einen Polizisten hinter Traps' Sarg geliebt hat, geht sie zu ihrem Psychiater, Professor Bürden, »Hin und wieder muß man mit einem Mann wieder ins Bett« [67].

Auf der andern Seite findet auch das Gerichtsverfahren unter höchst ungewöhnlichen Umständen statt: an einem gemütlichen Herrenabend von Pensionierten, die sich ihre Langeweile dadurch vertreiben, daß sie ihre ehemaligen Rollen – ihre frühere Identität – als Richter, Staatsanwalt, Rechtsanwalt und Henker anhand möglichst interessanter – konkreter, historischer, aber auch erfundener – Rechtsfälle durchspielen. Dabei kosten sie genüßlich jede Möglichkeit aus, die ihnen das durch ihr Amt vorgegebene Rollenspiel bietet; geistreich und brillant ziehen sie alle Sprach- und Argumentationsregister, Virtuosen ihrer

Rechtskunst, denen im Grunde jeder Angeklagte gleich viel oder gleich wenig bedeutet, nur Anlaß ist, die eigene Rolle möglichst vollendet zu spielen. Wichtig ist das Ritual, das spielerische Durchdenken aller Argumente und Argumentationsformen wie bei einem Schachspiel, nur daß den einzelnen Figuren nun ganz bestimmte ›rechtliche‹ Züge zugeordnet sind. Und so läuft das Spiel denn ab, computerhaft, in vorgegebenen Bahnen, zum internen Selbstgenuß der sich gegenseitig zubechernden Greise.

Auch auf der Ebene des Gerichtsverfahrens ist das Motiv der Verdrehung thematisiert, indem zwei sich im Grunde ausschließende Rituale verkoppelt sind: das Ritual der Rechtsprechung, mit dem Akt des Verhörens, Anklagens, Verteidigens und Verurteilens, und das Ritual »eines weltlichen Abendmahls« [62] mit seinen litaneihaft durch das ganze Stück gehenden Formeln der Trinkliturgie »Riechen, Kosten, Trinken«. In seiner eigenen Inszenierung hat Dürrenmatt diesen rituellen Aspekt noch verstärkt durch das betont stereotype Auftreten und zelebrierende Ankündigen immer älterer und kostbarerer Weine durch Simone von Fuhr, Justines taube Tante. Jeder der Beteiligten reagiert anders auf den Wein, aber auf seine Art stereotyp und im Laufe des Abends immer intensiver: genießerisch-fröhlich, übermütig, süchtig. Es ergibt sich also so etwas wie eine Doppelhandlung, indem vordergründig freundschaftlich getrunken und gespielt, im Hintergrund aber gleichzeitig Gericht gehalten wird, ohne daß Traps es merkt: »Meine Herren, verzeihen Sie, ich dachte mir das Spiel feierlicher, würdiger, förmlicher, mehr Gerichtssaal« [110], in einem roten Dekor, auf einem roten Podest, alle immer dunkleren roten Wein trinkend, Justine plötzlich in einem feuerroten Abendkleid, die drei Juristen beim Urteil alle in rotem Talar mit roter Mütze, bis das Blut schließlich vom roten Lüster tropft.

Auch auf dieser Ebene sind die Gegensätze und Verkehrungen mit Händen zu fassen: Trunkenheit – Erkenntnis, Erinnerung und Vergessen, das Verstehen der tauben Tante Simone, ihre Nüchternheit und ihr spontanes Mitspielen als Frau Gygax, Wahrheit und Erfindung, Erhabenheit und Trivialität, Realität und Interpretation, Wunsch und Vorstellung, alles beginnt sich alptraumartig zu vermengen, jedenfalls im Hirn des betrunkenen Traps, während dem Richter alles immer klarer, verständlicher, durchsichtiger wird, so daß er das Problem der Schuld und Schuldbarkeit auf seine absolute Formel bringen kann, er selber in seiner betrunkenen Weisheit ein eigentliches Paradox.

Dem Spiel um Schuld und Schuldigkeit auf dem roten Podest stehen die Zwischenspiele im Vordergrund gegenüber, wo – wenn auch nur angedeutet – eine ganz andere Atmosphäre herrscht: eine laue Sommernacht, Bank und Rosen, Mozartmusik, Entspanntheit, aber auch Sinnlichkeit und Todesnähe. Hier fehlt der Beobachtungseffekt durch die Mitspieler, Traps hat hier die Möglichkeit, intimer in Kontakt zu treten mit Justine und seinem Verteidiger, wobei er mit Justine sehr wohl in ein verbales Einvernehmen gerät, während es mit Kummer zu einem bloßen Aneinandervorbeisprechen kommt, indem sich beide aufgrund ihrer verschiedenen Denk- und Vorstellungsformen überhaupt nicht aufeinander einstellen können [93–94]. Groteskerweise ist es denn auch die Sinnlichkeit, Justine, die Traps zum Tod verführt, während Kummer überhaupt keinen Zugang zu Traps findet, sondern mit seinen Argumenten gerade das Gegenteil erreicht. In seliger Trunkenheit versteht Traps verkehrterweise die Anklage als komplimentenreiche Ruhmesrede, während er die Verteidigungsargumente als Herabsetzung und persönliche Beleidigungen zurückweist.

Dürrenmatt hat die Figuren alle komödienhaft auf ihre dramatische Funktion reduziert. Was als Veräußerlichung erscheinen könnte, ist eine bewußt übertreibende Banalisierung, Trivialisierung ihrer Persönlichkeit: Simone von Fuhr ist taub, Justine sinnlich, Zorn sammelt Briefmarken, Kummer gibt im Selbstverlag seine dichterischen Werke, »schon fünfzehn Dünndruckbände« [93] heraus, und Wucht ist, wie alle seine männlichen Verwandten, Richter:

> Mein Urgroßvater, mein Großvater und mein Vater waren Richter. Und mein Sohn und mein Enkel sind auch Richter. Leben in Amerika. Alle Wuchte waren, sind und werden Richter sein. [89]

Wir erfahren nur noch Teilaspekte dieser Figuren, Zufälliges, Unwesentliches, sie in ihrem Verhalten jedoch fast manisch Bestimmendes. Was sie alle über diese typisierenden Charakteristika hinaus verbindet, ist ihre Verstrickung in irgendeine Form von Schuld; nur von Simone und vom Henker erfahren wir nichts Entsprechendes. Zorn trug seine »gigantische Briefmarkensammlung« [147] mit Bestechungsgeldern zusammen; auch Richter Wucht brachte es zu einem Riesenvermögen mit seinen »oft bis an die Grenze des Erträglichen gehenden Freisprüchen«, ganz zu schweigen von der Art, wie er zu seinem »märchenhaften Weinkeller« [147] kam; Kummer selbst hat sich als Junggeselle und »jahrzehntelanger An-

walt der obersten zwei, drei Weltkonzerne« ein »noch
hübscheres Sümmchen auf die Seite« [148] gelegt. Alle
tragen sie irgendwie Schuld, ja sie finden das Verbrechen
an sich – eine erneute komödiantische Umdrehung – als
Voraussetzung für Gerechtigkeit im ästhetisch-philoso-
phischen Sinne etwas Schönes.

> ZORN Unsere Tafelrunde gab das Vorurteil auf, im Verbre-
> chen etwas Schreckliches zu erblicken, in der Gerechtig-
> keit dagegen etwas Schönes. Nein, wir erkennen auch
> im Verbrechen die Schönheit [...]
> Die Mordsschönheit als die Vorbedingung, die Gerech-
> tigkeit erst möglich macht [126]

Dies ist die vielleicht für den Zuschauer und Kritiker
verwirrendste Seite an diesem Stück. Denn eine Komödie
lebt im Prinzip meist – wenn man an Shakespeare oder
Molière, an Kleist und auch Nestroy denkt – von der
Wiederherstellung der Ordnung, des Rechts oder von der
Befriedigung der natürlichen Bedürfnisse, also von der
Bestätigung einer allgemein anerkannten ›Natur-Norm‹.
Die Panne nun spielt in ihrer Verkehrtheit jenseits solcher Normen, in einer Atmosphäre der Abwesenheit
verbindlicher Werte und Auffassungen, im Geiste voll-
kommener Amoral, d.h. nicht etwa der Unmoral, sondern totaler geistiger Ungebundenheit und Unkonventio-
nalität. Nur aus dieser ›Freiheit‹ heraus – und dies ist das
Außerordentliche und Paradoxe an diesem Schluß – sind
zwei sich grundsätzlich ausschließende Urteile möglich:
das Todesurteil und der Freispruch. Und beide werden –
in ihrer extremen Gegensätzlichkeit – aufgrund klarer
Überlegungen und plausibler Begründungen stichhaltig
und nachvollziehbar verkündet:

WUCHT Wir akzeptieren dein Geständnis. In einer Welt, in der niemand mehr schuldig sein will, in der die schändlichsten Verbrechen begangen werden, weil sie angeblich entweder unvermeidbar sind, um das Weltgetriebe in Gang zu halten, oder notwendig, um die Veränderung dieses Weltgetriebes herbeizuführen, in dieser ungeheuren Verfilzung aller menschlichen Bestrebungen, in der sich ein jeder mit der allgemeinen Ungerechtigkeit freispricht, verdient einer, der sich schuldig spricht, belohnt und gefeiert zu werden. Machen wir uns nichts vor: In der Welt, die du mit deinem Jaguar durchbraust, wäre dir nichts geschehen, aber nun bist du als ein wahrer Hans im Glück zu uns gekommen, in unsere stille Villa, zu vier alten Männern, die in deine Welt hineinleuchten mit dem reinen Strahl der Gerechtigkeit –

Die drei Richter setzen die Hüte auf.

WUCHT – in deren Namen ich nun dich, mein lieber Alfredo, zum Tode verurteile [160–161]

Und in der umgekehrten Argumentation:

WUCHT In einer Welt der schuldigen Schuldlosen und der schuldlosen Schuldigen hat das Schicksal die Bühne verlassen, und an seine Stelle ist der Zufall getreten, die Panne. *Kommt nach vorne zu Traps.* Das Zeitalter der Notwendigkeit machte dem Zeitalter der Katastrophen Platz – *Setzt sich auf die Tischkante* – undichte Virenkulturen, gigantische Fehlspekulationen, explodierende Chemieanlagen, unermeßliche Schiebungen, durchschmelzende Atomreaktoren, zerberstende Öltanker, zusammenkrachende Jumbo-Jets, Stromausfälle in Riesenstädten, Hekatomben von Unfalltoten in zerquetschten Karosserien. In dieses Universum bist du geraten, mein lieber Alfredo Traps. Dein rotlackierter Jaguar ist

nicht der Rede wert, und was dich betrifft: Unfall, harmlos, Panne auch hier. *Geht nach rechts und dann wieder hinter den Tisch.* Zwar bezweifeln wir deinen Wunsch, Gygax möge das Zeitliche segnen, in keiner Weise, doch dein Wunsch erfüllte sich ohne dich. Nicht deine Tat beseitigte deinen Chef, sondern ein simpler Föhnsturm. Nicht die Absicht verknüpfte deinen Wunsch mit seiner Erfüllung, sondern der Zufall. So vernimm denn, braver Fredi, das zweite Urteil:
Kummer und Zorn erheben sich ebenfalls, setzen wie Wucht ihren Hut auf.

WUCHT Bist du durch die Welt, in der du lebst, verurteilt, so bist du von der Welt, in der zu leben du verurteilt bist, freigesprochen [162–163]

Hier gehen die beiden Handlungsstränge fast spiegelbildlich auseinander: Hatte früher das Gericht alles getan, um Traps seine Schuld bewußt und ihm die Würde des Verbrechens begreifbar zu machen, so findet jetzt – ebenso spielerisch – der totale Abgesang auf die Gerechtigkeit statt. Sie wird als das böseste Machtmittel der Menschheit entlarvt und zurückgewiesen:

WUCHT Deine Schuld und deine Unschuld sind gleicherweise unbeweisbar. Was war die heutige Nacht? Ein übermütiger Herrenabend, nichts weiter, eine Parodie auf etwas, was es nicht gibt und worauf die Welt immer wieder hereinfällt, eine Parodie auf die Gerechtigkeit, auf die grausamste der fixen Ideen, in deren Namen der Mensch Menschen schlachtet. Denn wahrlich, wenn es eine Schuld gäbe, dann müßte diese Schuld nicht beim Menschen, sie müßte außerhalb des Menschen liegen. [164–165]

Traps kann als Mensch der alten Ordnung den Argumen-
tationen des Gerichts nicht folgen und gibt sich selbst den
Tod, verinnerlicht den Tod, während ihn die Richtenden
– in direkter Verkehrung – veräußerlichen, indem sie die
Götter, die Urinstanzen über den Menschen, abschießen.
Jupiter, Mars, Saturn, Venus, Merkur, sie alle werden
ihrer Abgetakeltheit, Verkommenheit, Überlebtheit be-
zichtigt und mit einem Schuß in ihr Sternzeichen in
effigie hingerichtet. Die eigentliche Weltrevolution ist
ausgebrochen, der Widerruf einer göttlichen Ordnung
findet statt. Zwar wurde an die Götter bisher wohl nicht
mehr geglaubt, sie hatten aber in den Werten, die sie
vertraten, in säkularisierter Form überlebt. Diese sind
nun ihrer Fragwürdigkeit und Leerheit überführt, nur
beschränkte Leute wie Traps geben sich in eitler Selbst-
vergötterung ihretwegen den Tod. So findet dieses Welt-
gericht seine Erfüllung in dem unnötigen Tod von Traps
und der konsequenten Absage an die Götter. Auf der
einen Seite steht das wertlose, sinnlose Selbstopfer, auf
der andern der abschließende Anti-Gottesdienst und das
krönende Anti-Ritual, das sich in einem wahren Feuerwerk blasphemischer Verse vollendet. Merkur – der Gott
der Diebe und des Kapitals – kann bezeichnenderweise
aus Schußmangel nicht hingerichtet werden, so daß er
denn als einziger weiterlebt ... Die absolute Leere und
Stille des Schlusses wird noch unterstrichen durch das
genießerische Schlürfen der »Magnum Château Latour.
Grand cru classé. Pauillac, mis en bouteilles au château.
1870« [172]. Dieser Schluß ist aber nicht etwa auch das
Ende des Stücks, sondern dieses befindet sich bezeichnenderweise – als die sichtbarste und offensichtlichste
aller Umkehrungen – am Anfang. Von Anbeginn ist also

dem Zuschauer der Ausgang des Spiels klar, der Tod von Traps, aber auch das selbstverständliche Weiterleben der andern Verurteilten: Knalls und Emma Prachts, die nach dem Ausschlafen ihres Katers ihrer Wege gehen, ungeachtet der im Spiel ausgesprochenen und nun belachten Urteile. Und die Schüsse, die für die Götter bestimmt waren, trafen in Wirklichkeit die Sirene der Feuerwehr, den Gockel der protestantischen Kirche, die Beethoven-Büste auf dem Klavier in Notar Büssis guter Stube, ferner eine Kuh, drei Hunde und Katzen, und zu guter Letzt wurde der Eisenwarenhändler Zählin in der Dienstmädchenmansarde mit einem Streifschuß am Hintern verletzt. Umkehrungen am laufenden Band; die Umkehrungen antizipieren sogar die durch sie verdrehten Inhalte, die dadurch bereits bei ihrer Aussage aufgehoben und im Bewußtsein des Zuschauers in ihr Gegenteil verkehrt sind.

In der Doppelgestalt Henker/Clown ist schließlich das Thema der Verkehrung in der paradoxalen Vereinigung von Gegensätzen auch noch figürlich gefaßt. Emblemhaft trägt Roland René Raimond Pilet die Melone der traditionellen Clownfigur, seine Witze sind indessen auf eine einzige – sich aber ständig wiederholende – Bemerkung reduziert: »Zapfen«, um irreführenderweise, aber stets vergeblich, die andern vom Trinken des kostbaren Weines abzuhalten. Der Clown ist Henker geworden; diese Rolle ist aber von vornherein überflüssig, funktionslos, da aufgrund der Spielregeln ja alle Verurteilten nur Schein-Verurteilte sind und das Spiel in sich ohnehin mit dem Urteil sein Ende hat. So lebt die Figur einzig und allein von ihrem Hinweischarakter: von ihrer Zweigesichtigkeit und ihrer spielerischen Überflüssigkeit, Leere.

Die Umkehrungen und Verdrehungen weisen alle auf
ein Grundmerkmal jeder Komödie, besonders aber auch
von Dürrenmatts dichterischer Phantasie hin, auf seine
Fähigkeit, die Fragen und Erscheinungen auf ihre Mehrdeutigkeit hin zu erweitern, aus der Erkenntnis heraus,
daß alles Eindeutige nur auf ideologischer Reduktion
beruht und nur ein Teil der ganzen Wahrheit sein kann.
Sein Werk ist aus dieser Vielwertigkeit heraus so schwie-
rig und für den Zuschauer zum Teil so verschlüsselt
geworden wie Zwölftonmusik. Man muß die Voraussetzungen und inneren Gesetzlichkeiten und deren Spielfor-
men durchschauen, um die denkerischen und formalen
Prinzipien, ihre Leichtigkeit und vollendete Logik zu
verstehen. Dank der vollkommenen Zweipoligkeit wäre
z.B. *Die Panne* vom moralischen Standpunkt aus eine
Tragödie, der bittere Abgesang auf die alten Werte, eine
Predigt gegen die Verkommenheit und Entgötterung der
Welt, vom amoralischen Gesichtspunkt aus jedoch deren
Widerruf: die befreiende Einsicht in die Relativität aller
Urteile und Ansichten. Kleists Richter Adam – auf den
Dürrenmatt in seinem Vorwort hinweist – hat an seiner
Seite noch Gerichtsrat Walter, der als archimedischer
Punkt außerhalb einer geschlossenen Gesellschaft so et-
was wie eine Bezugsperson zu einer absoluten Rechtsin-
stanz darstellt und dadurch Gerechtigkeit garantiert. Im
›Amphitryon‹ ist diese Instanz Mensch geworden, steht
also unter zwei Gesetzlichkeiten, dem moralischen Ge-
setz der Menschen und der göttlichen – absoluten –
Freiheit; und nur ein Rückzug auf die eigene Göttlichkeit
läßt für Jupiter und die Menschen ein Happy-End überhaupt noch zu. In Wuchts Urteilserklärung platzt die
Idee ›Gerechtigkeit‹ wie eine Seifenblase; die Menschen

stehen längst unter andern Gesetzen und Zwängen. Die Frage nach Recht und Gerechtigkeit ist für die Richtenden nur noch ein Spiel mit austauschbaren Angeklagten und austauschbaren Urteilen.

Dürrenmatt macht daraus ein Spiel des Leerlaufs, der Umdrehungen, der denkerischen Aufhebung des Gesetzes der Schwere, wie es die Weltraumfahrer auf ihre Art in je neuen Umfeldern erleben. Daher der doppelte Schluß, das vorangestellte Ende, die Zurücknahme der Grundidee ›Gerechtigkeit‹ aufgrund logischer Einsicht. *Die Panne* ist in diesem Sinne die konsequente Weiterführung des einst in sich geschlossenen, als Hörspiel konzipierten Entwurfs. Die Idee ›Gerechtigkeit‹ wird im Dramaturgischen neu durchdacht, von den ihrer Begrifflichkeit innewohnenden statischen Elementen befreit und im komödiantisch-verdrehten Spiel ins Unkontrollierbar-Mehrdeutige des Paradoxen vertieft. Die Komödie ist kein Widerruf der Novelle, sondern deren dramatische Erweiterung ins Mehrdimensionale.

Dieser Text wurde eigens für diesen Band geschrieben.

Elisabeth Brock-Sulzer
Die Hörspiele

Der Prozeß um des Esels Schatten

Eines der ersten Hörspiele Dürrenmatts ist seine Bearbeitung von Wielands ›Abderiten‹: *Der Prozeß um des Esels Schatten*. *Nach Wieland – aber nicht sehr* lautet die Überschrift. Die Ähnlichkeiten mit dem Vorbild gehen aber weiter, als Dürrenmatt uns glauben machen will. Dinge, die man beim Hören als typisch dürrenmattisch empfindet, entpuppen sich bei näherer Prüfung als geradewegs aus Wieland stammend. Dieser Einklang zweier so verschiedener Naturen stimmt nachdenklich. Das Thema mußte freilich die Begegnung fördern: es geht um ein Politikum, um die Gemeinde als komische Figur. Um ein sehr helvetisches Thema also. Es ist weiter ein Werk des deutschen achtzehnten Jahrhunderts, in dem sich ja Witz und Pfiffigkeit auf eine – gemessen an französischem und englischem Ausdruck der selben Zeit – treuherzige, bäurisch nachdrückliche Art äußern.

Dürrenmatt hat nun aber den breit epischen Text Wielands gestrafft, wie es dem Hörspiel, aber auch seinem eigenen Temperament entspricht, und er hat daneben einschneidende Änderungen vorgenommen. Bei Wieland geht der Streit um des Esels Schatten gut und vernünftig aus. Bei Dürrenmatt endet er mit dem Untergang Abderas. Die Partei der Schatten und die Partei der

Esel – nicht von Dürrenmatt, von Wieland! – wollen sich gegenseitig ausrotten, sie dingen einen Brandstifter, der die beidseitigen Parteizentren anzünden soll und damit die ganze Stadt in Brand steckt. Denn die Feuerwehr will nur für die jeweils eigene Partei löschen, und so geht alles vor die Hunde. Der Unsinn siegt. Diese pessimistische Wendung gehört Dürrenmatt, Dürrenmatt auch die Person des Brandstifters, eines versoffenen, verhurten Kapitäns, der ein Chanson von Brecht singt. Diese Figur sprengt die schlanke Faktur, die von Wieland übernommen wurde und von Dürrenmatt mühelos in Eigenes verwandelt wird; hier will das Böse, Zerstörende nicht innerhalb des alltäglich Menschlichen bleiben, sondern in seinen eigenen Maßen Gestalt annehmen.

Dürrenmatt kommt in seinen Hörspielen sozusagen ohne Geräuschkulissen aus – jedenfalls sind solche kaum vorgeschrieben und durchaus nicht nötig. Alles wird Wort. Da ist beispielsweise die Szene zwischen dem Eseltreiber Anthrax und seiner Frau Krobyle. Erzählung und Dialog verschränken sich aufs kunstvollste:

> ANTHRAX ... Ich löffle den Brei hinunter. Ich schneuze. Frau, sage ich, es sind schlechte Zeiten. Sie brummt, die Alte, steht am Herd, wie sie das immer tut, und schaut mich an. Frau, sag ich, der Polyphonus muß noch einmal vier Drachmen haben.
>
> KROBYLE Wir haben nichts, Mann.
>
> ANTHRAX Ich löffle wieder. Dann schneuze ich wieder. Krobyle, sag ich, es geht nicht anders. Ich muß den Prozeß gewinnen wegen der Schulden. Die Tochter haben wir ja auch verkauft, sagt sie. Ja, sag ich, das ist nicht zu ändern. So ein Advokat will eben auch leben. Die leben gut, sagt sie. Ich löffle, noch einmal

schneuzen hat keinen Sinn, ich muß raus mit der Sprache. Ich sage: Ich habe mit dem Weinhändler Korax
gesprochen. Ein guter Platz für dich ...

Hier das Löffeln und das Schneuzen akustisch wiederzugeben, wäre wohl ein großes Mißverständnis. Es wird
mit Worten gelöffelt und geschneuzt. Können muß man
es natürlich. Aber auch in ganz kleinen stilistischen Elementen ist die ganze Stimmung vorgezeichnet. Ob Anthrax »sag ich« sagt oder »ich sage«, ist von großer
Wichtigkeit. Das erstere gleitet im Satz nachdruckslos
mit, das letztere setzt neu an, ist Zögern, Entschluß,
etwas Errungenes. Noch stärker hieße es den Dichter
verraten, wollte man ihn ganz in die Dialogform überführen. Es ist von hohem Reiz, die sprachliche ›Darbietung‹ in diesem Spiel zu verfolgen. Der eigentliche Dialog
ist nur eine ihrer Formen und gewinnt seine andringende
Kraft gerade dadurch, daß er nicht durchgängig verwendet wird. Dürrenmatt ist ein Meister der sprachlichen
Perspektive, er hat sie nicht zuletzt am Hörspiel ausgebil-
det. Was auf der Bühne ein Vortreten, ein Zurückwei-
chen, ein gebärdenloses Wort, eine deklamierende Gebärde ist, das wird hier durch rein sprachliche Mittel
ebenfalls erreicht.

Der *Prozeß um des Esels Schatten* hat bei der Hörer-
schaft immer wieder ein höchst streitbares Ja oder Nein
aufgerufen, fast so sehr wie später der *Herkules und der
Stall des Augias*. Das kann nicht gut anders sein. Denn
für allzu viele bleiben ja die sogenannten heiligsten Güter
auch noch heilig, wenn sie zu Phrasen erniedrigt worden
sind. Man darf hier Wieland zitieren:

Diese Ähnlichkeit mit den Athenern muß man den Abderiten wenigstens zugestehen, daß sie recht treuherzig über ihre eigenen Narrenstreiche lachen können. Sie werden zwar nicht weiser darum, aber es ist immer schon viel gewonnen, wenn ein Volk leiden kann, daß ehrliche Leute sich über seine Torheiten lustig machen, und mitlacht, anstatt wie die Affen tückisch darüber zu werden.

Dürrenmatt scheint in einer Komödie wie z.B. dem *Herkules* mehr an die Treuherzigen, die ehrlichen Leute gedacht zu haben als an die tückischen Affen. Daß er es vermochte und immer wieder vermag, ist eine der glücklichen Gaben, die ihm zuteil geworden sind.

Das Unternehmen der Wega

Das *Unternehmen der Wega* stimmt einen ganz anderen Ton an. Aber auch hier geht es um Fragen der Gemeinschaft. Die Auseinandersetzung zwischen West und Ost auf unserem Planeten wird ausgeweitet auf einen neuen möglichen Kriegsschauplatz: die Venus. Sie ist zur Strafkolonie der Erde geworden, der Westen stößt dorthin die Kommunisten, der Osten die Demokraten ab, neben dem üblichen Verbrechervolk selbstverständlich. Die Venus ist aber ein fürchterlicher Planet:

> Dampfende Ozeane, brennende Kontinente, rot glühende Wüsten. Ein tosender Himmel […] der Tod […] überall und zu jeder Zeit. Zu große Hitze. Zuviel Strahlung. Selbst das Meer radioaktiv. Überall Würmer, die unter unsere Haut, in unsere Eingeweide dringen, Bakterien, die

unser Blut vergiften, Viren, die unsere Zellen zerstören. Die Kontinente voll unpassierbarer Sümpfe, überall kochende Ölmeere und Vulkane, stinkende Riesentiere ...

Aber die Menschen, die hierhin verbannt worden sind, wollen nicht mehr zurück. Bonstetten, der »tapfere Mensch« dieses kleinen Stücks, erklärt das seinem ehemaligen Studienkameraden, dem Außenminister Wood, so:

> WOOD Welche Erkenntnis habt ihr ... bekommen?
>
> BONSTETTEN Der Mensch ist etwas Kostbares und sein Leben eine Gnade.
>
> WOOD Lächerlich. Diese Erkenntnis haben wir auf der Erde schon lange.
>
> BONSTETTEN Nun? Lebt ihr nach dieser Erkenntnis?
>
> *Schweigen*
>
> WOOD Und ihr?
>
> BONSTETTEN Die Venus zwingt uns, nach unseren Erkenntnissen zu leben. Das ist der Unterschied. Wenn wir hier einander nicht helfen, gehen wir zugrunde.

Die Erde habe ihn nicht gezwungen, recht zu handeln und das Notwendige zu tun. Die Erde sei zu schön und zu reich. Einen ähnlichen Vorwurf erhebt ja auch das Stück vom *Engel*. Schönheit und Reichtum der Erde machen da ja sogar ein überirdisches Wesen blind. Im *Unternehmen der Wega* verführt die glückliche Fülle der Erde zur Ungleichheit. Sie macht die Armut zur Schande und schändet sie dadurch. Das Gespräch zwischen Wood und Bonstetten scheint in Offenheit und Loyalität geführt zu werden. Wood gesteht Bonstetten, daß von dem Raumschiff, mit dem er gekommen war, bald Kobaltbomben auf die Venus abgeworfen werden sollen, um die

Leute darauf zu zwingen, sich den politischen Plänen der Erde zu leihen. Er stellt sich als tragischen Fall hin, da er ja nur die Befehle, die höheren Orts ausgegeben worden sind, auszuführen habe – ein neues Beispiel für die »falsche Tragik«, die unserer Zeit einzig beschieden sei. Der Dialog wird mit elastischer Stilisierung geführt. Refrainartige Repliken gliedern ihn: »Das ist lieb von dir. – Das ist schön von dir. – Das ist edel von dir.« Ill in der *Alten Dame* hat am Ende diesen gelassenen Ton. Allerdings endet dieses Hörspiel knirschend. Die Bomben werden abgeworfen, wie es Bonstetten gar nicht anders erwartet hat, Wood deutet das Gespräch mit dem Freund zwecks Seelenhygiene in »schmutziges Theater« um und freut sich auf seine Ferien, die ja ein Außenminister im Krieg immer habe. Da werde er »Klassiker lesen. Am besten Thomas Stearns Eliot. Das beruhigt mich am meisten. Es gibt nichts Ungesünderes als spannende Lektüre«. Was als »goldenes Wort« bezeichnet wird, bevor der Techniker ausblendet. Eliot ist offenbar ein rotes Tuch für Dürrenmatt. Sein Klassizismus, seine Vornehmheit ärgern Dürrenmatt, der sich den Luxus nicht gestattet, saubere Hände behalten zu wollen bei seinem Schriftstellerhandwerk. Neben allem anderen, was Dürrenmatt ist, ist er eben auch ein Polemiker. Ließe man ihm die Wahl zwischen T. S. Eliot und Karl Kraus, so zögerte er keinen Augenblick. Polemik kann aus einer echt dichterischen Wurzel wachsen. Sie ist eine Frage des Temperaments. Den einen beschwingt sie, den anderen hemmt sie. Dürrenmatt kommt nicht aus ohne die Möglichkeit, gelegentlich auch einmal um sich zu hauen. Er gesteht sich keinen Elfenbeinturm zu. Die eine und andere dieser Kampfgesten, die sich in seinen Werken niedergeschlagen haben, werden bei kühlerer Überprüfung der Texte fallen und sind auch schon gefallen. Doch wäre es schade, wenn sie vollständig ausgemerzt würden. Sie gehören nun einmal zu Dürrenmatts seelischer und künstlerischer Handschrift, und daß sie möglich waren, hat befreiend gewirkt auf das Schaffen des Dichters. Man denke an die Münchner Rede gegen die Kritiker des *Frank V.* und an die Zeichnungen zu der Buchausgabe des *Herkules*-Stücks, man denke an das »Buch für Schweizer Kinder«, betitelt *Die Heimat im Plakat,* diese Sammlung ebenso grotesker wie schlagkräftiger Karikaturen zum helvetischen Alltag – das waren Kampfgesten, die Dürrenmatt wohltaten und die auch den Angegriffenen guttun konnten, wenn sie über die nützliche Gabe der Selbstironie verfügten.

Abendstunde im Spätherbst

Dürrenmatt ist für sein Hörspiel *Abendstunde im Spätherbst* mit dem größten internationalen Hörspielpreis, dem Prix Italia ausgezeichnet worden. Das ist sicher als eine Sanktionierung seines ganzen bisherigen Hörspielschaffens zu werten. Doch ist die atemraubend dargestellte Geschichte des bösen Herrn Korbes, eines höchst erfolgreichen Kriminalschriftstellers, der nur deswegen so überzeugend zu schreiben vermag, weil er die dargestellten Morde alle wirklich begangen hat, und der nun von dem braven Fürchtegott Hofer entlarvt wird, worauf er den kleinen Hofer zu seinem zweiundzwanzigsten Opfer macht – diese Geschichte, die eigentlich in die

Region von Dürrenmatts Kriminalromanen gehört, ist sicher nicht besser als andere seiner Hörspiele. Aber es ist darin eine Schlagkraft ganz besonderer Präzision, eine Einheitlichkeit auch, die nur selten erreicht wird. Anfang und Ende des Hörspiels decken sich genau: sie sind die erste Seite des neuen Romans, die der böse Herr Korbes seinem Sekretär diktiert – eben des Mordes an Fürchtegott Hofer, einer Tat, die dazwischen nun dialogisch aufgefächert wird. Dürrenmatt überläßt sich hier seiner Neigung, eine Gestalt über den Menschenmaßstab hinaus zu treiben. Der böse Herr Korbes wird zu einer Art von Moloch der Literatursphäre und dadurch grotesk komisch. Der *Mississippi*-Ton klingt auf, die Worte gehen auf Stelzen, was der Sprache des kleinen Fürchtegott eine mausartige Bescheidenheit verleiht. Korbes wohnt in Palasthotels, Hofer in billigsten Pensionen – genauso wohnen sie auch in der Sprache. Doch lasse man sich nicht täuschen. Die Bescheidenheit Fürchtegott Hofers ist ihrerseits gestelzt. Er hat zwar nicht die jobberhafte Monumentalität des Herrn Korbes und dessen joviale Brutalität. Hofer spricht unterwürfig, aber in gewählten Phrasen, verschnörkelt wie die Schrift eines Buchhalters von einst. Er wartet nicht, er »harrt«. Und wohl wäre ihm nur, wenn er Korbes »Meister« nennen dürfte. Er »malt« seine Worte in serviler Bescheidung, auch im Stil geht es bei ihm um nur »sechshundert oder siebenhundert Schweizerfranken«.

Wie steht es nun aber mit der Definition, die der böse Herr Korbes von der Literatur in unserer Zeit gibt?

Daß der Schriftsteller an der Sprache, an der Form arbeite, glauben nur Kritiker. Die wahre Literatur beschäftigt sich nicht mit Literatur, sie hat die Menschheit zu befriedigen. Die dürstet nicht nach einer neuen Form oder nach sprachlichen Experimenten und am wenigsten nach Erkenntnissen, die dürstet nach einem Leben, das die Hoffnung nicht braucht, weil es die Hoffnung nicht mehr gibt, nach einem Leben, so prall an Erfüllung, an Augenblick, an Spannung, an Abenteuer, wie es in unserer Menschenwelt der Masse nicht mehr die Wirklichkeit, sondern nur noch die Kunst liefern kann. Die Literatur ist eine Droge geworden, die ein Leben ersetzt, das nicht mehr möglich ist. Doch um diese Droge herzustellen, müssen leider die Schriftsteller das Leben führen, das sie beschreiben, und daß dies einem mit der Zeit – besonders wenn man ein gewisses Alter erreicht hat – höllenmäßig zusetzt, können Sie mir glauben.

So Korbes. Auch hier ist Dürrenmatts Technik sichtbar, vom Realen, vom richtigen Maßstab aus die Linien ausstrahlen zu lassen in die groteske Übertreibung hinein. Der antiliterarische Affekt Dürrenmatts, von dem noch zu sprechen sein wird, dient als Absprungrampe für diesen Literaturmoloch Korbes, wobei dann das Ergebnis dieser Antiliteratur zum Verzweifeln jener euphorischen Droge gleicht, die Dürrenmatt etwa im Klassikergenuß des heutigen Theaterpublikums mit Recht aufspürt. Der Kriminalroman, die vielleicht künstlichste Literaturform, da ganz kanonisch und genau abgekartet gebaut, wird als Leben parodiert, seine Stimmigkeit so weit getrieben, daß sie sich überschlägt, sich selber ad absurdum führt. Die Paradoxie des Genres, daß nämlich die sturste Stofflichkeit sich verbindet mit der strengsten Regelhaftigkeit, wird in paradoxer Weise aufgehoben: es gilt nur, was wirklich geschehen ist, und da das Unmögliche gelten soll, muß eben das Unmögliche geschehen. Der Naturalismus wird als groteske Maske vorgeführt. In seinem *Requiem auf den Kriminalroman* wird Dürrenmatt das Problem dann von der anderen Seite her anfassen.

Stranitzky und der Nationalheld

Auch in *Stranitzky und der Nationalheld* erweist Dürrenmatt seine streng erarbeitete Gabe zu straffer, sowohl dem Stoff wie der Hörspielform gemäßer Gestaltung. Das Thema ist einleuchtend: das Staatsoberhaupt Baldur von Möve rückt infolge Erkrankung an Aussatz auf die Seite der Geächteten und Geschändeten. Einer von diesen, der an beiden Beinen amputierte Kriegsverletzte und ehemalige Fußballchampion Stranitzky, hält nun seine Stunde für gekommen. Die bisherigen Opfer der Politik werden regieren – denn zum Regieren braucht es ja schließlich keine Beine, wohl aber einen Kopf. Mit dem riesigen Kriegsblinden, Anton, einem ehemaligen Taucher – abermals das Thema Riese-Zwerg –, der seinen Wagen zu stoßen pflegt, erreicht es Stranitzky, das aussätzige Staatsoberhaupt zu sprechen, Radio und Fernsehen sind dabei, Stranitzky hält eine große Rede, Baldur von Möve spricht einige wenige huldvoll verlegene Worte, und der Invalide mit seinen Freunden glaubt, seine Wünsche verwirklicht zu sehen. Aber wie dann die Zusammenkunft wirklich in den Raum hinausgestrahlt wird, zeigt sich, daß wohl die verlegene Huld stehengeblieben ist, Stranitzkys Worte aber weggeschnitten worden sind. Stranitzkys Anhänger zeihen ihn des Betrugs, mit knapper Not kann ihn der blinde Anton wegtragen zu dem Invalidenwagen, den Stranitzky nun in den Kanal steuert. Möve kann an der Riviera gesunden; ein begeisterter Empfang wird ihm nach seiner Rückkehr zuteil. Doch zur gleichen Stunde kehren auch die beiden Invaliden, deren Leichen man bisher noch nicht gefunden hat, zurück:

> zwei riesenhafte Wasserleichen, der Fußballspieler auf dem Rücken des Blinden, Korallen und Tang auf den gebleichten Schädeln und Seesterne und Muscheln in den Augenhöhlen. So schwammen sie im Abendrot in unsere Stadt hinein, und der Beinlose hatte seine trotzige Faust gegen den Nationalhelden gereckt. Dann versanken sie von neuem in den Fluten. Vergebens versuchte die Polizei bis spät in die Nacht, mit Stangen dem Skandal ein Ende zu machen. Eine Ebbe mußte die Gespenster wieder in den Ozean getragen haben. Dies, meine Damen und Herren, ist das Ende der Geschichte des Invaliden Strapatzky.

Fünfunddreißig lockere Druckseiten sind es. Säbelhart geführt – die gespenstische Ausweitung des Endes ist überhaupt nur möglich durch die knappe Schärfe des übrigen Textes. Geräusche sind hier eingearbeitet, nicht als Kulisse: wenn Kindergeschrei ertönt, Geschirr zerklirrt, ein Trauermarsch gespielt wird, Schuberts ›Tod und das Mädchen‹, so ist das Werkteil neben dem Wort, abgesetzt von diesem, keine Vermischung der Elemente. Denn die Vermischung würde die Härte mildern. Die Komik entsteht aus dem Zusammenprall des gegenseitig Ungemäßen, immer wieder und unwiderstehlich. Wohlerprobte Mittel, die wir aus anderen Werken Dürren-

matts kennen, sind mit Verve verwendet: die übermütige
Lust an bombastischen Namen, die wie lächerliche
Denkmäler aufragen (Stranitzky freilich muß es sich –
genau wie der Archilochos aus *Grieche sucht Griechin* –
gefallen lassen, von denen, die sich seiner annehmen, auf
viele Arten verballhornt zu werden), die Refraintechnik,
die Verkoppelung mehrerer Figuren unter einen einzigen
Satz, die lapidare Verwendung dünnster, leerster Wörter,
die sprunghafte Fügung innerhalb der Sätze, die Entlarvung der Bildungsclichés – von der leidigen Zitierung
Goethes bleibt in des Nationalhelden falsch martialischer
Sprache etwa nur ein »schon Goethe Punkt«. Das alles
findet sich hier treffsicher gezielt.

Der Doppelgänger

Von der meisterlichen Fechtkunst des *Stranitzky* her
mögen wir uns nun, um noch klarer zu sehen, zurück-
wenden zu einem der frühesten Hörspiele, das Dürrenmatt geschrieben, aber erst viel später im Buch veröffentlicht hat. Es ist der 1946 verfaßte *Doppelgänger*, der noch
ganz in der Formsprache der frühen Werke des Dichters
steht und der auch ein besonders eindrückliches Beispiel
ist für die größte Gefahr, der der junge Dürrenmatt
ausgesetzt war, die Gefahr, das Thema zu groß zu pla-
nen. Ein Werk wie *Stranitzky und der Nationalheld* ist
vorbildlich durch die genaue Übereinstimmung zwischen
Thema und Griffkraft. Das Thema des *Doppelgängers*
dagegen – an sich wahrscheinlich bestürzender und noch
wesenhafter – läßt sich vom Dichter noch nicht ganz

umgreifen, es quillt immer wieder über, es sprengt das konkrete Wort. Durch diese Mängel freilich läßt es Dürrenmatts Eigenart auch mit besonderer Deutlichkeit spüren, es weht immer noch Werkstattluft in diesem Text. Und weise war es wohl getan, wenn der Text nicht von später errungenem Wissen aus zurückgebunden, gezähmt worden ist. Diese frühen Werke Dürrenmatts haben ihr Eigenrecht. Es ihnen zuzugestehen vermochte der Autor freilich erst, als er sich selber den Beweis geliefert hatte, daß er auch zu anderem fähig war.

Der *Doppelgänger* ist ein ausdrücklich als ›werdendes‹ Theater gestalteter Text. Der Anpassungsprozeß, dem sich Dürrenmatt später anläßlich der jeweiligen Inszenierungen seiner Dramen unterzogen hat, er ist hier integrierender Teil des Werks. Ein Regisseur holt ein Stück gleichsam aus dem halb widerstrebenden, halb neugierig sich fügenden Schriftsteller heraus, er erlegt ihm Elemente auf, die dieser nicht unbedingt von sich aus gewählt hätte. Der Schriftsteller gibt ja vor, von der Geschichte nicht viel mehr zu wissen als das Motiv: »Eine Handlung stellt sich immer zur rechten Zeit ein«, erklärt er hochgemut. Doch zwingt ihn der Regisseur immer wieder in erdichtete Wirklichkeit hinein. Landschaft muß gezeichnet werden, es entsteht ein mondüberglänztes, traumhaftes Niemandsland: »wie im Traum« ist denn auch ein Kehrreim des Werks. Dann will der Regisseur das Gerichtsgebäude sehen können und bekommt

ein kleines Rokokoschlößchen mit vielen Stukkaturen und einem Gerichtssaal, in welchem es eine etwas kitschige Statue der Gerechtigkeit gibt, alles halb versunken in einem weiten Park mit hohen Bäumen, Zedern, Akazien,

Fichten, zwischen denen die schwarzen Automobile der
Richter stehen, wenn das Gericht einmal tagt. Irgendwo
das Hämmern eines Spechts, irgendwo das Rufen eines
Kuckucks am Abend, irgendwo etwas Sonnenschein und
das Silber eines Springbrunnens

– es sind Klänge, die wir in der *Alten Dame* vernehmen
können und in *Grieche sucht Griechin,* Traumkonstanten
aus Dürrenmatts innerer Welt – das Schlößchen ist übrigens der einzige Werkteil, der erst später, 1952, eingefügt
wurde. Und endlich besteht der Regisseur auch darauf,
daß die Personen Namen bekommen, die sich allerdings
kaum festhalten lassen und gegen Ende der Handlung
selbst den Regisseur verwirren, denn nicht umsonst sind
ja die Hauptpersonen eben ein Ich und sein Doppelgänger.

Worin besteht nun aber diese Handlung? Da ist ein
Mann, ein Jedermann. Zu ihm kommt sein Doppelgänger, um ihm mitzuteilen, er sei zum Tod verurteilt worden wegen eines Mordes, den allerdings er selber, der
Doppelgänger, begangen habe. Das Gericht habe jedoch
bestimmt, der Mann müsse an Stelle des Doppelgängers
sterben. Denn: »Sie hätten meine Tat begangen, wenn Sie
versucht worden wären, wie ich versucht wurde. Meine
Schuld ist Ihre Schuld.« Der Mann wird ins Gefängnis
geworfen, wo er auf seine Hinrichtung wartet. Da holt
ihn der Doppelgänger heraus, das Gericht hat ihn seinem
anderen Ich ausgeliefert. Sie betreten ein Haus mit einer
Fassade, »die ohne Schmuck sich als dumpfe, vermoderte
Fläche über die Gasse neigt, nur unterbrochen von einer
Türe, die nieder ist und breit gleich einem Joch, da die
Schwelle sich unter der Höhe der Gasse befindet«. Hier

trifft der Mensch, wie es viele gibt, auf die Frau, wie es viele gibt, eine andere Form Anastasias. Sie wird den Mann zwingen, den Doppelgänger zu töten: »Zwei Gläser und Wein in einer Kanne und Brot auf einem Teller ... In dem einen Glas wird Gift sein.« Wer dächte nicht an das Kaffeetrinken aus dem *Mississippi* – nur eben ist da Kaffee und in dem frühen *Doppelgänger* das urtümliche Brot und Wein. Aber der Mann tötet die Frau und wird so wirklich zum Mörder, unbewußt getrieben von seinem Doppelgänger. Nun wagt er es endlich, sich mit ihm zu messen in einer Art von Gottesgericht: beide trinken den bereitgestellten Wein, der Doppelgänger leert das vergiftete Glas. In seinen letzten Minuten sagt er dem Mann die Wahrheit: er war zu ihm gekommen, um für ihn zu sterben, wenn er die Schuld auf sich genommen hätte, jene Schuld, die wir Menschen alle tragen. Dann stirbt er, »zwei Morde in zehn Minuten. Wie im Kino. Sie machen Fortschritte«, bemerkt der Regisseur, will aber die Geschichte retten: alles sei nur ein Traum gewesen. – Nein, verbessert der Schriftsteller, wie im Traum sei es dem Mann vorgekommen, ein scheinbarer Schein sei alles gewesen, das »stille, weiße, tote Weib« und der Doppelgänger, die seien auch geblieben »in der unbarmherzigen Fülle angeschwemmten Lichts«.

Das reißt den Regisseur in die Geschichte hinein, er will den Mann verteidigen. Aber dieser nimmt die Hülfe nicht an: »Ich war ein Mörder, ohne zu töten, ich war des Todes schuldig, ohne ein Verbrechen begangen zu haben.« So sei die Wahrheit, wenn man »es aufgegeben habe, vom Menschen aus zu sehen«. Nichts sei wichtig, als an die Gerechtigkeit des Hohen Gerichtes zu glauben. »Es gibt nichts Schöneres, als sich ihm zu ergeben. Nur wer seine Ungerechtigkeit annimmt, findet seine Gerechtigkeit, und wer ihm erliegt, findet seine Gnade.« Das könnte nun ein echt christlicher Schluß sein. Und wer dächte nicht an das wunschlose Glück Alfredo Traps' vor seinem Tod (Novellenform der *Panne*), wer nicht an die Seelenruhe, die Ill vor seiner Hinrichtung findet, an diese unvergeßliche Gelassenheit des in die Wesentlichkeit hinein befreiten Menschen! Doch hält sich der »Schriftsteller« im *Doppelgänger* betont außerhalb des Geschehens, er sei nur der, welcher »darstellt«. So ist er denn bestürzt, als der Regisseur vor das Hohe Gericht geführt werden will. Abermals erscheint das Rokokoschlößchen, mit Specht, Kuckuck und schwarzen Automobilen – nur diesmal gegengleich aufgeführt, das Schlößchen wird betreten: alles leer. »Kein Richter, kein Angeklagter, nur ein Fenster, das auf- und zuklappt im Wind, mit verstaubten Scheiben – alles leer. Denn damit müssen wir uns zufriedengeben.« Das Gericht ist in uns, es gibt kein Himmelreich auf Erden, aber es gibt auch kein Jüngstes Gericht auf Erden. Der Mensch ist sein eigener Richter, und damit er das vermöge, trifft das Ich sich mit dem Sich, dem Doppelgänger. Alles im Werk Dürrenmatts ist im Grund solches Gerichthalten, und wenn der Mensch dem Nichts begegnet – wie hier in dem Schlößchen, so ist es nur, damit er um so strenger verwiesen werde auf den eigentlichen Richtplatz des Menschenlebens, die richtende, weil wissende Seele. Oder um Bärlachs Wort zu wiederholen: »Vom Anhauch des Nichts gestreift, wurde er wieder wach und tapfer.«

Aber man verwechsle diese Haltung nicht mit dem Ethos des Existentialismus. Hier wird dem Menschen nicht alles aufgeladen, weil es außer dem Menschen nur noch das Nichts gäbe. Das Nichts, die Leere ist hier nur die Erscheinung dessen, was dem Menschen nie greifbar werden kann, da es ihn unendlich überschreitet. »Vor Gott sind wir allzumal Sünder«, sagt die christliche Lehre. Nichts anderes sagt der Dichter hier. Ob unser Doppelgänger die böse Tat tue, oder ob wir sie selber tun, das ist nur ein kleiner Unterschied. Alle sind wir schuldig, und verschieden nur im Maße unserer Versuchung. Das Wesen des Menschen, seine eigentliche Unverwechselbarkeit innerhalb der Geschöpfe, nämlich daß er um seinen Tod wissen muß und ihn als Urteil annehmen muß, das ist hier abgebildet, ganz ähnlich jenem Bild Pascals von den zum Tod Verurteilten, die zusehen, wie einer nach dem anderen abgeführt wird, und harren, bis auch sie abberufen werden. Eine harte, bittere Welt ersteht, in der der Mensch seinem Geschick nichts abmarkten kann. Etwas später sollte Dürrenmatt im *Blinden* sagen, Gott sei gerecht, sonst wäre die Welt keine Hölle. Das hat allerdings nicht verhindern können, daß jene, denen der Begriff der Sünde ein bloßer Schemen geworden ist, diesen Dichter einen Nihilisten gescholten haben.

Ein anderer Zug von Dürrenmatts Kunst darf hier vielleicht ebenfalls in seiner frühen, aber später nicht wesenhaft veränderten Form aufgezeigt werden: die Rolle der Frau, des Eros. Die Frau bleibt bei ihm merkwürdig generell, viel allgemeiner noch als der Mann. Bei diesem scheint das Allgemeine ein Ergebnis künstlerischen Abbauens zu sein, bei der Frau eine nie verlassene Grundposition. Die Frau ist Versucherin, aber die Versucherin als zuvor Geschändete, eine noch junge »alte Dame«. Die Frauenfiguren Dürrenmatts sind unter sich verhältnismäßig wenig verschieden, die Männer haben einen starken Trieb zur Aussprossung ins Besondere hinein – »stark« immer gemessen an der an sich schon auf die Grundlinien ausgerichteten Kunst des Dichters. Überhaupt müßte man diese wesenhaft männlich nennen. Bedeutet das nun, daß Dürrenmatt dem weiblichen Wesen künstlerisch nicht gewachsen wäre? Ich möchte darin viel eher eine für ihn bezeichnende Art der Schamhaftigkeit sehen, eine an sich sehr schöne Erscheinungsform der Angst vor psychologischer Zudringlichkeit. Dadurch, daß er in der Beschwörung des Weiblichen mit Vorliebe sich auf die allgemeinsten, gröbsten Umrisse beschränkt, spart er sehr vieles aus, läßt er sehr vieles unberedet. Von dem groben Umriß auf ein grobempfundenes Inneres zu schließen, wäre zum mindesten unvorsichtig. Solcher Umriß kann auch Schranke sein – er ist es beispielsweise sehr oft bei Wedekind oder bei Schiller. Wie sollte je anläßlich eines wirklichen Dichters mit letzter Beweiskraft entschieden werden, ob er gewisse Dinge nicht darstellt, weil er es nicht kann oder weil er es nicht können will? Jedenfalls wird man einem Dichter, der gesagt hat: »Eine Großaufnahme ist an sich unanständig«, eine bedeutende Begabung zur Schamhaftigkeit, einer heutzutage wenig besprochenen künstlerischen Tugend, nicht absprechen dürfen.

So wie er ist, ist der *Doppelgänger* eines der wichtigen Werke des Dichters, eines jener Werke, in denen sich auf kleinstem Raum seine Hauptthemen gültig ausgeformt haben. Auch die spielerischen Intermezzi mit dem Regisseur sind straff auf den Mittelpunkt bezogen. Es gilt für sie der Ausspruch: »Fragen Sie, und Sie werden mir helfen.« Im Regisseur verkörpert sich die Rolle, die die

Bühne für Dürrenmatt gespielt hat und spielt: sie ist Mittel, ihn zu individueller Verkörperung zu verlocken und ihn zu zwingen, mit aller Bewußtheit nach zwei Seiten hin Widerstand zu leisten, nach der Seite der ihm ungemäßen restlosen Individualisierung und nach der Seite der ihm allzu gemäßen Allegorie. Dürrenmatt will hier »ein Gleichnis erzählen«. Daß er es nicht wie aus dem Nichts geworfen erzähle, dazu verhilft ihm der Regisseur, das Theater.

Nächtliches Gespräch mit einem verachteten Menschen

Es gibt eine Stelle im *Pilatus,* die sich grundlegend berührt mit dem *Nächtlichen Gespräch* des Jahres 1957. Von den Augen Christi sagt dort Pilatus: »Es lag eine bedingungslose Unterwerfung in diesen Augen, die aber eine heimtückische Verstellung sein mußte, weil dadurch die Grenze zwischen Gott und Mensch aufgehoben und so Gott Mensch und Mensch Gott geworden wäre. Er glaubte daher nicht an die Demut Gottes, und dessen menschliche Gestalt war ihm eine List, die Menschheit zu versuchen ...« Das »demütige Sterben« ist nun aber jene »Binsenwahrheit«, um die es im *Nächtlichen Gespräch* geht. Nur, daß hier der Mensch, die Menschen den Sieg der Demut erreichen müssen:

> ... daß einer in der Stunde seines ungerechten Todes den Stolz und die Angst, ja, auch sein Recht ablegt, um zu sterben, wie Kinder sterben, ohne die Welt zu verfluchen, ist ein Sieg, der größer ist als je ein Sieg eines Mächtigen war. Am leisen Hinsinken der Demütigen, an ihrem Frie-

den, der auch mich umschloß, wie ein Gebet, an der Ungeheuerlichkeit ihres Sterbens, das jeder Vernunft widersprach, an diesen Dingen, die nichts sind vor der Welt als ein Gelächter, weniger noch, ein Achselzucken, offenbarte sich die Ohnmacht der Ungerechten, das Wesenlose des Todes und die Wirklichkeit des Wahren, über die ich nichts vermag, die kein Scherge ergreift und kein Gefängnis umschließt, von der ich nichts weiß, als daß sie ist, denn jeder Gewalttätige ist eingeschlossen in das dunkle fensterlose Verlies seiner selbst. Wäre der Mensch nur Leib, Herr, es wäre einfach für die Mächtigen; sie könnten ihre Reiche erbauen, wie man Mauern baut, Quader an Quader gefügt zu einer Welt aus Stein. Doch wie sie auch bauen, wie riesenhaft nun auch ihre Paläste sind, wie übermächtig auch ihre Mittel, wie kühn ihre Pläne, wie schlau ihre Ränke, in die Leiber der Geschändeten, mit denen sie bauen, in dieses schwache Material ist das Wissen eingesenkt, wie die Welt sein soll, und die Erkenntnis, wie sie ist, die Erinnerung, zu was Gott den Menschen schuf, und der Glaube, daß diese Welt zerbrechen muß, damit sein Reich komme, als eine Sprengkraft, mächtiger denn jene der Atome, die den Menschen immer wieder umprägt, ein Sauerteig in seiner trägen Masse, der immer wieder die Zwingburgen der Gewalt sprengt, wie das sanfte Wasser die Felsen auseinanderzwängt und ihre Macht zu Sand zermalmt, der in der Kinderhand zerrinnt.

Es ist der Henker – einer der vielen Henker aus Dürrenmatts Werk und wohl unter ihnen der, welcher seine Figur am klarsten erfüllt –, der so spricht. »Kurs für Zeitgenossen« hat Dürrenmatt das *Nächtliche Gespräch mit einem verachteten Menschen* ebenfalls betitelt und durch diese ironische Dämpfung sich das Recht zu seinen ganz in den Mittelpunkt drängenden und den Mittelpunkt treffenden Worten gewahrt. Ein Henker, der natürlich nicht die Türe benützt, sondern durchs Fenster einsteigt ... Der Mann, der sterben wird, sagt zu dem Henker:

> Ich wollte zu meinem Mörder erhabene Dinge sprechen, nun hat der Henker zu mir einfache Dinge gesprochen. Ich habe für ein besseres Leben auf dieser Erde gekämpft [...] Es war ein Kampf um Selbstverständlichkeiten, und es ist eine traurige Zeit, in der man um das Selbstverständliche kämpfen muß. Aber wenn es einmal soweit ist, daß dein riesiger Leib aus einem leeren Himmel in das Innere unseres Zimmers steigt, dann darf man wieder demütig sein, dann geht es um etwas, das nicht selbstverständlich ist: um die Vergebung unserer Sünden und um den Frieden unserer Seele. Das weitere ist nicht unsere Sache, es ist aus unseren Händen genommen ...

Ein weiter Weg führt von dem *Folterknecht* zu diesem *Nächtlichen Gespräch*. Und doch spricht ja scheinbar dieselbe Gestalt: der Henker, der Folterknecht. Der Unterschied der Wörter ist aber wichtig. Ein Knecht ist der Folterknecht, dieser Henker ein Freier. Dem Folterknecht geht es um das Foltern, dem Henker um den Vollzug des Gesetzes, selbst wenn die Welt gesetzlos geworden wäre. Im *Folterknecht* spricht der Dichter grausig »erhabene Dinge«, im *Nächtlichen Gespräch* spricht der Henker »einfache Dinge« – und spricht sie »zu mir« – zu einem wirklichen Gegenüber. Der *Folterknecht* ist die Beschwörung einer magisch belebten Welt, in der der Mensch nur ein immer noch leidensfähiger Kadaver ist; im *Nächtlichen Gespräch* ist Gespräch, ist menschliche Welt, die vor dem Absoluten zu bestehen vermag, ist Menschenwürde in aller Schlichtheit neu begründet. Und Gott ist nicht mehr nur der strafende Gott, der foltern darf, sondern, da es »um die Vergebung unserer Sünden und den Frieden unserer Seele« geht, so ist er auch der gnädige Gott, der Liebe und Gerechtigkeit in seiner Hand zu vereinigen vermag. Es brauchte viel, bis Dürrenmatt zum Gespräch sich durchringen konnte. Zum Beispiel die Hilfe des Theaters, das ja, wenn es ernst genommen wird, eine unübertreffliche Schule der Einordnung, eine Erziehung zur Sachlichkeit ist. Ohne seine Theaterstücke, deren Weg ebenfalls vom tragisch aufrührerischen Monolog zum gerecht abwägenden Dialog führt, ohne seine wilde Inständigkeit zu verlieren, wäre dieser »Kurs für Zeitgenossen« kaum geschrieben, kaum so geschrieben worden.

Das *Nächtliche Gespräch* ist eines der kürzesten Werke Dürrenmatts, wie sollte es anders sein! Was unmittelbar in den Mittelpunkt dringen soll, ist schmal und kurz wie ein Pfeil. Doch ist dieses kurze Gespräch nicht nur ganz allgemein ein Kurs für Zeitgenossen, sondern im besonderen eine Anleitung für Dürrenmatt-Leser, vielleicht sogar die Anleitung.

Aus: E. B.-S., ›Friedrich Dürrenmatt, Stationen seines Werkes‹, Zürich 1973. Abdruck mit freundlicher Genehmigung der Verlags AG ›Die Arche‹, Zürich.

Über das Prosawerk

>Die Forderungen, welche die Ästhetik an den Künstler stellt, steigern sich von Tag zu Tag, alles ist nur noch auf das Vollkommene aus, die Perfektion wird von ihm verlangt, die man in die Klassiker hineininterpretiert.

So wird ein Klima erzeugt, in welchem sich nur noch Literatur studieren, aber nicht mehr machen läßt. Wie besteht der Künstler in einer Welt der Bildung, der Alphabeten? Vielleicht am besten, indem er Kriminalromane schreibt. Kunst da tut, wo sie niemand vermutet. Die Literatur muß so leicht werden, daß sie auf der Waage der heutigen Literaturkritik nichts mehr wiegt: nur so wird sie wieder gewichtig.«

F.D.

Walter Muschg
Die Stadt
Frühe Erzählungen

Dramatiker fühlen sich oft zur Novelle hingezogen, weil sie wie das Drama dem Gesetz der Spannung und Konzentration untersteht. Wer Dürrenmatts Dramen kennt, wundert sich nicht, daß auch ihn die novellistische Erzählung lockt. Aus seiner Nachbemerkung geht hervor, daß die meisten dieser neun Prosastücke, von denen nur zwei schon früher veröffentlicht wurden, als Vorübungen zu seinen Dramen entstanden sind, und er weist selbst auf ihren dramatischen Charakter hin, wenn er sagt:

> Diese Prosa ist nicht als ein Versuch zu werten, irgendwelche Geschichten zu erzählen, sondern als ein notwendiger Versuch, mit sich selbst etwas auszufechten, oder, wie ich vielleicht besser, nachträglich, sage, einen Kampf zu führen, der nur dann einen Sinn haben konnte, wenn man ihn verlor.

Der Kampf, auf den diese Worte hindeuten, ist gedanklich als eine religiöse Auseinandersetzung mit der Gegenwart zu verstehen, die sich in Gleichnissen von beklemmender Prägnanz, Härte und Hintergründigkeit abspielt. Den Anfang des Bändchens macht eine nur scheinbar blasphemische Legende, *Weihnacht,* den Beschluß die Erzählung von Pilatus, der vom ersten Augenblick an weiß, daß er im mißhandelten Galiläer Gott vor sich hat, aber der Begegnung mit ihm nicht gewachsen ist und durch sie gebrochen wird. Auch andere Stücke sind unverkennbar religiöse Parabeln (*Der Folterknecht, Der Tunnel*), und von der Titelnovelle heißt es im Nachwort, es sei unschwer zu erkennen, daß hinter ihr Platons Höhlengleichnis stehe. Aber das religiöse Thema ist durchwegs tragisch abgewandelt. Es spricht ein apokalyptisch gestimmter Zeitgenosse, der sich samt einer verlorenen Menschheit in den Mahlstrom des Verderbens gezogen sieht. Sinnbilder dieser Situation sind der führerlos (zwischen Burgdorf und Olten) in einen endlosen Tunnel geratene Schnellzug (»Gott ließ uns fallen, und so stürzen wir denn auf ihn zu«), oder die über eine winterliche Waldlichtung verlaufende, von Gewehrkugeln bestrichene Landesgrenze, die sich als die selbstmörderisch überschrittene Grenzlinie zwischen Sein und Nichtsein herausstellt, und vor allem – über allem – die moderne Stadt, das große Gefängnis, in dem Wärter und Gefangene dieselbe Uniform tragen, so daß sie nicht mehr unterschieden werden können. Es sind alptraumartige Gesichte des Grauens, der Verzweiflung, des Untergehens, aber keine nihilistischen Visionen. Sie umkreisen eine transzendente Wahrheit, die sich nur noch in Katastrophen offenbaren kann. »Wir sind Menschen, nicht Götter. Wir müssen gefoltert werden, damit wir erkennen, und nur dem Schrei unserer Qual wird eine Antwort zuteil.«

Der Kampf dieser Aufzeichnungen ist aber auch ein Ringen um eine Sprache für das Ungeheure, das sich heute in der Welt abspielt, und das macht sie zu etwas Außerordentlichem. Diese Auseinandersetzung dreht sich ersichtlich um das Bild, das Dürrenmatt mit einer unheimlich bannenden Kraft in Worte zwingt. Er sagt im Nachwort, er habe als Zeichner Philosophie zu studieren versucht, weil das für ihn der einzige Weg gewesen sei, um sich von der gefährlichen Besessenheit durch das Bild zu befreien und eine Distanz zu gewinnen, in der er etwas atmen konnte. »Es galt gleichsam, eine allzu schwere Anziehungskraft zu überwinden.« Diese Befreiung von der Schwerkraft der Sinnlichkeit läßt sich im Stil der einzelnen Erzählungen deutlich verfolgen. Der *Pilatus* beispielsweise arbeitet mit einer virtuosen Verdichtung in rein optisch, geradezu filmisch aufgefaßte Szenen (Auspeitschung Christi, Pilatus am Fuß des Kreuzes), und auch sonst stößt man immer wieder auf Bilder von lapidarer Gewalt. Diese selbstzweckhafte Plastik mit ihren breit beschreibenden Sätzen schrumpft in andern Stücken zu einem Stil der atemraubenden Abbreviatur zusammen, der es erlaubt, auf wenigen Seiten das Konzentrat eines Romans zu geben. Da heißt es dann etwa:

> Er springt durch die Gassen. Die Häuser pfeifen. Die Türme wachsen pfeilschnell in den Himmel. Die Gasse senkt sich. Die Häuser rücken zusammen. Sie versperren ihm den Weg. Er macht sich Platz und stürzt in den Saal.

Auch dieser Hochfrequenzstil ist ein Extrem, eine andere Form des Unterliegens vor etwas Undarstellbarem. Aber dieses Versagen fasziniert dort wie hier unmittelbar und berührt uns tiefer als alle ästhetische Vollendung, mit der sich andere heute noch brüsten mögen. Die Kraft des Wortes, über die Dürrenmatt verfügt, ist von seltener Art, sein Bewußtsein des Ungenügens erweist sich als für den Leser unentrinnbare Kraft des Zugriffs, und in einzelnen dieser Probestücke (*Der Hund, Das*

Bild des Sisyphos) gewinnt er das Gleichgewicht zwischen den Extremen, nämlich einen ganz persönlichen Ton, den ihm keiner nachmacht. Wenn wir etwas wünschen möchten, wäre es nur das, daß in »Prosa V–VIII« dann auch der andere, der aristophanische Dürrenmatt zu Worte komme, der hier nur spurenweise aufleuchtet. Etwa im Eingang des *Tunnels*:

> Ein Vierundzwanzigjähriger, fett, damit das Schreckliche hinter den Kulissen, welches er sah (das war seine Fähigkeit, vielleicht seine einzige), nicht allzu nah an ihn herankomme, der es liebte, die Löcher in seinem Fleisch, da doch gerade durch sie das Ungeheuerliche hereinströmen konnte, zu verstopfen, derart, daß er Zigarren rauchte (Ormond-Brasil 10) und über seiner Brille eine zweite trug, eine Sonnenbrille, und in den Ohren Wattebüschel: dieser junge Mann, noch von seinen Eltern abhängig und mit nebulosen Studien auf einer Universität beschäftigt, die in einer zweistündigen Bahnfahrt zu erreichen war, stieg eines Sonntagnachmittags in den gewohnten Zug, Abfahrt siebzehnuhrfünfzig, Ankunft neunzehnuhrsiebenundfünfzig, um anderentags ein Seminar zu besuchen, das zu schwänzen er schon entschlossen war.

Die gewöhnlichen Passagiere des Schnellzugs Burgdorf–Olten sind durch diese Andeutungen wohl genügend abgeschreckt. Die andern, namentlich die jungen mit starken Nerven und Herzen, machen wir nachdrücklich auf den neuen Dürrenmatt aufmerksam. Er wird sie ergreifen und nicht mehr loslassen.

Aus: ›Basler Nachrichten‹ Nr. 50, 21.12.1952.
Abdruck mit freundlicher Genehmigung von Frau Elli Muschg.

Armin Arnold
Bärlach, Marlowe und Maigret
Romane und Erzählungen

Dürrenmatts Prosawerke haben denselben Weltruhm erlangt wie seine Dramen. Die Kriminalromane stehen als
Taschenbücher in den meisten englischen und amerikanischen Buchhandlungen und sind sogar als Schullektüre
weit verbreitet. Sie sind zwar typischer Dürrenmatt, aber
sie fallen als Angehörige der literarischen Kategorie
›Kriminalroman‹ keineswegs aus dem üblichen Rahmen.
Dürrenmatt schrieb die ersten beiden, *Der Richter und
sein Henker* und *Der Verdacht,* in den Jahren 1950 und
1951 – zur Veröffentlichung in Fortsetzungen im ›Beobachter‹. Hätte er damals das Geld nicht gebraucht, wäre
Inspektor Bärlach, die Zentralfigur in den beiden Romanen, wohl nie entstanden.

Einen Kriminalroman kann man nicht ›ins Blaue hinein‹ schreiben; Elisabeth Brock-Sulzer meint, »die Romane wuchsen ihm vorweg unter den Händen, von einem Termin zum andern«. Das mag für die Ausführung
der einzelnen Kapitel gelten, aber der Gesamtplan lag in
beiden Fällen von Anfang an vor. Die Hauptthematik
von *Der Richter und sein Henker* findet man unter
anderem bei Dashiell Hammett, Rex Stout, Raymond
Chandler und Georges Simenon. Grundthema: der
Kampf zweier Parteien, deren eine ein einzelner Detektiv
ist. Die eine Partei versucht, die andere scheinbar legitim

loszuwerden, indem sie einen Mord so inszeniert, daß alle Indizien auf die andere Partei als Täter hinweisen (John Creaseys ›The Baron‹-Romane haben immer wieder dieses Thema: der ›Baron‹ arbeitet sich aus diesen Fallen heraus, indem er einenteils gegen diejenigen kämpft, welche ihn in diese Situation gebracht haben, andernteils sich von der Polizei nicht erwischen lassen darf, bevor er nicht die richtigen Mörder gestellt hat). Meistens stellen die Verbrecher dem ›guten Detektiv‹ solche Fallen. Die gleiche Handlung mit umgekehrten Vorzeichen kommt selten vor, zwingt sie doch den ›Guten‹ zum Gebrauch von verbrecherischen Mitteln. Im Falle eines ganz genialen Verbrechers, dem man sonst nie etwas beweisen könnte, ist der Leser bereit, es dem guten Detektiv zu gestatten, auch mit solchen Mitteln den ›Bösen‹ zur Strecke zu bringen.

Die ›gute‹ Partei, Inspektor Bärlach, ist todkrank, und es bleibt ihm nicht mehr viel Zeit, den Verbrecher Gastmann zu überführen. Gastmann ist durch seine Beziehungen zu internationalen Persönlichkeiten dermaßen geschützt, daß er von der öffentlichen Polizei überhaupt nicht berührt werden kann. Bärlach läßt ihn trotzdem – auf sein privates Risiko hin – durch einen Untergebenen überwachen. Als dieser ermordet wird, bietet sich dem Inspektor die Möglichkeit, Gastmann – der zwar nicht der Mörder ist – dieses Mordes zu überführen. Gastmann merkt, was Bärlach mit ihm vorhat, und ist zum erstenmal in beider jahrzehntelangem Kampf bereit, die Flucht zu ergreifen. Aber Bärlach ist ihm noch einen Schritt voraus: er kennt den wirklichen Mörder. Der Mörder ist interessiert daran, daß Gastmann überführt wird – nur so gerät er selbst nicht in Verdacht. Er fordert Gastmann heraus und gewinnt beim Kugelwechsel. Bärlach hat also Gastmann gerichtet – indem er einen Mörder als Henker verwendete. Eigentlich unfair – aber in diesem Falle und unter diesen Umständen scheint der Zweck die Mittel zu heiligen.

Was für ein Mensch ist dieser Bärlach? In seiner Menschlichkeit erinnert er an Maigret. Wie dieser ist er von altem Schrot und Korn, ist in erster Linie ein konservativer Mensch, der nicht nach juristischen Regeln operiert, der von den modernen Techniken der Kriminologie wenig hält und lieber seiner durch Erfahrung gewitzten Nase und dem gesunden Menschenverstand folgt. Maigret liegt in ständigem Kampfe mit dem Untersuchungsrichter Coméliau, dessen Rolle bei Dürrenmatt der Untersuchungsrichter Lutz übernimmt. Coméliau bleibt bei Simenon eine tote Nummer, da der Franzose mit den Augen Maigrets sieht und der Leser meistens genauso viel weiß wie Maigret selbst. Bärlach weiß – im ersten Roman – mehr als der Leser; und da Dürrenmatt sich nicht auf den Blickpunkt Bärlachs beschränkt, kann er auch das Wesen und die Gedanken des pseudo-fortschrittlichen Lutz genauer charakterisieren.

Bärlach ist Staatsangestellter und als solcher – in seinem spezifischen Beruf – verpflichtet, Gesetzesbrecher zur Strecke zu bringen. Der Instinkt für Gerechtigkeit scheint aber tiefer zu sitzen, obwohl der Kommissar nicht an Gott oder an ein ewiges Leben glaubt. Bärlach ist in dieser Beziehung ein Kollege der Mike Shaynes, Pete MacGraths, Travis McGees und wie sie alle heißen. In den zwanziger und dreißiger Jahren wurde dieser nach außen steinharte, nach innen existentialistisch-nihilistische Detektiv von Hammett erfunden. Die berühmtesten

Exemplare sind wahrscheinlich Chandlers Philip Marlowe und dessen Nachfahre, Ross Macdonalds Lew Archer. Diese Detektive haben keine Bindungen; sie besitzen weder Verwandte noch Freunde, nur Bekannte; sie sind geschieden, Liebe ist für sie ein leeres Wort; Geld interessiert sie nur insofern, als es ihnen zum täglichen Konsum von Alkohol und Zigaretten verhilft. An Gott verschwenden sie keinen Gedanken. Sie besitzen aber – wie Hemingways hartgesottene Abenteurer – eine Art von Solidarität für die in der Gesellschaft benachteiligten Menschen. Es sind Skeptiker, die Lug und Trug der heutigen Welt durchschaut haben. Wie Mitglieder von militärischen Selbstmordkommandos begeben sie sich in die größten Gefahren, denen sie auch selten ohne Narben entrinnen. Warum eigentlich ihr fanatischer Kampf gegen Mörder? Er ist bei ihnen eine Art Religionsersatz. Bärlach gleicht ihnen in vielem. Auch bei ihm spielen Frauen, Liebe, Verwandte, Vaterland, Gott keine Rolle. Aber er kämpft bis zuletzt – noch auf dem Sterbebett – unter Lebensgefahr für das, was ihm als Gerechtigkeit erscheint. Auch Bärlachs Freuden sind beschränkt: sie bestehen aus Essen, Trinken und Rauchen.

Obwohl *Der Richter und sein Henker* in der besten Tradition des amerikanischen und französischen Kriminalromans steht, hat Elisabeth Brock-Sulzer recht, wenn sie sagt, daß der Roman teilweise eine Parodie sei (z.B. die Aktionen des Dorfpolizisten, nachdem er die Leiche gefunden hat) und daß er Dürrenmatt Gelegenheit geboten habe, autobiographisches Material unterzubringen. Der *Richter* spielt in der Gegend um Ligerz, wo Dürrenmatt damals wohnte. Interessant, daß er in beiden Romanen Emmentaler auftreten läßt: im *Richter* die beiden bärenstarken und ruchlos-dummen Diener Gastmanns, im *Verdacht* die bigotte und strohdumme Krankenschwester Kläri aus Biglen; auch der schuftige Arzt heißt nicht zufällig Emmenberger.

Dürrenmatt muß sich beim Schreiben seiner Prosawerke großartig amüsiert haben: es ist hier leichter als beim Drama, Nebensächlichkeiten einzuführen und stehenzulassen. Besonders im ersten Teil des *Richters* gibt es keine humorlose Seite: Dürrenmatt verspottet die Polizei, die Berner, die Juraseparatisten, die Inhaber von staatlichen Ämtern und Titeln, die Militaristen, die Schweizer Künstler u.a. Der Symbolismus ist absichtlich so dick aufgetragen, daß er parodistisch wirkt (›Charon‹ heißt das Unglücksauto, das zuerst Schmied, dann Tschanz zu Tode befördert). Nach Schmieds Tod ißt Bärlach nicht mehr in der ›Schmiedstube‹, sondern im ›Du Théâtre‹. Den Höhepunkt erreicht die Ironie in dem Kapitel, in dem sich Dürrenmatt selbst von Bärlach und Tschanz verhören läßt. Es stellt sich heraus, daß der Inspektor und der Schriftsteller beide von der Kochkunst schwärmen und daß sie beide von Gastmann das gleiche denken. Der Beruf von beiden ist es, »den Menschen auf die Finger zu sehen«. Der Schriftsteller ist der einzige neben Bärlach, der Gastmann durchschaut hat, und zwar indem er – vielleicht nicht zufälligerweise – das tut, was man nach Max Frisch nicht tun soll: »›Ich mache mir ein Bild von ihm‹, sagte der Schriftsteller.«

Der *Verdacht* liest sich nicht weniger spannend als *Der Richter und sein Henker,* es geht hier aber nicht mehr darum, herauszufinden, wer der Mörder ist, sondern darum, ob und wie Bärlach wieder aus der Falle kommt, in die er hineingeraten ist. Bärlach hat eine Operation überstanden, und man nimmt an, daß er noch ein Jahr leben wird. Er liegt im Salemspital in Bern (in dem Dürrenmatts Vater Seelsorger war) und liest symbolischerweise in der Zeitschrift ›Life‹. Ein Bild erweckt den Verdacht seines Arztes – daß nämlich der berüchtigte Arzt Nehle, der im Konzentrationslager Stutthof ohne Narkose operierte, mit Dr. Emmenberger, dem Vorsteher einer Zürcher Privatklinik, identisch sei. Bärlach hätte allen Grund, anderen die Prüfung dieses Falles zu überlassen: erstens ist er jetzt pensioniert, und zweitens hätte er wohl ein Recht darauf, sein letztes Lebensjahr in Ruhe zu genießen. Es ist keine moralische Verpflichtung, die ihn treibt, sondern ein unbändiger Trotz, »in dieser Welt zu bestehen und für eine andere, bessere zu kämpfen, zu kämpfen auch mit diesem seinem jammervollen Leib, an welchem der Krebs fraß ...«

Was der Inspektor unternimmt, ist wilder Irrsinn, aber in der besten Tradition der ›tough private eyes‹, die mit geballten Fäusten und ohne viel zu denken in die Höhle des Löwen gehen, sich aber am Ende doch wieder – wenn auch übel zugerichtet – aus der Affäre ziehen. Bärlach läßt sich inkognito in Emmenbergers Klinik transportieren. Mitwisser sind nur der Journalist Fortschig und der Arzt Hungertobel. Sollte Emmenberger seinem falschen Patienten auf die Spur kommen, hätte er nur drei Personen umzubringen, um unentdeckt zu bleiben, denn Bärlach hat nicht einmal an den üblichen Trick gedacht, ein versiegeltes Kuvert zu hinterlegen, das – wenn er nichts von sich hören läßt – an einem bestimmten Datum der Polizei übergeben wird. Er hätte auch einfach mit jemandem ein tägliches Telefongespräch vereinbaren können, der dann, wenn Bärlach nicht an den Apparat gekommen wäre, sofort die Polizei alarmiert hätte.

Aber der Inspektor geht blind in die Falle: die Zeitungen bringen anläßlich seiner Pensionierung ein Bild von ihm, Emmenberger weiß also, wer sein Patient ist; Fortschig veröffentlicht einen Artikel, den niemand ernst nimmt, und schon ist es soweit: der Journalist stirbt – angeblich an einem Herzschlag, und Bärlach befindet sich in einem vergitterten Operationsraum. Der Tod Hungertobels ist geplant, Emmenbergers Chancen, davonzukommen, sind fast hundertprozentig. Und nun geht es zu wie in Edgar Allan Poes ›The Pit and the Pendulum‹: Bärlach sieht eine ganze Nacht lang den Uhrzeigern zu, denn um sieben Uhr soll er ohne Narkose operiert, das heißt getötet werden. Die Spannung ist zwar groß, im übrigen wird aber über Leben und Tod, Gut und Böse, Glauben, Gott und Gerechtigkeit meditiert.

Dürrenmatt geht es in erster Linie um eine Analyse des Nihilisten und Existentialisten Emmenberger. Man muß ihn mit dem sadistischen Gott der Frühwerke vergleichen: auch der Arzt genießt es, andere foltern zu können; es gibt ihm ein Gefühl der Macht. Der Jude, der Bärlach schließlich rettet, unterscheidet zwei Kategorien von Menschen: Peiniger und Gepeinigte. Emmenberger gehört zur ersten. Die Ärztin Edith Marlok, die Emmenberger mit Hilfe von Rauschgift an sich gekettet hat, nennt ihren eigenen Geliebten einen »Folterknecht«. Sie hätte es in der Hand, sich an ihm zu rächen, tut es aber nicht:

Unser Lehrsatz vom Kampf gegen das Böse, der nie, unter keinen Umständen und unter keinen Verhältnissen aufgegeben werden darf, stimmt im luftleeren Raum oder, was dasselbe ist, auf dem Schreibtisch; aber nicht auf dem Planeten, auf dem wir durch das Weltall rasen wie die Hexen auf einem Besen.

Höhepunkt des Romans sind die beiden Gespräche Bärlachs mit Edith Marlok und mit Emmenberger. Die beiden Ärzte denken – im wahrsten Sinne des Wortes – Dürrenmatts Gedanken. Sie denken und handeln völlig konsequent – mit entsetzlichen Resultaten. Dürrenmatt lehnt ihre Taten ab, aber er respektiert die Philosophie, welche die Taten motiviert. Bärlach hat – wie Dürrenmatt – dieser Philosophie nichts entgegenzusetzen, keinen Glauben; es bleibt ihm ehrlicherweise nur das Schweigen. Oder er kann – mit dem Juden – schreien: »Es lebe der Mensch!« und hinzufügen: »Aber wie?« Das ist die wahre Situation des Menschen:

> Da werden wir, ohne gefragt zu werden, auf irgendeine brüchige Scholle gesetzt, wir wissen nicht wozu; da stieren wir in ein Weltall hinein, ungeheuer an Leere und ungeheuer an Fülle, eine sinnlose Verschwendung, und da treiben wir den fernen Katarakten entgegen, die einmal kommen müssen – das einzige, was wir wissen. So leben wir, um zu sterben, so atmen und sprechen wir, so lieben wir, und so haben wir Kinder und Kindeskinder, um mit ihnen, die wir lieben und die wir aus unserem Fleische hervorgebracht haben, in Aas verwandelt zu werden, um in die gleichgültigen, toten Elemente zu zerfallen, aus denen wir zusammengesetzt sind.

So spricht nicht nur Edith Marlok, sondern auch Dürrenmatt selbst.

Dürrenmatt hat sich immer wieder dagegen gewehrt,

ein Nihilist genannt zu werden. Auch Emmenberger
wehrt sich dagegen:

> Alles, was man unternimmt, die Taten und Untaten, ge-
> schieht auf gut Glück hin, das Böse und das Gute fällt
> einem wie bei einer Lotterie als Zufallslos in den Schoß;
> aus Zufall wird man recht und aus Zufall schlecht. Aber
> mit dem großen Wort Nihilist ist man gleich zur Hand,
> das wirft man jedem anderen, bei dem man etwas Bedroh-
> liches wittert, mit großer Pose und mit noch größerer
> Überzeugung an den Kopf.

Darauf gibt Emmenberger sein Credo zum besten. Er
glaubt erstens an die Materie und zweitens, »daß ich bin,
als ein Teil dieser Materie, Atom, Kraft, Masse, Molekül
wie Sie, und daß mir meine Existenz das Recht gibt, zu
tun, was ich will«. Alles ist unwesentlich, alles austausch-
bar, »es ist gleichgültig, ob die Dinge sind oder nicht
sind«. Materie kann nicht gerecht sein, es gibt also keine
Gerechtigkeit. Bärlach faßt zusammen: »Sie glauben an
nichts als an das Recht, den Menschen zu foltern!«
Emmenberger gibt das zu. Das Foltern verschafft ihm das
Gefühl, für Augenblicke die Materie zu beherrschen –
wie ein sadistischer Gott. Obwohl Bärlach dem Bekenntnis des Arztes nichts entgegenzusetzen hat, ist er –
vielleicht eben durch Zufall – anders. Wie der Jude hat er
die Phantasie, sich selbst an die Stelle der Gepeinigten
versetzen zu können: Er empfindet Mitleid, und die
Folge: er wünscht, die Peiniger zu bestrafen. Bärlach ist
physisch nicht mehr dazu imstande, aber der Jude –
früher ein Gepeinigter, jetzt ein Rächer – führt die Strafe
aus. Bärlach kehrt nach Bern zurück. Wozu? Um sich
noch ein Jahr lang vom Krebs auffressen zu lassen.

Dürrenmatts dritter Kriminalroman, *Das Versprechen*, entstand 1958, im Zusammenhang mit seinem Drehbuch für den Film ›Es geschah am hellichten Tag‹, das er im Auftrag des Produzenten Lazar Wechsler für die Praesens-Film geschrieben hatte. Der Hausierer von Gunten findet im Walde die Leiche der Gritli Moser. Tatbestand: Lustmord. Kommissar Matthäi verspricht den Eltern, den Mörder zu stellen. Abgesehen von Matthäi halten alle den Hausierer, der schon vorbestraft ist, für schuldig. Man verhört ihn so lange, bis er verzweifelt und sich erhängt. Nun scheint seine Schuld erwiesen zu sein. Matthäi aber läßt sich nicht bluffen: ähnliche Verbrechen sind vor zwei und fünf Jahren geschehen, alle an der Strecke Zürich–Chur. Der Kommissar schließt auf einen Reisenden, der Autofahrer und ein Psychopath ist. Er stellt ihm eine Falle, indem er sich als Tankwart mit einer Haushälterin und deren – Gritli Moser ähnlichen – Tochter an der Straße Zürich–Chur niederläßt. Im Film ist Matthäi erfolgreich: er stellt den Mörder. Im Roman, dessen Untertitel bezeichnenderweise »Requiem auf den Kriminalroman« lautet, hat der Kommissar kein Glück. Auf dem Wege zu dem Ort, wo er das Kind wieder treffen will und wo er von Matthäi und der Polizei erwartet wird, verunglückt der Mörder. Der Zufall hat eingegriffen und die logischen Pläne des Kommissars durchkreuzt. Dieser verfällt nun der Lächerlichkeit. Hartnäckig wartet er weiter, jahrelang; er beginnt zu trinken und verkommt, und erst viel später gesteht eine Frau im Spital, daß ihr geistig beschränkter Mann die drei Morde auf dem Gewissen hatte und auch den vierten Mord geplant, aber – wegen des Unfalls – nicht mehr ausgeführt hatte.

Dürrenmatts Erzähltechnik im *Versprechen* ist bedeu-

tend reifer als in den ersten beiden Romanen. Er erzählt
durch den Mund von Matthäis ehemaligem Vorgesetzten
– und zwar sich selbst, Dürrenmatt. Wenn der Dialog
früher Sätze enthielt, die viel zu lang und kompliziert
waren, um in Wirklichkeit gesprochen zu werden, nimmt
sich Dürrenmatt jetzt in acht und entschuldigt sich dem
Leser gegenüber noch, daß er hier und da die Worte des
Erzählers etwas abgeändert habe. Der erzählende Krimi-
nalist könnte – seinen Erkenntnissen entsprechend –
Bärlach sein. Er weiß, daß sich ein Verbrechen sehr wohl
lohnen kann, und er erzählt Matthäis Geschichte, um zu
beweisen, was Gastmann schon gewußt hatte: durch
Zufall kann ein Verbrechen geschehen, durch Zufall kann
es aufgeklärt – oder nicht aufgeklärt – werden. »Der
Wirklichkeit ist mit Logik nur zum Teil beizukommen.«
Wie im ersten Roman spielen autobiographische und
humoristische Elemente eine große Rolle. Dürrenmatt
läßt den Erzähler plötzlich zum Dürrenmatt-Kritiker
werden, dem »Hand aufs Herz [...] Max Frisch näher
liegt« und der seinem Zuhörer ohne Umschweife sagt,
was für eine Geschichte dieser aus dem Matthäi-Stoff
fabrizieren werde (»gerade die Sinnlosigkeit wird Sie
reizen«). Die Szene vor dem Mägenwiler Wirtshaus erinnert an den *Besuch:* Wir können euch den Hausierer nur
dann ausliefern, »wenn wir überzeugt sind, daß ihr die
Gerechtigkeit wollt«. Die Leute wollen sie zwar; aber es
geht ja nicht um Geld, und so überlassen sie schließlich
den Hausierer der Polizei. Dürrenmatt scheut sich nicht,
immer wieder die gleichen Themen, die gleichen Situationen, die gleichen Punkte aus seiner Weltanschauung einzuführen. Der Erzähler etwa fährt mit demselben Zug
von Bern nach Zürich, der 1952 im *Tunnel* verschwun-

den war, und das Irrenhaus, in dem Matthäi den Psychiater aufsucht, erinnert an die *Physiker*. Einmal mehr wird
gesagt, was der Mensch sei:

> Die Widerstandsfähigkeit, die sie [die Menschen] ihren
> Impulsen entgegenzusetzen haben, ist abnorm gering, es
> braucht verdammt wenig, etwas geänderter Stoffwechsel,
> einige degenerierte Zellen, und der Mensch ist ein Tier.

Die Erzählung *Die Panne* (1956) liegt auch als Hörspiel
vor. Sie illustriert einen Abschnitt aus dem *Verdacht:*

> Überhaupt gebe es einen ganzen Haufen Verbrechen, die
> man nicht beachte, nur weil sie etwas ästhetischer seien als
> so ein ins Auge springender Mord, der überdies noch in
> die Zeitung komme, die aber beide aufs gleiche hinauslie-
> fen, wenn man's genau nehme und die Phantasie habe. Die
> Phantasie, das sei es eben, die Phantasie! Aus lauter Phan-
> tasiemangel begehe ein braver Geschäftsmann zwischen
> dem Aperitif und dem Mittagessen oft mit irgendeinem
> gerissenen Geschäft ein Verbrechen, das kein Mensch ahne
> und der Geschäftsmann am wenigsten, weil niemand die
> Phantasie besitze, es zu sehen.

Traps ist ein solcher Phantasieloser, der mitschuldig am
Tode seines Vorgesetzten ist, ohne es zu wissen. Max
Frischs Biedermann ist ein anderer, dem es an der Phantasie mangelt, einzusehen, daß er für den Tod Knecht-
lings verantwortlich ist. Das groteske Gericht in der
Panne bringt Traps seine Schuld zum Bewußtsein. In der
Hörspielversion vergißt er schon am folgenden Tag wieder, was er nicht wissen will, und bereitet sich auf das
nächste Verbrechen vor; in der Erzählung jedoch richtet
er sich selbst.

Die *Panne* erinnert in vielem an Kafkas ›Prozeß‹, besonders in der Prosaversion. Während bei Kafka das Gericht und die Schuld nicht deutlich werden, vielleicht theologisch interpretiert werden müssen, geht es bei Dürrenmatt äußerst realistisch – wenn auch im Detail grotesk – zu. Das Einleitungskapitel ist nicht direkt erzählend: es ist eine Meditation über die Möglichkeiten des Schriftstellers in der modernen Welt. Was gibt es noch zu tun, wenn man nicht über sein privates Ich schreiben will, wenn sich vor lauter Planung das Schicksal in die Kulissen verzogen hat, wenn im Angesicht der Atombombe und des Computers der Untergang jeden Augenblick – als Folge einer mechanischen Panne – eintreten kann? Es drohen »kein Gott mehr, keine Gerechtigkeit, kein Fatum«, sondern Unfälle wie die »Explosion einer Atomfabrik, hervorgerufen durch einen zerstreuten Laboranten«. Diese Überlegungen haben mit der Erzählung insofern etwas zu tun, als sie die Entlarvung von Traps und dessen Schuld ironisch bagatellisieren.

Grieche sucht Griechin (1955) gehört in die Nachbarschaft von *Frank V.* Dürrenmatt nennt den Roman eine »Prosakomödie«. Wie bei Twain steckt ein großer Teil des Humors in den grotesken Übertreibungen. Schweizer Leser werden in den Personen-, Firmen- und Ortsnamen Anspielungen erkennen. Der Schweizer gewordene Grieche Archilochos ist ein Spießer par excellence, ein Bürokrat, ein Gewohnheitsmensch, dick, häßlich, dumm. Wahrscheinlich ist er nur deshalb ein Grieche, weil sich sein richtiger Name (Arschloch) auf diese Weise am besten verkleiden ließ. Durch ein Heiratsinserat lernt er die führende Kurtisane der Stadt kennen, einen Ausbund an Schönheit, Reichtum und Gutherzigkeit, die engelhafte Chloé, die sich – mit dem Segen ihrer Kundschaft – aus ihrem Beruf ins Familienleben zurückziehen will. Ihre früheren Kunden, vom Staatspräsidenten und Bischof bis zum Fabrikdirektor Petit-Paysan, fördern aus nachträglicher Dankbarkeit Chloés Verlobten maßlos: der Trottel wird Generaldirektor und Weltkirchenrat. Schließlich merkt er doch, was für eine Vergangenheit seine Verlobte hat, und läuft entsetzt davon. In einem speziellen »Ende für Leihbibliotheken« geht schließlich doch alles gut aus.

Man kann natürlich Chloé als »Gnade« interpretieren, die dem Archilochos geschenkt worden ist. Sie wäre dann eine zweite Kurrubi. Und es gibt auch gelegentlich einen Abschnitt, den man zu diesem Behufe zitieren kann. Der Staatspräsident sagt zu Archilochos:

> Sie sind begnadet worden [...] der Grund dieser Gnade kann zweierlei sein, und es hängt von Ihnen ab, was er sei: die Liebe, wenn Sie an diese Liebe glauben, oder das Böse, wenn Sie an diese Liebe nicht glauben. Die Liebe ist ein Wunder, das immer wieder möglich, das Böse eine Tatsache, die immer vorhanden ist. Die Gerechtigkeit verdammt das Böse, die Hoffnung will bessern, und die Liebe übersieht. Nur sie ist imstande, die Gnade anzunehmen, wie sie ist. Es gibt nichts Schwereres, ich weiß es. Die Welt ist schrecklich und sinnlos. Die Hoffnung, ein Sinn sei hinter all dem Unsinn, hinter all diesen Schrecken, vermögen nur jene zu bewahren, die dennoch lieben.

Bei Dürrenmatt ist selten von Liebe die Rede; er scheut sich vor einem zu Tode geschriebenen Klischee. Es wäre dazu nötig, Charaktere als Individuen genauer zu beschreiben, von »innen her« – wie es Frisch macht –, aber das will Dürrenmatt nicht; der Spezialfall des Einzelnen ist ihm nicht wichtig genug. In *Grieche sucht Griechin*, einer tollen, übermütigen, haarsträubenden Komödie, einem satirischen Märchen der Hochkonjunktur, da gestattet er es sich, ein paar ernste Worte über die Liebe hinter Groteskem zu verstecken. Die deutschsprachige Literatur hat wenig aufzuweisen, was so komisch und herzlich-grotesk ist wie dieser Roman Dürrenmatts.

Aus: A. A., ›Friedrich Dürrenmatt‹, Berlin 1974.
Abdruck mit freundlicher Genehmigung des Colloquium Verlags, Berlin.

Hans Mayer
Die Panne

> *»Kreons Sekretäre erledigen den Fall Antigone.«*　　　F. D.

Dieser Satz aus Dürrenmatts großem Essay über *Theaterprobleme* von 1955 weist zurück auf das drei Jahre vorher (1952) entstandene *Nächtliche Gespräch mit einem verachteten Menschen*. In der modernen Welt, so will es Dürrenmatt scheinen, ist das große, tragische Spiel und Gegenspiel kaum noch möglich. Nichts mehr von Marquis Posa vor König Philipp, von Egmonts Attitüde vor Herzog Alba.

> Die echten Repräsentanten fehlen, und die tragischen Helden sind ohne Namen. Mit einem kleinen Schieber, mit einem Kanzlisten, mit einem Polizisten läßt sich die heutige Welt besser wiedergeben als mit einem Bundesrat, als mit einem Bundeskanzler. Die Kunst dringt nur noch bis zu den Opfern vor, dringt sie überhaupt zu Menschen, die Mächtigen erreicht sie nicht mehr. Kreons Sekretäre erledigen den Fall Antigone.

Ein Jahr nach dem dramaturgischen Essay entstanden zwei Werke, die Dürrenmatts Weltruf begründeten: seine tragische Komödie vom *Besuch der alten Dame* und das Hörspiel *Die Panne*. Freilich wurden gewisse Gedankengänge aus den *Theaterproblemen* hier nicht unwesentlich modifiziert. Das Thema des Opfers, das den frühen Dürrenmatt immer wieder fasziniert hatte, tritt an Bedeutung zurück, wird in zunehmendem Maße sogar entwertet. Der Güllener Kaufmann Ill als Partner der alten Dame ist nicht mehr Opfer im Sinne des Knipperdollinck in Dürrenmatts erstem großen Schauspiel *Es steht geschrieben* oder des Übelohe aus der *Ehe des Herrn Mississippi*. Die Kunst dringe nur noch bis zu den Opfern vor? Im Konflikt zwischen Ill und dem Städtchen Güllen hat dieser Satz bereits keine Geltung mehr. Am – subjektiv wie objektiv – sinnlosen Opfer des Physikers Johann Wilhelm Möbius wird der Fall später sogar ausdrücklich widerlegt.

Ill mochte noch gewisse Merkmale und Gebärden der Selbstopferung vollziehen. Der Generalvertreter Alfredo Traps in der *Panne* dagegen ist von solchen unrealistischen Verhaltensweisen weit entfernt. Er illustriert zunächst einmal die These seines Verfassers, daß »mit einem kleinen Schieber, mit einem Kanzlisten, mit einem Polizisten« die heutige Welt auf dem Theater besser wiedergegeben werden könne als mit irgendwelchen politischen Protagonisten. Ungefähr um die gleiche Zeit, da die Geschichte von Herrn Traps aufgezeichnet wurde, hatte Dürrenmatt aus Anlaß eines Romans geschrieben: »Immer deutlicher taucht die Notwendigkeit auf, Strukturen der menschlichen Gemeinschaft selbst zum Handlungsträger zu machen.« Das Individuum im überlieferten Sinne sei nämlich nicht mehr repräsentativ. So gesehen ist aber Alfredo Traps ein vorbildlicher Modellfall. Wenngleich man ihn weder als Schieber noch als Kanzlisten oder Polizisten bezeichnen kann, ist er doch Alleinvertreter der Hephaiston auf diesem Kontinent. Die Hephaiston jedoch ist, wie Traps seinen Richtern rühmend bekanntgibt, die Königin der Kunststoffe, unzerreißbar, durchsichtig, doch dabei gerade für Rheumatiker eine Wohltat, ebenso verwendbar in der Industrie wie in der Mode, für den Krieg wie für den Frieden, der vollendete Stoff für Fallschirme und zugleich die pikanteste Materie für Nachthemden schönster Damen, wie ich aus eigener Forschung weiß.

Der Hörer am Lautsprecher mochte dabei vermutlich bloß an Kunststoffe denken und ihre Vorzüge gegeneinander abwägen. Leute mit klassischen Reminiszenzen freilich, wie die uralten Akademiker, die über Traps zu Gericht sitzen, dachten sogleich auch an die vielgerühmten Gespinste des Hephaistos, an die Netze des Vulkan. In ein solches Netz geriet Traps, als er sich bei Gelegenheit einer Autopanne seines Studebakers in die weiße Villa des Herrn Werge begab, wo noch Gericht gehalten wird im Sinne der alten tragischen Überlieferung. Dies Gericht aber ist tragisches Spiel mit possenhaftem Einschlag. Uralte Leute als Richter, Ankläger und Verteidiger; der Apparat der Gerechtigkeit ist in hohem Maße pensionsreif; Justiz wird als Spiel betrieben, als Würze eines gräßlich üppigen Gastmahls. An der kausalen Verknüpfung von Schuld und Sühne freilich wird streng festgehalten. Diese drei Juristen mit dem fast schweigsamen Nachrichter oder Henker als viertem Gesellen sind strenge Anhänger der in der Strafrechtslehre längst abgeschafften ›Bedingungstheorie‹, wonach einem Täter, der irgendeine Bedingung gesetzt hat, die zu einer strafbaren Handlung führte, diese Straftat juristisch zugerechnet wird, wofern nur die Bedingung so bedeutend war, daß sie nicht weggedacht werden kann, ohne daß zugleich die strafbare Handlung selbst entfiele. Im Sinne dieser eher theologischen als juristischen Theorie ist Alfredo Traps am Tode seines früheren Chefs Gygax schuldig, und zwar hat er vorsätzlich und mit Überlegung, also als Mörder, gehandelt. Jubelnd und kichernd konstatieren es die Greise. Vor einem durchschnittlichen Gericht, das sich mehr mit adäquaten Kausalzusammenhängen zu beschäftigen pflegt, wäre es vermutlich nicht zur Anklage gegen Traps gekommen. Wieso auch. Er hat den Herrn Gygax nicht ermordet. Er führte bloß, in Kenntnis der schweren Herzkrankheit, einige Situationen herbei, die auf einen herzkranken Menschen nicht gerade wohltätig wirken mußten. Na und? Im Sinne der strengen Bedingungstheorie dagegen, mit welcher die Tragödientradition von der Antike bis hinauf zu Friedrich Hebbel zu arbeiten pflegte und nach der sich auch die schlemmenden und judizierenden Greise richten, sähe der Fall Traps ein wenig anders aus. Hier hätte er in der Tat gewisse ›Bedingungen gesetzt‹, vorsätzlich und überlegt, ohne die es – vielleicht – nicht zum Herztod des Gygax und damit zum Aufstieg des Traps gekommen wäre.

Man könnte Dürrenmatt nicht unsinniger mißverstehen als durch die Annahme, er habe als Moralist am Fall des Generalvertreters der Hephaiston demonstrieren wollen, ein Mensch begehe in seinem Leben oft wirkliche Verbrechen, selbst wenn diese nach dem Buchstaben des Strafgesetzbuches nicht geahndet würden. Das war ein Strindberg-Thema, vorgebildet übrigens schon bei Henrik Ibsen, ist aber kein Dürrenmatt-Thema. Die Frage nach der moralischen Tragweite von Handlungen, die aus ›Trägheit des Herzens‹ begangen werden, war der literarischen Generation von 1920 vertraut, denn sie hatte einen Ersten Weltkrieg hinter sich, der Ungeheuerliches auch durch Trägheit des Herzens bewirkte. Vieles davon hat Karl Kraus für die ›Letzten Tage der Menschheit‹ aufgezeichnet. Dürrenmatts Geschichte dagegen von Alfredo Traps und seinen Richtern entstand mehr als ein Jahrzehnt nach dem Zweiten Weltkrieg, als es offenbar nicht mehr sinnvoll schien, solche Grenzfälle zwischen juristischer und moralischer Schuld eines Individuums auf die Bühne zu bringen. Nicht die Schuld oder Sühne des Herrn Traps soll gezeigt werden, sondern die Struktur einer ›menschlichen Gemeinschaft‹ von heute. Zustand einer Gesellschaft der totalen und allgemeinen Verantwortungslosigkeit, die nach Dürrenmatts Meinung in unserer Zeit das Schreiben von Tragödien unweigerlich verbieten müsse. Denn:

> Die Tragödie setzt Schuld, Not, Maß, Übersicht, Verantwortung voraus. In der Wurstelei unseres Jahrhunderts, in diesem Kehraus der weißen Rasse, gibt es keine Schuldigen und auch keine Verantwortlichen mehr. Alle können nichts dafür und haben es nicht gewollt. Es geht wirklich ohne jeden. Alles wird mitgerissen und bleibt in irgendeinem Rechen hängen. Wir sind zu kollektiv schuldig, zu kollektiv gebettet in die Sünden unserer Väter und Vorväter. Wir sind nur noch Kindeskinder. Das ist unser Pech, nicht unsere Schuld: Schuld gibt es nur noch als persönliche Leistung, als religiöse Tat. Uns kommt nur noch die Komödie bei.

Darum also geht es für Dürrenmatt gar nicht um ›Schuld und Sühne‹ des Herrn Traps, sondern um eine Gesellschaft, die sich in Traps spiegelt und notgedrungen wohl auch zugeben müßte, daß das Verhalten dieses Alfredo bei seinem Versuch, vom Citroën 1939 zum Studebaker, rotlackiertes Extramodell, aufzusteigen, durchaus den Gesetzen eines modern-kategorischen Imperativs entspricht. Was heißen soll, daß Alfredo Traps, Generalvertreter, nicht bloß so handelte, wie es den Maximen einer allgemeinen Geschäftsgesetzlichkeit entsprach, sondern bei seiner Karriere auch so vorging, daß man ihn als vorbildhaft tüchtig beim Ausnutzen einer jeden Chance bezeichnen könnte. Nach den Geschäftsprinzipien von Güllen war Traps ein vorbildlich handelnder Mensch seines Berufs. Auch nach den Gesetzen von Mahagonny und Sezuan. Oder von Andorra.

Schuld des Alfredo Traps? Aber er handelte modellhaft unter den gegebenen Bedingungen und mit den ihm gegebenen Möglichkeiten. Sein Fall ist ein solcher der schweizerischen (nicht bloß schweizerischen!) Hochkonjunktur von 1956, nicht aber der altmodischen Bedingungstheorie im Strafrecht. Darum auch entspricht dieses sonderbare Gericht, das den Fall Traps zu erledigen hat, durchaus dieser Darstellung von Zuständen einer Hochkonjunktur. Inadäquat ist der Begriff der tragischen ›Schuld‹ im Falle von Traps; unangemessen erscheint gleichfalls der Begriff der ›Sühne‹ beim Anblick dieses spielenden, kichernden, der Völlerei ergebenen Juristentrios, dem die Gerechtigkeit zur Ästhetik entartete. Die alte Dame kam nach Güllen, um dort Gerechtigkeit zu kaufen, und es zeigte sich, daß man sie in Güllen gegen Geld bekommen konnte. Freilich war es, der Milliarde ungeachtet, eine Gerechtigkeit zu erheblich herabgesetztem Preis. Die Gerechtigkeit der drei alten Männer in der *Panne* erscheint in anderer Weise als reduziert: weniger durch Schlemmerei oder Pensionierung, als durch den Anachronismus. Diese Gerechtigkeit, der sich Traps freiwillig stellt, da auch er das Spiel mitzuspielen gedenkt, ist nicht deshalb inadäquat, weil sie keine Exekutivmittel mehr besitzt, sondern weil ihre Verfahrensweisen auf Fälle wie den des Generalvertreters nicht mehr zu passen scheinen. Da in einer Gesellschaft der allgemeinen Verantwortungslosigkeit und moralischen Wurstelei für Fälle wie den von Traps und Gygax keine Schuld, schon gar keine tragische Schuld mehr konstatiert werden kann, wird ein Höhepunkt der Groteske erreicht, wenn die antike Sühne störrisch darauf beharrt, wie hier beim Gericht der drei alten Männer, tätig zu werden, wenngleich gar kein Kausalzusammenhang zwischen Tat und Sühne hergestellt werden kann. »Kreons Sekretäre erledigen den Fall Antigone.« Hier war das tragische Tun der Antigone noch intakt, aber es gab keinen tragischen Untergang mehr, höchstens eine administrative ›Endlösung‹ durch Kreons Sekretäre. In der *Panne* ist es umgekehrt. Hier liegt eine moralische Allerweltsschlamperei vor, die auch eine Leiche im Gefolge hat, ohne daß davon bisher viel Aufhebens gemacht worden wäre. Und dieser Allerweltsfall sollte eine Sühne finden wie der Muttermord des Orest, mit Erinnyen und allem Zubehör? Das ist gar nicht mehr möglich, und Dürrenmatts Erinnyen sind auch danach.

Bleibt freilich der Exitus. Hier scheint der Verfasser der Geschichte, hält man sich bloß an die Vorgänge, im Zustand einer sonderbaren Unentschiedenheit zu verharren. Dürrenmatt hat seine *Panne* in zwei Fassungen vorgelegt: als Hörspiel und als Erzählung. Die epische Darstellung trägt den Untertitel »Eine noch mögliche Geschichte«. Im allgemeinen wird die Fabel in beiden Fassungen, der hörspiel-dramatischen und der epischen, mitsamt allen Einzelheiten beibehalten. Abweichungen zwischen Hörspieltext und Erzählungstext erklären sich in den meisten Fällen durch Besonderheiten der Gattung, ohne auf eine Änderung der Grundsubstanz schließen zu lassen. Der Schluß dagegen bricht mit aller bisherigen Übereinstimmung der Handlungselemente. Das Hörspiel entläßt einen völlig unbelehrten und unbekehrten Alfredo Traps von neuem in sein Generalvertreterleben. Die Panne ist behoben, die durchzechte Nacht mit dem Gericht bloß noch eine wirre und konfuse Erinnerung, von seelischer Läuterung und aristotelischer Regelung der Leidenschaften kann nicht die Rede sein. Traps hatte sich zu Beginn des Hörspiels eingeführt mit Wendungen wie: rücksichtslos, unnachsichtlich, dem drehe ich mal den Hals um, kein Pardon, keine Gnade. Am Morgen nach der Panne hat sich der Kreislauf vollendet. Der Studebaker springt an, und Traps fährt los, weg von der Stätte des Gerichts. Seine Schlußworte stellen die Verbindung zum Anfang her:

> Dieser Wildholz! Rieche den Braten. Fünf Prozent will der abkippen, fünf Prozent. Junge, Junge. Rücksichtslos gehe ich nun vor, rücksichtslos. Dem drehe ich den Hals um. Unnachsichtlich!

Die Erzählung dagegen hat einen durchaus anderen Schluß vorzuweisen. Da torkeln die betrunkenen Juristen nach oben, um ihrem Gast und verurteilten Angeklagten nunmehr, bevor er seinen Rausch ausschlafen kann, die zusammengekritzelten Urteilsgründe zu überreichen:

> Der Richter öffnete, doch erstarrte die feierliche Gruppe auf der Schwelle, der Staatsanwalt mit noch umgebundener Serviette: im Fensterrahmen hing Traps, unbeweglich, eine

dunkle Silhouette vor dem stumpfen Silber des Himmels, im schweren Duft der Rosen, so endgültig und so unbedingt, daß der Staatsanwalt, in dessen Monokel sich der immer mächtigere Morgen spiegelte, erst nach Luft schnappen mußte, bevor er, ratlos und traurig über seinen verlorenen Freund, recht schmerzlich ausrief: ›Alfredo, mein guter Alfredo! Was hast du dir denn um Gottes willen gedacht? Du verteufelst uns ja den schönsten Herrenabend!

Die Erzählung, diese »noch mögliche Geschichte«, erschien zuerst 1956, im selben Jahr also, das am 29. Januar im Zürcher Schauspielhaus die Uraufführung des *Besuchs der alten Dame* gesehen hatte. Die Hörspielfassung war früher entstanden: im Jahre 1955 wie der dramaturgische Essay über *Theaterprobleme*. Es verlautet, daß Dürrenmatt nach der Hörspielfassung eine Bühnenbearbeitung des Stoffes versuchte, die offenbar aber niemals zu Ende gebracht wurde. [1979 hat F.D. das Stück vollendet. Uraufführung: 13.9.1979 in Wilhelmsbad/Hanau. Das Buch erschien 1979. Der Herausgeber.] Vielleicht kam der Autor, nicht mit Unrecht, zur Überzeugung, die epische Form, die nach der Hörspielfassung voll bewältigt werden konnte, habe den eigentlichen Gehalt der Geschichte von Traps und seinen Richtern so gültig fixiert, daß eine Dramatisierung für die Schaubühne danach bloß noch als Rückbildung gewirkt hätte.

Daß Dürrenmatt an der Erzählung ungefähr zu der Zeit gearbeitet haben muß, da er auch die tragische Komödie seiner alten Dame und ihres Jugendgeliebten schrieb, zeigt sich nicht bloß an der Übereinstimmung der Namen Alfredo Traps und Alfred Ill. Das letzte Lied, das Ill bei seinem Abschiedsgespräch mit der Milliardärin

noch gern hören möchte, lautet ›O Heimat süß und
hold‹. Als Alfredo Traps sein Urteil vernommen hat, das
er dann selbst an sich vollzieht, geht folgendes mit ihm
vor:

> Traps war glücklich, wunschlos wie noch nie in seinem
> Kleinbürgerleben. Blasse Bilder stiegen auf, dann, däm-
> merhaft, das Dörfchen, in welches er gelangt war infolge
> seiner Panne, das lichte Band der Straße, sich über eine
> kleine Erhöhung schwingend, der Bühl mit der Kirche, die
> mächtige rauschende Eiche mit den Eisenringen und den
> Stützen, die bewaldeten Hügel, endloser leuchtender
> Himmel dahinter, darüber, überall, unendlich.

Beide – Ill wie Traps – sind mit sich und ihrer Umwelt im
Einklang, wenngleich diese Harmonie für sie den Tod
bedeutet. Alfred Ill handelt als guter Bürger von Güllen,
wenn er mithilft, durch Einwilligung und Opfer, in
formvollendeter Weise das Hindernis zu beseitigen, das
noch zwischen der Stadt und der Milliarde steht und das
sein Leben bedeutet. Alfredo Traps dankt dem Richter
für das Todesurteil und billigt es durchaus, wenn der
betrunkene Anwalt der Gerechtigkeit die angeordnete
Hinrichtung als Vollendung eines Lebens »im Sinne eines
Kunstwerkes« bezeichnet, da hier die menschliche Tragödie »eine makellose Gestalt annehme«. Alfredo Traps
hilft mit, den Abend einer ästhetisierenden Gerechtigkeit
dadurch zu verschönen, daß er sich die Schlinge um den
Hals legt, damit das Kunstwerk dieses Gerichtsabends,
wie er in seiner ästhetischen Läuterung und Trunkenheit
annimmt, erst seine wahre Abrundung erhalte.

   In Wirklichkeit zerstört er dadurch das Kunstwerk.
Der Tod des Alfredo Traps, den er sich in seinem bene-

belten Gehirn möglicherweise so vorgestellt haben mochte wie den Selbstmord eines Angeklagten in der Antike,
der durch staatliches Todesurteil angeordnet worden
war, bewirkt nämlich weder tragödienhafte Reinigung
der Leidenschaften noch den Abschluß des juristischen
Kunstwerks, wie ihn die rechtsgelehrten Greise sich
wünschen mochten. Er ist im Gegenteil eine grobe Ver-
manschung der Sphären von Kunst und Leben: genauso
peinlich und geschmacklos, wie wenn ein eifersüchtiger
Schauspieler als Othello auf der Bühne seine Geliebte
und Schauspiel-Partnerin wirklich erwürgt, um sich darauf ›wirklich‹ zu erstechen, so daß echtes Blut auf den
Bühnenboden fließt. Ähnlich unkultiviert handelte der
Selbstmörder Alfredo Traps. Er zerstörte den schönsten
Herrenabend. Das Kunstwerk dieser Justiz wurde durch
seinen Naturalismus entstellt. Schuld und Sühne? Die
sind nur so lange als Begriffe der Ästhetik tauglich wie
die ästhetische Sphäre des Spiels beibehalten wird. Wer
von hier aus ins wirkliche Leben hineintrapst, muß alles
verderben.

Alfredo Traps zerstörte durch seine Tat eben jene
ästhetische Harmonie, die er zu verwirklichen gedachte.
Alfred Ill kehrte durch seinen Tod in die Gemeinschaft
zurück, damit der verwahrloste tragische Chor der Güllener, wie bei Sophokles, ein Schlußwort sprechen kann.
Dessen moralische Maxime aber, anders bei Sophokles,
von der Erhaltung des Wohlstands spricht und hiervon:

> Nacht bleibe fern
> Verdunkle nimmermehr unsere Stadt
> Die neuerstandene prächtige,
> Damit wir das Glückliche glücklich genießen.

Das Selbstopfer des Alfred Ill besiegelt den nichtsnutzigen Güllener Wohlstand der neuen gelben Schuhe. Das Selbstopfer des Alfredo Traps dagegen steht ganz außer Zusammenhang mit seiner Tat. Der Generalvertreter verspürt bis zum Schluß keinerlei Mitleid mit dem toten Gygax, wozu vermutlich auch wenig Anlaß war; Reue hat mit Christentum zu tun, und Traps ist kein besonders guter Christ. Der Selbstmord fällt aus aller Kausalität. Er bedeutet weder Schuldgefühl noch Reue oder Buße. Einfach eine ästhetische Ungeschicklichkeit, die alles verdirbt. Die Panne.

Aus diesem Grunde wird man die epische Fassung dieser Geschichte, die Erzählung also, als die bedeutendere und folgerichtigere Form bezeichnen müssen. Die eigentliche Panne wird nicht durch den Studebaker verursacht; auch nicht durch den Dürrenmattschen Zufall, der Traps in die Abendgesellschaft des Herrn Werge führt und somit in die Tischgemeinschaft von Leuten, die Zorn und Kummer heißen. Die Panne tritt ein, als Traps, in künstlerischen Fragen wenig bewandert, die Sphären der Kunst und Wissenschaft durcheinanderbringt und den Herrenabend verdirbt. Eine Panne war der Tod des Gygax. Eine Panne ist der Selbstmord des Alfredo Traps.

Hier erst wird verständlich, warum Dürrenmatt seine Erzählung, sehr im Gegensatz zum Hörspiel, als eine Geschichte in zwei Teilen vorgelegt hat, deren erster Teil bloß fünf Seiten umfaßt und einen knappen kulturphilosophischen Traktat des Erzählers darstellt, dem im zweiten Teil die eigentliche Geschichte des Generalvertreters nachfolgt. Wodurch der erste Teil als theoretische Behauptung erscheint, dem der zweite Teil als Demonstration zu dienen hat. Die Behauptung gipfelt in folgenden Sätzen:

> Das Schicksal hat die Bühne verlassen, auf der gespielt wird, um hinter den Kulissen zu lauern, außerhalb der gültigen Dramaturgie, im Vordergrund wird alles zum Unfall, die Krankheiten, die Krisen.

Woraus dann, nach Dürrenmatt, zu folgern sei:

> So droht kein Gott mehr, keine Gerechtigkeit, kein Fatum wie in der fünften Symphonie, sondern Verkehrsunfälle, Deichbrüche infolge Fehlkonstruktion, Explosion einer Atombombenfabrik, hervorgerufen durch einen zerstreuten Laboranten, falsch eingestellte Brutmaschinen. In diese Welt der Pannen führt unser Weg.

Nicht minder folgerichtig beginnt der zweite Teil, die eigentliche Geschichte umfassend, noch vor der Milieuschilderung, mit einer Bemerkung des Erzählers, die unmittelbar als Weiterführung der diskursiven Gedankengänge aus dem ersten Teil verstanden werden muß: »Unfall, harmlos zwar, Panne auch hier.« Auch hier? Nämlich im Falle von Alfredo Traps, der nunmehr vorgestellt wird. Dadurch aber wird der nach dem Tod seines Chefs so rasch avancierende Kunststoffvertreter zum bloßen Demonstrationsobjekt. Zu einem Modellfall. Spinoza geht um. In der Erzählung nämlich hat Dürrenmatt seine Geschichte gleichsam in geometrischer Form dargestellt, nach dem Vorbild, das Spinoza in seiner ›Ethik‹ gegeben hatte. Voraussetzung, Behauptung, Beweis. Vorausgesetzt wird, wie in den *Theaterproblemen*, eine Welt der Verantwortungslosigkeiten und

Pannen. Behauptet wird die Unfähigkeit dieser Zeit zur Tragödie. Keine tragödienhafte Schuld, bloß noch eine Welt der Pannen. Den Beweis liefert die Geschichte des Herrn Traps, die nur noch aus Pannen besteht: mit dem Studebaker; mit dem Zufall, der ins Dörfchen des Herrn Werge führt; mit der ästhetischen Gerechtigkeit; mit dem Herzkollaps des Herrn Gygax; mit einem Selbstmord, der im Zustand der Volltrunkenheit begangen wird. So daß schließlich sogar der ursprünglich so schöne Herrenabend zur Panne entartet. Mehr ist zu diesem Fall nicht zu sagen, wenngleich ein Toter darin vorkommt. Was zu beweisen war.

Eben diese Demonstration aber, die Dürrenmatt dadurch vollzieht, daß er den Fall Traps als ein Besonderes darstellt, das nur als Verkörperung eines Allgemeinen bemerkenswert sei, wodurch es freilich einen aktuellen Gesellschaftzustand illustriere, macht gleichfalls deutlich, daß die Form der Erzählung zwar eine tiefere und folgerichtigere Fassung der Geschichte darstellt, daß sie aber, was den Schluß betrifft, keinen Widerspruch zu jener ersten Hörspielfassung bedeuten kann, worin Traps völlig unbelehrt und sühnelos zu neuen Taten und Pannen in die Welt fährt. Da sein Selbstmord in der epischen Fassung keine Sühne bedeutet, sondern bloß Krönung aller vorhergehenden Pannen, ist es – von Dürrenmatt her gesehen – ebenso gut möglich, daß die Geschichte gut und heiter ausgeht und der liebe Traps am Leben bleibt. Gut und heiter? Jedenfalls ist durch das Gericht und den turbulenten Abend in Traps nichts verändert worden. Auch durch seinen Tod wird nichts verändert. Die pensionierten Erinnyen werden Traps weder bedauern, noch in Zukunft auf ihre Spiele verzichten. Sie sind bloß ärgerlich über die Panne und darüber, daß dieser Todesfall im Haus einige Unannehmlichkeiten mit sich bringen muß. Hier klingen übrigens, im Ausklang der Erzählung, schon einige Motive an, die Dürrenmatt ein Jahr später (1957) in seinem bösartigen Hörspiel *Abendstunde im Spätherbst* von neuem aufnehmen sollte.

Tot oder nicht tot, es bleibt sich gleich. Die Verschiedenartigkeit des Ausgangs in Hörspiel und Erzählung bedeutet keine Veränderung der Grundsubstanz. Gerade der Tod des Herrn Traps in der Erzählung demonstriert besonders deutlich die These Dürrenmatts, daß unsere Zeit der Tragik entbehre, so daß uns bloß die Komödie beizukommen vermöge: eine Zeit also, die keinen Konflikt mehr zwischen Kreon und Antigone gestattet, da sich der neue Kreon in extremis durch seine Sekretäre repräsentieren lassen wird. Was hinter alledem zu stehen scheint? Nach Meinung des Autors offensichtlich das Ende einer Ära der freien Individuen, persönlicher Bewährung, der Fähigkeit zu wirklicher Schuld.

In seiner *Schiller-Rede* von 1959 hatte Dürrenmatt über den Tragödienbegriff Schillers, der im Zeitalter der Französischen Revolution, einer bürgerlichen also, geprägt wurde, folgendes gesagt:

> Das Ideal der Freiheit läßt sich nur in einer naiven Welt verwirklichen, in der Welt der Unnatur wird die Freiheit etwas Tragisches. Sie läßt sich nur noch durch das Opfer vollziehen. In Schillers Dramen offenbart sich eine unbedingte Welt, gefügt aus ehernen Gesetzen, zwischen deren Schwungrädern der Weg der Freiheit schmal und streng verläuft.

Er hatte aber sogleich hinzugefügt:

Wenn wir es wagen, diese Welt zu denken, müssen wir sie ebenso ablehnen, wie wir dies mit jener Brechts meistens tun. Ahnen wir in der einen unseren Untergang, wittern wir in der andern unsere Unterdrückung.

Was heißen soll: die in Freiheit handelnden Individuen mit tragischer Schuld und Sühne aus Schillers Dramen erscheinen vor dem bürgerlichen Betrachter aus der Gegenwart als Modelle einer vergangenen Zeit, die bloß noch durch den Kontrast zu demonstrieren vermögen, daß in der Gegenwart die Möglichkeit zu ähnlichem Handeln in Freiheit verlorenging. Die Betrachtung der sentimentalischen Dichtung in der Gegenwart läßt denselben Betrachter dagegen erkennen, wie er meint, daß im Theater des heutigen großen Stückeschreibers die Freiheit nicht bloß als real unmöglich, sondern als virtuell unerwünscht erscheinen müsse.

Die Zeit freier bürgerlicher Individuen, wie sie bei Schiller auf der Schaubühne erscheinen, ist vorbei. Der liberale Individualismus ist nicht mehr möglich. Wo trotzdem versucht wird, den alten Freiheitsmaximen zu folgen, geht es zu wie beim Grafen Übelohe in der *Ehe des Herrn Mississippi* oder beim Bildhauer Stiller in Max Frischs gleichnamigem Roman. Aber die marxistische Lösung Brechts wird gleichfalls negiert. Der Rückweg in die Welt bürgerlicher Individualitäten aus der liberalen kapitalistischen Ära ist versperrt. O Heimat süß und hold. Die Heimat heißt Güllen. Oder Andorra. Sie heißt nicht mehr Seldwyla. Warum das so kam, mag einer beim einstigen Chronisten von Seldwyla nachlesen, im ›Martin Salander‹, dem großartigen und bitterbösen Roman des späten Gottfried Keller, der geschrieben wurde am Vorabend einer Ära des Monopolismus. Wenn sich aber

Seldwyla in Güllen verwandelte, so ist die Rückkehr nach
Seldwyla nicht mehr möglich, und wenn der Weg Brechts
gleichfalls versperrt erscheint, so ist Tragik in der Tat
ausgeschlossen, denn sie setzt Ideen voraus, die imstande
wären, zur materiellen Gewalt zu werden. Wird beides
abgelehnt, dann allerdings gibt es wirklich keine Möglichkeit einer optimistischen Tragödie. Übrig bleiben
bloß noch die tragischen Komödien. Und die Pannen.

Aus: H.M., ›Zur deutschen Literatur der Zeit‹, Reinbek: Rowohlt 1967.
Abdruck mit freundlicher Genehmigung des Autors.

Werner Weber
Der Sturz

Die neueste Geschichte von Friedrich Dürrenmatt heißt:
Der Sturz. Am Anfang des Buches stehn, auf einer
besonderen Seite, die Lettern von A bis P, so geordnet: A
in der Mitte oben allein, die übrigen Buchstaben, je
sieben, links und rechts davon in einer Säule – es handelt
sich (wie die Geschichte zeigen wird) um eine Tischordnung: A, der Chef, oben an der Schmalseite des Tisches
(an der Schmalseite ihm gegenüber niemand); die übrigen, einander vis-à-vis, an den Längsseiten placiert, von
oben nach unten, dem Rang des einzelnen entsprechend.
Am Schluß des Buches, wieder auf einer besonderen
Seite, wird die Tischordnung noch einmal gegeben: A
fehlt; an seiner Stelle steht D; auch in der Reihenfolge an
den Längsseiten hat sich einiges geändert, die einen sind
näher zum Chef hinaufgerückt, die andern wurden auf
untere Plätze geschoben. So könnte es weitergehn; so
wird es weitergehn. Immer wieder kann, immer wieder
wird einer verschwinden – immer wieder kommt es zu
einem Sturz; die Tischordnung wird sich verändern. Man
denkt an Schachspiel – und in der Geschichte selbst, fast
genau in ihrer Mitte, steht der Hinweis: »A war ein
gerissener Taktiker, seinen verblüffenden Schachzügen
um die Macht war niemand gewachsen, nicht einmal B.«
Und gegen Ende: »›Du hast dich selbst schachmatt gesetzt, A‹, meinte der Außenminister B ...« Man denkt

auch an politische Maschinerie, an Maschinerie der Macht (auch das wird in der Geschichte ausgesprochen).

Friedrich Dürrenmatt gibt eine Typologie der Funktionäre im totalen Staat. Er legt Psychogramme dieser Funktionäre vor. Seine Geschichte ist eine politische Studie. Von da her ist der Stil dieser Geschichte bestimmt. Nichts von ›copiosum dicendi genus‹, sondern ›genus humile‹: nüchternes, notierendes, formelhaftes Wägen; nicht ausholendes, melodien- und figurenreiches Schwelgen. Eine Geschichte, gegen das Belletristische, gegen das Schön-Literarische. Dichterisches Finden, in welchem die Kunst den politischen Sachverhalt, dem sie dient, nicht entschärft. Man kann nicht sagen: »nur« eine Geschichte und daneben die Realität, als ob diese Realität für sich etwas anderes, etwas Wahreres wäre.

Friedrich Dürrenmatt schildert eine Sitzung des »Politischen Sekretariats«, des »obersten Gremiums« im Staat. Einer der Mächtigen fehlt am Tisch, der Buchstabe O, der Atomminister. Ist er verhaftet worden? Soll er »liquidiert« werden? Oder ist alles nur Gerücht? Ob Gerücht oder Tatsache – die Veränderung, die Unregelmäßigkeit steigert bei den anwesenden Sekretariatsmitgliedern vieles. Vor allem die Furcht. Jeder wägt, was die Liquidierung des O für jeden bedeuten könnte (Zurücksetzung, Sturz, auch Liquidation). Jede Geste wird verdächtig, vieldeutig, prall von Möglichkeiten zwischen Angenehm und Entsetzlich. Zum Beispiel das Nicht-Grüßen, Freundlich-Grüßen, Herzlich-Grüßen: es sind Rechnungen, die man lösen müßte, wie man eben Rechnungen löst – doch Verstand und Vernunft sind durch Furcht behindert.

In den Gesprächen, in den Gedanken, in den Gesten

der Beteiligten wird, fast nebenbei, politische Einsicht und Erfahrung freigesetzt. Würde das Begriffliche aus der Geschichte gelöst und abhandelnd vorgetragen – man wäre in eine scharf und klug geführte Unterweisung einbezogen: über Revolution, über Partei, über Macht und Staat, über die Fiktion des Ersten Mannes – über Wesentliches des totalen Staates. Gerade da wird das Besondere von Dürrenmatts Leistung faßbar: der Bau der Geschichte, ihre Sprache selbst wird zur Unterweisung – aber nun sinnlich, körperhaft. Es ist packend, zu sehen, wie Friedrich Dürrenmatt zwischen Kalkül und Intuition gestaltet, klug, sensibel zwischen dem Grau der Theorie und dem Grün des Lebens – und alles in der Kargheit des Redens im Raume der Furcht.

Wir sagen »Friedrich Dürrenmatt«. Er verschwindet aber in der Stimme des abseits stehenden, des aus Distanz arbeitenden Erzählers. Dieser Erzähler ordnet den Figuren einzelne Buchstaben zu, Funktionen, und er läßt ihnen die Übernamen, welche ihnen A, der Chef, angehängt hat (»Wildsau«, »Denkmal«, »Schuhputzer«, »Teeheiliger«, »Ballerina« und so weiter). Das scheint alles deutlich, ja eindeutig; und ist es auch. Und dennoch gehen uns die Zeichen, die Funktionen, die Übernamen durcheinander. Das Eindeutige wird verworren. Man kann sich keines Gegenübers versichern. Die sicher bezeichneten Kumpane sind unsichere Kumpane. So sagt die Sprache in ihrer Gestalt die totale Unsicherheit, von welcher das Leben der Funktionäre durchsetzt ist. Und nicht der Erzähler, als Instanz, bietet dann einen Halt, eine sichtende, betrachtende Mitte; einer der Buchstaben (N), einer der Funktionäre bekommt diese Aufgabe zugeschoben. Ein großartiger gestalterischer Griff: N, der

Punkt N, schafft die Möglichkeit perspektivischer Ordnung – aber Punkt N ist nicht fest; er bewegt sich und wird bewegt wie alle andern, so daß das Paradox der schwimmenden Perspektive gegeben ist: Unsicherheit mit dem Anschein der Sicherheit.

Wir sagten »Figuren« der Erzählung. Es sind Zwischenwesen; halb Schemen, halb Gestalten, eingeschlossen im »Sitzungszimmer« – im abstrakten Raum des Kalküls, wo sogar die Furcht und was sie auslöst etwas Apparathaftes an sich hat. Bis zum Augenblick, da einer der Buchstaben aus der Abstraktion zum Leben durchbricht. F sagt: »Ich habe Schiß, ich fürchte mich.« Und nochmals: »F wandte sich wieder A zu: ›Siehst du, wir alle haben Schiß.‹ Er saß aufrecht in seinem Sessel, die Hände auf den Tisch gelegt, und alles Häßliche war von ihm gewichen.«

Mit einer Richtigkeit, von welcher schwer zu sagen ist, ob sie aus rechnerischer Kraft oder aus Intuition komme – mit einem Feinmaß sondergleichen setzt Friedrich Dürrenmatt die Sprache als Klischee, als Formel ein (man möchte bildlich sagen: eingeschlossen in die Abstraktion des »Sitzungszimmers«); sobald aber die Gräue des Unpersönlichen die Sprache schädigen möchte, führt er sie ins Starke, ins Saftige, ins Gelächter, wo das Grauen ins Groteske hinüberkippt und das Groteske ins Grauen, hin und zurück. (Das Ballettgeschnorre des Landwirtschaftsministers; das Staatsoberhaupt: »alt und krank, hatte Wasser gelassen«; die Damenkapelle, die vor A »nackt Schuberts Oktett spielen sollte« – Episoden von jener Komik, in welcher der Spaß aus dem Schrecken entwickelt wird.)

Schematisches Reden, gestalthaftes Reden: Friedrich

Dürrenmatt bildet daraus eine Kunstform, welche als Form den Konflikt der Funktionäre zeigt. Die Sprache wiederholt als Sprache, was sie an politischer Realität mitträgt und mitteilt. Wir sehen da Friedrich Dürrenmatt in einer Souveränität des Denkens und des Formens, die aus Mühe und Sorgfalt herkommt – und alles Mühsame hinter sich gelassen hat.

Spricht er von Sowjetrußland? Spricht er von Hitler-Deutschland? Von welcher Diktatur sonst? Manches, was er zeigt, sieht aus wie Zitat. Aber in der Geschichte *Der Sturz* beschäftigt sich Friedrich Dürrenmatt nicht mit Varianten des Totalitarismus; ihn beschäftigt das Wesen des Totalitarismus, das Wesen des Funktionärs – das Schicksal des falschen Mannes am falschen Platz, der gerade dadurch so brauchbar werden kann . . .

Aus: ›Neue Zürcher Zeitung‹ Nr. 200, 2.5.1971.
Abdruck mit freundlicher Genehmigung des Autors.

Marcel Reich-Ranicki
Verbeugung vor einem Raubtier
Essays und Reden

Natürlich ist es eine alte Wahrheit, über die schon oft geklagt wurde. Doch hört sie nicht auf, aktuell zu sein: Immer noch haben es in Deutschland die raunenden Scharlatane in feierlicher Robe leichter als die Propheten, die vom Würdigen nichts wissen wollen und sich für das scheckige Kostüm des Harlekins entscheiden. Nach wie vor liebt man hierzulande eher die geheimnisvolle Dämmerung als das klare Tageslicht, eher das dunkle und erhabene Wort als das sachliche und nüchterne. Und unvergänglich scheint die Schwäche für jene zu sein, die »zwar dichten, aber nicht schreiben können«.

Friedrich Dürrenmatt, der diese schlagende Formulierung gefunden hat, wüßte auch ein Lied davon zu singen. Gewiß, der Autor der tragischen Komödie *Der Besuch der alten Dame* ist längst ein erfolgreicher, ja ein weltberühmter Schriftsteller. Doch wird er bei uns, wenn man von einigen seiner treuen Apologeten absieht, in der Regel mit eigentümlicher Reserve behandelt. Man lacht über seine Komödien, man freut sich über seine Bonmots, man findet sich mit seinen Grobheiten ab, und man verzeiht ihm seine Kriminalromane. Aber man duldet oder lobt ihn, ohne ihm zu trauen. Er wird mehr angestaunt als geachtet. Er wird gelegentlich bewundert.

Doch nie voll anerkannt. Er wird sogar gefeiert. Aber nicht ganz ernst genommen.

Wahrscheinlich manifestiert sich in diesem Verhältnis zu dem Phänomen Dürrenmatt eine mehr oder weniger bewußte Selbstverteidigung der Betroffenen. Diejenigen, die die ungeheuerliche Schonungslosigkeit und die verletzende Kraft seiner Kunst spüren, glauben wohl, sich gegen sie wehren zu müssen. Sie versuchen, sich den unheimlichen Autor vom Halse zu halten. Da sie ihn nicht ignorieren können, weisen sie ihm verschiedene Rollen zu. So möchten sie in Dürrenmatt vor allem einen vitalen und draufgängerischen Kerl sehen, dem es gefällt, mit dem Kopf durch die Wand zu rennen, einen rustikalen Berserker, der mit gesenktem Rammschädel auf die Welt losgeht. Man behilft sich mit der Vorstellung, er sei ein makabrer Possenreißer, ein skrupelloser Kabarettist, ein alberner Spaßmacher. Man redet sich ein, er sei ein Sadist, ein Zyniker oder, natürlich, ein Nihilist.

An Vokabeln, die die Distanz vom Unerwünschten und Beklemmenden schaffen sollen, mangelt es niemals. Es mag auch sein, daß derartige Zuordnungen und Einstufungen auf ihre Urheber tatsächlich beruhigend wirken. Indes sprengt Dürrenmatt die ihm zugemuteten Grenzen. Er paßt in keinen Rahmen. Sein Werk läßt sich weder klassifizieren noch etikettieren. Er fällt immer wieder aus den Rollen, auf die man ihn gern einschränken würde. Häufig wird ihm – wenn auch mitunter halb widerwillig – bescheinigt, was man schwerlich leugnen kann: Humor, Intuition, Originalität, Einfallsreichtum, handwerkliche Meisterschaft. Aber man billigt ihm eher Phantasie als Geist zu, eher Schlagfertigkeit als Tiefe, eher Esprit als Weisheit.

Offenbar will man sich trösten, er sei letztlich eben ein skurriler und dickköpfiger helvetischer Naturbursche – ein Talent, gewiß, möglicherweise sogar fast ein Genie, doch kaum ein Intellekt. In Wirklichkeit ist dem Schriftsteller Dürrenmatt das diskursive Denken keineswegs fremd. Er geht mit Argumenten nicht weniger sicher um als mit szenischen Effekten, und das will viel heißen. Der Komödienautor ist auch ein vorzüglicher Dialektiker. Und ein ungewöhnlicher Essayist. Dies beweist die von Elisabeth Brock-Sulzer herausgegebene Sammlung seiner *Theater-Schriften und Reden.*

Der Band vereint sechsundsechzig Beiträge, die zwischen 1947 und 1965 entstanden sind. Es handelt sich um Ansprachen und Vorträge, theoretische Exkurse und autobiographische Berichte, Buchbesprechungen und Theaterrezensionen, Aphorismen und Randnotizen sowie schließlich Anmerkungen und Nachworte zu eigenen Werken. Einige Artikel – und nicht die unwichtigsten – wurden hier zum ersten Mal veröffentlicht. Im Mittelpunkt stehen zwei umfangreichere Untersuchungen: der bekannte Essay *Theaterprobleme* (1955) und die ebenso beachtliche Mannheimer *Schiller-Rede* Dürrenmatts von 1959.

Es seien zu einem großen Teil – sagt Elisabeth Brock-Sulzer in einem sehr lesenswerten Vorwort – »erzwungene Texte«, nämlich »Dokumente der Niederlage des Schriftstellers gegenüber den Forderungen der Öffentlichkeit«. Ohne diese Forderungen hätte Dürrenmatt »vielleicht kaum je Theoretisches formuliert«. Das ist gut gemeint, aber doch wohl übertrieben. Dürrenmatt sieht nicht aus wie einer, der sich zu kommentierenden Äußerungen vergewaltigen ließe. Und sie sind zu stürmisch und zu leidenschaftlich, als daß ich an die Nötigung glauben könnte.

Allerdings haben wir es meist mit Gelegenheitsarbeiten zu tun, oft sogar mit typischen Marginalien. Es sind natürlich Stücke von unterschiedlicher Bedeutung, die jedoch alle zusammen ein Ganzes ergeben. Dieses Buch scheint mir weit mehr als die Summe seiner Bestandteile zu sein: Es kommt einer Konfession gleich. Dürrenmatt schreibt über viele Gegenstände, aber im Grunde doch über ein einziges Thema: über das Drama und das Theater. Es geht um den »Versuch, mit immer neuen Modellen eine Welt zu gestalten, die immer neue Modelle herausfordert«. Es geht um ein Theater, das mehr sein will »als bloße Deklamation, aufgehängt an die Wäscheleine einer spannenden Handlung«.

Doch wäre es ein vergebliches Unterfangen, wollte man aus seinen Aufsätzen und seinen verstreuten Bemerkungen eine einigermaßen einheitliche Theorie oder gar ein ästhetisches Normensystem ableiten. Bedauern kann ich das nicht. Ohnehin gibt es in unserer Epoche viele Dramaturgien und wenige Dramen. Überdies können die Maximen, Regeln und Prinzipien der Bühnenautoren bestenfalls für sie selber gelten und nur auf ihr eigenes Werk bezogen werden. Auch die Brechtsche Dramentheorie ist schließlich nicht mehr als die Theorie des Brechtschen Dramas und, genau betrachtet, nicht einmal das.

Dürrenmatt gibt sich in dieser Hinsicht keinerlei Illusionen hin. Er spielt mit offenen Karten: Ausdrücklich erklärt er, die theoretischen Äußerungen eines Dramatikers seien »mit Vorsicht aufzunehmen«, denn »sein Denken über seine Kunst wandelt sich, da er diese Kunst macht, ständig, ist der Stimmung, dem Moment unterworfen. Nur das zählt für ihn, was er gerade treibt, dem zuliebe er verraten kann, was er vorher trieb.« So spricht Dürrenmatt immer als Praktiker der Bühne, die für ihn niemals »ein Feld für Theorien, Weltanschauungen und Aussagen« ist – auch nicht für Dramentheorien. Unter solchen Vorzeichen sollte man seine Thesen betrachten, die sich oft als nachträgliche Überlegungen erweisen, die mitunter fragwürdig und niemals uninteressant sind.

Eine These des Praktikers ist auch die vielfach zitierte Behauptung: »Uns kommt nur noch die Komödie bei.« Dürrenmatt vermag diese in der Tat in hohem Maße plausible Ansicht glanzvoll zu begründen. Aber ich glaube, daß er während der Arbeit an einem Kriminalroman tief überzeugt ist, man könne unserer Epoche lediglich mit dem Kriminalroman beikommen. Und sollte er Märchen schreiben, dann wird er gewiß das Märchen für die adäquate Form unserer Zeit halten.

Aber nicht obwohl, sondern weil viele Artikel der Stimmung und dem Moment unterworfen waren, weil Dürrenmatt sein Postulat, der Bühnenautor müsse es wagen, »sich seinen Einfällen auszusetzen«, auch in essayistischen Darlegungen konsequent verwirklicht, ist die Sammlung so außergewöhnlich anregend und aufschlußreich. Ob er es will oder nicht, in diesem Buch gibt er sich preis. Und wir haben ihm dafür dankbar zu sein.

Von seinem Großvater, einem Dorfpoeten, der einst für ein Zehnstrophengedicht zehn Tage absitzen mußte, habe er gelernt, bekennt Dürrenmatt, »daß Schreiben eine Form des Kämpfens sein kann«. Natürlich: Dürrenmatt ist ein militanter Schriftsteller. Doch wer ist es heute nicht? Um auf sich aufmerksam zu machen, müsse man unbedingt, meinen viele, das Publikum brüskieren. In der Tat: Wer zornig ist, wird beklatscht. Wer provoziert, erzielt höhere Auflagen. Manche unserer Autoren setzen sich, glaube ich, morgens an die Arbeit mit dem aufrichtigen Entschluß, bis zum Mittagessen zornig und provozierend zu sein. Nur daß sich der künstlich hergestellte Zorn in der Regel sofort dekuvriert. Die Provokation auf Bestellung des Verlagsleiters oder seines Werbechefs verpufft rasch. Nach wie vor läßt sich in der Literatur Erlittenes von Nur-Errechnetem leicht unterscheiden. Das ist ein Trost, den wir nicht unterschätzen sollten.

Mit der modischen Rebellion, der präparierten Entrüstung und dem branchenüblichen Zorn hat Dürrenmatt nichts gemein. Sein Ärger, sein Grimm und seine Empörung stammen nicht aus der Retorte. Bei ihm ist häufig von Raubtieren die Rede. So bekennt er beispielsweise, er fühle sich, von Mißverständnissen umgeben, »wie ein Raubtier in seinem Bau«.

Ja, in Dürrenmatts Werken, den bedeutenderen jedenfalls, steckt etwas Raubtierhaftes, eine drohende und gefährliche, eine unberechenbare Kraft. Er ist ein Schriftsteller, der auf der Lauer liegt. Seine Motive sind oft brutal und grausam. Auch an geradezu sadistischen oder scheinbar sadistischen Akzenten fehlt es nicht. Obendrein bereitet es ihm ein Vergnügen – er selber weist darauf gelegentlich hin –, sein Publikum zu ärgern, seine Opfer zu quälen. Kein Zweifel, er gehört zu den bösen und den boshaften Künstlern. Er sieht keinen Grund, es zu verheimlichen: »Oft ist es Pflicht, boshaft zu sein.« Er kennt keine Barmherzigkeit, er läßt sich nicht domestizieren. Für ihn ist die radikale Herausforderung als literarisches Mittel eine Selbstverständlichkeit, eine sich mit zwingender Notwendigkeit aus seinem Temperament ergebende Folge. *Der Besuch der alten Dame*, diese tragische Komödie von der korrumpierenden Wirkung des Wohlstands, und das Stück von den *Physikern*, die in die Irrenanstalt fliehen, sind ungeheuerliche Provokationen, die viele von uns mitten in unsere Existenz getroffen haben.

Zugegeben: Mit einem solchen Schriftsteller wie Friedrich Dürrenmatt kann man schwerlich in Frieden leben. Nur sollte man den Untergrund seiner Schonungslosigkeit und Aggressivität nicht verkennen. Sein Haß, seine Brutalität, seine Grausamkeit sind Antworten auf unsere Welt. Seine polemische Leidenschaft hat einen moralischen, vielleicht auch einen religiösen Ursprung. Ohne Umschweife erklärt er: »Ich bin ein Protestant und protestiere ... Ich bin da, um zu warnen.« Beschämt und zähneknirschend gesteht er – denn das Wort ist schon einigermaßen kompromittiert –, ein Moralist zu sein, wenn auch, glücklicherweise, ein Moralist, der »Stoffe, aber keinen Trost fabriziert, Sprengstoff, aber keine Tranquilizer«. Ein Prediger mit alttestamentarischem Groll – und mit Dynamit in den Taschen.

Wenn es Dürrenmatt gelungen ist, uns mit mehreren seiner Werke – auch mit der *Panne*, mit einigen Hörspielen, mit dem fast diabolischen *Meteor* – aufzustören, ja aufzuschrecken, so hängt das, glaube ich, mit seiner zunächst verblüffenden Naivität zusammen. In der Rezension einer ›Nathan‹-Aufführung meint er, »daß Lessing bei allem Scharfsinn und bei aller Leidenschaft des Denkens und des Kämpfens sich diese Kindlichkeit bewahren konnte, die das Stück auszeichnet«.

Auch für Dürrenmatt ist – seine essayistischen Arbeiten verraten es häufig – die Verbindung von Scharfsinn und Kindlichkeit, von Gescheitheit und natürlicher Direktheit, von tödlichem Ernst und Verspieltheit charakteristisch. Dank der künstlerischen Naivität, die freilich immer erst mit der Zeit kommt und also eine Sache der Reife ist, vermochte er poetische Fabeln zu finden, die unsere Erfahrungen ausdrücken und unsere Angst spiegeln. »Die Geschichte meiner Schriftstellerei« – erkennt er – »ist die Geschichte meiner Stoffe.«

Diese Naivität befindet sich jedoch, mag das auch paradox klingen, in unmittelbarer Nachbarschaft nüchternster Raffiniertheit. Dürrenmatt hört niemals auf, ein exakt kalkulierender Artist zu sein. Und weil das artistische Element – dazu gehört auch seine Freude an Pointen und Überraschungseffekten – bei Dürrenmatt so gegenwärtig und intensiv ist, hat er für jene Textebastler, die unverfroren genug sind, sich Avantgardisten zu nennen, nur ein höhnisches Lächeln übrig: »Viele schreiben nicht mehr, sondern treiben Stil.« Und: »Wer Stil treibt, vertreibt sich nur die Zeit.«

Hingegen empfiehlt er den Schriftstellern das Marktstudium: Sie sollen sich bemühen, das Ihrige unter den auferlegten Bedingungen an den Mann zu bringen: »Daß der Mensch unterhalten sein will, ist noch immer für den Menschen der stärkste Antrieb, sich mit den Produkten der Schriftstellerei zu beschäftigen. Indem sie den menschlichen Unterhaltungstrieb einkalkulieren, schreiben gerade große Schriftsteller oft amüsant, sie verstehen ihr Geschäft.«

Das gilt auch für Dürrenmatt selber, den Mann mit dem »bösartigen Charme« (den er für seine Claire Zachanassian fordert). Er, der nur zu jenen reden könne, »die bei Heidegger einschlafen«, langweilt niemals. Und das ist eine große Sache.

Aus: ›Die Zeit‹, Hamburg, 28. 10. 1966. In: ›Literatur der kleinen Schritte. Deutsche Schriftsteller heute‹. München: R. Piper & Co. Verlag 1967.
Abdruck mit freundlicher Genehmigung des Autors.

Jean Améry
Dürrenmatts politisches Engagement
Anmerkungen zum Israel-Essay
›Zusammenhänge‹

»Es gibt nichts Unzuverlässigeres als ein schlechtes Gewissen, nichts, das schneller dahinschmilzt ...«

Diese Worte könnte man als Motto dem Israel-Buch Dürrenmatts voranstellen, einem monströsen Buch, dessen bizarre Eigenartigkeit sich schon kundtut in dem für Verlegerbegriffe gewiß ›unmöglichen‹ Titel, der da heißt *Zusammenhänge – Essay über Israel – Eine Konzeption.* Was für Zusammenhänge? Welcherart Konzeption? Wir werden sehen. Festgehalten sei zuvörderst nur dieser eine eben hier zitierte Satz von der Unzuverlässigkeit des schlechten Gewissens. Denn es war dieses, das 1947 durch UNO-Beschluß den von Herzl einst erträumten Staat entstehen ließ, das elende Gewissen Europas nach Auschwitz und Treblinka, zwei Wörter, die hier nur als Chiffren zu stehen kommen mögen für all das, was in 2000 Jahren von der christlichen und – in geringerem, wenn heute auch unterschätztem Maße – der mohammedanischen Welt der rätselhaften Gemeinschaft der Juden (Religionsgemeinschaft? Volk? Am Ende Rasse gar?) zugefügt wurde. Dieses schlechte Gewissen, unzuverlässig wie es ist, schlief ein. Auschwitz und Treblinka wurden Folklore. Die Realitäten stehen der Konzeption des Staates Israel im Wege. Machtrealitäten.

Und da kommt nun, siehe da, es wird den Leisetretern zur Verlegenheit, der bernerische Protestant Dürrenmatt und erhebt seine Stimme. Er sagt ›ja‹, wo alle ›nein‹ oder günstigstenfalls ›ja, aber ...‹ sagen. Mit Nachdruck, Sprachgewalt, mit einem unerhörten, wenn auch da und dort nicht glatt funktionierenden Instrumentarium von Dichtung, Parabolik, Geschichtswissenschaft, Theologie, Philosophie, Sprachkritik. Er rüttelt eine in Phraseologie und dem, was man im Französischen ›La Realpolitik‹ nennt, erstickenden Leserschaft auf. Gegen den Trend. Aber auch gegen die geläufige Argumentation der sich so nennenden Philosemiten, für die der Philosemitismus zur anti-linken Ideologie wurde. Gegen die unheimliche »Tendenzwende« einer Linken, die, wie Hans Mayer dies in seinem Buch ›Außenseiter‹ gesagt hat, mit ihrem Anti-Zionismus das Geschäft des Judenhasses von heute und gestern betreiben. Dürrenmatt weiß, was andere, sei es aus Jahrgangsgründen, sei es dank des verläßlichen Mechanismus der Verdrängung, nicht mehr wissen: daß Israel »kein ideologisches, sondern ein existentielles Phänomen ist.

... diese ungeheuerliche Bewegung [des Nazismus], die als ihren Erzfeind alles Genaue, Begriffliche sah, die das Judentum als intellektuellen Anreger des europäischen Geistes erwitterte, diese ins Ungeheuerliche ausgeweitete Dreyfus-Affäre, diese völkisch-emotionale Bewegung, die auch die deutschen Intellektuellen in sich hineinsaugte – viele Schweizer mit eingeschlossen –, dieser Massenwahn, mit der Mythologie von Ratten behaftet, die sich ein Reich blonder Bestien gleich auf tausend Jahre hin erträumte, dieser irrationale Amoklauf erreichte mit der Vernichtung von Millionen Juden gerade das Gegenteil dessen, was er

mit der Endlösung, wie er sie nannte, zu erreichen suchte:
den Staat Israel. So paradox es ist, Hitler ist die Berechtigung, daß es den Staat Israel gibt, wenn auch nur eine
Berechtigung ...

Hochgradig unzeitgemäße Töne, die freilich in ihrer
Unzeitgemäßheit außerzeitlich sind, so wie Dürrenmatts
ganzes Buch einen außer- oder überzeitlichen Charakter
hat. Die Entstehungsgeschichte dieser Betrachtungen eines Unpolitischen, der »gellend herausgefordert«, wie
es einst bei Thomas Mann geheißen hat, disputierend
das Seine verteidigt, ist seltsam genug. Dürrenmatt, eingeladen in Israel Vorträge zu halten, schrieb, im Land
angekommen, konfrontiert mit dessen zum Zerreißen
angespannten Kontradiktionen, seine vorgenommene
Ansprache immer wieder um, konzipierte sie neu, ehe er
vor seine Zuhörer an der Universität von Beerschewa
hintrat, korrigierte, ergänzte, als er, Gast der israelischen
Regierung, in Jerusalem weilte, bastelte weiter, da er
längst schon wieder in seinem friedlichen Heim in Neu-
enburg in der Schweiz saß – so lange, bis dieses Un-
ding von einem Buch entstand, dieses Monstrum, das
freilich gerade in seiner Ungeheuerlichkeit der israelischen Realität besser entspricht als die fundierteste Studie, die lebendigste Reportage. Der Protestant Dürrenmatt, der zugleich radikaler Aufklärer ist, stand in Israel
einem Phänomen gegenüber, dessen man nicht Herr wird
jenseits von Theologie und Geschichtsphilosophie. Oft-
mals, während ich die 240 Seiten dieses Buches las, fiel
mir ein sehr schlichtes Wort Bertrand Russels ein: »Es
war ein Fehler, die Juden in Palästina anzusiedeln. Aber
jetzt, wo dieser Staat besteht, wäre es ein viel größerer
Fehler, ihn wieder loswerden zu wollen.«

Dürrenmatt spricht nicht von einem »Fehler«, da ja in seinen Augen die Entstehung Israels die geschichtlich legitime Antwort auf eine zweitausendjährige Judenverfolgung war. Aber er wehrt sich leidenschaftlich dagegen, daß man trägen Herzens diesen Staat nun wieder loswerden will, den Störenfried, der das sich etablierende Gleichgewicht der Supermächte im Nahen Osten durch seine bloße Existenz gefährdet. Denn, so sagt er,

> Israel ist eine Konzeption gegen das Instinktive, sein Schicksal ist jenes des Menschen. Was uns für dieses Land streiten läßt, ist nicht seine Notwendigkeit, die sich mit jeder Dialektik (die in Wahrheit Sophistik ist) begründen läßt, sondern die Kühnheit seiner Konzeption: In ihr wird die Kühnheit des Menschseins sichtbar. Israel ist damit ein Experiment unserer Zeit, eine ihrer gefährlichsten Belastungsproben. Nicht nur die Juden, auch die Araber werden mit diesem Experiment getestet, mehr noch, wir alle.

Einspruch läßt sich erheben gegen Dürrenmatts »Konzeption«, die, was immer er sage, nicht frei ist von einem mir persönlich zutiefst fremden religiösen Unterton. So könnte man mit Russell die Frage stellen, ob nicht in der Tat der Menschheit dieser grausame Test hätte erspart bleiben können, ob nicht wirklich nüchtern vom »Fehler« gesprochen werden darf oder sogar schärfer: von der Absurdität des ganzen zionistischen Unternehmens, das, ausgerüstet mit nichts als dem biblischen Anspruch, die Völker der Juden – denn das Volk der Juden gibt es wohl nicht – hinführte aus Rußland, Deutschland, Rumänien, Polen, aus Jemen, Tunesien, Marokko, ja selbst aus Indien nach jener recht unfruchtbaren Erde, aus der in

Jahrtausenden nicht viel anderes entstanden war als die Idee des e i n e n G o t t e s, den keiner kennt. Und hatten wir denn nicht die Emanzipation, an welcher Juden von Moses Mendelssohn über Marx und Freud mittätig waren, jene Aufklärung, die zur Assimilation der Juden an ihre Wirtsvölker zu führen bestimmt war und teilweise tatsächlich dahin führte, dergestalt, daß die gewaltigsten Leistungen jüdischer Geister nicht aus dem Humus des Judentums erwuchsen, sondern aus den blühenden Gefilden der abendländischen Gesittung? Und war nicht Disraeli Premier der britischen Majestät? War nicht Cremieux 1870 schon einer der prominentesten französischen Politiker? Nicht Walther Rathenau deutscher Außenminister? Eben. »Stecht ab den Walther Rathenau, die gottverdammte Judensau«, sang damals die deutsche Jugend. Und vorher war der Capitaine Dreyfus wider jegliche Gerechtigkeit verurteilt worden. Und nachher Auschwitz und Treblinka. Dialektik der Aufklärung? Ihr Zusammenbruch? Was da geschah, war, wie es im Wallenstein heißt, »wider Sternenlauf und Schicksal«. Aber es geschah. Nach Auschwitz sind, entgegen Adornos Wort, gewiß Gedichte möglich. Nicht aber kann das Rad zurückgedreht werden und nicht ist umkehrbar die Tatsache, daß die Aufklärung die Massenabschlachtung der Juden keineswegs verhinderte. Dürrenmatt mag sich geschichtsphilosophisch auf ein gefährliches Terrain begeben haben. Aber die unauslöschlichen Tatsachen geben ihm recht, gleichwohl, doppelt recht zumal in einem Augenblick, da die bestellten Hüter aufklärerischen Geistes, die Frauen und Männer der Linken, taschenspielerisch den Antisemitismus verschwinden lassen, nur um ihn in Gestalt des Anti-Zionismus aus ihrem dialektischen Zauberkasten zu holen. Bleibt die Frage nach den Arabern. Spart Dürrenmatt sie aus? Mitnichten. In einem faszinierenden historischen Exkurs durchläuft er die Geschichte des Islam und läßt Ismael neben seinem feindlichen Bruder Israel vor uns erstehen. Auch der Islam ist für Dürrenmatt ein Existential, wenn freilich auch eines, das zur Ideologie, schlimmer: zu einem Alibi barer Machtpolitik wurde. Doch sieht er im Palästinenser den »Bruder« des Israel, den jeder Israel-Reisende gleichfalls als solchen erkennt: er braucht nur die jungen, mehrheitlich aus arabischen Ländern herstammenden Soldaten Israels zu sehen, sie mit ihren arabischen Altersgenossen zu vergleichen, um sich fassungslos die Frage zu stellen: Wie verrückt und jedem Hegelschen Weltgeist Hohn sprechend mußte doch die Geschichte es angestellt haben, daß diese und jene einander mit Steinen bewerfen oder aufeinander die Gewehrläufe richten? Dürrenmatt weiß vom Islam, vom epischen Triumphzug der Kinder des Propheten. Er sagt ausdrücklich, es könne die Freiheit der Juden nicht verwirklicht werden ohne die Freiheit der Araber. Aber sein ganzer Zorn gilt jenen Europäern, die vom Juden nur seine Spottbilder kennen und für die der Araber nicht er selber ist, sondern ein mystifizierendes Exempel für jene ›nationalen Befreiungsbewegungen‹ der Dritten Welt, die bislang nur beschämend geringe humane Ergebnisse zeitigten. An einer wichtigen Stelle seines Buches sagt Dürrenmatt:

Die Isolation, in die [Israel] geraten ist, hat verschiedene Gründe. Schämte man sich nach dem Zweiten Weltkrieg, Antisemit zu sein, wurde man mit Stolz nach dem Sechstage-Krieg Philosemit, wagt man nun erleichtert nach dem

Yom-Kippur-Krieg Antizionist zu werden. Kein Mensch ist heute mehr Antisemit, man versteht nur die Araber. Der Siegesrausch der Araber vor dem Sechstagekrieg ist vergessen, vergessen die Sperrung des Golfs von Akaba durch Nasser, vergessen die Prahlereien Arafats, vergessen, daß jedermann den Angriff der Araber vermutete, vergessen der gewaltige Aufmarsch der ägyptischen, syrischen und jordanischen Truppen, wodurch erst der Sieg der Israelis möglich wurde [...] Vergessen das alles, die Juden hätten die Araber nur nicht ernst nehmen sollen, es war alles gar nicht so gemeint gewesen. Seitdem sind die Juden die Aggressoren. Doch verursachte diesen Gesinnungswandel nicht nur jenes Öl, womit die Scheichs die Räder der Weltwirtschaft und das Weltgewissen schmieren, nicht nur die fatale politische Weltkonstellation, in die Israel zwangsläufig geraten ist, und nicht nur jene seiner Freunde, die ihm nur schaden, auch der in Mode gekommene Neomarxismus tut das seine, dieser Versuch, wieder ein marxistisches System zu errichten, wenn nicht in der Wirklichkeit, so doch in den Köpfen, ein ideologisches Schema sich zurechtzimmernd, das, als System, nur intolerant sein kann, statt an einer sozialen Ordnung zu arbeiten [...] Wo das Existentielle dem Ideologischen gegenübersteht, nimmt der Ideologe gegen das Existentielle Stellung, nicht das, was ist, ist für ihn berechtigt, sondern das, was sein sollte, auch wenn das, was ist, notwendig ist. Das Wort ›Umso schlimmer für die Tatsachen‹, das Hegel zugeschrieben wird, tritt in Kraft: umso schlimmer für Israel. So lehnt man denn den jüdischen Staat als faschistisch, halbfaschistisch oder bürgerlich ab, die marxistische Tradition will es so, gibt es doch innerhalb des Marxismus, nicht nur einst, sondern auch heute noch, eine unbewußte Abneigung gegen das Judentum, durchaus entsprechend der geheimen Abneigung, die immer noch im Christentum herumgeistert.

Man sieht: Dürrenmatt, der sich in diesem Buch als Historiker, Religionsphilosoph, Sprachkritiker bekräftigt, so daß auf manchen Strecken sein Werk unpolitischen Charakter annimmt, läßt es nicht fehlen an Vehemenz dort, wo es darum geht, das Engagement ohne Rücksicht auf ›Tendenzwenden‹ bedingungslos einzugehen. Es ist freilich kein Engagement, das aus einer gesellschaftlichen Gesamtvorstellung erwüchse; in diesem Sinne ist es das Gegenteil katholischen oder auch kommunistischen Festhaltens an einer totalisierenden Idee. Dürrenmatt hat gleichsam auf Israel eine Option genommen. Er hat ein Axiom gesetzt: Dieser israelische Staatsgedanke, eben weil er existentiell bedingt ist und nicht ideologisch deduziert wurde, besteht. Also soll er bestehen. Wie stets dort, wo Bewußtsein nicht aus gesellschaftlichem Sein abgeleitet wird, wie bei Marx, hat die Option etwas Transrationales – woran ich gleich fügen will, daß sogar die Idee der Reduktibilität des Bewußtseins auf das gesellschaftliche Sein über die Ratio hinausgreift, denn es sind die beiden: soziale Existenz und Gefühl dieses So-Existierens nicht reinlich voneinander zu trennen. Wie immer: ein transrationales Element ist unleugbar aufspürbar in der Argumentation Dürrenmatts, und man hat ihm dies auch da und dort bereits vorgehalten. Die Frage, inwieweit überhaupt geschichtliche Verläufe mit der Ratio übereinzubringen sind, wurde allerdings hierbei unterschlagen: Hegel-Marx sind ja heute unangreifbar. Wer sie kritisiert, sich von ihnen ablöst, wird flugs mit der Warenmarke ›falsches Bewußtsein‹ versehen, als ob es sich bei den hochgradig spekulativen Sätzen dieser beiden Philosophen um mathematische Wahrheiten handle! Daß immer wieder sich erweist, in welch hohem Maße tatsächlich, wie es einst bei Theodor Lessing hieß, »Geschichte Sinngebung des Sinnlosen« ist, wird nicht wahrgenommen oder wird als bürgerliche Mystifikation hingestellt. Damit werden aber existentielle Tatsachen, sofern sie zu geschichtlicher Wirkung gelangen, in die Strafecke des ›Subjektiven‹ gestellt – als ob Geschichte etwas einem geschlossenen physikalischen System vergleichbares ›Objektives‹ wäre und nicht immer nur eine Summierung von subjektiven, d.h. subjektiv erfahrenen Situationen.

Es wurde des weiteren gegen Dürrenmatts Konzeption ins Treffen geführt, daß er mit seinem Beharren auf der Notwendigkeit und damit der Legitimität des Staates Israel ›vereinsamt‹ dastehe. Dies ist nun leider wahr. Jedoch ist die ›Vereinsamung‹ Dürrenmatts nichts anderes als die Widerspiegelung der diplomatisch-militärischen Situation des Landes: spricht man also vom ›vereinsamten Dürrenmatt‹, dann zollt man der jenseits von Moral und Geistigkeit gelegenen Realpolitik einen ziemlich schnöden Tribut. Wenn Dürrenmatt ›vereinsamt‹ ist – und das ist er zweifellos –, dann bedeutet dies nichts anderes, als daß die hauptberuflichen Protest-Intellektuellen vor dem Problem Israel ebenso versagt haben wie die Staatsmänner der größeren und kleineren Mächte. Von diesen erwartet man am Ende auch nichts anderes: sie kapitulierten 1938 in München, so wie sie früher und später immer wieder dort verkehrt handelten, wo ihre, übrigens meist mißverstandenen, machtpolitischen Interessen sie auf Holzwege führten. Die Intellektuellen freilich hätten eine andere Aufgabe zu erfüllen: so wie sie im Falle Chiles rechtens auf der Seite der Unterdrückten stehen, müßten sie auch angesichts des Geschicks Israels die Partei derer ergreifen, die von den Realpolitikern preisgegeben werden. Sie tun es nicht. Es paßt nicht in ihre Konzeption, die der Dürrenmattschen diametral entgegengesetzt ist. Es kümmert sie wenig, daß auch nicht einer der Staaten, die im Nahen Osten Israel ans Leben wollen, eine auch nur annähernd demokratische Struktur hat. Sie übersehen großzügig die barbarische Jurisdiktion in Ländern wie Saudi-Arabien oder Libyen. Sie sind es, die sowohl Israel wie auch dessen Verteidiger Dürrenmatt in die Isolierung treiben. Es ist, als schlüge man einen Menschen zu Boden und riefe dann mit Ekel aus: Seht doch, wie jammervoll der Kerl daliegt!

Sehe ich recht, dann war sich Dürrenmatt, als er seine zum Riesen-Essay angewachsene Ansprache konzipierte, seiner tragischen Situation sehr wohl bewußt. Da er aber zwar ein Mitleidender, nicht aber ein im Selbstmitleid Schwelgender ist, sprach er in seinem Buch so gut wie nicht von seiner Person. Und wo er von ihr redete, dort stellte er sich hin als einen vom Schicksal immerhin bevorzugten Staatsbürger und Schriftsteller. Also redet er seine israelischen Zuhörer an:

> Nur so, indem ich Sie mir vor Augen stelle, nun hier in Neuenburg, in der Schweiz, nach meiner Reise in Ihr Land, nach all den gewaltigen Eindrücken, bedrängt von all den lächerlichen Aufgaben meines Berufes, erst deshalb, weil ich Ihren Fall immer wieder durchdenke, als ob es mein Fall wäre, gewinne ich das Recht zurück, über Ihren Fall zu reden, weil Ihr Fall damit auch mein Fall wird. Ich weiß, Sie sind von meinen Worten verwirrt, sie helfen Ihnen nicht weiter, ich gebe es zu, auch wenn ich Ihren Fall zu meinem mache. Sie sind bedroht, nicht ich, und ob Sie nun von einem existentiellen oder ideologischen

Gegner existentiell bedroht werden, mag Ihnen gleichgültig sein, besteht doch das Wesen des Krieges darin, daß er,
selbst wenn er ein ideologischer Krieg ist, etwas Existentielles wird: eine Katastrophe. Sie zu vermeiden, gibt es
nur einen Ausweg: den Frieden.

Was aber hat Dürrenmatt den Israelis zu sagen über
jenen Frieden, den noch die närrischsten Groß-Israel-
Träumer, auch jene also, die kürzlich den sinnlosen
Provokations-Marsch in das besetzte Judäa unternah-
men, in tiefster Seele ersehnen, da doch auch jeder einzelne von ihnen morgen auf der Walstatt bleiben kann? Ich
glaube, daß ich hier, wie sehr mir auch an diesem Buch
liegt, wie dringlich ich es zu empfehlen wünsche, doch
nicht umhin kann, auf eine gewisse Schwäche zu verweisen. In seinem Bemühen nämlich, seine Philosophie der
Existenz Israels als eine »Konzeption gegen das Instinkti-
ve« darzustellen und also im Bereiche des Philosophischen, Historischen, auch Theologischen zu verbleiben,
hat der Autor gegebene Realitäten, mit denen das Land
zu jeder Stunde konfrontiert ist und die schließlich auch
im eigentlichen Wortsinne ›existentiellen‹ Charakter bekommen, außer acht gelassen. Zum Beispiel eben: die
Frage des Friedens. Hier weicht Dürrenmatt in die allerdings sehr schöne Parabel von einem mohammedanischen und einem jüdischen Schriftgelehrten aus, die
durch Jahrhunderte gemeinsam in einem Gefängnis liegen, disputieren, hungern, einander hassen in aller Ge-
meinschaftlichkeit und schließlich doch am Ende einander liebend erkennen. Das ist als ein Stück ›Schöner
Literatur‹ überaus eindrucksvoll, so wie ja das ganze
Buch Dürrenmatts ein Sprachkunstwerk ist, das seinesgleichen sucht. Nur leider: über den konkreten, in d i e s e r

Zeit vorzunehmenden, von ihr bedingten Prozeß des Erkennens, der ins Werk gesetzt werden muß, soll nicht fürchterliches Unheil geschehen, fällt so gut wie kein Wort. Was denn, so möchte man Dürrenmatt fragen, soll praktisch geschehen? Sollen die Israeli, die in ihrer Isoliertheit schon so verzweifelt dastehen, daß sie sogar den südafrikanischen Ex-Nazi Vorster freundlich empfangen und ihn unbegreiflicherweise sogar die Weihestätte für jüdische Opfer besichtigen lassen – sollen die Israeli, wie es von linken Gruppen im Lande vorgeschlagen wird, eine unilaterale Geste dem palästinensischen Bruder gegenüber machen und die besetzten Gebiete räumen, ohne jede Garantie dafür, daß nicht morgen die aufgegebenen Territorien zum Aufmarschplatz für des feindlichen Bruders ›letztes Gefecht‹ werden? Sollen sie, umgekehrt, wie die israelischen ›Falken‹ es wollen, als Mini-Atommacht den Frieden durch jenes berüchtigte Gleichgewicht des Schreckens herzustellen trachten, das in diesem Falle gar kein Gleichgewicht wäre, da doch den Arabern, die zahllos sind wie der Sand am Meere, ein Menschenleben unendlich viel weniger gilt, als den knapp drei Millionen jüdischen Israeli? Sollen sie versuchen, jenen von Arafat immer wieder evozierten laizistischen palästinensischen Staat zu akzeptieren, auf die Gefahr hin, daß sie in diesem wieder nur zur Ghetto-Minorität werden? Vergebens suchen wir bei Dürrenmatt nicht nur Antworten auf diese brennenden Fragen, sondern sogar ihre klare Formulierung. Er durchschaut die Situation sehr genau, doch bleibt er stets im Historischen und vermeidet die Aktualität. Allemal, wo es um Geschichtsphilosophisches, um große Linien, um theologische Fragen geht, ist Dürrenmatt auf der Höhe. So sagt er beispielsweise von den Palästinensern, auf deren praktisches Verhalten im Augenblick alles ankommt:

> Sie hatten nie einen Staat. Sie haben nie gehabt, was sie jetzt wollen auf Grund dessen, was die Juden wollten, weil diese es mußten: einen Staat; und was die Palästinenser jetzt haben, wollen sie nicht, denn es ist nichts, was sie haben. Sie jagen einer Idee nach: das zu sein, was Israel ist. Das können sie nur, wenn sie wie Israel werden. Dazu braucht es Zeit, und Zeit ist identisch mit Frieden, denn ihre Existenz ist nur durch die Existenz Israels möglich, geht Israel unter, ist es ihr Untergang: Sie können auch von den ›Arabern‹ jederzeit fallengelassen werden. Sie werden Syrer, Ägypter oder Jordanier, je nach Ausgang der Kämpfe, die dann unter Arabern entbrennen, gesetzt, die Araber besiegen Israel. Die Existenz des jüdischen Staates bekommt damit den politischen Sinn, den Palästinensern zu ihrem Recht zu verhelfen: zu ihrem Staat. So klein dieser Landstrich ist, den wir Palästina nennen, ein Nichts auf dem Globus, er hat Platz für zwei Staaten, wie er Platz für viele Kulturen hat. Das setzt voraus, daß die Palästinenser den jüdischen Staat anerkennen und die Juden den palästinensischen.

Man kann es nicht besser sagen. Die Dialektik der israelisch-palästinensischen feindlichen Bruderschaft ist hier mit einer großen Klarheit formuliert. Doch ist uns, ist den Israeli, ist den Palästinensern wenig geholfen, wenn der Autor gleich selbstkritisch hinzusetzt: »Das scheint utopisch. Die Zukunft ist immer utopisch.«

Natürlich ist es das. Hier aber geht es nicht um Zukunft im Sinne einer weiten vor uns liegenden Zeitspanne, denn gerade diese ist uns, wie die Dinge liegen, nicht gegönnt. Hier handelt es sich um das Allergegenwärtigste, ums Heute, denn heute gibt es sinnlose fratrizide Zusammenstöße in Cisjordanien, in der Altstadt Jerusalem, sogar in Galiläa. Heute fließt Blut. Heute muß der Frieden in diesem Raume gewonnen werden, entgegen arabischen restaurativen Träumen, entgegen auch großisraelischen Phantasien, entgegen all dem, was Dürrenmatt richtig als das »Ideologische« bezeichnet. Gerade hier hat es wenig Sinn, uns auf die Utopie hin zu vertrösten. Man legt, hat man dieses Buch gelesen, es aus der Hand und fragt sich noch sorgenvoller als vordem: Was nun? Was tun? Dürrenmatt gibt uns keinen Rat, weil er sich selber keinen Rat weiß, weil er vor dieser zerrissenen Erde, aus der vor mehr als drei Jahrtausenden unsere Zivilisation zu sprießen begann, wie vor einem ins Metaphysische hineinragenden Rätsel steht – und weil er weder Kissinger ist noch Sadat, noch Arafat oder Rabin.

Dürrenmatts Engagement für Israel ist hochachtenswert, weil der Autor gegen den Strom schwimmt, gegen die Macht, gegen die Ideologie, gegen die geläufigen Phraseologien von rechts wie von links. Sein Buch ist ein menschlich wie literarisch beachtenswertes Dokument, lehrreich zudem, ein Zeugnis angestrengten und grundehrlichen Denkens. Es ist ein Werk der Aufschlüsse, nicht aber eines der Hinweise. Oder sollte es doch ein solches sein? Dann wäre es freilich schlimm bestellt um jenen Frieden, den Dürrenmatt so innig ersehnt wie ein beliebiger israelischer Soldat, der drei Jahre Dienstzeit tun muß und einen Monatssold in der Höhe von etwa sechzig DM empfängt. Tatsächlich wird uns, haben wir diesen Text gelesen, die Ausweglosigkeit der Lage im Nahen Osten bewußt. Denn nichts deutet darauf hin, daß eine Lösung des Konfliktes sich auch nur als Möglichkeit am Horizont abzeichnet. Die Weltmächte verfolgen in abstoßender Selbstsucht ihre Interessen. Das Geschick der Abrahamskinder ist ihnen gleichgültig. Die Freiheit des einen, des Juden, sei die des anderen, des Arabers, heißt es am Ende des Buches. Aber ohne Hilfe von außen können sie beide zu dieser Freiheit nicht gelangen. Eine Welt, welcher der Begriff ›Freiheit‹ täglich mehr zum agitatorischen Schlagwort wird, ist allem Anschein nach nicht willens, den gordischen Knoten zu lösen, ist nicht einmal kräftens, ihn zu zerhauen. Und Dürrenmatt ist in der Tat, gleich dem Lande, für das er eintritt, vereinsamt.

Aus: ›Text und Kritik‹, Heft 56: ›Friedrich Dürrenmatt II‹. München, Oktober 1977.
Abdruck mit freundlicher Genehmigung von Frau Maria Améry.

Dürrenmatt als Maler und Zeichner

> »Meine Zeichnungen sind nicht Nebenarbeiten zu meinen literarischen Werken, sondern die gezeichneten und gemalten Schlachtfelder, auf denen sich meine schriftstellerischen Kämpfe, Abenteuer, Experimente und Niederlagen abspielen.«
>
> F. D.

Manuel Gasser
Eine Doppelbegabung

Nachdem sich Friedrich Dürrenmatt lange dagegen ge-
sträubt hatte, seine Zeichnungen und Malereien einem
größeren Publikum zugänglich zu machen, verstand er
sich zu einer Herausgabe wenigstens eines Teils dieser
Werkgruppe. Denn außer den in diesem Band [Friedrich
Dürrenmatt, *Bilder und Zeichnungen,* Hrsg. v. Christian
Strich, Zürich: Diogenes 1978] versammelten Feder-
zeichnungen, lavierten Blättern und Gouachen gibt es
von ihm zahllose Skizzen und Karikaturen; auch sind
etliche von den bildmäßigen Kompositionen, die der
Gymnasiast Dürrenmatt lange vor seinen ersten schrift-
stellerischen Versuchen zu Papier brachte, erhalten. In
einem bestimmten Sinn kann jedoch die vorliegende Edition Anspruch auf Vollständigkeit machen: Sie enthält
alle Werke großen Formats, die seit der *Kreuzigung* von
1939 entstanden sind und dem Herausgeber erreichbar
waren.

Wenn von den Arbeiten eines Künstlers die Rede ist,
dessen hauptsächliche Tätigkeit auf einem andern Gebiet
liegt, gehört es sich, dem Phänomen der Doppelbegabung einige Aufmerksamkeit zu widmen.

Doppelbegabungen sind so zahlreich, daß man sich
fragen kann, ob es sich dabei um die Ausnahme oder um
die Regel handle. Selten allerdings kommt es vor, daß das
im Keim vorhandene, auf einen andern Kunstbereich

gerichtete Talent über rudimentäre Anfänge hinausgeführt wird. An den Fingern abzuzählen sind dann jene Künstler, die in zwei und drei Gattungen gleich Außerordentliches hervorbrachten.

Im Falle Dürrenmatts nun steht nicht das mit jeder Doppelbegabung verbundene Schwanken zwischen zwei Ausdrucksmitteln im Vordergrund, sondern die Tatsache, daß er beim Schreiben sowohl als beim Zeichnen und Malen stets von einer bildhaften Vorstellung ausgeht und daß die Formgebung dieser am Anfang des schöpferischen Prozesses stehenden Vision von sekundärer Bedeutung ist.

Die Entscheidung zugunsten des Wortes fiel bei ihm vergleichsweise sehr spät. Seine früheste schriftstellerische Arbeit, eine Skizze von vierzehn Druckzeilen Länge, betitelt *Weihnacht*, verfaßte der Vierundzwanzigjährige zu einer Zeit, da er bereits ein umfangreiches zeichnerisches Œuvre vorweisen konnte.

Kurz darauf erfolgte dann allerdings die Hinwendung zum Wort, die in einer autobiographischen Stelle der Komödie *Der Meteor* so erwähnt wird: »Vor vierzig Jahren wohnte ich hier und malte auch. Dann verheizte ich meine Bilder und begann zu schreiben.«

Kam dieser Entschluß einer Resignation gleich? In dem Sinne gewiß, als Dürrenmatt einsah, daß Malerei und Zeichnung nicht die Medien waren, um das, was aus ihm herauswollte, auszudrücken. Genauer: nicht die einzigen und auch nicht die ihm gemäßesten. Er ließ indessen seine Begabung für das Bildnerische nicht verkümmern und degradierte sie auch nicht zu einer bloßen Freizeitbeschäftigung, sondern integrierte sie dadurch in sein schriftstellerisches Schaffen, daß auf seinem Arbeitstisch immer auch Tusche, Federn, Pinsel, Zeichenstifte präsent sind.

Die in diesem Band wiedergegebenen Zeichnungen messen mit geringen Abweichungen 36 mal 25,5 Zentimeter. Die Wahl dieses Formats erklärt sich aus dem Bedürfnis, jederzeit vom Schreiben zum Zeichnen übergehen zu können, ohne deshalb den Arbeitsplatz wechseln zu müssen. In *Stoffe – Zur Geschichte meiner Schriftstellerei* beschreibt Dürrenmatt diese gleichzeitige Tätigkeit so:

Auf meinem Schreibtisch liegt neben dem Manuskript ein weißer Karton, lange unberührt, flüchtig gleitet einmal der Stift darüber, schnell ist etwa im Vordergrund eine Stadt skizziert, dahinter, noch hinter dem Horizont, zwei ungeheure Tiere, die sich bekämpfen, am Himmel Milchstraßensysteme, dann lasse ich das Blatt liegen, oft tagelang, einmal beginne ich mit der Feder zu kritzeln, vorerst mit vielen Strichen etwas Himmel auszufüllen, plötzlich erfaßt mich die Leidenschaft, es ist, als erschaffe sich aus diesem Nichts, aus der weißen Leere des Kartons von selbst eine Welt. Ich zeichne eine Nacht hindurch, zwei, ohne zu ermüden. Nie vermöchte ich das beim Schreiben, das Bild entsteht unmittelbar vor mir, manchmal hefte ich es an die Wand, trete zurück, betrachte es von weitem, lege es auf den Schreibtisch, ergreife die Rasierklinge, schleife das Bild ab, hefte es wieder an die Wand, das Bild ist besser, doch nicht mehr so intensiv, lege es aufs neue auf den Schreibtisch – eigentlich wollte ich die Nacht durch schreiben –, arbeite mit dem Pinsel, dann mit der Feder, korrigiere mit der Rasierklinge, schabe von neuem, ziehe mit der Feder eine Linie nach, hefte das Bild an die Wand, trete zurück, das Hin und Her dauert bis in den Morgen; überzeugt, die Federzeichnung sei jetzt in Ordnung, trotte

ich müde den Garten hinab zum Wohnhaus, die Hunde
folgen mir schläfrig, kaum daß ich den bleiernen See
bemerke, die fernen, in der Frühe wie durchsichtigen
Alpen, den mächtigen, sich aufhellenden Himmel, doch
schon vor dem Mittagessen arbeite ich an der Zeichnung
weiter, obgleich ich doch zu schreiben hatte, aber ich hatte
der Versuchung nicht widerstehen können, die Zeichnung
zu betrachten, nur noch ein Detail ist zu ändern, beim
Zeichnen ändere ich ein zweites, ein drittes, rahme die
Zeichnung ein, überzeugt, nun sei sie fertig, hänge sie an
die Wand, jetzt erst sehe ich den entscheidenden
Fehler …

So Dürrenmatt selber über die Entstehung einer Zeichnung, über seine Arbeitsweise – die sich übrigens nicht
wesentlich von derjenigen seiner Schriftstellerei unterscheidet. Diesem Selbstzeugnis ist kaum etwas hinzuzufügen. Etwa, daß für das erwähnte und für die Wirkung
vieler Blätter entscheidende ›Abschleifen‹ bereits bestehender Partien und für die häufigen, auf schwarzem
Grund weiß erscheinenden Strichlagen außer der Rasierklinge auch ein Skalpell benutzt wird.

Im weiteren Verlauf der eben zitierten Darstellung
seines Schreibens und Zeichnens heißt es dann:

> Die Prosa treibt. Im Zeitfluß dahin und davon. Es bleibt mir
> nichts anderes übrig, als mich dahintreiben zu lassen; das
> Floß einer Konzeption zu zimmern, habe ich stets unter
> lassen …

Hier wird über das rein Technische hinaus eine wesentliche Eigenschaft von Dürrenmatts Zeichnungen berührt: ihr außerhalb des Zeitflusses Stehen, ihr nicht
erzählender, sondern schildernder Charakter.

Wie wir sehen werden, sucht sich der Stückeschreiber Dürrenmatt als Zeichner zwar Stoffe mit eindeutig dramatischem Gehalt aus, behandelt sie aber dann mit auffallender Vernachlässigung der ihnen innewohnenden theatralischen Möglichkeiten. Der Minotaurus beispielsweise wird nicht im Kampf mit seinem Überwinder Theseus gezeigt, sondern als ein im Labyrinth isoliertes Geschöpf; der Turm zu Babel, den Brueghel und seine Zeitgenossen von Werkleuten wimmelnd gemalt hatten, ragt bei Dürrenmatt menschenleer aus einem Niemandsland oder aus einem anscheinend verlassenen Häusermeer; Christus und Pilatus blicken stumm aneinander vorbei, und die Auseinandersetzung zwischen dem Heiligen und dem Mächtigen findet nicht statt; auch die Auferstehung des Menschensohnes, sonst immer begleitet vom Stürzen der geblendeten Grabeswächter, spielt sich ohne Zeugen ab, und wenn Dürrenmatt dann doch einmal hochdramatisch wird wie bei der Katastrophe mit den kollidierenden Eisenbahnzügen, muß er sich von seinem Freund Varlin sagen lassen: »So was sollte ein erwachsener Mensch nicht malen.«

Es springt in die Augen, daß der Zeichner Dürrenmatt dieses Gerinnen der dynamischen Handlung zur Statik sucht und genießt; daß ihm mit dem auf Gottes Thron gewaltig hockenden Bockelson eine Wirkung gelingt, die ihm der unaufhaltsam flutende und drängende Zeitstrom der Bühnenhandlung versagt; daß die Auffassung, er könne sich nach Belieben mit dem Wort oder dem Bild ausdrücken, hinkt. Denn das, was er schreibend gestaltet, mag stofflich den Zeichnungen nah verwandt sein, genau besehen sind die beiden Äußerungen so grundverschieden wie Handeln und Sein.

Die vorliegende Präsentation von Friedrich Dürrenmatts Zeichnungen und Malereien ist teils chronologisch, teils jedoch nach Themen geordnet. Nach jenen Themen, die in seinem dichterischen wie in seinem bildnerischen Werk seit den Anfängen immer wiederkehren und das geistige Erscheinungsbild dieses Autors entscheidend geprägt haben. Dazu zählen der Turmbau zu Babel, der Gekreuzigte, Herkules und Sisyphos, der Minotaurus und andere Ungeheuer, der behelmte und gepanzerte Ritter, der Papst, der Henker, die Weltallvisionen. Sie gewinnen ihre Importanz nicht nur durch die Häufigkeit, mit der sie im graphischen Werk auftauchen, sondern auch durch ihre Entsprechungen im dramatischen, erzählerischen und essayistischen Schaffen Dürrenmatts. Erst durch die Zusammenschau mit diesem gewinnen sie ihren Stellenwert, bewahrheitet sich der Ausspruch des Tiresias im *Sterben der Pythia:* »Es gibt keine nebensächlichen Geschichten. Alles hängt zusammen, rüttelt man irgendwo, rüttelt man am Ganzen.«

Es fällt auf, daß der Zeitkritiker Dürrenmatt als Zeichner eine ausgesprochene Abneigung gegen das zeitgenössische Kostüm, die zeitgenössische Szenerie überhaupt an den Tag legt. Seine Figuren sind entweder nackt oder dann in Gewänder gehüllt, die keiner bestimmten Epoche angehören. In den wenigen Fällen, wo Modernes zur Darstellung kommt, wird es auf seltsame Art verfremdet. So die Protagonisten des Blattes *Soldat und gehenkter General,* die beiden Figuren unten links auf *Die Welt als Theater,* die Wissenschaftler auf *Beim Bau eines Riesen.* Das einzige Blatt, auf dem diese Scheu vor der Moderne überwunden ist, heißt *St. Tropez;* und auch hier muß man zweimal hinsehen, um festzustellen, daß es sich bei den um das Selbstbildnis im karierten Anzug versammelten Gestalten nicht um einen mittelalterlichen Hexensabbat handelt, sondern um eine Szene im Strand-Café eines mondänen Badeortes.

Das Ausweichen Dürrenmatts vor zeitgenössischen Themen erklärt sich nicht zuletzt mit seiner Abneigung gegen das Zeichnen nach der Natur. Dazu sein eigenes Zeugnis:

> Das eigentliche Abenteuer des Malens und Zeichnens, die Auseinandersetzung mit dem Objekt – darum portraitiere ich am liebsten – entdeckte ich erst spät, indem mir aufging, daß Malen und Zeichnen nicht ein Abmalen und Abzeichnen sind, sondern ein Schildern; trotzdem gebe ich immer wieder meiner alten Neigung nach und male und zeichne aus der Phantasie.

Die Phantasie jedes Menschen aber ist aus dem Stoff gemacht, den er in frühester Jugend in sich aufgenommen hat. Im Falle Dürrenmatts sind das, abgesehen von Bildern aus dem bäurischen Alltag, biblische, antike, mittelalterliche Geschichten und Vorstellungen. Sie und nicht die ihn heute umgebende Welt sind das Arsenal, aus dem er seine Figuren, Kostüme und Versatzstücke bezieht. Bevor wir aber auf diese Themen des näheren eingehen, muß vom Theater und den ihm zugeordneten Zeichnungen die Rede sein.

Das Theater nimmt, wie nicht anders zu erwarten, unter den Stoffen des Zeichners Dürrenmatt den breitesten Raum ein. Zur Darstellung kommen Szenen und Figuren aus den Stücken *Es steht geschrieben, Frank V., Die Physiker, Herkules und der Stall des Augias, Der Meteor, Die Wiedertäufer, Porträt eines Planeten* und aus der Shakespeare-Bearbeitung *König Johann*. Außerdem gibt es Blätter, die auf das nicht ausgeführte Bühnenstück *Kaiser und Eunuch* und auf das Hörspiel *Stranitzky und der Nationalheld* Bezug haben. Sodann gehören die Reihe der *Turmbau*-Zeichnungen und der prächtige Wurf mit dem Titel *Shakespeare* zu diesem Themenkreis. Und in einem gewissen Sinne auch die Groteske *Das Arsenal des Dramatikers*.

Dieser dramatische Komplex ist indessen von jeder Einheitlichkeit der Aussage weit entfernt. Die *Folterszene* aus *Es steht geschrieben* und die drei um einen Salontisch versammelten Physiker aus dem gleichnamigen Stück sind eigentliche Szenenbilder, wobei dahingestellt sei, ob die Zeichnungen vor, während oder nach der Uraufführung dieser Stücke entstanden sind. Sie könnten – auf ganz andere Art natürlich – auch von einem professionellen Theaterzeichner gemacht worden sein.

Ganz anders die Blätter zu dem von Dürrenmatt umgeschriebenen Königsdrama von Shakespeare. Die Zeichnungen *Der Bastard mit seinem Halbbruder vor König Johann* und *König Johann und der Kardinal im Himmelbett* muten an wie die Ideenskizzen eines Regisseurs, der sich mit dem Kostüm und der Stellung der Schauspieler und mit dem Bühnenbild einer geplanten Aufführung zeichnend auseinandersetzt. Sie könnten einem künftigen Spielleiter als Hinweis dafür dienen, wie sich der Autor, der bei der Basler Uraufführung der Bearbeitung zusammen mit Werner Düggelin selber Regie geführt hatte, diese Szenen vorstellt.

Grundverschieden von diesen graphischen Regieanweisungen sodann die Zeichnungen *Richard Löwenherz verführt Lady Faulconbridge* und *Der Bastard tötet in der Schlacht den Herzog von Österreich*. Beides sind Begebenheiten, die im Stück nur gesprächsweise erwähnt, aber nicht szenisch dargestellt werden. Abschweifungen des zeichnenden Dramaturgen also, die aber für das Verständnis der Handlung alles andere als überflüssig sind; denn Spielleiter und Akteure müssen sich auch das, was der Dramatiker als Vorgeschichte voraussetzt oder dahingestellt bleiben läßt, mit derselben Bildhaftigkeit vorstellen können wie das auf der Bühne Gezeigte. Und was die gigantische Helmzier von Richard Löwenherz angeht: Hier hält sich der seiner Phantasie freien Lauf lassende, an keine technischen Gegebenheiten gebundene Autor-Regisseur schadlos für das, was ihm die Bühnenwirklichkeit versagt.

Der Schulbub Dürrenmatt sog biblische Geschichten und Bilder auf wie ein Schwamm das Wasser. Dafür hätte es für einen Pfarrerssohn keines besonderen Anlasses bedurft, doch ergab es sich, daß seine Mutter die Tochter des Zahnarztes als Leiterin der Sonntagsschule ablöste und den Kindern die Bibel erzählte. Wie sie ihrer Aufgabe gerecht wurde, erzählt Dürrenmatt:

> Wurden uns vorher fromme Sprüche mit sanfter kindlicher Stimme vorgeleiert, entrollte meine Mutter ein Epos. Zwar ließ sie Adam und Eva beiseite, die Geschichte war ihr zu genierlich, aber die Sintflut stellte sie gewaltig dar, Gottes Zorn, den ganzen Ozean kippte er über die Menschheit: nun schwimmt mal, Moses und Josua, ›Sonne, stehe still zu Gibeon, und Mond im Tale Ajalon‹: Bei diesem Befehl ging ein Ruck durch das Weltgefüge, mit der Sonne und dem Mond verharrte auch die Milchstraße und weiter noch der Andromedanebel einen Tag und eine Nacht in Unbeweglichkeit, statt sich in rasender Ge-

schwindigkeit zu drehen und aufeinander zuzuschießen, während auf der kleinen Erde eine Schlacht tobte, Schilder aneinanderprasselten, Rosse aufgeschlitzt und Menschen zerhackt wurden.

Von diesen alttestamentlichen Epen aus Muttermund ist außer dem Turmbaumotiv nichts unmittelbar in die Zeichnungen des Sohnes eingeflossen; es sei denn, man deute das Blatt *Zorniger Gott* in diesem Sinne. Und was das Neue Testament betrifft, so können nur die erste und die dritte Fassung der *Kreuzigung,* die *Auferstehung* und allenfalls der *Engel* als Illustrationen zu Bibelstellen bezeichnet werden; denn die mit *Apokalypse* betitelte Zeichnung führt Gestalten vor, die dem Evangelium fremd sind.

Auf der andern Hand jedoch sind die Blätter biblischen Inhalts, vor allem die erschütternde *Kreuzigung III,* von so großer Eindringlichkeit, daß sie trotz ihrer geringen Anzahl das Gesamtbild des graphischen Werks in sehr hohem, ja entscheidendem Grad bestimmen.

Dazu kommt, daß die hier angedeutete, dem Jenseitigen zugetane Wirkung der Dürrenmatt-Zeichnungen nicht allein von den Blättern mit eindeutig biblischen Inhalten ausgeht, sondern vom religiösen Gesamtklima dieser ganzen Werkgruppe. So wie die Sprache des Dramatikers und Erzählers vom Deutsch Luthers und der Choraldichter mehr als von andern Vorbildern geprägt ist, weht auch durch seine Zeichnungen der Geist der Bibel. Und das selbst in jenen Darstellungen, die der flüchtige Betrachter als religionskritisch, wenn nicht gar als blasphemisch aufzufassen versucht ist. Ich denke an die vier Zeichnungen, auf denen der Papst oder mehrere Päpste in Erscheinung treten. So burlesk-grotesk diese

Tiaraträger wirken, so lassen sie doch ahnen, daß der Protestant Dürrenmatt zu den seltenen Zeitgenossen zählt, die im Papst eine Figur von großmächtigem Symbolgehalt erblicken.

Der dritte Bühnenstoff, an dem sich der junge Dürrenmatt versuchte, hieß *Der Turmbau zu Babel:* Der Dichter hat das Manuskript verbrannt, fünf Jahre darauf aber aus dem ersten Akt das Stück *Ein Engel kommt nach Babylon* gemacht. Von der Vorstellung des babylonischen Turmbaus aber kam er in der Folge nicht mehr los. Sie wurde zu einem Hauptanliegen seines Zeichnens: Die in dieser Sammlung präsenten Blätter mit dem Titel *Turmbau* verteilen sich auf die fünfziger, sechziger und siebziger Jahre. Sie sind, was Anzahl und spezifisches künstlerisches Gewicht betrifft, das Gegenstück zu den um das Thema Raumfahrt kreisenden dichterischen und essayistischen Äußerungen.

Die Gleichsetzung von Turmbau und Weltalleroberung wird schon in der ersten, 1952 datierten Fassung offensichtlich. Das Gebäude erinnert an eine abschußbereite Weltraumrakete, und vor dem nachtschwarzen Himmel erscheint ein nach allen Seiten Feuergarben aussendender Himmelskörper. Wobei zu bedenken ist, daß es im Entstehungsjahr dieser Zeichnung noch lange keinen Sputnik, geschweige denn eine Apollo-Rakete gab.

Auf dem zweiten Versuch, einer Gouache von 1954, ist dann die Gleichsetzung mit einem Raumschiff nicht mehr zu verkennen: Der Turm, von dem nur noch die Basis sichtbar ist, schießt, von Sonnenbällen umkreist, ins Unendliche, während die Wolkenkratzer, über denen sich die moderne Himmelfahrt abspielt, Amerika als das neue Babel bezeichnen.

Auf was Dürrenmatt mit seinen Turmbau-Zeichnungen abzielt, wird auf dem dritten Blatt von 1968 selbst im Titel deutlich. Es heißt *Der amerikanische Turmbau* und zeigt in einer Manier, die gleichzeitig an Paul Klee und Saul Steinberg erinnert, ein mit Radarschirm und Rakete bestücktes Gerüst. Das der Szene zugeordnete Gestirn ist in Auflösung begriffen.

Mit dem vierten, *Vor dem Sturz* betitelten Blatt kehrt das ursprüngliche, an den Turm von Pisa gemahnende Architekturschema wieder. Bedenkliche Risse und Sprünge klaffen im Gemäuer, in den unteren Stockwerken ist eine breite Bresche herausgebrochen, der Himmelskörper hat sich in einen feurigen Gaswirbel verwandelt, die Katastrophe steht unmittelbar bevor.

In *Nach dem Sturz* von 1976 ist sie Tatsache geworden. Ein elender Rest des zerstörten Turms verkommt in öder Landschaft, Zeuge der Endzeit ist ein toter Papst, den das Gerippe eines Mammuts einschließt.

Aber Dürrenmatt gibt nicht auf. Er setzt zum *Versuch eines Neubaus* an und berichtet darüber:

> ...endlich habe ich den Fehler entdeckt, den Turm zu Babel als halbfertige ungeheure Statue einer Frau darzustellen, na ja, von weitem sieht die Zeichnung doch nur wie die unfertige Statue einer Frau aus, ich arbeite an der Stadt, am Hintergrund, es nützt nichts, jahrelang scheint die Zeichnung mißglückt, dann begreife ich und zeichne in die Frau Wohnungen hinein, verwandle sie immer mehr in einen Turm, nun scheint es, als seien zwei Architekten am Werk, der eine will einen kolossalen Turm, der andere eine kolossale Frau errichten ...

Die biblischen Geschichten der Mutter hatten ihr Gegenstück in den Griechensagen, die Vater Dürrenmatt auf langen Spaziergängen in der Umgebung des Dorfes Konolfingen erzählte. Sie fanden ihren Niederschlag im dichterischen, aber auch im graphischen Werk des Sohnes. Die Mythen von Sisyphos und Herkules, die Entmannung des Uranus, vor allem aber der Himmelsträger Atlas und die Figur des Minotaurus im kretischen Labyrinth haben es dem Zeichner angetan.

Atlas und Minotaurus – auf den ersten Blick haben sie wenig miteinander zu tun; merkwürdigerweise aber sind die dem einen und andern gewidmeten Blätter nah verwandt. Denn nicht die hübsche Geschichte von der Überlistung des Titanensohnes durch Herakles wird gezeigt, sondern zuerst der unter seiner Last ächzende und dann unter ihr zusammengebrochene Atlas; und auch den Zweikampf zwischen dem Minotaurus und Theseus übergeht der Zeichner und verzichtet auf die sonst übliche Darstellung des Ungeheuers als stierköpfiger Mensch. Das Fabelwesen erscheint bei ihm vielmehr als stumpfes, dumpfes, zugleich beklagenswertes und gemeingefährliches Rindvieh, das in den verschlungenen Gängen des Labyrinths dahindämmert. Es ist, genau wie Atlas, ein Sinnbild für die totale Isolierung der Kreatur in einer ihr feindlichen Welt.

Der Minotaurus ist in Dürrenmatts Zeichnungen nicht die einzige Verkörperung des Unheimlichen, Bedrohlichen, Fürchterlichen durch das Tier. Als Rand- oder Hauptfiguren treiben Haifische, Löwen, Geier und Harpyien, apokalyptische Gäule, Drachen, Schlangen, Zwitter aus Molch und Insekt, grausige Ratten ihr Wesen; auf den Blättern *Das Tier* und *Die beiden Tiere* beherrscht dann das Animalische die Szene ganz.

Und immer wieder stoßen wir auf tollwütige Hunde.

Das Grauen vor dem Tier, dem der Zeichner ausgeliefert ist und das sich dem Beschauer mitteilt, hat seinen
Ursprung in frühen Jugenderlebnissen, auf die Dürrenmatt mit diesen Sätzen anspielt:

> Auch erschrak ich einmal in der Waschküche, ein unheim-
> liches Tier lag dort, ein Molch vielleicht, das Grausen
> blieb, das mich erfaßte, wenn der Gemüsemann in seinem
> kleinen Laden unter dem Theatersaal mit seinem handlo-
> sen Arm einen Salatkopf auseinanderschob, auch der
> Schrecken über das Lebendig-Schlüpfrige der ersten Forel-
> le, die ich im Bach fing, ich ließ sie wieder aus den Händen
> gleiten, sie schnellte hoch, dann fing ich sie wieder und
> schlug sie tot.

Entscheidender noch war ein anderes Erlebnis, das so
erzählt wird:

> Neben uns wohnte der Obergärtner. Sein Schäferhund war
> angekettet, ich ließ ihn oft frei und nahm ihn auf meinen
> Spaziergängen mit. Er war zutraulich, doch fiel er mich an
> einem Sonntagnachmittag im Hof, gegen die Straße zu, an,
> unvermutet, plötzlich, eine Bestie, vielleicht daß ihn ein
> Fußgänger irritierte, vom Hof nur durch eine Holzwand
> getrennt. Meine Mutter warf sich dazwischen, vergeblich,
> der Hund hatte sich in mich verbissen, sie kämpfte, ich
> kämpfte, von einer rasenden Wut gegen das große,
> schwarze, wilde Tier erfaßt, so daß ich keinen Schmerz
> spürte. Vom Nachbarhaus, einer Mietskaserne, schauten
> die Leute auf ihren Balkonen zu, prächtiges Wetter, Son-
> nenschein, ich fühlte mich wie in einer Arena, endlich riß
> ein Gärtner, der uns zu Hilfe kam, den Hund weg, ich war
> blutüberströmt, die Kleider zerfetzt, ein Arzt kam, der
> Hund wurde erschossen.

Wie das Archaisch-Griechische übt auch das Mittelalter eine starke Anziehungskraft auf den Dramatiker wie auf den Zeichner Dürrenmatt aus. Allerdings ist es hier nicht die Morgendämmerung eines Zeitalters, die ihn fesselt, sondern dessen blutiges Abendrot, die Epoche des Hieronymus Bosch, der Wiedertäufer, der Folterkammern und Hochgerichte. Und wie er Hellas ohne Säulen und antikischen Faltenwurf darstellt, so geht es ihm auch beim Spätmittelalter nicht um Zeitkostüm und -kulisse, sondern um den Geist einer zwischen Lebensgenuß und Askese schwankenden, in Wollust und Grausamkeit schwelgenden Welt. Der Begriff Mittelalter ist darum bei den Zeichnungen nicht nur im wörtlichen, sondern auch im übertragenen Sinn zu verstehen. Will sagen: Viele und besonders die von Figuren wimmelnden Szenen atmen den Geist dieser Epoche auch dann, wenn sie Historisches mit Modernem kühn vermischen. So etwa das vor mehr als dreißig Jahren entstandene Blatt *Die Welt als Theater* oder die noch früheren *Apokalyptischen Reiter*.

Mit dem spätmittelalterlichen Menschen teilt Dürrenmatt die Auffassung, daß Grausamkeit und Obszönität ihren Platz im Weltenplan haben; daß sie dann, wenn das Leben in seiner ganzen Breite, Fülle und Vielfalt dargestellt werden soll, nicht unterschlagen oder beschönigt werden dürfen; daß nicht die Schilderung von Gebresten, Folterungen, Bluttaten anstößig ist, sondern ihr Vorhandensein in einer Welt, die vom Glauben, sie sei die beste aller möglichen, nicht abzubringen ist.

Wie in seinem dramatischen und erzählenden Werk gibt es auch in den Zeichnungen und Malereien Stellen, die nicht nur alte Jungfern schockieren. Es wäre zu einfach, in ihnen nur die Lust am Grotesken und Gräßli-

chen zu erblicken. Dürrenmatt stellt dem Abgründigen
nicht nach, es drängt sich ihm auf, es fällt ihn an, so wie
ihn damals der böse Hund angefallen, sich in ihn verbis-
sen hatte. Und nicht nur um es loszuwerden, stellt er das
Unflätige dar, sondern weil er als ehrlicher Mann weiß,
daß die halbe Wahrheit eine ganze Lüge ist.

Von allen Problemen, mit denen sich Dürrenmatt
schreibend und zeichnend auseinandersetzt, stellt ihm
das von der Beschäftigung mit dem Weltall aufgeworfene
die brennendsten Fragen. Ihm verdankt er seine heftig-
sten Zweifel, Erschütterungen, seine mächtigsten Auf-
schwünge auch. Wie früh und wie tief ihn das Mysterium
des Kosmos aufwühlte, geht aus der zitierten Erinnerung
an die Bibelstunde mit Jesus und dem Stillstand der
Gestirne hervor, wo sich der kleine Fritz nicht mit Sonne
und Mond zufrieden gibt, sondern auch noch die Milchstraße und den Andromedanebel in die himmlische Katastrophe miteinbezieht.

Die Zeugen der Beschäftigung mit dem zugleich meß-
baren und ewig unergründlichen Treiben im All durch-
ziehen das ganze dichterische und essayistische Werk
Dürrenmatts, um im *Psalm Salomos, den Weltraumfahrern zu singen* ihre großartigste Ausprägung zu finden.

Auch die Zeichnungen und Malereien wimmeln von
Sonnen und Galaxien, Kometen, Planeten und ausge-
brannten Trabanten, die die im *Psalm* aufgerufenen Wü-
sten des Monds, die Bleidämpfe des Merkurs, Jupiters
pfeilschnell rotierenden Methanbrei und den graugrün-
lich-erfrorenen Neptun augenfällig machen.

Und wieder verhält es sich wie bei den andern großen
Themen: Es ist nicht dieses oder jenes Blatt, das dem

Gepacktsein des Zeichners von seinem Gegenstand Ausdruck gibt – durch das Werkganze dröhnt der Choral ›O Ewigkeit, du Donnerwort‹.

Vorwort zu: Friedrich Dürrenmatt, ›Bilder und Zeichnungen‹, herausgegeben von Christian Strich, Zürich: Diogenes Verlag 1978.

Zeugnisse

»Das Publikum ist unerbittlich, wenn auch nicht unbestechlich. Sensationen können es verführen, Posen begeistern, Moralien rühren, Konventionen blind machen, Neues abschrecken. Seine Ungerechtigkeit ist sein Recht, seine Gerechtigkeit immer wieder erstaunlich.«

F. D.

Walter Jonas

Ein Werner Y. Müller brachte eines Abends einen Studenten mit, Friedrich Dürrenmatt, der sich in unserem Kreis sofort wohl fühlte und alsbald auch eine überdurchschnittliche schriftstellerische Begabung verriet. Er lag barock in den bequemsten Sesseln herum und lästerte geistreich und gewagt über tausend Dinge. In den Diskussionen gab er sich als Individualist zu erkennen, der lieber dozierte als zuhörte, jedenfalls aber als eine Persönlichkeit mit wahrhaft unerschöpflichem Argumentenreichtum. Auch verstand er, seine Theorien stets so zu formulieren, daß er sie jederzeit widerrufen und durch andere ersetzen konnte. Wenn man ihn ernst nahm, protestierte er energisch, zwar nicht immer, aber mindestens dann, wenn er damit die Gesprächspartner verwirren konnte. Er war keiner Kunstrichtung, keinem System hold. ›Ismen‹ jeder Art schienen ihm verdächtig. Er wird deshalb auch nie der Jugend gefährlich werden können. Wir diskutierten damals die Thesen des Westens und des Ostens und verwarfen alle.

FD improvisierte oft lustige Novellen nach Stichworten, die man ihm gab. Ich erinnere mich noch an eine besonders groteske Geschichte, *Die Wurst.* – Manchmal wurde aus dem Unsinn Ernst. Dürrenmatt, Werner Y. und ich beschlossen, ein gemeinsames Werk herauszubringen, *Das Buch einer Nacht.* Es sollte im Laufe einer einzigen Nacht entstehen und die Eindrücke, die sich uns während dieser Nacht anboten, verarbeiten. Dürrenmatt sollte die Gedichte verfassen, ich die Illustrationen gravieren und Werner Y. laufend den kritischen Kommentar dazu geben. 12 Stunden, 12 Texte, 12 Bilder, in einer Nacht gedichtet, illustriert und gedruckt. – Die Schrift wurde wie die Bilder auf Platten graviert. – Ein Unikum. In der Nacht vom 13. auf den 14. Januar 1943 entstand dieses *Buch einer Nacht,* mindestens ein psychologisch interessantes Experiment. Die dritte Strophe beispielsweise lautete:

> Im Spiegel ruht die Welt.
> Sie hat Kopfweh.
> In der Mitte sitzt Gott.
> Er schläft.
> Sein Haar ist weißes Licht.
> Um seinen Hals windet sich eine Schlange.
> Sie würgt.
> Gott ist erstickt.

An der Tür zu FD's damaliger Studentenbude prangte die Anschrift »Friedrich Dürrenmatt, nihilistischer Dichter«. Fritz litt damals an einem Augenleiden. Er fürchtete zu erblinden. Vom Militärdienst wurde er seiner Augen wegen dispensiert.

Seine Mutter sorgte sich damals sehr um seine Zukunft. Sie wollte nicht recht an ein intensives Studium ihres Sohnes glauben. Er war tatsächlich auch höchstens dreimal bei Professor Staiger, der seiner Ansicht nach »Goethisch statt Deutsch« sprach, im Kolleg gesessen. Eines Tages nun erschien Mutter Dürrenmatt bei mir im Atelier. Wahrscheinlich schien ich ihr der böse Geist zu sein. Sie sprach sich ausführlich und sachlich mit mir aus, und ich glaube, es gelang mir, sie zu beruhigen. Ich entwickelte ihr einen Plan. Fritz und ich hatten verabredet, den ›Gilgamesch‹, ein altes, wohl das älteste Epos überhaupt, das nahezu alle großen Mythen enthält, gemeinsam neu herauszugeben. Er sollte es nachdichten. Ich wollte es illustrieren. Dieses Projekt schien Mutter Dürrenmatt einzuleuchten, und sie verabschiedete sich freundlich. Wir machten uns auch alsogleich an die Arbeit. Aber bald erwies es sich, daß unsere Auffassungen über den schwer zu bewältigenden Stoff weit auseinander klafften. Unsere Bedrängnis war nicht die gleiche. Er interpretierte das Epos auf eher drollige, witzige Art. In seiner Version biß Chumbaba, ein werdender Riese, kaum geboren, seine Mutter ins Bein. Zu solch grotesker Darstellung konnte ich mich nicht durchringen. Ich versuchte die Aufgabe allein zu lösen, und unsere Beziehungen kühlten sich merklich ab.

Kurt Horwitz

Am Churer Stadttheater war der Schauspieler Gaugler verpflichtet, und dieser erzählte mir, er habe einen Freund, der von mir gelesen habe und glaube, ich sei »der Richtige«. Er wolle mich kennenlernen und mir sein erstes Stück zeigen. So traf ich in Zürich zum erstenmal mit Friedrich Dürrenmatt zusammen. Er übergab mir sein Stück. Was er zusätzlich über das Theater sagte, klang außerordentlich gescheit. Überdies wies er sich über eine umfassende humanistische Bildung aus. Ich las *Es steht geschrieben* und war hingerissen. Da wurde eine ungeheuer kraftvolle Theaterpranke sichtbar. Ich schickte das Stück dem Zürcher Schauspielhaus mit der Bemerkung, ich könne es nicht aufführen, da ich nicht über die nötigen Schauspielerpersönlichkeiten verfüge, ich glaube aber, endlich den längst ersehnten, bedeutenden Schweizer Dramatiker gefunden zu haben.

Kurt Hirschfeld

Oscar Wälterlin las das Stück (*Es steht geschrieben*), was selten vorkam, ohne Verzug, und ich, was ebenso selten eintritt, noch am gleichen Tag. Wir waren uns beide sofort einig, daß es aufgeführt werden müsse. Und es wurde aufgeführt. Zunächst ließen wir den uns unbekannten Friedrich Dürrenmatt nach Zürich kommen. Bereits die erste Begegnung verlief ungeheuer amüsant. Er sprühte von Ideen. Eine gute Zusammenarbeit bahnte sich an. Für die Aufführung fanden wir mit Therese Giehse und Agnes Fink, den Herren Knuth, Gretler, Seyferth, Kalser, Tanner, Freitag, Gaugler, Wlach, Parker und Schweizer eine nahezu ideale Besetzung. Horwitz führte Regie. Wir hatten unser möglichstes getan. Und doch ertrugen nicht alle Leute das Ungewohnte, die Ballung von Bildern. Ausgerechnet während der genialsten Szene des Stückes ertönten Pfiffe. Das Publikum randalierte. Wir hatten endlich unseren Theaterskandal.

Alle drei Texte aus: Peter Wyrsch, ›Die Dürrenmatt-Story‹. ›Schweizer Illustrierte Zeitung‹ Nr. 13, 14, Zofingen und Zürich, 25.3. und 1.4.1963.

Daniel Roth

Wenn Aristophanes in seinen Lustspielen seinen trefflichen Humor mit plumpesten Fäkalienwitzen und derben Obszönitäten würzt, so preisen unsere Bildungsphilister dieses Vorgehen als höchste Blüte erhabenster Dicht- und Spottkunst, wenn Shakespeare seinen Kämpfen zwischen menschlicher Leidenschaft, Gesetz und Schicksal etwas erotische Pikanterie beimischt, so ist das nach denselben Auguren jene geniale auflokkernde Zutat, die das grausig-düstere Geschehen auf der Bühne erst in seiner ganzen Größe zur Geltung kommen läßt, wenn Goethe in seinem Götz von Berlichingen ... aber lassen wir das!

Welch eine Fülle von Einfällen und Gedanken in diesem Schauspiel!

Ich entsinne mich nicht, je ein so anregendes Stück wie *Es steht geschrieben* gesehen zu haben; und zeugt es nicht schon von außerordentlicher Begabung, wenn der junge Dichter uns durch sein erstes Drama, das begeisterte sowie vernichtende Kritiken zum Teil in derselben Zeitung hervorrief, ständig zu Vergleichen mit Aristophanes, Mysteriendichtern, Shakespeare, Goethe, den deutschen Romantikern und den Besten unter den Modernen zwingt.

Aus: ›Kühner Einbruch eines jungen Schweizer Künstlers. Zu Friedrich Dürrenmatts ‚Es steht geschrieben'‹. ›Neue Aargauer Zeitung‹ Nr. 25, 1947.

Ernst Ginsberg

In einer Zeit, in der durch die jahrelange Siedehitze der Tages-
politik und durch das Wirken der oft zitierten, auf fast allen
Geistesgebieten und in allen politischen Lagern spürbaren ›ter-
ribles simplificateurs‹ der Sinn für überlegenen menschlichen
Humor und für das freie Spiel des von Parteidogmen unabhän-
gigen Geistes mehr und mehr verlorenzugehen droht – in einer
solchen Zeit scheint es uns unerläßlich, einen Dichter wie
Friedrich Dürrenmatt vor allzu naheliegenden Mißverständnissen zu schützen. Wir wollen damit in keiner Weise der künstlerischen Beurteilung seines Stücks [*Romulus der Große*] vorgrei-
fen, aber wir möchten versuchen, das zumindest in seiner
Blickrichtung ungewöhnliche Stück von vornherein im rechten
Licht betrachten zu lassen, um jene Mißverständnisse zu vermeiden, unter denen etwa ein Wedekind sein Leben lang zu
leiden hatte.

Wie dieser und wie Nestroy oder – man verzeihe, daß zur
Verdeutlichung auch dieser große Name genannt wird – wie
Aristophanes ist Dürrenmatt weder ein Zyniker noch ein Spötter um des Spottes willen, noch ein Nihilist. Wenn die drei
bisher von ihm vorliegenden Bühnenwerke *Es steht geschrieben*,
Der Blinde und nun auch *Romulus der Große* in ihren künstlerischen Mitteln von blutigstem Ernst bis ins Groteske und
Burleske reichen, so sind diese Mittel niemals billiger Selbstzweck, sondern stets nur der Ausdruck verschiedener Aspekte
einer und derselben Welt und derselben Problematik, die bei
Dürrenmatt immer eine in absolutem, kompromißlosem Sinn
christliche ist.

Aus dem Programmheft der Uraufführung von ›Romulus der Große‹ im Stadttheater Basel am 25.4.1949.

Elisabeth Brock-Sulzer

Wer sind Dürrenmatts künstlerische Ahnen? Ein Äschylos, ein
Shakespeare, ein Cervantes, Swift, Nestroy, Büchner, Kleist,
Hieronymus Bosch, Brueghel; und wäre das mittelalterliche
Theater noch lebendiger Gemeinbesitz – man müßte es erwäh-
nen in dieser Vergleichsweise. Also alles barbarisch Kluge, alles,
was durch irgendeine Form von ›Protestantismus‹ hindurch
seine Sinnlichkeit bewahrt hat. Wie Dürrenmatts Kunst aus den
gewalttätig umgriffenen Gegensätzen lebt, so seine Welt, so
seine Natur. Er ist ein heiterer Mensch, der sich keine Erkenntnis
heutiger Gefährdung erspart. Er ist ein unpuritanischer Protestant, ein protestantischer Sinnenmensch. Wenn man sein Wesen
und sein Schaffen betrachtet, denkt man manchmal an das, was
die moderne Medizin an den Viren und Bazillen bewirkt hat: sie
hat diese zur Gegenwehr angestachelt und nur ihre weniger
kräftigen Stämme auszurotten vermocht. Die Sinnenfülle Dürrenmatts ist durch den protestantischen Puritanismus nur gesteigert, seine Heiterkeit durch die apokalyptische Weltschau nur
mit Tapferkeit bereichert worden. Aber auch die Umkehrung
gilt: seine Weltschau hat an Härte und Schärfe gewonnen
dadurch, daß die naturhafte Heiterkeit sie nicht zu harmonisie-
ren vermochte; sein Moralismus ein stärkeres Gewicht dadurch,
daß er aller Sinnenfülle standzuhalten vermochte. Alles an
Dürrenmatts Schaffen ist eben nicht passive ›Folge‹ dieser Welt,
sondern ›Antwort‹ – Antwort, die Wort geworden ist.
    Im übrigen und nur der Anordnung nach zuletzt zu nennen:
Dürrenmatt weigert sich, etwas anderes als ein ›Schriftsteller‹ zu
sein, er verbittet sich den Namen eines Dichters, obwohl er ein
Dichter ist. Er nimmt sich nicht feierlich, das habe der Kunst noch
immer geschadet. Er ist ein Handwerker des Wortes und ist es in
schöner, wenn auch manchmal listig versteckter Probität. Daran
hat auch sein weltweiter Ruhm bisher nichts ändern können.

Aus: ›Friedrich Dürrenmatt‹. ›Der Monat‹, Heft 176, Mai 1963.

Nicht alle seine Witze sind auf die Goldwaage zu legen. Wer aber nimmt schon die Goldwaage ins Theater! Hier darf man eine gröbere Waage anwenden, sie wird Gewicht und Substanz anzeigen, wo andere heute hochgepriesene Werke sie kaum zum Ausschlagen brächten. Substanz – wie selten ist sie geworden! Und nicht Substanz zum Zwecke der Atomisierung, sondern Lebensstoff, der sich auf dem Theater leuchtend darbringt, der zeugt für die Welt und nicht gegen sie. Daß solch reiche Substanz sich manchmal nur von der fest zupackenden Faust und nicht von den Fingerspitzen bändigen läßt – wollen wir das dem Dichter im Ernst vorwerfen? Dem Dichter, der uns ein so selten Gewordenes gibt? Vor einem wirklichen Dichter hat gerade die Kritik ihre Mittel aufs sorgsamste zu prüfen. Sie wird ihm nie Dinge abfordern dürfen, die ihn als solchen in seinem Schaffen beirren könnten, nie ihm anderseits Dinge verwehren dürfen, die, an sich nicht vollgewichtig, anderen wesentlichsten Seiten seines Schaffens nötig sind. Es gibt Unkraut, das vom Kraut zu seinem Gedeihen benötigt wird. Und nur die schwachwüchsigen Rosen muß man tief hinunterschneiden, den starkwüchsigen aber ihre wilde Kraft belassen.

Und noch etwas eignet Dürrenmatt wie nur wenigen: er ist zugleich schwer und schnell. Schwere Massen werden im allgemeinen langsam bewegt. Bei Dürrenmatt haben sie die Geschwindigkeit des Leichten. Das macht seine Kunst für ihn und für uns gefährlich. Ihre Schwungkraft ist schwieriger zu bändigen als bei anderen. Ihr Schlag härter. Bäurische Kraft verbindet sich bei ihm mit der Quickheit des Intellektuellen, und nicht immer friedlich. Der Intellektuelle in ihm will manchmal dem Bauern imponieren, und der Bauer in ihm rächt sich nachher dafür am Intellektuellen. Wo sie sich aber finden, da entsteht etwas sehr Eigenes und etwas sehr Schweizerisches. In dieser Verbindung besteht übrigens die Originalität Dürrenmatts, die er nicht zu suchen hat, die er nur auszudrücken braucht, da er sie hat.

Aus: ›Dürrenmatt: ‚Ein Engel kommt nach Babylon‘‹.
›Die Tat‹ 19. Jg. Nr. 32, Zürich, 2.2.1954.

Eduard Wyss

Mir gefielen vor allem seine Novellen, mit denen ich bei Verle-
gern hausieren ging. Man riet mir überall, die Hände von diesen
Sachen zu lassen. Ich darf gar nicht sagen, bei wem ich gewesen
bin, jedenfalls bei den gleichen, die Dürrenmatt später unter die
Literaten einreihten. Die damit verbundenen Enttäuschungen
schienen Fritz nichts anzuhaben. Er war seiner selbst zu sicher.

Aus: Peter Wyrsch, ›Die Dürrenmatt-Story‹. ›Schweizer Illustrierte Zeitung‹ Nr.
13, Zofingen und Zürich, 25.3.1963.

Georg Gerster

Dürrenmatt wäre also ein Nihilist?

Nichts ist grotesker als dieser Verdacht.

Das Buch [*Die Stadt*] ist zwar der Versuch, Nihilist zu
werden, die Möglichkeiten des Abgrunds dichterisch zu erfahren, sich in das Nichts hineinzudichten. Doch ist es eine
Sackgasse, ein mißlungener Versuch. Das Erregende des Bandes
schreibt sich gerade von der Tatsache her, daß Dürrenmatt von
Anfang an ein gescheiterter, ein verhinderter Nihilist ist.

Wo eine seiner Gestalten tatsächlich den magischen Nullpunkt, den Nullmeridian erreicht (man hat sich der besseren
Verständigung halber dieser Modewörter zu bedienen), ist es
bloß – oder vielmehr: schon wieder der Nullpunkt eines Koor-
dinatensystems: Anfang und Ursprung von tausend bezirzen-
den Möglichkeiten des Lebens. (So in *Die Stadt.*) Wie könnte
gar der Dichter, dessen Lieblingswort »abenteuerlich« ist, jemals den Raum der Hoffnung mit dem Reich nihilistischer
Verzweiflung vertauschen?

Der Kampf, Nihilist zu werden, hatte nur einen Sinn, wenn
Dürrenmatt ihn verlor: in der Relevanz dieses Gedankens ist
diese Prosa das eindrücklichste Wort, das jemals aus Dichter-

mund gegen das Nichts und das Marktweibergewäsch vom Abgrund kam. Es ist überdies das wichtigste Buch eines Schweizers seit Jahren: mir von den Büchern dieser Saison das liebste. Ich kenne kein zweites dichterisches Unternehmen, in dessen Selbstverständnis der Gedanke liegt, daß nur die Niederlage der Sieg ist: »Gott ließ uns fallen, und so stürzen wir denn auf ihn zu.«

Die steigende innere Spannung, die sich dem Leser mit fortschreitender Lektüre mitteilt, hängt damit zusammen, daß konsequenter Nihilismus in Sprachlosigkeit, im Verstummen sich erfüllen müßte, während Dürrenmatt von Seite zu Seite beredter, seine Prosa griffiger wird. Eine so üppige Metapher wie »der Versuch, mit der flatternden Fahne des Todes ins Nichts aufzubrechen« kann nur das Scheitern dieser Expedition von Anbeginn bezeichnen: da steht einer von reichbesetzter Tafel auf und wünscht die Torturen des Hungers zu erfahren. Der Blick in den Abgrund wird deshalb, während in der Sprache das Leben sprießt, immer beschwerlicher, anstrengender – und der Leser wird zu Ende des Buches mit dem Gefühl einer bevorstehenden Explosion zurückgelassen:

Es steht geschrieben, das Stück, mit dem der Dramatiker Dürrenmatt in die europäische Literatur eintrat, war eben jene Explosion.

Aus: ›Dürrenmatt: Prosa I-IV‹. ›Die Weltwoche‹ Nr. 997, Zürich, 19.12.1952.

Teo Otto

Man fühlte sich bei ihm geborgen, obwohl man merken mußte, daß es ihm (finanziell) nicht gutging [...] Wir machten zusammen endlose Spaziergänge, auf denen er oft blödelte, um mitten im Blödeln ein Zitat mit Ewigkeitswert fallenzulassen. Und wie christlich sind diese Gespräche gewesen! Grandios, wie er die bitteren Jahre überstand. Er ist ein großer Schweizer. Er ist nicht darauf angewiesen, zu reisen. Er läuft mit seinem eigenen Dach herum. Seltsam, dieser Mensch, der die gefährlichsten geistigen Gratwanderungen macht, gewagte Spaziergänge ins menschliche Chaos unternimmt, ist ein Gigant der Ordnung. Seine Manuskripte, zehn- bis fünfzehnmal überarbeitet, sind gestochen scharf. Er ist ein gefährdeter Mensch. Ein Moralist, der sich unmoralisch und antireligiös gibt. Seine Klage ist ausgeschlagen in: Es ist alles Spaß auf Erden – nur nicht in seinem Innersten. Er ist legitimiert, mitzureden. Wenn man mit ihm zusammenarbeitet, geht das Gespräch über Wochen. Die Grenzen der Kompetenzen verwischen sich [...] Er kennt tatsächlich keine Barrieren, er reißt den letzten Rest des Feigenblatts herunter. Er ist ein Verwandter von Hieronymus Bosch. Weil er die Probleme offenläßt, er, der Mann der Jungen, die nichts von Lösungen wissen wollen, die es nicht gibt. Friedrich Dürrenmatt ist für mich in seiner Weite und in seinem Wissen ein enormes Element der Beruhigung.

Aus: Peter Wyrsch, ›Die Dürrenmatt-Story‹. ›Schweizer Illustrierte Zeitung‹ Nr. 15, Zofingen und Zürich, 8.4.1963.

Curt Riess

Da gibt es eine Anzahl von merkwürdigen Geschichten von Dürrenmatt-Mäzenen. Erstaunlich, denn eigentlich kannte ihn niemand, mit Ausnahme einiger weniger Connaisseurs der Literatur. Und das erstaunlichste war, daß er wiederum die Mäzene nicht kannte. Es handelte sich nicht um ob ihres Kunstsinns berühmte Millionäre, die sich ihre Ideale ein paar tausend Franken kosten lassen. Es handelte sich um einfache Leute, die gehört hatten, daß sich in der Schweiz ein junger Mann befand, dessen literarische Fähigkeiten verdienten, unterstützt zu werden. »Da kam jeden Monat ein riesiges Lebensmittelpaket. Wir konnten davon ein paar Tage leben. Wer es uns schickte? Ich weiß es heute noch nicht!«

Und Frau Dürrenmatt: »Da war doch die Sache mit dem Apotheker ...«

»Ach ja, der Apotheker! Ich schrieb damals gerade *Die Ehe des Herrn Mississippi.* Die komische Figur dieses Stücks war ursprünglich ein Apotheker. Und da erfuhr ich, daß ein Apotheker, den ich persönlich nicht einmal kannte, von dem ich nie gehört hatte, mir jeden Monat 300 Franken überweisen ließ, um mir zu helfen, ein ganzes Jahr lang! Da konnte ich natürlich aus einem Apotheker keine komische Figur machen, nicht wahr? Ich habe also aus dem Apotheker den Grafen Bodo von Übelohe-Zabernsee gemacht.«

Ein selbst für Dürrenmattsche Verhältnisse erstaunlicher Name.

Aus: ›Friedrich Dürrenmatt – eine neue Welt auf der Bühne. ‚Erschrecken ist die heutige Form von Ergriffenheit'‹. ›Die Weltwoche‹ Nr. 1476, Zürich, 23.2.1962.

Saul Bellow

Friedrich Dürrenmatt schreibt Stücke, Kritiken, Hörspiele, Drehbücher für Film und Fernsehen und Kriminalromane. Oscar Wilde hat einmal bemerkt, daß ein Schriftsteller fähig sein sollte, irgendwas zu schreiben. Vielleicht ist die Fähigkeit, irgendwas zu schreiben, nichts, worauf man besonders stolz sein sollte, doch habe ich Wildes Bemerkung stets für treffend gehalten. Übergibt man einem Schriftsteller einen Fall, so sollte er ihn verfechten können. In dieser Hinsicht gleicht er einem Rechtsanwalt, der seinem Klienten mit Objektivität dient, ohne Rücksicht auf Schuld oder Unschuld des Klienten. Wie dem auch sei, Mr. Dürrenmatt erfüllt Wildes Anforderungen. Er ist ein guter Handwerker, seine Talente und Interessen sind vielfältig, und er geht an die Komposition von Stücken und Kriminalromanen mit der Auffassung heran, daß ein Schriftsteller geschickt, lebhaft, elegant, beschlagen und kultiviert sein sollte. Während er die Massen unterhält, ist es andererseits offensichtlich, daß er sich auch selber amüsieren will. Er nimmt eine Haltung an, die bei einigen unserer besseren Schriftsteller sehr beliebt ist, jene eines Römers aus der Spätzeit des Imperiums, einen goldenen Überdruß. Mr. Dürrenmatt hat sich für einen dichten Stil und eine strenge Form entschieden, doch die spätrömische Stimmung ist da ...

Mir gefällt Mr. Dürrenmatt sehr.

Aus: ›The Ordeal of Inspector Matthai‹. ›Saturday Review‹, New York, 28.3.1959. Aus dem Amerikanischen von Michel Bodmer.

Gottfried Benn

Die Ehe des Herrn Mississippi – Ist dies noch ein Stück? Ist dies noch Theater? Dies Durch- und Nebeneinander von Kino, Hörspiel, Kasperle-Szenarium, zeitlichen Verkürzungen, Vor- und Rückblenden, Sprechen ins Publikum, Selbstprojektionen der Figuren in einem imaginären Raum, Auferstehen von den Toten und Weiterdiskutieren –: Ist das vielleicht das zukünftige Theater? Einige Szenen sind meisterlich gebaut, thematisch spannend, dialogisch präzis – gleich die erste, die zwischen Mississippi und Anastasia, die Grundszene, aus der sich das Weitere ergibt –, hier ist Substanz des alten Theaterstils, aber mit Andeutungen des neuen montagehaften. Aber dann geraten die Szenen vielfach ins Schwimmen im Weltanschaulichen und Politischen, nicht sehr originellen, im Erotischen nicht gerade sehr sublimen – am besten gelingen dem Autor die Einblendungen auf das Ethische, er nimmt nämlich weder das Moralische noch das Amoralische ernst, obschon er seinen Helden dafür auftreten läßt, das Gesetz Moses zu erneuern.

Die Helden unseres Stückes deuten sich meistens selbst, sprechen vor ihrem Tode wie nach ihrem Tode theoretisch über sich und ihre Verläufe. Außerdem signalisieren sie mit Bildnissen, diese schweben herauf, diese sinken hernieder, auch mit Porträts, schwarzumflorten. Diese unsere Helden steigen ein,

steigen aus vom Garten in den ersten Stock, auch durch Stand-
uhren – wie bei Pionierübungen. Das soll vermutlich surreali-
stisch sein, aber es wirkt befremdend, denn so wie der Mensch
heute ist, erscheinen ihm der dreidimensionale Raum und die
Keplerschen Gesetze für das Bühnenstück und den Bühnen-
raum unerläßlich. Diese Technik bedroht das Zwanghafte, an-
thropologisch Verkettete, das Dumpfe der alten tragischen
Helden. Man steht vor dem Eindruck, den neuen Helden fehlt
die charakterliche Ursubstanz, das Belastete, mit einem Wort:
die antithetische menschliche Wirklichkeit, die nur innerhalb
von Raum und Zeit ihre exemplarischen Tragödien entbindet.

Nun sind allerdings Wirklichkeit und Raum und Zeit für uns
kritische Begriffe. Für uns bleibt alles offen, Lösungen sind
Bindestriche, Religionen Thesen, Schicksale Kuriositäten – das
wissen wir ja nun schon lange aus uns selbst und aus so vielen
modernen Büchern, das ist unser bitteres Lebenselixier. Aber es
gibt zwei Welten: Das Leben und die Kunst. Und wie steht es
nun mit der Kunst, in unserem Fall mit der Bühnenkunst?
Kunst ist das einzige Geschäft, das seine Dinge abschließen
muß, abdichten muß, nach sieben Tagen oder sieben Akten
muß die Erde stehen, rund und fertig. Kunst ist etwas Hartes,
wenn sie wirklich Kunst ist, bringt und fordert sie Entscheidung. Wie steht es mit der Entscheidung unseres Autors? Ist es
möglich, die innere Lage des heutigen Menschen, seine beiden
Grundzüge, den des Individuellen und den des von der Schöpfung gegebenen Zwangs, auf der Bühne zum Ausdruck zu
bringen, wenn man Zeit und Raum atomisiert und sich sogar
geographisch nicht entscheiden kann, nämlich ob für den Süden
mit der Zypresse oder für den Norden mit dem Apfelbaum?
Man muß so dringend fragen, denn es handelt sich beim vorliegenden Stück nicht um eine Komödie, um einen Jux, sondern,
wie der Schluß deutlich macht, um eine existentielle Tragödie.
Und da muß man antworten, daß vielfach die Trennung zwischen dem relativierenden und diskutierenden Autor und seinen
Figuren nicht ganz vollzogen ist.

Trotzdem bleibt es ein interessantes Stück. Bestimmt kein
Stück ins völlig Unbetretene, historisch gesehen wurde dieser
Weg betreten von Grabbe mit ›Scherz, Satire, Ironie und tiefere
Bedeutung‹, auch von Gorsleben in seinem ›Restaquär‹, von
Anouilh, O'Neill, Auden. Sie zeigen die Krise des alten Thea-
ters, die Auflösung des durch Jahrhunderte gestützten Theater-
stils, gegen den sich auch die in so vielen Städten entstehenden
Zimmertheater erheben, in denen gar nicht mehr agiert, son-
dern nur noch gesprochen wird. Und gibt es eine absolute
Bühnenkunst, wie es absolute Malerei und absolute Prosa gibt?
Wird das Theater weiter agieren mit schwebenden Porträts,
Giftzucker, Salven, auferstandenen Toten, die dann weiterdiskutieren, mit Perücken und Toilettenwechsel, kurz das betreiben, was man Handlung nennt, oder wird man auf ihm nur
noch sprechen, wobei das Wort dann eine besondere Form des
Monologes wird oder mehrerer nebeneinanderlaufender Mono-
loge, um gewissermaßen stehend und schweigend dem menschlichen Schicksal und seiner Verwandlung zu begegnen?

Aus: ›Gesammelte Werke in 4 Bänden‹, herausgegeben von Dieter Wellershoff,
Wiesbaden: Limes Verlag 1959. Copyright © 1961 by Limes Verlag, München.

Werner Weber

Sie erinnern sich: Im lausigsten Nest auf der Strecke zwischen
Venedig und Stockholm hält unverhofft, des Fahrplans spot-
tend, der D-Zug. Aus steigt eine Dame, rothaarig, rüstige
Sechzigerin, so vom Typus ›Reden Sie keine Töne, Sie Würst-
chen‹; sie ist aufgedonnert mit Perlen am Hals und Reifen am
Arm – es ist Claire Zachanassian. Hinter ihr das Gefolge, der
Butler Boby, der Gatte und daneben der Zugführer mit roter
Mütze und roter Tasche. Claire kommt näher, sie schreitet auf
Heimatboden. Und was ist dann ihr erstes Wort, was fragt sie?
Sie fragt: »Ist hier Güllen?« Hundert Jahre früher hätte sie
gefragt: »Ist hier Seldwyla?« Aber allerlei hat sich seitdem

geändert. Beispielsweise ist in Vaterlandes Saus und Brause auch die Freude nicht mehr überall ganz stubenrein. Und 350 harte Franken pro Monat für ein lockeres Quartierchen auf altzürcherischem Grund (einfach beispielsweise) lassen mich an Dürrenmatts *Herkules und der Stall des Augias* denken; dort singen die Schulkinder die Strophe:

> Der Mist steht hoch in unserm Land
>   Es stinkt an allen Enden.
> Doch ist uns nun der Retter nah
>   Des Landes Not zu wenden.

›Güllen‹ statt ›Seldwyla‹: Das ist nicht nett. Aber hätten wir Gottfried Kellers Seldwyla verstanden, hätten wir gemerkt, daß er kein Ländchenvergolder, sondern einer der großen Kritiker ist, die uns den Anstand in kleinen und großen Dingen unter Schönheit lehren – hätten wir's verstanden, die zeitgenössische Literatur der Schweiz sähe anders aus. Wer nicht auf ›Seldwyla‹ hört, der bekommt ›Güllen‹ zu hören. Die Lautstärke einer Literatur hängt vom Hörvermögen der Zeitgenossen ab. Ich sehe Dichter in die Ohren der Leute brüllen – und einmal verwirft jeder die Arme, gibt's auf, wendet sich ab und schweigt.

Müßte ich auf die Frage antworten, welches der Kern von Dürrenmatts Arbeit sei, ich würde sagen: Die Angst vor der Lügenkraft der Sprache im Munde des Menschen. Denken Sie an den Augenblick, da der Bürgermeister von Güllen die reiche Claire Zachanassian begrüßt. Er sagt: »Verehrte, gnädige Frau. Als Bürgermeister von Güllen habe ich die Ehre, Sie, gnädige verehrte Frau, als ein Kind unserer Heimat ...« Und damit fertig; mehr versteht man nicht, der abfahrende Zug überdeckt die Rede des Bürgermeisters mit Lärm; der Bürgermeister redet zwar weiter – aber es ist belanglos, was er redet; er gibt Laut, aber er hat keine Sprache. – Neben dem Bürgermeister steht Alfred Ill; verlegen geht er auf die Dame zu und grüßt sie nur mit dem einen Wort: »Klara«. Das ist wenig. Aber darauf, auf das echte Wenige gibt es Antwort. Daß das Wort in den Sachen und in den Verhältnissen keine Deckung findet, ist im besonderen das Thema des Dramas _Der Blinde_. Es ist das Thema von Dürrenmatts schaffendem Denken überhaupt.

Wir werden als Menschen sehend, wenn sich die Sprache, die wir gebrauchen, mit der Welt deckt. Dürrenmatt gehört zur Generation, die der schönen Sprache mißtraut. Mit schöner Sprache hat man diese Generation hineingelegt: Während Menschen zu Tode geschunden, einfachste Ordnungen verraten wurden, sprachen die Henker und ihre Gehilfen die Jugend aufs schönste an, mit Prosa und mit Versen aus dem Schatzkästlein der Literatur. Und als dann diese Jugend nicht nur den Schwindel durchschaute, sondern auch den Tod zu sehen bekam, da spuckte sie aufs Schatzkästlein und begann ehrlich und vorsichtig ganz unten in der Sprache ...

Aus: Werner Weber, Friedrich Dürrenmatt, ›Der Rest ist Dank. Zwei Reden‹. Zürich: Verlag der Arche 1961.

Kurt Vonnegut, Jr.

Bei Friedrich Dürrenmatt muß man erst einmal verstehen, daß seine Erzählungen hübsche und seltsame Schweizer Uhren sind. Die Mechanik hat weder Geheimnisse noch Schwächen. Die raffiniert glitzernden, ruckenden Gebilde können in Glaskästen bewundert werden, und sie lassen kleine Puppen zuckende kleine Szenen darstellen von menschlicher Liebe und Habgier und Dummheit und Mord und Politik und Hoffnung. Die Puppen sind ganz klar Puppen und tun das, wozu die Maschine sie bestimmt. Es gibt nur eine menschliche Seele zu bestaunen – jene des Erfinders.

Grieche sucht Griechin ist Dürrenmatts in Amerika zuletzt erschienenes Buch, das in Europa bereits zehn Jahre alt ist. In ihm erkunden Dürrenmatts Puppen eine Dürrenmatt-Spielzeugstadt, in der es ein Präsidentenpalais gibt, eine Amerikanische Botschaft, eine weiße, satanische Mühle von le Corbusier, in welcher alles hergestellt wird, von der Geburtszange bis zur Atomkanone; ein Landesmuseum, ein Krematorium, einen Slum.

Die Hauptpuppe des Erfinders, Archilochos, der Grieche des Titels, sucht nach der Liebe in dieser barocken, mitteleuropäischen Hölle im HO-Maßstab. Auf seinem Weg lernt er eine Lektion, die Nelson Eddy während der Weltwirtschaftskrise zu lehren versuchte; daß die Liebe und nur die Liebe es wert ist, daß man sie sucht, daß die Liebe und nur die Liebe sich auszahlt.

Aus: ›Everything Goes Like Clockwork. Once A Greek ...‹ ›The New York Times Book Review‹, 13.4.1965. Aus dem Amerikanischen von Michel Bodmer.

Walter Widmer

Die Gesprächspartner der Fernsehdiskussion vom Pfingstabend waren zu ungleich, ihre Bedeutung zu verschieden, als daß eine eigentliche Diskussion hätte zustande kommen können. Der Norddeutsche Rundfunk hatte zwei sogenannte Starkritiker, Marcel Reich-Ranicki und Hans Mayer, nach Zürich entsandt; sie sollten sich mit Friedrich Dürrenmatt auseinandersetzen, zumindest ein Gespräch mit ihm führen. Was der Zuschauer und Hörer vorgesetzt bekam, wäre etwa einem Match zwischen dem FC Niederschwand und der brasilianischen National-mannschaft zu vergleichen. Reich-Ranicki und Mayer hatten sich wacker vorbereitet, wie auf eine Prüfung (und sie wurden dann auch schwer geprüft!), sie gedachten vermutlich das übliche Televisionspalaver zu führen (»Wie fühlen Sie sich als Schriftsteller?«), und es widerfuhr ihnen, daß Dürrenmatt ihr ganzes schöne Konzept glatt ignorierte und, jeder Konvention spottend, Dinge sagte, die ihnen sichtlich Atem und Sprache verschlugen.

Um es gleich vorwegzunehmen: es war ein Hochgenuß. Da

saßen zwei arg belämmerte, überalterte Primaner und konnten kaum den Mund auftun. Gelernt war hier nicht gelernt – beide konnten ihre Spezialgriffe überhaupt nicht an den Mann bringen, Reich-Ranicki seinen Moralismus und sein gutes Gedächtnis (ich meine, was Lektüre betrifft), Hans Mayer seine jonglierende Suada, die jeden Menschen mit schwachen Nerven aus dem Konzept bringen können. Dürrenmatt war die Ruhe und Überlegenheit selbst, er genoß es offensichtlich, er geriet mehr und mehr in Fahrt, kurz, er redete seine Partner an die Wand. K. o. Eins bis zehn, aus.

So hörte man sich, oft glänzend formuliert, meist geistvoll improvisiert, Dürrenmatts im Entstehen begriffene neue Dramaturgie an, während die Kamera den Vater der *Alten Dame* aus allen Richtungen der Windrose abtastete, sah seine spitzbübische Freude darüber, daß ihn die beiden Literaturfüchse nicht auf das Glatteis locken konnten, wo sie ihm mit ihren vorher zurechtgelegten Argumenten zu Leibe rücken wollten. Es war freilich eine perfekte Igeltechnik, aber sie wurde so munter und gescheit eingehalten, daß man gefesselt bis zum Schluß mitmachte.

Es ging schon nach den ersten einleitenden Sätzen Reich-Ranickis schief. Dürrenmatt gab ihm die Sticheleien über seine Kritikerfeindlichkeit so saftig und boshaft zurück, daß von da an den beiden Herren nichts anderes übrigblieb, als möglichst gute Miene zum bösen Spiel zu machen. Jeder tat es auf seine Art: Hans Mayer, indem er wie ein aufmerksamer Primus dann und wann das zu erwartende Substantiv dazwischen- oder mitsprach, indem er zustimmend nickte oder einen Namen nannte, der auch dem Hörer auf der Zunge lag: etwa Sartre, der in seinem neuen Buch ›Les mots‹ (Donnerwetter! Französisch!, denkt sich der sprachungewandte Deutsche und bekommt – für uns natürlich leicht lächerlich – auch gleich die Übersetzung mitgeliefert: ›Die Wörter‹ …) das ja auch geäußert habe. Reich-Ranicki sah seine Show total davonschwimmen, er sog spektakulär an einer Zigarre, sah bedeutend ins Leere oder in die

Kamera und hoffte, doch noch einmal zu Worte(n) kommen zu können. Sie taten einem richtig leid.

Dürrenmatts Witz, seine riesige Belesenheit, seine Schlagfertigkeit, vor allem aber seine geistige Unabhängigkeit von allen Theorien (die er freilich kannte) gaben ihm ein solches Übergewicht, daß es auch sachlich kompetenteren Kritikern schwergefallen wäre, ihm standzuhalten. Es war ein intellektueller Genuß, mit anzuhören, wie Bildung und Witz der geschliffenen und (warum eigentlich?) gefürchteten Eloquenz deutscher Kritiker eine Abfuhr erteilten. Eine Schlacht bei Sempach – die Überzahl der bis zu den Zähnen gewappneten Ritter, die ihre Paradegäule vorreiten wollten und sie lendenlahm in den Stall zurückführen mußten. Ja, es verlief unprogrammgemäß. Es ist etwas anderes, einen Autor in der Zeitung zu verreißen und ihn in Rede und Antwort zur Strecke zu bringen. Im Dialog kann er sich wehren. Und da war einfach das Rüstzeug der deutschen Gesprächspartner unzulänglich. Dürrenmatt verpfuschte ihnen das wohlpräparierte Konzept.

Schadenfreude ist unschön, ich weiß. Ich bekenne mich schuldig.

Aus: ›Monolog statt Dialog. Fernsehen: Kritikgespräch mit Friedrich Dürrenmatt‹. ›Zürcher Woche‹ Nr. 24, 11.6.1965.

Urs Jenny

Das Weltgefühl, das aus Friedrich Dürrenmatts Werken spricht, liegt vor aller rationalen Erfahrung, es ist ursprünglich und unauflöslich: das Gefühl der Kleinheit und Ohnmacht des Menschen vor einer chaotischen, nicht zu bewältigenden Welt, die »ein Ungeheures« ist, ein »Rätsel an Unheil, das hingenommen werden muß, vor dem es jedoch kein Kapitulieren geben darf.« In seinen theoretischen Äußerungen leitet Dürrenmatt dieses Gefühl immer wieder aus dem heutigen Zustand der Welt ab, aus dem Terror der Apparate und Organisationen, aus der

Bürokratisierung und Technisierung aller Gesellschaftsformen, die das entmachtete Individuum unter sich begraben – im Grunde aber sind das nur Erscheinungen, in denen ein ursprüngliches Gefühl der Ohnmacht sich bestätigt findet, eine Verlorenheit, die nicht durch eine veränderte Gesellschaft aufgehoben werden könnte, sondern nur durch den Glauben an eine allseits gerechte göttliche Ordnung dieser Welt.

Ebenso ursprünglich wie sein ›Pessimismus‹ ist Dürrenmatts Neigung zur Komödie; all seine brillanten Beweisführungen, die die Komödie zum einzigen dem heutigen Zustand der Welt gemäßen Dramentypus erklären, sind nachträgliche Rationalisierungen einer elementaren Lust. In der Entfaltung ganz vitaler Freude am Komischen und Grotesken auf dem düsteren Welthintergrund liegt die Eigenart von Dürrenmatts Dramenstil, seine Selbständigkeit trotz der Anverwandlung Wedekindscher, Wilderscher und Brechtscher Ausdrucksformen. Maßgebliche Vorbilder: die Tragik Shakespeares, die Komik des Aristophanes. Die Tragödie ist optimistisch, die Komödie pessimistisch (das gilt schon für das antike Theater); Dürrenmatt überschreitet die Grenzen dieser Typologie, weil die Konflikte, die er in seinen Komödien austrägt, ihrem Wesen nach tragisch sind, weil die Entscheidungen, die er seinen Helden abverlangt, die Untergänge, die er ihnen bereitet, tragische Dimensionen besitzen. Tragödien-Helden sind sie dennoch nicht, weil sie nur für sich selbst stehen und handeln, nicht für die Welt, die (eben eine Komödien-Welt) chaotisch ist und unentsühnbar bleibt. Tragische Größe erlangen nur einzelne, sich mutig gegen das Chaos behauptende Menschen. »Die verlorene Weltordnung wird in ihrer Brust wiederhergestellt, das Allgemeine entgeht meinem Zugriff.«

Obwohl Dürrenmatts Werke immer wieder Erscheinungen unserer Zivilisationsgesellschaft aufgreifen, obwohl er selbst immer wieder Art und Stil dieser Werke nicht nur zu unserer Zeit in Beziehung setzt, sondern sogar theoretisch aus ihr ableitet, sind sie im wesentlichen nicht Auseinandersetzung oder gar Antworten auf diese Zeit. Sie stellen im Kostüm unserer Welt Ur-Situationen dar, tragen unter den Bedingungen unserer Zeit Ur-Konflikte aus. Es geht in ihnen nicht um den Wohlfahrtsstaat, das kapitalistische System oder den Atomkrieg, sondern um Verantwortung, Verrat, Schuld, Sühne, Treue, Freiheit und Gerechtigkeit – nicht um Psychologie, Soziologie, Politik, sondern zuerst und zuletzt, im absolutesten Sinne des Wortes, um Moral.

Dürrenmatt lehrt keine Moral und nimmt nicht moralisierend Stellung zu seinen Figuren, er ist nicht ihr Richter und fällt nicht durch ihr Schicksal ein Urteil über die Welt. »Ich gehe nicht von einer These, sondern von einer Geschichte aus.« Einen Einfall, eine urtheatralische Situation, einen Konflikt, der seine Gesetzmäßigkeiten in sich selbst trägt, entwickelt Dürrenmatt zu einer Geschichte, zu einer Theaterwelt, die in sich geschlossen ist und in sich aufgeht. Lehren und Aussagen kann aus ihr nur ziehen, wer Probleme und Lösungen in sie hineinprojiziert. »Von der Natur wird auch nicht verlangt, daß sie Probleme enthalte oder gar löse ... Der Wert eines Stückes liegt in seiner Problemträchtigkeit, nicht in seiner Eindeutigkeit.« Ein Drama soll – das ist für Dürrenmatt die Möglichkeit und Pflicht des Theaters – den Zuschauer aufstören, soll in ihm Fragen provozieren, aber nicht Fragen an das Stück, sondern an ihn selbst, an seine eigene Moral. Dürrenmatts Geschichten bringen in einer unmoralischen (untragischen) Welt Menschen in Konflikt-Situationen, die sie zu moralischen (tragischen) Entscheidungen zwingen. Dem Wesen seiner Dramatik gemäß, die nicht das Relative, sondern stets und in jeder Hinsicht das Absolute sucht, sind diese Konflikte möglichst elementar, möglichst gewaltig proportioniert, quasi ›überlebensgroß‹. »Dramatik ist am Ende und vor allem ein Erzielen des Elementaren.« Das heißt für Dürrenmatt: Theater ist eine Sache sinnvoller Übertreibung, es wirkt nicht durch Nuancen, sondern durch möglichst starke Kontraste, Wendungen müssen nicht subtil vorbereitet werden, sondern möglichst direkt und frappant zustande kommen, die Konturen dürfen nicht durch psychologische Verästelung verwischt werden, vielmehr müssen die Personen schon durch Habitus und Redeweise drastisch typisiert sein, die Distanz zwischen den Gegenspielern soll möglichst extrem sein: Der erste und der letzte, König und Bettler, Richter und Henker, Mörder und Opfer.

Die Theatralik dieser Welt der Superlative ist enorm, so enorm, daß es manchmal unmöglich scheint, der Auseinandersetzung zwischen Treue und Verrat, zwischen Schuld und Sühne, die in ihr ausgetragen wird, ähnliche Dimensionen zu geben. Dürrenmatts Einfälle, seine Anfänge sind immer unanfechtbar zwingend, ihre dramaturgische Entwicklung aber kann die Gegenspieler in so extreme Positionen treiben, daß alle moralischen Kategorien gesprengt werden, sie nähern sich Punkten jenseits der Dialektik von Gerechtigkeit und Gnade, wo nur noch rhetorische Rückzüge möglich sind, weil dramaturgisch notwendiges und moralisch zwingendes Handeln nicht mehr übereinstimmen. So ist zu erklären, daß Dürrenmatts Geschichten oft in verschiedenen Fassungen verschiedene Schlüsse haben. Viel später erst als mit der Notwendigkeit, vom »Einfall« auszugehen und »ins Blaue hinein« zu schreiben, hat Dürrenmatt sich mit der Schwierigkeit auseinandergesetzt, seine sich eigenmächtig entwickelnden Fabeln zu einem zwingenden Schluß zu führen, und postuliert: »Eine Geschichte ist dann zu Ende gedacht, wenn sie ihre schlimmst-mögliche Wendung genommen hat.«

Eine kritische Auseinandersetzung mit Dürrenmatts Stücken kann keine Auslotung ihrer »Problemträchtigkeit« sein, keine rhetorische Auslegung und Übertragung ihrer Moral auf unsere Welt. Sie muß von der Dramaturgie ausgehen, muß die Notwendigkeit und Ergiebigkeit einzelner Schachzüge überprüfen, muß »die Partie nachspielen« (Dürrenmatt) – nur so ist Gelingen und Mißlingen eines Werkes abzuschätzen, ausgehend von Dürrenmatts Forderung: »Nur was in sich stimmt, stimmt auch an sich.«

Aus: ›Dürrenmatt‹. Velber bei Hannover: Friedrich Verlag 1965. (Reihe ›Friedrichs Dramatiker des Welttheaters‹ Band 6).
Abdruck mit freundlicher Genehmigung des Autors.

Hans-Jürgen Syberberg

Das Dürrenmattsche Drama ist, als der Versuch einer dramatischen Gestaltung und Gestaltungsweise des Lebensbewußtseins um die Mitte des 20. Jahrhunderts, ein künstlerisches Gebilde, das wesentliche geistige und gefühlsbedingte Daseinserfahrungen dieser Zeit (Problematik) und ihre bezeichnenden Darstellungsmittel (Struktur) in sich vereinigt. Trotz eventueller weltanschaulicher oder gefühlsabhängiger Vorbehalte wird man es als ein geistesgeschichtliches Zeugnis symptomatischer Strömungen der gegenwärtigen Zeit und ihrer Kunstintentionen anerkennen müssen. Allerdings wird eine aufrichtige Untersuchung, neben der Ehrlichkeit im literarisch-sachlichen Bereich, einer ethischen Wertung im Bezug auf die, durch die besonderen Intentionen bedingten, und jener grundsätzlich im Kunstwerk angelegten Möglichkeiten und Gefahren nicht ausweichen dürfen.

Das gegenwärtige Lebensgefühl wird treffend durch die drei Grunderfahrungen des absurden Bewußtseins, ausweglos, widersinnig und unsinnig, akzentuiert. Es ist ein Bewußtsein, das durch die Freiheit von allen religiösen und subjektivideellen, wie ästhetischen Normen getragen wird, und das die völlige Instabilität jedes naturgegebenen und menschlichen Ordnungsgefüges (die Welt als erfahrene Wirklichkeit, Gesetz und staatliche Institutionen) einbezieht. Diese Situation einer weitgehenden Befreiung des menschlichen Bewußtseins von jeglicher transzendenten oder immanenten Obhut ist das Ergebnis eines hundertjährigen Prozesses der Säkularisierung des Sakralen, dem der Prozeß einer Sakralisierung des Profanen entgegenwirkte. [...]

Es geht um die Frage, wieweit das dramatische Kunstwerk der Gegenwart fähig ist, Menschen zu zeigen, die in ihren Handlungen eine glaubwürdige Ethik aus sich selbst heraus und in religiöser Reinheit beispielhaft vorführen. Das Drama Dürrenmatts gibt damit, in seiner Eigenschaft als Gestaltung und Deutung von Welt im Kunstwerk, einen Hinweis auf die Reaktionsmöglichkeiten des gegenwärtigen Menschen überhaupt. Es ist der Hinweis auf die Qual und Angst vor der Verzweiflung und auf einen, äußerlich oft oberflächlich oder verschmitzt erscheinenden Ausweg im humorvollen Leichtsinn, der aber im Hintergrund oft ernsthafte und radikale Versuche zur Reinigung verrät. In dieser Weise wird das Drama Dürrenmatts der Situation jener höchst absurden Freiheit gerecht, die den Dramatiker, statt in Beglückung, in eine sehr problematische Beklommenheit wirft, ihn letztlich aber doch ein höchstes Maß an menschlicher Freude zuteil werden läßt, wenn er sich aufgerufen fühlt, aus sich heraus die Welt zu verstehen und zu bestehen sowie in einem Kunstwerk autogen zu gestalten.

Das Drama erscheint als künstlerisches Phänomen eines gewaltsamen formalen und ethischen Reinigungsprozesses. Aus der Freiheit eines unbegrenzten Spiels mit allen Möglichkeiten hervorgehend, wird ihm die Beschränkung in einem selbstaufgegebenen Reglement formaler und geistig-ethischer Art zur existenzbedingenden Aufgabe. Das Drama versucht, dieser Forderung zu entsprechen, indem es auf formale und ethische Urelemente der Darstellung und Verhaltensmöglichkeiten zurückgreift. Es wird nach einem Urdramatischen und einem Urethischen (Religiösen) gesucht. Der Anspruch, den dieses Drama damit erhebt, ist gewaltig.

Das Urdramatische, worauf gerade das moderne und damit auch das Dürrenmattsche Drama immer wieder zurückgreift, erweist sich als ein grundlegendes Formelement jeder Kunst überhaupt: es ist der Spielcharakter, der sich mit wesentlichen Bestimmungen des Dramatischen, dem rein Akustischen und dem rein Optischen (Sprache als Laut, der Laut als Sinnzeichen für innere Vorgänge. Geste, Bewegung, Pantomime) zu einem elementaren dramatischen Geschehen vereinigt. Dieser Anspruch, Theater sub specie ludi aufzufassen, verleiht dem Drama, in der unbegrenzten Freiheit im formal-ästhetischen Bereich, bei aller Gefahr, durch selbstgenügsame Artistik, eine beachtliche Möglichkeit zur Erneuerung aus den sehr dramatischen Grundelementen des Optischen und des Akustischen ...

Die Problematik des Dürrenmattschen Dramas erweist sich zunächst als einfach dialektisch-rhetorisch. Sie ist als ein Gedankenspiel in sich selbst vollkommen und wird bei angemessener künstlerisch-sinnlicher Verkörperung eine wichtige dramaturgische Aufgabe erfüllen, nämlich die Konzentrierung der zur Dispersion neigenden Struktur. Aber die Problematik der Dürrenmattschen Dramen ist letztlich immer ethischer Natur. Die Ethik durchbricht das in sich ruhende Problemgefüge und damit das metaphysische Vorurteil der Ausweglosigkeit. Es werden Möglichkeiten menschlichen Verhaltens in einer vorwiegend ethisch bestimmten Haltung angedeutet. Hier zeichnen sich die Grenzen des Spiels und der unbeschränkten Freiheit ab: es ist der schwindelerregende Grat, der den reinen Form- und Denkspieler vom Ethiker trennt, und auf dem sich entscheidet, ob die unbegrenzte Freiheit allein den dramatischen Urtrieb des Spiels provoziert oder darüber hinaus ein Bekenntnis erzwingt.

Der Dramatiker Dürrenmatt sieht sich unverrückt – wie immer, wenn wesentliche Kunst entsteht – vor die Aufgabe gestellt, eine Antwort auf die vorgefundene Welt zu geben. Man wird gerechtigkeitshalber die jeweilige Schwierigkeit der aufgegebenen Bewältigung berücksichtigen müssen. Und da erfordert die gegenwärtige Situation des menschlichen Bewußtseins von der Welt Kräfte, die weit über das Handwerkliche des Dramatischen hinausgehen. Da der moderne Dramatiker Kunst als Mittel einer Didaktik als unglaubhaft ablehnt, bleiben nur zwei andere Möglichkeiten. Das kann einmal durch die bloße Gestaltung der vorgefundenen Welt selbst, und nur durch die formalen und gedanklichen Mittel der Gestaltung geschehen. Denn jede Kunstgestalt überwindet allein durch ihre Existenz einen noch so chaotischen Weltstoff. Auch diese Art der Weltbewältigung durch das bloße Spiel formaler und geistiger Mittel muß als Antwort auf die vorgefundene Situation gelten. Aber immer wieder wird dieser reine Spielcharakter durch die Darstellung ethischer Entscheidungen durchbrochen, Entscheidungen, die höchst radikalen und ethischen Motiven entspringen. Aber dieser Schritt ist um so schwieriger, als er in dem allgemeinen Bewußtsein getan werden muß, daß der Mensch auf sich gewiesen ist, ohne Hilfe aus transzendenten Bereichen, und über Gut und Böse zu entscheiden hat, die ihrer Natur gemäß eines dem menschlichen Bezirk übergeordneten Maßstabes bedürften. Es geht letztlich um die entscheidende Frage, ob der heutige Mensch – Dramatiker und Zuschauer – fähig ist, Urkräfte ethischen Bewußtseins aus sich selbst zu reaktivieren, die ihm früher in einem religiös oder ideell transzendierenden Bezug vorgebildet wurden. Es geht darum, ob er die gestellte Aufgabe der Freiheit besteht, nämlich ein ethisches Trotzdem aus immanenten Bereichen zu reaktivieren, das er als Antwort der als absurd erkannten Welt entgegenzuhalten imstande ist. Hier wird sich beweisen, wieweit der Mensch in seiner unermeßlichen Geistesfreiheit fähig ist, sie zu tragen, ob er in ihr zerbrechend zur Verzweiflung verdammt ist, ob er sich im abgründigen Zwang durch Form- und Gedankenspiele entlastet, oder ob er ein ethisches Trotzdem aus immanenten Bereichen errichtet, das ihm eine Daseinsfreude sichert, die, zwar bitter erkämpft und immer wieder bedroht, endlich allen Zweifel besiegt.

Wie auch immer das Ergebnis der dramatischen Bewältigung ausfallen wird, man wird in den Spitzenleistungen des Dürrenmattschen Werks eine ungeheure und ernsthafte Anstrengung zur Bewältigung der Angst in der Freiheit anerkennen müssen. Es steht im Falle Dürrenmatts ein Dramatiker dahinter, der nicht durch einen individuellen Willkürakt, sondern als Mitgefangener eines ins Absurde gespannten Zeitbewußtseins, nicht nur durch widersinnigen Schock, oder im unsinnigen Spiel, sondern radikal ethisch auf die Situation der Ausweglosigkeit reagiert.

Aus: ›Interpretationen zum Drama Friedrich Dürrenmatts‹. München: Verlag UNI-Druck 1965. Abdruck mit freundlicher Genehmigung des Autors.

Ernst Schröder

Ein Reklameatelier als Probenlokal des Zürcher Schauspielhauses. Ich spiele den Bockelson in einer Neufassung von *Die Wiedertäufer*. Die Probe hat begonnen, ohne Dürrenmatt. Theaterleute kommen nie zu spät zu einer Probe. Sie können es gar nicht erwarten. Dürrenmatt gehört zu den Theaterleuten. Der Assistent hatte gemeldet, er sei im Büro. Ich weiß, er verhandelt über eine auszuwechselnde Besetzung, aber die wird nicht ausgewechselt, er bringt es nicht übers Herz.

Jetzt kommt er geräuschlos durch die Eisentür, die S-förmige Dunhill-Pfeife im Mund. Ein sanftes Stutzen des schweren Körpers: es wird unnatürlich gesprochen, also hat die Probe begonnen. Er möchte am liebsten wieder gehen. Möchte nicht stören. Von einer Schulter gleitet sein Mantel herab, dann steht er reglos. Ein paar Wölkchen aus der Pfeife, und er zieht den Mantel wieder hoch. Er wendet sich entschlossen ab und steht dann doch wieder lauschend. Der Mantel fällt wieder herab, diesmal von der anderen Schulter. Die Augen scheinen Kritik zu saugen aus der Pfeife. Gefällt es ihm nicht, was er hört? Ein Schritt, eine Wendung, und der Mantel ist wieder hochgezogen. Jetzt doch wieder Lauschen. Plötzlich sind beide Schultern frei vom Mantel. Stehen, Wenden, Mantel hoch, Mantel runter, so geht es minutenlang. Auf meinem Stühlchen im Halbdunkel repetiere ich derweil meinen Text. Etwas später, als ich davon aufschaue, sehe ich Dürrenmatt schmauchend zwischen Souffleuse und Regisseur sitzen. Ich weiß nicht, wie er, ohne zu stören, dahin gekommen ist. Als Gustav Knuth, der diesen Vorgang mit mir beobachtet hatte, am Schluß der Probe uns diesen Dürrenmatt vorspielt, wird das Durcheinander von Neugier und Kritik sichtbar im Verhältnis des Autors zu seiner neuesten Geliebten, seiner letzten Komödie; Knuth spielte den zärtlichen Elefanten auf Freiersfüßen, einen schüchternen Voyeur: »halb zog sie ihn, halb sank er hin«. Seit vierzehn Tagen ist das Zürcher Hotelzimmer Dürrenmatts mit Elefantenzeichnungen austapeziert. Er zeichnet sie in Gruppen, zärtlich miteinander spielend, mal im Schnee, mal kämpfend und ineinander verrannt. Auf großen Blättern zeichnet er sie im Hotel, auf Servietten in Gaststätten. Und er verschenkt sie überall, diese Vorzeitgenossen, seine »Mammuts«. Riesige abstrakte Gitter von Stoßzähnen hängen um das Bett des Autors […]

Das nächste Mal proben wir im evangelischen Gemeindesaal in Hottingen. Modernistischer Mehrzweckbau. Polierte Steinfußböden. Hier kann man ausrutschen, aber nicht proben. Ich schlage dem Autor einen Strich über mehr als zehn Zeilen vor. Daß dies am falschen Ort geschieht, weiß ich sofort, als der kühne Vorschlag heraus ist. Der Regisseur blinzelt mir zu. Dürrenmatt lehnt ab. Die sterile, aber sakrale Atmosphäre macht ihn unproduktiv und unentschlossen. Hier kann man nicht nachdenken. Wie sehr ihn der polierte Raum stört, sollte noch klarer werden an diesem Vormittag. Geprobt wird die Szene, in der Bruder Bockelson, der ehemalige Schmierenschauspieler, seinen vielen zukünftigen Ehefrauen seine früheren Rollen vorrezitiert. Er wird von einem der ›Brüder‹ überrascht, den er, die Situation sofort ins Gegenteil verkehrend, für seine Zwecke zu erpressen beginnt. Jetzt werden seine Rezitationen politisch gezielt: Bockelson will schließlich Chef werden. Dem Autor fallen dazu alle möglichen komödiantischen Gags ein. Bockelson, von seinem Talent überwältigt, soll auf den Kirchenstuhl klettern, dann soll er mitten im schönsten Größenwahn vom Text verlassen werden usw. Der Regisseur blinzelt mir zu. Trotzdem, ich spiele das alles vor, gebe kräftig meinem Affen Zucker, wohl wissend, daß davon nichts bleibt, wie sollte sonst die Szene ihr dramaturgisches Drehmoment erreichen? Natürlich will Dürrenmatt sein Stück als Komödie aufgeführt, aber doch nicht so aufgefaßt wissen. Es ist das Unbehagen, das er gegen den feierlichen Saal empfindet, was sich in Gags niederschlägt. Nachmittags kommt ein Anruf von Dürrenmatt. Den vorgeschlagenen Strich übrigens heiße er gut in seiner ganzen chirurgischen Länge […]

Ein andermal proben wir im Kreisbüro Sieben der Zürcher Polizei. Kein polierter Fußboden. Unmöblierter Saal, völlige Leere. Es schallt wider wie in einer schlechten Kafka-Verfilmung. Niemand kann sich kontrollieren, auch der Regisseur nicht. Bockelsons erste Szene ist an der Reihe. Er verbirgt sich in einem Mistkarren, wird aufgestöbert und beginnt auf Schwindlermanier zu evangelisieren, der Erzengel Gabriel habe ihn eigens dazu hergeflogen. Bin ich heute so viel lauter als sonst? Alles klingt viel zu forsch. Aber tatsächlich, ich bin nicht lauter als sonst. Was ist los? Der Nachhall irritiert mich nicht nur äußerlich. Hier stimmt in der Anlage etwas nicht. Dürrenmatt muß das längst gemerkt haben. Ich sehe ihm an, wie er mir den Augenblick anmerkt, in dem mir mein Fehler bewußt wird. Dann Dürrenmatt zu Düggelin: »Also wir brechen heute lieber ab.« Und zu mir gewendet: »Du solltest vielleicht am Anfang frommer sein.« Stumm quittiere ich die Kritik, die deutlich in seinen Augen zu lesen ist.

Von morgen an können wir auf der Bühne des Schauspielhauses proben. Gottseidank. Reklameateliers, Polizeibüros und Betsäle sind kein geeigneter Ort für Wiedertäufer, jedenfalls nicht für die von Dürrenmatt.

Ein denkwürdiges Mittagessen im ›Vorderen Sternen‹. Der Autor hatte sich entschieden, die Tanzszene zwischen dem Verführer und dem Verführten, zwischen dem Demagogen und dem von der Gnade Ergriffenen vom Schluß des alten Stückes auf meinen Wunsch hin auch in die neue Fassung zu übernehmen. Sie war übers Wochenende in Neuchâtel neu geschrieben worden, und er hatte sie mitgebracht. Ich fand darin den ironischen Lieblingssatz meiner Rolle: »Gepriesen sei deine Verzweiflung, ärmster meiner Untertanen. Sie hält sich ans Religiöse und bordet nicht in politische Forderungen über. Du bist würdig, meine Schleppe zu tragen ...« Darüber hinaus war ich glücklich, weil mein Einfall akzeptiert wurde, daß der Schauspieler gemäß seiner Rolle, die Krone auf dem Kopf und mit einer riesigen Königsschleppe aus dem Fundus des bischöf-

lichen Theaters ausgerüstet, beginnt, sich Gesicht und Körper
mit Ochsenblut zu schminken – zum Akt der Übergabe der
Stadt Münster an die Fürsten. Auf Anhieb war die Szene auf der
Probe gelungen. Dichte Stunden zwischen Autor und Akteur.
Im Miteinander dieser beiden liegt für Dürrenmatt der Sinn des
Theaters und auch seine Wirkung. Einige Zweizeiler der aus
Hybris dichtenden Antipoden fehlten ihm noch. Uninteressiert
bestellte er heute sein Essen. Fleischsalat, gemischter Salat,
Bouillon, Siedfleisch, wahllos ohne Reihenfolge. Ehe er mit
einem Gang fertig war, schrieb er schon, schreibt mit seinen
barocken Druckbuchstaben die fehlenden Verse. Ich staune. Er
zündet die Habana an, schreibt, löffelt Suppe, schreibt. Ißt
Siedfleisch, schreibt. Langt unbemerkt plötzlich nach dem
Brot, reißt es stürmisch auseinander, vergißt seinen Diabetes
und sündigt. Kein einziges Mal in diesen Monaten habe ich ihn
Brot essen sehen. Ich bin sicher, er merkt es gar nicht. Konsu-
mieren und Produzieren ist ihm eins, wie Welt und Bühne ihm
eins sind. Strahlender Laune bestellt er neuen Wein, liest uns
die neuen Verse vor und duldet gern die zuhörende Serviererin.
Der Verführer und der Verführte: zwei, die plötzlich von den
verschiedenen Enden der Welt zu dichten anfangen. Ich kann
über die gewagte Banalität ihrer Reime nur staunen. Dürrenmatt sieht mir das an und sagt, diese Verse dürfen nicht schön
sein im literarischen Sinn, sonst geht der Inhalt der Szene
verloren. Während ich darüber nachdenke, fällt mir Brecht ein,
wie er zu einem Schauspieler auf die Bühne hinaufrief: »Bitte,
sprechen Sie nicht so schön, ich verstehe Sie sonst nicht.« Nach
dem Essen fahre ich Dürrenmatt ins Hotel, ich möchte mir
seine neuen Zeichnungen anschauen. Das schwarzweiße Gitter
der kämpfenden Stoßzähne ist verschwunden. Farbige wilde
Tanzszenen bedecken die Wände. Bockelson und Knipperdollinck. Der Spieler tanzt mit dem von Gott Ergriffenen, bis sie
vom blutigen Schleppentuch zusammengewickelt sind.

Jetzt bei den Bühnenproben wird vieles geändert. Alle Situationen werden noch einmal neu hergestellt und ihre sinnfällig-

sten Stellungen zu finden versucht. Was Dürrenmatt an historischen Details, an philosophischen und theologischen Quellen
nachweist, überzeugt Spieler und Regisseur. Als der Premieren-
abend herankommt, zeigt er nicht die geringste Nervosität. Ihm
gefällt die Aufführung besser als die aller seiner vorhergehenden
Stücke. Wochenlang hat er uns beschenkt und steht nun selbst
da wie ein beschenktes Kind.

Es wurde eine harte Premierenschlacht. Wie eine Betonmauer
fühlt man auf der Bühne die da unten im Parkett versammelten
zugereisten Kritiker und Experten. Die Schauspieler können
sich die Fäuste daran wundschlagen, aber sie können diese
Mauer nicht einschlagen. Als ich Wieman am Schluß den Satz
sagen höre: »Die Gnade, Knipperdollinck, zwischen blutigen
Speichen hervorgekratzt, klagt mich an«, fühle ich, daß das
Wort Gnade, vor internationalen Intellektuellen öffentlich ausgesprochen, heute ein Tabuwort ist. Ich denke noch darüber
nach, da erst merke ich, daß ich ohne Krone getanzt habe.
Verschenkt die Lieblingsszene. Ich bin traurig, als hätte ich den
Autor um sein Bestes geprellt. Dürrenmatt hingegen ist heiter
und bagatellisiert die vergessene Krone. Von der dritten Aufführung an entscheidet sich das Publikum für einen großen
Erfolg des Stückes.

Aus: ›Das Leben, verspielt‹. Frankfurt: S. Fischer Verlag 1978.

Hugo Loetscher

Nach zwanzig Jahren kehrt Friedrich Dürrenmatt zu seinem
Erstling zurück – zu jenem Stück, das in der deutschsprachigen
Nachkriegszeit die unbekümmertste Explosion einer Theater-
Phantasie darstellte. Derart, daß es einen nicht wundert, daß
der Einfall bei diesem Autor zu einer ästhetischen Kategorie
werden konnte.

Der Anlaß, daß Friedrich Dürrenmatt sich seinem Erstling *Es
steht geschrieben* zuwandte, ergab sich aus der Anfrage eines

Regisseurs, das Stück neu zu inszenieren. Der Autor machte
sich mit dem Stift ans Wiederlesen. Aber was als Korrektur
geplant war, wurde eine neue Konzeption.

Es ist ja nicht überraschend, daß Friedrich Dürrenmatt seine
Stücke bearbeitet. Es hat manchmal den Anschein, als wolle
dieser Spötter der Germanisten gerade den Germanisten fürs
philologische Seminar besondere Arbeit aufgeben. Das kritische
Durchgehen der eignen Stücke hängt nicht zuletzt mit seiner
Methode zusammen, »mit der Bühne zu arbeiten«.

Aber es gibt zugleich einen permanenten Dialog mit dem
eignen Werk bei Dürrenmatt. Dieses reflektierte Verhältnis zu
seinem Werk mag nur jene überraschen, die hinter dem dekla-
rierten Naturburschen nicht den bewußten Schaffer entdeckt
haben, und kann nur für jene ein Novum sein, die nicht wissen,
daß Dürrenmatt sein »Schreiben« primär als »Komponieren«
versteht. Wie viele Themen diesem Autor zur Verfügung sind,
das läßt sich angesichts eines Œuvres, das im vollen Mannesalter
steht, nicht festlegen. Aber es zeichnet sich immerhin ab, daß
bei der ganzen Fülle und Buntheit des Dürrenmattschen Panop-
tikums zwischen den Schicksalen, deren Gesichter er auf die
Bühne stellt, mehr Verwandtschaft besteht, als man gemeinhin
annehmen möchte. So ist es keineswegs vermessen, zwischen
dem Engel, der nach Babylon kommt, und der Dame, die nach
Güllen kommt, die gemeinsame Herkunft zu suchen.

Nur die Umstände, die sind verschieden, und ihnen entsprechend werden die Figuren erfunden und gibt es für die Figuren
die entsprechende Logik – himmelhochweit und höllentief.
Nicht umsonst ist für Dürrenmatt ein anderes Wort für Umstände, nämlich jenes des »Zufalls«, von entscheidender Bedeutung in seiner Dramaturgie.

In dieser permanenten Auseinandersetzung mit dem eignen
Werk nimmt die Auseinandersetzung mit *Es steht geschrieben*
eine besondere Bedeutung ein. Weil ein neues Stück entstand:
Die Wiedertäufer, in welchem das erste streckenweise zitiert
wird.

Die Wiedertäufer sind die Komödie des Engagements – des Engagements im doppelten Sinne. So wie es der Schauspieler versteht, der unterkommen will, und wie es ihm seither mancher Diktator und Parteiführer nachgespielt hat, und so wie es ein Matthison und ein Knipperdollinck versteht: der totale Einsatz für eine Idee, der zum Rad führt, ein Einsatz aber, der nicht »ins Politische überbordet«, wie der Schauspieler höhnen kann.

Wo die Welt aber Bühne ist, braucht es irgendwo einen, der zuschaut, und das ist in den *Wiedertäufern* der Bischof. Er entschied sich, Zuschauer zu sein und im Possenspiel das Abbild des Lebens vor sich zu haben: er versuchte, im Unvernünftigen vernünftig zu leben – eine Haltung, die im Stück der Mathematiklehrer und Mönch parodiert, der die Welt zur Vernunft bringen will. Aber dieser Bischof erlebt zwei Dinge: einmal, daß es unmöglich ist, in diesem Possenspiel Zuschauer zu bleiben, und anderseits, daß er dazu verurteilt ist, immer nur Zuschauer zu bleiben. In ihm findet die Erkenntnis des Stückes statt, was es heißt, ein Welttheater und zugleich eine leere Bühne zu haben. Wenn der Bischof am Ende sich von seinem Rollstuhl erhebt, beginnt unser Part – derjenige des Publikums.

Aus dem Programmheft der Uraufführung von ›Die Wiedertäufer‹ im Schauspielhaus Zürich am 16.3.1967.

Violet Ketels

Wie der unverwüstliche Schwitter in seinem *Meteor* brach Friedrich Dürrenmatt wie eine Naturkraft in die schläfrige Quäkerstadt Philadelphia ein. Entgegen allen Berichten über seine angegriffene Gesundheit war Dürrenmatt lebendig, gesprächig und unermüdlich. Sein von den Winden aus der Schweiz vorausgetragener Ruf, er sei ein alter Brummbär, bereitete die Philadelphier nicht auf seine Herzlichkeit vor. Er war von der Temple University in Philadelphia eingeladen worden, seinen ersten Ehrendoktor, den D. Litt. (Doctor of Literature), in Empfang zu nehmen. Mit seiner Frau kam er vier Tage vorher an, um sich »auszuruhen«. Aber vom Moment an, als er aus dem Düsenflugzeug stieg, in seinem schwarzen Rollkragenpullover, war er energisch und zugleich gelassen. Schon während einer kurzen Ruhepause auf dem Flughafen sprach er, bei einem Glas Cognac, über seine Dramen, und von da an sprudelten die dramatischen Handlungen nur so hervor.

Dürrenmatts Besuch war der Höhepunkt einer zweitägigen Konferenz über ›Gott und Mensch in moderner Literatur‹, veranstaltet von drei Fakultäten der Temple University: Theologie, Englisch und Theater. In einer unglaublich passenden Feier, welche zum wirklichen ›High Camp‹ wurde, erhielt Friedrich Dürrenmatt den D. Litt. auf der Bühne des Tomlinson Theaters vor den Kulissen des *Meteors,* der in amerikanischer Premiere vom Universitätstheater aufgeführt wurde.

Professor Samuel Laeuchli von der theologischen Fakultät, in akademischem Barett und Gewand, präsentierte den Kandidaten für den Ehrendoktor und verlas die Laudatio, welche Dürrenmatt als »einen der größten lebenden Dramatiker« schilderte, »der Dramen schrieb, die in unserer verwirrten und aufregenden Epoche politisch und sozial relevant sind«. Dr. Paul Anderson, Präsident der Universität, ebenfalls in akademischem Kostüm, überreichte den Ehrentitel, während nach mittelalterlichem Brauch ein Marschall dabeistand. Als Antwort las der frischgekrönte Ehrendoktor Dürrenmatt eine Dankrede auf Deutsch. Dr. Laeuchli, der die Rede für das bis zum letzten Platz besetzte Haus Satz für Satz übersetzte, unterbrach plötzlich die Feierlichkeit und erklärte, Herr Dr. Dürrenmatt habe den Wunsch geäußert, seine Rede auf dem Bett Schwitters zu lesen, welches als Teil der Szenerie, jedermann sichtbar, auf der Bühne stand! Eine witzige Bemerkung Dürrenmatts führte zu einer reizenden Episode; in seinem akademischen Gewande wandelte Dürrenmatt über die Bühne, setzte sich auf den Bettrand und wartete, mit herrlich dramatischem Instinkt, bis die Bühnenlichter aufleuchteten. Das Publikum erhob sich und klatschte vor Hochgenuß ...

Vor der Überreichung des Ehrendoktors und dem Schauspiel gab Universitätspräsident Anderson zu Ehren der Dürrenmatts ein Bankett, zu welchem als Gäste unter anderem Botschafter Pierre-Henri Aubaret, Generalkonsul in New York, Vize-Konsul Joseph Lustenberger und Prof. Maurice Friedman, Koordinator der Konferenz, eingeladen waren. Unmittelbar vor der Eröffnung dieses Essens brach der Marschall der Universität an einem Herzinfarkt zusammen. Wir dachten an eine ganze Reihe solch makabrer Ereignisse, welche sich mit Dürrenmatts Werk zu verknüpfen beliebten, wie zum Beispiel die Entdeckung eines ermordeten Kindes, als der Film *Es geschah am hellichten Tag* gedreht wurde. Ein ebenso tragisches Ereignis beeinträchtigte den zweiten Tag von Dürrenmatts Besuch in Philadelphia: die Schwester der jungen Studentin, welche die Rolle der Auguste im *Meteor* spielte, wurde in der Nacht zuvor in Chicago ermordet. Irgendwie bestätigt sich die Gewalt, die in Dürrenmatts Aussagen über die menschliche Situation zentral vorhanden ist, durch sehr konkrete Beispiele!

Und doch, daß Dürrenmatt dämonisch ist oder durch einen Sinn des Bösen getrieben ist, wird durch die Bürgerlichkeit seiner Erscheinung eher verneint. Mit seinem Grübchen auf der linken Wange lächelt er, seine Hände sind schmal, weich, unschuldig, sein kurzsichtiger Blick ist kaum lesbar hinter den schwarzen Brillengläsern. Auch wenn er sich schwerfällig bewegt und in der tiefen und rauhen Sprache der Berner spricht, ist die Lebendigkeit seines Geistes sofort spürbar, selbst für Amerikaner, die kaum Deutsch sprechen.

Am Flughafen von Philadelphia, kurz bevor Dürrenmatts nach Florida weiterflogen, hatten wir noch ein trauriges Abschiedsessen. Dürrenmatt bestellte das von der Diät erlaubte und nachgerade zur Routine gewordene Gericht, Steak und Tomaten – zweimal. Frau Dürrenmatt klaubte das Sacharindöschen für den Kaffee hervor. Am Schluß stellte sie die Teller zusammen. Als das Flugzeug abgeflogen war, fühlten wir uns verlassen. Die Stadt schien wieder so sehr Provinz.

Aus: ›Sonntags-Journal‹ Nr. 48, Zürich, 29./30.11.1969.

Sergius Golowin

Ost und West vereinigen sich seit über einem Jahrzehnt im munteren Rätselraten um Landsmann und Zeitgenosse Dürrenmatt: Bald gilt er an beiden Orten für »typisch destruktiv«, dann wieder wird er mit viel Ehren im Kreml empfangen und von USA-Hochschulen mit dem Doktortitel gekrönt. Sogar seine ihn ziemlich lange und mühsam übersehende Heimatstadt wirft ihm ihren ersten großen Literaturpreis nach – was freilich ebensowenig ohne Zwischenfälle abgeht wie alle andern Ehrungen der weiten Welt [...]

Man hat einfach nie seine ungetrübte Freude, wenn man Friedrich Dürrenmatt genau einstufen will. Bezeichnend für solche Versuche der einleuchtenden Einfügung und Klassifizierung sind die etwas bekümmerten Zusammenfassungen der Sowjetrussin N.S. Pawlowa in ihrem Büchlein ›F. Dürrenmatt‹ (Verlag Hochschule Moskau 1967, Seite 4) – die man fast wörtlich auch in amerikanischen, deutschen (und einheimischen!) Veröffentlichungen wiederfinden kann: »Die Erforscher des Werks von Dürrenmatt gestehen häufig ihre Verwirrung ... Die Bewertungen Dürrenmatts durch die Kritiker führen häufig zu einander gegenseitig aufhebenden Schlußfolgerungen, manchmal zu ungerechtfertigten Übertreibungen gewisser Seiten seines Wesens. Dürrenmatt steht dann vor uns als Mensch, fern der Politik, manchmal sogar als Schöpfer eines seichten Unterhaltungstheaters, dann wieder als ein Dramaturg, der ein Volkstribun ist; bald erklärt man ihn für einen hoffnungslosen Zyniker, bald für einen tiefreligiösen Schriftsteller.«

Vielleicht sollten wir aber bei der Auseinandersetzung mit der Persönlichkeit Friedrich Dürrenmatts endlich lernen – seine akademische Monsterrede gibt uns hierzu eine ausgezeichnete Gelegenheit –, im wahren Dichter von heute, genau wie im Komödianten alter Bühnen, einen Menschen zu sehen, der sehr frei, sehr bewußt, sehr schöpferisch leben will. Einen Menschen, der zu keiner Stunde seines Daseins der Hampelmann irgendwelcher starrer, aus der Vergangenheit stammender Ideologien sein kann und der darum auch unmöglich in endgültiger Form (und zur allgemeinen Beruhigung) einstufbar oder festlegbar ist.

Aus: ›Das große Dürrenmatt-Spiel‹. ›Domino‹ Nr. 94, Feuerthalen (Zürich), Oktober 1970.

Georg Hensel

Dürrenmatt baut in seinen Komödien künstliche Welten auf, in denen er mit Personen, auch mit Zeit und Raum, mit illusionistischen und antiillusionistischen Wirkungen, mit symbolischen und kabarettistischen Effekten schaltet und waltet, wie es ihm gerade notwendig erscheint; Anregungen von Wedekind, Pirandello, Sternheim, Brecht, vor allem aber von seinen geliebten Satirikern Aristophanes und Nestroy hat er auf seine Weise weitergeführt. Wenn man ihn theoretisieren hört oder liest, so könnte man meinen, es käme ihm nur darauf an, auf der Bühne eine Geschichte zu erzählen in einer künstlichen, aber möglichen Welt, und nicht etwa darauf, mit dieser Geschichte Diskussionen zu erregen oder gar eine Moral zu verkünden [...]

Dennoch enthalten alle seine Komödien eine mehr oder minder deutlich ausgesprochene Moral: er ist ein Moralist wider Willen [...]

Dürrenmatt ist nicht nur Protestant gegen den Zustand der Welt, für den er – in striktem Gegensatz zu Bertolt Brecht – nicht die gesellschaftlichen Verhältnisse, sondern die Menschen verantwortlich macht; er ist mitten in seinen blutigen Späßen ein geheimer Prediger, ein Lobsänger der Schöpfung, ein Hymniker der Schönheiten dieser Erde, des scheiternden, aber unverzagten Menschen und der Gnade des Himmels – seine stärkste Provokation geht keineswegs von seinen grausamen Scherzen aus, sondern von seiner Religiosität, die freilich so versteckt ist, daß mancher sie gar nicht entdecken mag.

Aus: ›Theater der Zeitgenossen‹. Berlin: Propyläen Verlag 1972.

Joachim Kaiser

Bei der Premiere dieses neuesten, seltsamsten Dürrenmatt-Werkes [*Frank V.*] waren alle Vorbedingungen für ein bemerkenswertes Theaterereignis gegeben. Der seit Brechts Tod vielleicht am meisten diskutierte deutschsprachige Dramatiker kündigte die Oper ausgerechnet einer Privatbank an, der seit dem ›Feuerwerk‹-Schlager ›O mein Papa‹ allbeliebte Paul Burkhard wollte die Musik dazu beisteuern. Überdies sprach sich die Nachricht herum, Dürrenmatt wolle Zürich mit seinem Privatbankdrama ebenso provozieren, wie einst Schiller Mannheim mit seinen ›Räubern‹ erregt hatte; sie wurde merkwürdigerweise durch die Kunde ergänzt, Burkhard und Dürrenmatt hofften im stillen, »eine schweizerische Nationaloper zu schaffen«. So machte sich denn nahezu alles, was im deutschsprachigen Theater Rang und Namen hat, auf, um das Zürcher Uraufführungsparkett in eine prominente Schau zu verwandeln. Friedrich Dürrenmatt selbst war unaufgeregt genug, um sich, beifallumrauscht und etwas bleicher als sonst, unter das Publikum zu mischen. Dann enthüllte der Vorhang die Praktiken der Privatbank von Frank V.

Sie sind beängstigend und erwecken kein übermäßiges Vertrauen zu Geldinstituten. Das Stück besteht aus einer Folge kleiner und großer Schiebungen, Gaunereien und Erpressungsversuche, die manchmal zu Morden, manchmal zu sentimentalen Betrachtungen führen [...]

Mit der Zeitkritik hat das alles nichts, fast nichts zu tun. Kein

Bankier, ja vielleicht nicht einmal ein Gangster wird sich getroffen fühlen. Selten wurde es dem Bürger leichter gemacht, vergnügt zu klatschen, obwohl ihm doch eigentlich die Maske vom Gesicht gerissen werden sollte. So ist er nicht. Und auch für den Unsinn der Institutionen schlechthin, für die vom gottähnlichen Staatspräsidenten verkündete und verteidigte »Weltunordnung« kann das Stück nicht einstehen. Wenn es schon für den spezifischen Einzelfall nicht stimmt, wie sollte es dann über das ganze System etwas Verbindliches besagen können? Denn Dürrenmatt gibt sich kaum Mühe, seine Witze und Morde aus der Situation heraus wachsen zu lassen. Nur selten rechtfertigt der dramatische Zusammenhang die Vorgänge, fast immer müssen Anspielungen oder direkte Bezichtigungen oder plötzliche, unmotivierte Parodien auf Grabreden und Direktorengeschwätz für den dramatischen Vorgang einstehen. Man hat oft genug den vom Programmheft übrigens bestätigten Eindruck, daß da eine Handlung um Chansons herumgebaut wurde. Die Zynismen des Stückes werden durch keine Logik, durch keine immanente Wahrheit gerechtfertigt. Das Publikum klatscht vergnügt – aber niemand hat gepfiffen, protestiert, Betroffenheit verraten. So besiegelt also gerade der Beifall die Niederlage eines Dramatikers, der mit aller Macht provozieren wollte, aber nur amüsieren konnte.

Aus: ›Friedrich Dürrenmatts singende Mörder. Uraufführung von ‚Frank V. – Oper einer Privatbank' in Zürich‹. ›Süddeutsche Zeitung‹, München 21.3.1959.

Banal und exzentrisch, witzig und geschmacklos, sprunghaft und unbeirrbar: So braust Friedrich Dürrenmatts Komödie *Die Physiker* zweieinhalb Stunden lang am Rand jenes Atombombenkraters einher, in dem die Menschheit versinken kann. Dürrenmatt selbst will sein neuestes Werk als »Satyrspiel« verstanden wissen, das »im Gegensatz zu den Stücken der Alten« der Tragödie vorangeht. Ihm gelang ein frappierendes Szenarium, dessen Stärken und Schwächen dem irrsinnigen Objekt, um das es geht, verblüffend angemessen scheinen [...]

Das Atomproblem steht jenseits von ruhig vernünftiger, vernünftelnder Erwägung. Zu diesem Problem gibt es wohl nur leitartikelnde Banalitäten oder dem Irrsinn der Sache angemessene Exzentrizitäten. Man kann nicht darüber sprechen wie über eine ärgerliche, mit ökonomischen Argumenten widerlegbare Steuererhöhung. Das hat Dürrenmatt gespürt. Sein *Frank V.*, die Oper einer Privatbank, traf keine Realität und kein Symbol, blieb infolgedessen schal. Ähnlich würde es vielleicht auch gehen, wenn Dürrenmatt ein karges ›Problemstück‹ schriebe. Was jedoch die Auswirkungen physikalischer Erkenntnis betrifft (nicht etwa die Physik selbst, von ihr ist glücklicherweise kaum die Rede, es wird kein ›Forscher‹-Drama, kein Robert-Koch-Film versucht), so scheinen banal irrwitzige Ängste und irrsinnig platte Konsequenzen dem Objekt kongruent. Gespielter Wahnsinn als Reflex des echten Wahnsinns; Mord als Indiz friedlicher Gesinnung; ein böses Ende als Ergebnis wahnsinniger Profitgier – das ›stimmt‹ zu diesem Thema, auch wenn es sich idiotisch ausnimmt [...]
Muß ein Drama nicht – auf jede Gefahr des Mißlingens und der Geschmacklosigkeit hin – seine Möglichkeiten ausspielen? Dürrenmatts Atomstück ist, soviel ich sehe, weitergekommen als irgendein Atomstück vorher. Daß es trotzdem nur ein lustig-skurriles Zeitstück blieb, nur ein Versuch, nur eine Komödie für ein paar Jahre, sollte man ihm nicht vorwerfen. Denn es bezweifelt ja gerade jene ungestörte Ewigkeit, für die es in der Tat nicht geschrieben ist.

Aus: ›Friedrich Dürrenmatts Weltuntergangs-Libretto. Die Uraufführung der ‚Physiker' im Schauspielhaus Zürich‹. ›Süddeutsche Zeitung‹, München, 23.2.1962.

Das in unserem Lande hemmungslos betriebene Spekulieren über Theaterstücke und Autoren macht bedeutungssüchtig. *Der Meteor* ist trotzdem kein modernes Lazarus-Drama geworden, sondern ein Schwank auf Dürrenmatts Ebene, ein sehr routiniertes Schocktheaterstück. Die szenischen Konstellationen sind den Worten weit überlegen. Je länger die Tiraden, desto platter der Sinn. Nie holen die Figuren des mittelmäßigen Rhetors Dürrenmatt ein, was der keineswegs mittelmäßige Künstler Dürrenmatt bereits in den ersten Sekunden ihres szenischen Erscheinens brillant klarzumachen verstand. Und wenn beispielsweise im zweiten Akt der Chefarzt seine Verzweiflung begründet, der Sohn sein Versagen motiviert, die Schwiegermutter (als kupplerische Abortfrau tätig) mit armselig-amoralischen Sentenzen um sich wirft, dann ist das Stück geradezu provinziell.

Aus: ›Dürrenmatt spielt mit dem Tode. Zur Uraufführung der Komödie ‚Der Meteor‘ in Zürich‹. ›Süddeutsche Zeitung‹, München, 23.2.1966.

Im Zürcher Schauspielhaus surrte die Theatermaschine Dürrenmatt drei Uraufführungsstunden lang. Als Sehenswürdigkeit wurden *Die Wiedertäufer* geboten – aber irgendwie war die erneuerte Optik unglücklich eingestellt: Ein mühsam starrendes, ablenkbares, zum Schluß mittelmäßig beifallfreudiges, aber sogar auch sanft buhendes Publikum schien recht ratlos, wußte manchmal offensichtlich nicht genau, worauf es denn sein Augenmerk richten solle. Trotz eines niederregenden Aufgebotes an erstklassigen Schauspielern blieb der durchschlagende Erfolg aus. Nach der Pause waren arge Viertelstunden zu überstehen [...]

Es ist üblich, Erstfassungen zu überschätzen und Zweitfassungen mit ihnen zu erschlagen. Diese meist gedankenlose, posthume Besserwisserei findet ihre Erklärung darin, daß Zweitfassungen häufig bloß routinierte Korrekturen sind: Aber die ›Fehler‹ werden nicht verbessert, sondern man erkennt nur, wie notwendig, wie unvermeidbar, wie kräftig sie doch waren.

In der Urfassung wurde viel und brillant monologisiert, aber wenig begründet. Der übermütig eingreifende Autor und eine kraftvolle, wenn auch bedenkenlose lyrische Sprache waren die Substanz des Erstlings.

Damit nun mochte sich der Konstruktions- und Motivations-

drang des reifen, theatererfahrenen, weltberühmten und trotz
allem erst 47jährigen Dürrenmatt zwanzig Jahre später nicht
zufriedengeben. Die lyrischen Eskapaden aus dem Erstling
wurden getilgt. Da gab es überraschende Antizipationen bis zu
den Salomo-Lyrismen der *Physiker* und der *Meteor*-Allegorik
des bislang letzten Dürrenmatt-Stückes. An die Stelle der hei-
ter-selbstsicheren, claudelesken Verfügung über Leid und Tod
tritt nun ein Zug höhnisch-brechtischer Aufklärung: So sind die
Mächtigen, mit Politik und Religion macht man die besten
Geschäfte [...]

Aber im ganzen bleiben die Worte, Reime und Gedankengänge über Höchstes und Tiefstes doch recht seicht. Was da so
alles über Gerechtigkeit und Leidensseligkeit geäußert wurde –
ohne sprachliche Beglaubigung, ohne den Zusammenhang eines
dramatischen Kosmos, nur immer auf direkte Erregung berechnet, dafür ließen sich viele negative Zitate beibringen, die aber
im Falle eines dramatischen Gelingens nichts beweisen würden.
Besonders arm war die Karikatur von Karl V., Kurt Beck
verhehlte nicht, daß er Shaws ›Dauphin‹ lieber spielen würde;
ein anderer Mächtiger verlangte ständig nach Bier, das ist
Komödienrealismus! Manches wirkte sogar einfach wie eine
Parodie auf Wittgenstein: Worüber man nicht klar reden kann,
darüber muß man schreien.

Aus: ›Mattes Comeback der ‚Wiedertäufer‘. Dürrenmatts Neufassung seines
ersten Stücks in Zürich uraufgeführt‹.
›Süddeutsche Zeitung‹, München 18./19.3.1967.

Friedrich Dürrenmatt, gegenwärtig wohl der bedeutendste
deutschsprachige Dramatiker, hat eine [...] dramatische Varia-
tion des Shakespeareschen Historienstückes *König Johann* geschrieben. Er nennt seine Arbeit nur »Bearbeitung«. Das ist zu
bescheiden.

Aus: ›Dürrenmatt kämpft mit Shakespeare. Werner Düggelin inszeniert in Basel
den ‚König Johann‘‹. ›Süddeutsche Zeitung‹, München, 20.9.1968.
Abdruck mit freundlicher Genehmigung des Autors.

Friedrich Luft

Die Physiker sind natürlich Kernphysiker. Die »Komödie« ist natürlich durchsetzt mit Weltangst, Tragik und Schrecken. Dürrenmatts achtes Theaterstück ist kompakter, ist viel handfester gebaut als die vorangegangenen. Welttheater, versucht mit dem kleinen Einmaleins der raffinierten Kriminalkomödie. Mit Späßen will das an die Gänsehaut der praktizierbaren Apokalypse. Die Späße sind besser als der moralische Nutzeffekt am Ende [...]

Dürrenmatt läßt, wie die Boxer sagen, die Deckung fallen. Er schiebt den Paravent der Groteske, hinter dem er sich bisher so geschickt und ambivalent bewegte, beiseite. Sofort verliert das Spiel seinen Rang. Wenn sonst Banales geschickt und komisch aufgepumpt und so als banal durchschaut worden war, jetzt bleibt Dürrenmatt auf der eigenen Ernsthaftigkeit hängen. Was nun in offener Feldschlacht der Mahnung geäußert wird, ist nicht neu. Richtig ist es gewiß. Dürrenmatt, sonst dem Klischee fleißig Hiebe versetzend, verfällt dem Klischee.

Er entwertet seine Moral, indem er plötzlich direkt moralisiert. Er tut es nunmehr ohne die Verkleidung des Ulkes. Und siehe, der Spaß weicht von der Bühne. Aber ernst wird es eigentlich auch nicht. Der Stückschreiber gerät unter sein listiges Niveau [...]

So schade, daß der große Ernst des Themas Dürrenmatts Groteske am Ende tötet. Bis zur Pause ist der Spaß perfekt. Später auch noch Passagen, wie er sie nur schreiben kann, Szenen von wahrhaft erschreckender Komik. Ernst, völlig verhängt von sicherem Ulk und Jux. Trotzdem scheint der Ernst, schimmert die Tragik deutlich hindurch.

Dann aber fällt Dürrenmatt selbst in die Fallgruben der Zeit. Das große, wirre Gelächter, das er anstimmen wollte, erstirbt ihm selbst. Das so grandios ausgeworfene Stück Theater vermindert sich, weil Dürrenmatt den Mut zum letzten Übermut doch nicht findet. Das Satyrspiel, das so keck begonnene, schleift am Ende tragisch und direkt. Schade! [...]

Die Bühne hat wieder ein brauchbares, Ernst verdeckendes und am Ende selbst in die Fallgruben des falschen Ernstes versinkendes Stück. Da sind Rollen. Da ist Lachen. Da ist Grausen und hin und wieder sogar Wahrheit. Dürrenmatt wurde immer wieder gerufen. Das Schauspielhaus Zürich ist zu beneiden.

Aus: ›Letzter Ernst – dargeboten als Ulk. Friedrich Dürrenmatts ›Physiker‹ uraufgeführt: Gelächter mit Schauder‹. ›Die Welt‹, Berlin, 23.2.1962.

Was über dieses Stück grotesker Wirklichkeit-Phantasmagorie zu sagen war, habe ich anläßlich der Uraufführung zu Zürich sehr ausführlich gesagt. Ich fand – und finde es – höchst unterhaltsam bis zur Pause. Ich liebe es, solange es in satirischer Equilibristik mit einem fatalen Weltbefund spielt. Die kalten Töne, solange sie ganz kalt bleiben, heimeln an. Dürrenmatt stellt eine Welt, die auf dem Kopf steht, deutlich als auf dem Kopf stehend dar.

Solange böse satirischer Abstand waltet, solange der Autor sich nicht engagiert, sondern in der Distanz und aus der Distanz seine irrsinnige, aber doch mögliche, seine schrecklicherweise durchaus denkbare Fabel spinnt, ist alles in Ordnung. Auch totaler Zynismus kann amüsieren. Hier tut er's.

Aber das Vergnügen schwindet sofort, wenn Dürrenmatt selbst beginnt, seinen Spaß ernst zu nehmen. Er wird banal und fragwürdig, wenn er selbst einsteigt und Partei nimmt, wenn er den Menetekelmaler spielen will und den Fiduz verliert, seinen superben Zynismus weiter anzuwenden. Ein ›Aussage‹-Autor schlägt plötzlich die traurigen Augen auf, wo zuvor ein grandioser Voltenschläger der Wirklichkeit am Werke war. Jetzt predigt er. Er spielt nicht mehr. Schade [...]

Warum will man uns von der Bühne herab denn immer direkt belehren und mit dem Zeigefinger ducken? Laßt uns doch ruhig, wenn auch kalt und dreist zynisch, lachen. Erst wenn dann der eigentliche Ernst durchschlägt, ist das Maß erreichbarer Güte erreicht. Oh, ihr Kleinmütigen!

Beifall gab es jede Menge. Selbst der Dichter Dürrenmatt konnte seinen Schweizer Januskopf immer wieder zeigen.

Aus: ›Satire mit gebremstem Spaß. Dürrenmatts ‚Physiker‘ hatten im Schloßpark-Theater Premiere‹. ›Die Welt‹, Berlin, 10. 10. 1962.

Kein gutes Stück – diese Komödie Dürrenmatts [*Herkules und der Stall des Augias*], die ihren Gattungsnamen fast durchweg zu Unrecht trägt. Dies ist eine Farce. Es ist mythologisierendes Kabarett, teils ganz dolldreist und lustig, meist aber minder. Diesmal quengelt der Dichter ein bißchen an der Welt herum. Er stellt sie nicht auf den Kopf. Er durchpustet sie nicht satirisch. Er rückt sie nicht zurecht.

Er beginnt mit einem Ulk. Er endet mit einer Ernsthaftigkeit und Direktmoral, die aus dem Munde dieses oft bewährten Spötters unversehens sentimental und durchaus unerlaubt klingt. Der Schluß hat so unverbrämt ›positive‹ Töne, daß man erst seinen Ohren nicht traut und sich dann für das Niveau dieses doch sonst so erfreulich ruppigen Poeten etwas schämt. Ein Spötter wird frömmlich. Ein fröhlicher Diagnostiker der Verwahrlosung faltet die Hände. Kalendersprüche tönen, wo man sonst den Schmerz und die Lust der Verneinung vernahm. Man schämt sich wirklich [...]

Der kleine Spaß, dieser fröhlich antikische Rülpser, als den der Autor den Stoff einst begann, wird in Arien aufgestellt, wird mit szenischen Supplements versehen. Wird, während er dauernd gehängt und aufgestockt wird, eigentlich dauernd vermindert. Eine Farce wird in der dritten (oder eigentlich ja vierten) Bearbeitung ihrer ruppigen Richtigkeit entkleidet. Man sieht es mit Bedauern erst, dann mit kleinem Ärgernis und hat schließlich im Parkett viel Zeit, über den Unfug und Nachteil der Mehrzweckverwendung eines Stoffes durch den gleichen Autor nachzudenken. Eine Unsitte, wahrhaft. Was mehrfach verbraten wird, wird dadurch nicht knuspriger oder schmackhafter.

Peinlichkeit für Dürrenmatt aber am Schluß. Da nimmt dieser sonst so fröhliche Verneiner plötzlich zurück. Die Mistwelt von Elis, siehe, sie ist ja gar nicht ohne Hoffnung! Dürrenmatt schwimmt durch diesen See von Jauche doch ans Ufer der Hoffnung. Augias, stellt sich heraus, hat längst begonnen, den Mist in Humus zu wandeln. Er zeigt seinem Sohne ein heimliches Gärtlein der Reinheit und blühenden Säubernis. Wir müßten, sagt er, der Gnade teilhaftig werden, daß sie in uns einfallen kann wie in einen sauberen Spiegel. Traktatdeutsch klingt auf. Ein lieber Stachelautor verliert plötzlich alle Stacheln. Er schmiert eine zuvor als schmierig gezeigte Welt mit einer beflissenen, dramatisch unerheblichen Handbewegung weg und rettet sich und uns in ein Traktätchenparadies.

Statt rustikaler Spaßigkeit klingen plötzlich die falschen Glocken. Klavier und Geige an einem Happy-End, das Dürrenmatt weit unter seinem Niveau veranstalten läßt. Damit ist mehr geschadet als nur diesem unerheblichen Stück: Man beginnt über Dürrenmatt plötzlich ganz neu nachzudenken. Wenn er so niedlich, so scheußlich ›nett‹ sein kann, so gefügig zum voreilig Guten – war er dann je so bitter, so klarsichtig, so konsequent grotesk, wie wir bisher dachten?

Wenn einer seinen eigenen Standard auch nur einmal verrät, wenn ihm etwas so beschwichtigend Nichtssagendes entfahren kann wie hier – stimmte dann die schöne Boshaftigkeit, war früher seine gallige Sorge um die Welt dann in Ordnung? Hier ist mehr passiert als nur ein Mißerfolg. Hier steht eine heimliche Selbstenthüllung zur Diskussion [...] So kam denn schließlich Beifall zustande. Nicht sehr viel, wohl von Heimattreue positiv gefärbt. Dürrenmatt konnte sich verneigen. Wer ihn aber bewundert, wer sein knarriges Genie liebt, möchte ihn nächstens bei einer dann wieder ganz neuen, in einer angemesseneren Sache sehen.

Dichter, bitte schreibt eure eigenen Stoffe nicht immer wieder zu oft und selbst zu Tode.

Aus: ›Dürrenmatts Flucht ins Traktätchenparadies. Des Schweizers Komödie ‚Herkules und der Stall des Augias' in Zürich uraufgeführt‹. ›Die Welt‹, Berlin, 22.3.1963.

Vor ziemlich genau zwanzig Jahren trat mit der Erstfassung dieses Stückes [*Die Wiedertäufer*] der protestantische Pastorensohn vor die Schweizer Öffentlichkeit. Es setzte Skandal. Die Schweizer Theaterbürger sahen die frühe Exerzitie ihres ungebärdigen Landsmannes ohne Wohlgefallen an. Er legte, schon damals nicht ohne aktuelle List, den Finger auf eine historische Verwirrung der Menschheit: Raserei, Größe, Fäulnis und Glaubensgrausamkeit der Wiedertäufer zu Münster, 1552. Das Stück hieß *Es steht geschrieben*.

Jetzt hat er's umgeschrieben. Dürrenmatt gehört, und das ehrt ihn, zu den ständigen Korrektoren seiner selbst. Er will, daß auch das Werk auf den Grad der Einsicht und Meisterschaft nachrücke, den er selbst mit den Jahren gewann. Er will jeweils sein Opus à jour bringen. So legte er, zwanzig Jahre danach, Hand an den ungebändigten Erstling. Das frühe Stück, obgleich anders geworden, ist nicht besser geworden [...]

Dürrenmatt variiert an Hand seines Erstlingsstücks jetzt sein Generalthema von der Fragwürdigkeit des Engagements, von der Windigkeit der Begabten, von der existentiellen Unzuverlässigkeit der Poeten, Geistesmenschen oder Intellektuellen. Was einst waberte und überfloß, soll jetzt getränkt sein vom positiven Zweifel und Zynismus, mit dem Dürrenmatt Einfluß und Führungsanspruch geistiger Schichten ansieht.

Seine Arbeiten, auch wo sie genialisch sind, desavouieren im Grunde alle das Genie, bezweifeln die Welt des Zweifels. Mit den *Wiedertäufern* geschieht das wieder.

Geschieht es wirkungsvoll? Gelingt es überzeugend? – Nein, es liegt nicht nur an der hochbesetzten, aber unentschlossenen Inszenierung, wenn der Abend sämig, im Grunde ereignislos verläuft. Der Bühnenschreiber hat die Diktion seiner ersten Fassung überarbeitet. Nur rund ein Zehntel des alten Textes ist jetzt noch zu hören. Die Dialoge sind straffer. Lyrismen sind beschnitten. ›Altdeutsche‹ Ausschweifungen und Lustbarkeiten des frühen Textes sind zurückgenommen. Trotzdem wird nicht einprägsam, was Dürrenmatt an Schrecken, Zweifel und bösem

Spaß mitteilen will. Merkbar wird, daß das neue Stück durch eine langwierige Operation zustande kam. Es bleibt eine Revision. Eine Vision kommt da nicht [...]

Das festliche, zum Teil von weither zugereiste Publikum wollte es wohl nicht wahrhaben. Es teilte zwischen den oft doch so müden Szenen Zwischenbeifall aus. Und am Ende fanden sich auf den Rängen auch welche, die den Autor, wenn er sich zeigte, mit der produktiven Schmach des Buhrufes versahen. Gegenovationen konnten sie nicht entzünden. Der Applaus war treu. Einen Erfolg konnte er nicht testieren.

Aus: ›Glaubensbarbarei zu Münster. Nach zwanzig Jahren neue Fassung: Friedrich Dürrenmatts Komödie ‚Die Wiedertäufer'‹. ›Die Welt‹, Berlin, 18.3.1967.

Die schwarzen Humore des Herrn Dürrenmatt sind wundersam. In der Kunst, Spaß durch Schrecken zu erzeugen, ist er Meister. Diese große Tragi-Farce [*Der Meteor*], die unter Beifall, Jubel und am Ende auch unter dem Gestank und Protestgeschrei einiger Geschmacksgeschädigter vonstatten ging, ist ein Stück aus dem literarischen Tollhaus.

Unter seinen Inventionen der Garstigkeit ist diese die eingängigste und abstoßendste zugleich, unter seinen Stücken allen das attraktiv widerwärtigste, lustigste und beste. Man lacht sich, während man dauernd schreckhaft zusammenzuckt, scheckig. Dürrenmatt bedient sich purer Schwankmittel, um unsere Metaphysik zu schänden.

Der Schluß flattert. Da verliert Dürrenmatt, selbst sich in Ernsthaftigkeit verheddernd, den Spaß. Sonst gewiß (und vorsätzlich) gar nicht fein, schlägt er plötzlich tief. Der Spaß geht zu weit. Er verliert dadurch sofort auch an Ernst. Das Stückende wird an diesem Schauspiel, das so geschickt und sicher nur lauter Peinlichkeiten akkumulierte, wirklich peinlich. Die Proteststürme waren wohl auch so zu verstehen. Sonst nämlich ist diese Darbietung eine böse Lust [...]

Er wurde füglich hoch gefeiert. Selbst die, denen der Jux mit dem Tode, denen dies schwarz garnierte Trubelspiel mit dem verhinderten Sterben über die Hutschnur des Erträglichen ging, fielen, wenn Steckel erschien, in den Jubel ein. Er zeigte sich mit Dürrenmatt, Lindtberg, dem Bühnenbildner Teo Otto und allen anderen immer wieder – unbeanstandet und füglich gefeiert. Zorn der Empfindlicheren zielte auf den Autor. Aber den hatte der einkalkuliert. Wer so verletzen will, muß sich unverletzlich stellen.

Aus: ›Von einem, der nicht sterben konnte. Friedrich Dürrenmatts tragische Farce ,Der Meteor› im Zürcher Schauspielhaus uraufgeführt‹. ›Die Welt‹, Berlin, 22. 1. 1966.

Dieser fatale Abend [Uraufführung *Der Mitmacher*] hatte, schien es erst, noch Glanz wie einst. Aus aller deutschsprechender Herren Länder waren die Rezensenten wieder einmal zugereist, hatten in der Kronenhalle gespeist, sich darüber informieren lassen, daß Andrzej Wajda, der auf dem Zettel noch als Regisseur genannt war, schon seit Tagen mit Krach über alle Berge sei. Dürrenmatt hatte die Regie übernommen und zu Ende geführt.

Das Parkett im Zürcher Pfauentheater wie in seinen besten Zeiten mit federführenden Prominenten und Wichtigtuern bestückt. Dürrenmatt, der in seinem neuesten Todesstück den Intellektuellen so plump wie maßlos auf die Zehen zu treten gedenkt, wird sich einem Chor von Eingeweihten gegenübersehen. Es soll schlimm werden. Aber das Schlimmste an diesem Abend: Es wird so schlimm gar nicht. Es wird nur fatal, wird sehr melancholisch.

Dürrenmatt will in seinen Stücken vorsätzlich bis ans Ende des Denkbaren gehen. Er will die Wirklichkeit, sie paradigmatisch schrecklich überholend, entlarven. Er zielt darauf, dem denkbar Schrecklichsten immer noch einen phantastischen Sprung voraus zu sein. Das gelang ihm schon. *Die alte Dame, Die Physiker, Der Meteor* waren Menetekelstücke, sie waren grausig, sie waren komisch und von einer beinahe kindlich garstigen Anwendbarkeit. Horror für große Staatstheaterbesetzung.

Diesmal will er die Gänsehaut aber ganz radikal und möglichst tiefsinnig strapazieren. Dürrenmatt hat sich ausgedacht, daß ein hochgestochener Wissenschaftler, ein großer Mann der Chemie, weil sein Forschungsgebiet aufgehört hat profittreibend zu sein, arbeitslos wird. Der Mann wird Taxichauffeur, er trifft auf einen Supergangster. Sofort geht Karl May mit Dürrenmatt durch [...]

Was ist mit diesem wichtigen Manne des deutschsprachigen Theaters passiert? [...]

Aus: ›Als Dürrenmatt mit Karl May durchging ... geriet er auf den Schwarzen Holzweg: Uraufführung ‚Der Mitmacher' in Zürich‹. ›Die Welt‹, Berlin, 12.3.1973.
Abdruck mit freundlicher Genehmigung des Autors.

Amédée A. Scholl

Wenige Dichter deutscher Sprache haben es geschafft, auf so viel vorurteilsbelastete Ablehnung zu stoßen wie Friedrich Dürrenmatt. Nicht nur Kritiker der offiziellen Tagespresse sind ihm abgeneigt, auch die Hüter der ›Kunstwissenschaft‹ mißtrauen ihm. Diese Haltung ist um so verständlicher, wenn man bedenkt, daß Dürrenmatt es wagt, sich sowohl gegen den problematischen Kunstbetrieb modernster Prägung zu wenden, als auch das gesamte Credo des modernen Fortschrittsglaubens kritisch zu beleuchten.

Mutig denunziert er die eindimensionale, auf cartesianischer Denksystematik beruhende, moderne Ideologie und verschreibt sich der Literatur des Paradox, die ihn in die Nähe eines Platon, der mittelalterlichen Mystiker, eines Erasmus, eines Montaigne, eines Swift, eines Shakespeare und auch des genialen Blaise Pascal bringt.

Aus: ›Zeichen und Bezeichnetes im Werk Friedrich Dürrenmatts. Friedrich Dürrenmatt. Studien zu seinem Werk‹, herausgegeben von Gerhard P. Knapp, Heidelberg: Lothar Stiehm Verlag 1976. (Reihe Poesie und Wissenschaft XXXIII.)

Hans Weigel

Als sie neu waren, hatte ich Einwände gegen einige seiner Stücke, aber ich halte Dürrenmatt für den besten Brecht, den wir haben, und halte die *Alte Dame* für ein säkulares Meisterwerk.

Er hat sich nie um das Engagement gedrückt, aber er hat sich nie als Präzeptor stilisiert, er hat nie den Dichterfürsten gespielt, er hat keinen Kreis gebildet und sich von Gruppen und Gruppierungen ferngehalten. Er hat einen einzigen fixen Standort: seinen Schreibtisch. Er ist ein einsamer Schriftstellereibesitzer und formuliert, was er sagen will, ohne Rücksicht auf Verluste. Er steigt gelegentlich in die praktische Theaterarbeit ein, und wenn sie ihm nicht paßt, steigt er wieder auf seinen Berg bei Neuchâtel hinauf. Er ist nicht konservativ und nicht progressiv, er ist Friedrich Dürrenmatt. Er ist ein Pfahl im Fleisch der Eidgenossenschaft und ihr Gewissen, das mit Gewissensbissen nicht spart. Wohl ihr und wohl uns, daß es ihn gibt!

Aus: ›Apropos Dürrenmatt. Zwei kleine Bücher über einen großen Zeitgenossen‹.
›Frankfurter Allgemeine Zeitung‹, 29. 7. 1976.

J. R. von Salis

Abende mit Dürrenmatt zogen sich lange hin. Wenn er mit anderen zu Tische saß, hatte er etwas von einem lächelnden Buddha. Er war rund, wie ihn sein Freund Varlin gemalt hat. Damals genoß der Gesellige und Gesprächige Speise, Trank und Tabak. Als wir in einem Hotel in Schuls zu früher Morgenstunde die Treppenstufen zu unseren Schlafzimmern erklommen, blieben etliche leere Flaschen Veltliner und volle Aschenbecher auf dem Tisch zurück. In einem späteren Jahr, in seinem Haus in Neuchâtel, sagte Dürrenmatt, er lebe jetzt wie Franz von

Assisi. Er war fast schlank geworden. Seine Kraftnatur muß mit einem chronischen Leiden leben. Dürrenmatts Energie und Vitalität überwand jede neue Krise. Er befolgte die Diät, die ihm sein Arzt vorgeschrieben hatte; auch das Rauchen hatte er sich abgewöhnt. Zwischen Lebenswillen und Lebensgefahr bringt er mit immer neu einsetzender Arbeitskraft, ohne zu klagen, umsorgt von seiner Frau, von Hunden bewacht, von einem Wald umgeben, seine Zeit am Schreibtisch zu – was ihn nicht hindert, weite Reisen zu unternehmen.

Mit Dürrenmatt kann ich berndeutsch reden, was Nähe schafft (mein angelerntes Zürichdeutsch war nie ganz echt). Als ich vor mehr als vierzig Jahren Paris verließ, um dem Ruf an die ETH zu folgen, zogen Dürrenmatts Eltern mit dem dreizehnjährigen Knaben nach Bern an die Nydeggasse. Sie wohnten im Haus neben meinem Elternhaus, wo meine Mutter lebte. Aber ich wußte nichts von dem Pfarrerssohn, der den gleichen Schulweg zum Freien Gymnasium hatte, den ich zwanzig Jahre vor ihm gegangen war. Eine Photographie, die meine Mutter von ihrem Fenster aus vom Nachbarhaus mit seinem Balkon gemacht hatte, schenkte ich Dürrenmatt; auf diesem Balkon habe er Nietzsche gelesen, sagte er. Dem Knaben war die Übersiedelung vom Dorf in die Stadt schwergefallen. Dürrenmatt empfindet Bern als etwas Labyrinthisches, Kellerhaftes, Unterirdisches.

Ich habe Dürrenmatt nie von Jeremias Gotthelf reden hören. Dennoch kommt er mir im Zusammenhang mit Dürrenmatts Werk in den Sinn. Die ungeschminkte, schonungslose, bei Dürrenmatt ins Bizarre und Groteske gesteigerte Art, die Schwachheit und Bosheit der Menschen darzustellen, ist ihnen gemein; desgleichen eine blutvolle Schöpferkraft, aus der ihre Figuren entstehen, auch etwas bäurisch Hartes und Unbekümmertes, das ihnen alles zu sagen erlaubt und sie nie vergessen läßt, daß der Mensch zwar Herr über die Erde, aber nicht über das Schicksal ist. Doch im Gegensatz zu dem gläubigen Berner Erzähler predigt der Berner Dramatiker den Zweifel und die

Desillusionierung. Er rate ab, er rate jedem ab, sagt er in seinem
›Gespräch mit Heinz Ludwig Arnold‹, nur aus dem Zweifel
heraus könne man über das ›Religiöse‹ reden (und das ›Religiöse‹ müsse man immer in Anführungszeichen setzen). Spuren der
Herkunft, von der man sich losgerissen hat und befreit glaubt,
bleiben aber in jedem Menschen zurück. Es ist kein Zufall, daß
der fünfundzwanzigjährige Friedrich Dürrenmatt mit einem
Wiedertäufer-Stück auf der Bühne des Zürcher Schauspielhauses debütiert hat, auch kein Zufall, daß die Uraufführung zu
einem Theaterskandal wurde. Seine Familie stammt aus einer
Gegend des Kantons Bern, wo das Wiedertäufertum verbreitet
und von der autoritären reformierten Staatskirche verfolgt worden war.

Ich weiß nicht, wer Dürrenmatt einen »zähen Protestanten«
genannt hat (wohl im Gegensatz zu dem wendigeren Katholi-
ken Brecht). Obschon er sich in Lessings ›Hamburger Dramaturgie‹ vertieft und von ihm gelernt hat und obgleich seine
Formsprache Verwandtes mit Brechts offener Form aufweist,
geht ihm der Optimismus der damaligen Aufklärer und der
heutigen Weltverbesserer völlig ab. Sein Scharfsinn und seine
Aufrichtigkeit lassen keine utopische Selbsttäuschung zu – er
scheint, im Unterschied zu politisch engagierten Schriftstellern,
vom »Mut zur Utopie« nicht viel zu halten. Das ist bei einem
Kierkegaard nicht anders. Das »metaphysische Bedürfnis«, von
dem Schopenhauer spricht und das Dürrenmatt nicht fremd ist,
hält beide nicht von einer dunklen Weltschau ab. Jacob Burckhardt, auch er ein zweifelnder Pfarrerssohn, pflegte zu sagen:
»Es ist eine böse Welt.« Ich sehe Dürrenmatt in solchen Zusam-
menhängen. In seinem Werk fehlen nicht apokalyptische Visionen.

Alles setzt sich bei ihm in Bilder um, er ist von Natur und
Begabung primär ein Zeichner, ein Bildermacher. Sein Studium
und seine Kenntnis der Philosophie empfand er als eine Gefahr
für das Bildhafte, gegen die er sich zur Wehr setzte: »Der
Schriftsteller braucht Bilder«. Aber es bleibt genug der philoso-

phischen Substanz in seinen Werken. Dürrenmatts berühmtestes Stück, *Der Besuch der alten Dame*, hat die Korrumpierbarkeit des Menschen zum Gegenstand; es sind arme Hunde, die mit schlechtem Gewissen, zögernd, aber unaufhaltsam, der Korruption durch die alte Hure Zachanassian erliegen. »Es ist schade um die Menschen«, sagt Strindberg.

Eines Nachts in seinem Haus in Neuchâtel, als wir beide sein Arbeitszimmer betraten, betrachtete ich Varlins Heilsarmee-Bild an der Wand der Tür gegenüber. Lächelnd sagte ich zu Dürrenmatt, der noch auf der Schwelle stand: »Deine Kunst ist doch eigentlich gnadenlos.« Er versuchte, sich zu rechtfertigen, sprach von Ill, der das Gegenteil beweise, vom Humor, der eine Gnade sei; dann lenkte er das Gespräch ab. Wir sprachen über Theologie, von Karl Barth. Dürrenmatt, dem dieses Gespräch im Gedächtnis haftengeblieben ist, schrieb dazu:

> Nachträglich denke ich, daß er nicht nur meine Schriftstellerei mit seiner Feststellung meinte, sondern auch die Malerei Varlins und vor allem seine eigenen Arbeiten: denn wo gäbe es einen gnadenloseren Stoff als den der Geschichte; räumte Jean doch im weiteren Verlauf des Gesprächs ein, keinen Sinn hinter der Geschichte zu sehen, weil er, wie alle Menschen, ein Teil der Geschichte sei, eingewoben in ihr Geschehen, nicht außerhalb. Ich möchte hinzufügen, daß auch der Dramatiker keinen Sinn hinzudichten darf. Damit auch keinen falschen Trost ... (›Buch der Freunde‹, 1971).

Ein politischer Glaubenskrieg spaltet heutzutage die denkenden und schreibenden Menschen in zwei Lager. Das trat bereits 1946 an den Genfer ›Rencontres‹ deutlich in Erscheinung, als im Anschluß an meinen Vortrag Jaspers und Lukács den Gegensatz zwischen zwei Auffassungen von Geschichte hervorhoben: die eine weiß das Ganze (oder glaubt es zu kennen) und hält sich aus diesem Grunde nicht bei den Einzelheiten auf; die andere erforscht und beschreibt die Einzelheiten und kennt, weil der Mensch selber in der Geschichte steht, ihre Bedeutung nicht. Es ist, grob gesagt, die Philosophie des Seins und die

Philosophie des Totalen, die den Gegensatz schaffen. Dem ›Existentialismus‹, wie ihn Karl Jaspers verstand, warf der Marxist Georg Lukács seinen Pessimismus vor. Wenig später ist nicht der Pessimist, sondern der Optimist, der sich vom Kommunismus die Gleichheit und Freiheit für alle Menschen versprach, von der kommunistischen Regierung seines Landes aus politischen Gründen ins Gefängnis gesperrt worden. Dieser groteske Vorgang läßt uns verstehen, warum Dürrenmatt sagt, der Unterschied zwischen dem Tragischen und dem Komischen sei »hauchdünn«. Seine Phantasie, seine Satire, sein Humor, der inmitten von tragischen Verwicklungen in seinen Stücken immer durchbricht, entzünden sich an den Absurditäten der Menschheitsgeschichte und der Menschheitsgegenwart. Wie Varlin, der als Maler eine Parallelerscheinung zum Dichter Dürrenmatt ist, entlarvt er mit erbarmungslosem Humor eine sich hinter Masken und Fassaden verbergende Menschheit. Von Varlin wurde gesagt, er sei ein »frommer Spötter«; man könnte das gleiche von Dürrenmatt sagen. Der Spott und der Humor dieser Künstler gründet in einer schwer zu enträtselnden Frömmigkeit.

An einem Abend bei uns erzählte Dürrenmatt die Handlung eines Stückes, an dem er arbeitete. Es war der *Mitmacher*. Zu H. L. Arnold sagt Dürrenmatt, der Doc im *Mitmacher* sei Petrus, der dreimal den Heiland verleugnet hat; wie Petrus habe er nicht den Mut, sich zu denen zu bekennen, die ihm die Nächsten sind; er verleugnet sie dreimal. Man komme immer auf die Mythen zurück, sie seien das, was uns eigentlich bewegt; das Drama des heutigen Intellektuellen sei, wie das Drama dieses Doc, daß er sich verleugnen müsse.

Man versteht Dürrenmatt nicht, wenn man ihn nicht als Erwecker und Gestalter von Mythen sieht. Was die Menschen an der Fabel eines Theaterstückes oder einer Erzählung anspricht, ist ihr mythischer oder archetypischer Gehalt. Dürrenmatts Inspiration gründet im Biblisch-Mythischen. Vom *Meteor* sagt er, dessen Held, Schwitter, sei ein Lazarus ohne den

Glauben; er könne ohne den Glauben das Wunder seiner Erweckung vom Tode nicht begreifen. Daß Gott sich dem modernen, vom religiösen Glauben abgelösten Menschen nicht begreiflich machen kann, ist eines der wiederkehrenden Motive im Dürrenmattschen Schaffen. Da er dem Sinnlosen keinen Sinn zu geben vermag, lehnt Dürrenmatt Ideologien ab, die sich als politische Heilsbotschaften empfehlen. An Zivilcourage fehlt es ihm keineswegs, aber er protestiert gegen die Politisierung der Literatur und weigert sich, seine Schriftstellerei in den Dienst einer Politik und einer Partei zu stellen.

Komponisten haben aus Stücken von Dürrenmatt Opern gemacht. Als Ende Mai 1971 die Wiener Festwochen mit der Uraufführung von Gottfried von Einems Vertonung des *Besuchs der alten Dame* in der Oper eröffnet wurden, fuhr ich hin; die Zusammenarbeit dieses Komponisten aus Wotrubas und unserem Freundeskreis mit Dürrenmatt hatte mich neugierig gemacht. Nach der Vorstellung lud die österreichische Regierung zu einem Empfang ins Palais Pálffy ein. Die Künstler waren noch nicht da; ich grüßte den Gastgeber, Bundeskanzler Kreisky, der mich mit dem sowjetischen Vizeaußenminister Wladimir Semjonow bekannt machte. Dieser führte in Wien mit dem US-Botschafter Gerard Smith die Verhandlungen über das SALT-Abkommen. Ich kam mit diesem intelligenten Russen und seiner Frau ins Gespräch, als sich Kreisky andern Gästen zuwandte. Dürrenmatts Stück hatte ihm einen starken Eindruck gemacht.

In Amerika und Kanada waren auch Dürrenmatts *Physiker* oft aufgeführt worden. Als am 4. Oktober 1977 Präsident Jimmy Carter in seiner Rede vor der Generalversammlung der Vereinten Nationen in New York von der Notwendigkeit sprach, die Nuklearrüstung auf der Welt unter Kontrolle zu bringen und zu diesem Zweck ein zweites SALT-Abkommen auszuhandeln, erinnerte er sein Auditorium an den Satz aus den *Physikern* von Dürrenmatt, daß das einmal Gedachte nicht mehr ungedacht gemacht werden kann. Es gibt verschiedene

Wege, auf denen ein anscheinend unpolitischer Schriftsteller
zur Kenntnis der Mächtigen dieser Welt gelangt.

Aus: ›Grenzüberschreitungen. Ein Lebensbericht. Zweiter Teil 1939-1978‹.
Zürich: Orell Füssli Verlag 1979.

Rolf R. Bigler

In Köln diskutierte Dürrenmatt vor ein paar Tagen mit Böll und
anderen Intellektuellen über den Zustand der Bundesrepublik
und ihrer Intellektuellen vor großem Publikum. Der Applaus
störte ihn. »Wie bei einem Fußballspiel«, erklärte er mir am Tele-
fon: »Man kommt sich vor wie einer, der dem Torjäger einen Steil-
paß vorgelegt hat, wenn so applaudiert wird. Diskutiert wurde gar
nicht. Jeder brachte ein Manuskript mit und las daraus vor.«

Er empfahl dem Staat im Umgang mit den Terroristen äußer-
ste Härte. Kein Nachgeben, keinen Handel mit den Verbre-
chern. Wenn Hanns-Martin Schleyer gegen Terroristen ausge-
tauscht werde, dann müsse fortan jeder gegen jeden tauschbar
sein. Er sagte, was Millionen dachten. Deshalb geriet er in die
Schlagzeilen.

Er kommt herein. Langsam, mit schweren Schritten geht er
an seinen Stammplatz. Das Hôtel Du Rocher liegt einen ver-
nünftigen Spaziergang von Dürrenmatts Wohnsiedlung entfernt. Mit einer ramponierten Villa hat er vor 25 Jahren angefangen, dann ein Haus danebengestellt, und jetzt hat er für sich
und seine Frau Lotti noch eines dazugebaut. »Eine Stadt entsteht um mich herum.« Immerhin hat er es fertiggebracht, sein
eigener Nachbar zu sein.

Alles an ihm ist schwer. Am besten hat ihn der Maler Varlin
getroffen: Ein Buddha, in sich selbst ruhend, halb sitzend, halb
schwebend, ein Kosmos für sich. Er kommt gerade von der
Arbeit. Er hat sein übernächstes Stück zu Ende geschrieben, das
nächste wird demnächst in Zürich uraufgeführt. Dieses Thema
steuert er direkt an.

Ungeheure Sätze sagt er plötzlich. Zum Beispiel: »Für die Kunst gibt es nur den Menschen, für die Politik nur die Menschheit. Menschen, die können glücklich sein. Die Menschheit dagegen kann sowenig glücklich sein wie ein Quadrat oder eine Gerade.« Oder: »Für den Intellektuellen gibt es nur eine einzige Verantwortung – sich selber, er muß zu sich selbst radikal sein. Er hat nicht wie eine politische Partei zu denken, sondern gegen den Strom zu schwimmen.« Und: »Engagement? – Aus Engagement sind die Intellektuellen mit dem Strom geschwommen. Sie gehören nun mal zwischen Stuhl und Bank ...« Er sagt das daher in seinem breiten Berner Dialekt, den er auch in sein Hochdeutsch mischt. Je vornehmer die Zuhörerschaft, desto uriger sein Dialekt.

Wie ein Forscher beim Experiment, so liest er das Manometer meiner Mimik ab, blickt über den oberen Rand seiner schweren Brille, löffelt seine Frittatensuppe dazu. Von weitem sieht er aus wie sein eigener Vater, von nah ist das ganz anders: Ich entdecke plötzlich die Spottlust in seinen Augen, aufgehaltenes homerisches Gelächter, und merke, daß er der Erwachsenenwelt nie beigetreten ist. An ihrem Rand, wo er als Kind lebte, hat er sich eingerichtet. Rätsel um Rätsel. In seinen Stücken zahlt er es den Erwachsenen heim.

Er braucht den Anlauf, weil er sich warm reden muß. Einmal erwischt er den richtigen falschen Begriff. »Die Konfession des Schriftstellers«, sagt er. Ich warte. Er korrigiert sich nicht.

»Ich bin zu einundfünfzig Prozent österreichischer Staatsdichter, habe ich eben entdeckt. Schon deshalb freue ich mich auf Wien, die Josefstadt, die Arbeit dort ...« An seinem Theaterverlag ist die Republik Österreich zu 51 Prozent beteiligt. Der Gedanke amüsiert ihn. Er läßt in den *Wiedertäufern* den Habsburg sagen: »Ich bin ein Habsburger, ein Aargauer ...« Und auch die Entdeckung der Kapuzinergruft als des bedeutendsten Auslandschweizerfriedhofs muß ihm gutgeschrieben werden.

Seine Erfolge und seine Mißerfolge haben Großformat. Jede seiner Kompositionen hat den Paukenschlag eingebaut. In den letzten Jahren war er nicht mehr zeitgemäß. Er steckte mit seinen Stücken zu weit vorne in der Zukunft. Er ließ die Zeitgeistlichen predigen. Jetzt wird er wieder zeitgemäß. Nicht weil er langsamer geworden wäre, aber die Wirklichkeit plagiiert ihn schamlos. Die hohe Moral des Banküberfallens nahm er für die gepflegten Kinder der gepflegten Herrschaften schon in *Frank V.* vorweg. Daß die Naturwissenschaft die Welt radikaler verändert hat als alle Politik und Philosophie, entdeckte er dem Publikum schon 1961 mit den *Physikern.*

Friedrich Dürrenmatt, Dichter und Maler. Ein Einzelgänger. Kein Mitmacher, kein Vorsänger, kein Nachäffer. Er lebt nach seiner Regel, sein Orden besteht aus ihm allein. Er versucht, extrem sich selbst zu sein.

Aus: ›Neue Kronenzeitung‹, Wien, 25.9.1977.

E.Y. Meyer

In einer Theaterlandschaft, die viel zu stark von Stücken geprägt ist, in denen keine Lebens-, sondern nur noch angelesene Kunsterfahrung steckt – außer ihrer ›Schönheit‹ zu keiner anderen Aussage mehr fähig und also nur in einem stets gleichbleibenden kunstgewerblichen oder artistischen Sinn schön –, die ›man‹ aber ›allemal interessant‹ findet und hochlobt: in einer Zeit, in der Regisseure vorherrschen, die auch das Offensichtliche und Natürlichste noch ›hinterfragen‹, mit modischen Äußerlichkeiten und plumpen Sensationseffekten krampfhaft pseudoaktuelle Zusammenhänge schaffen und damit die Sicht auf die wirkliche Aktualität auch sogenannt ›alter‹ Stücke innerhalb der großen Zusammenhänge des Lebens und der Welt, die sie nicht mehr sehen können, verstellen: Da kann einem ein Unternehmen wie die Dürrenmattsche *Pannen*-Tournee geradezu wie Manna für den dahinvegetierenden Geist vorkommen.

Aus: ›Friedrich Dürrenmatt inszeniert ‚Die Panne'‹. ›Wir Brückenbauer‹ Nr. 38, Spreitenbach (Aargau), 21.9.1979.

Hanspeter Brode

Das Werk Friedrich Dürrenmatts gleicht einer weit zerklüfteten Landschaft: voller Überraschungen, schwer überschaubar, niemals von dem gekennzeichnet, was eine syntheselüsterne Betrachtungsweise Entwicklungen nennen dürfte. Die Skala der Wertschätzung, auf die das Œuvre des Schweizers stößt, schwankt, oft unvermittelt, zwischen Weltruhm und völliger Nichtbeachtung. Teils gehen seine Komödien über die Bühnen aller Kontinente, teils bleiben sie, wie der Autor in einer grollenden Anmerkung feststellt, schon bei der Uraufführung stecken.

Ein Schriftsteller also, der sich nicht einordnen, keiner ästhetischen Gruppierung zurechnen, nicht einmal auf eine politische Haltung festlegen ließe – an ihm wird jede Kästchenvorstellung zuschanden.

Aus: ›Ein anderer Dürrenmatt. Sein selbst zusammengestelltes ‚Lesebuch'‹. ›Frankfurter Allgemeine Zeitung‹, 29.3.1979.

Norbert Baensch

In seiner Rede zur Eröffnung des PEN-Kongresses 1975 in Wien sprach Friedrich Dürrenmatt – selbst nicht Mitglied des Clubs – über die Freiheit des Schriftstellers, der sich keiner Gruppierung anschließt, »weil ich das Gefühl habe, ich könne dann nicht mehr so frei reden wie ich möchte«.

Diese nonkonformistische Haltung überrascht nicht, sie bestätigt vielmehr frühere Äußerungen und den Eindruck, den das Werk Dürrenmatts vermittelt. In der Absage an herrschende Meinungs- und Formautorität entwickelte sich eigenständig ein Pensum, das überzeugendste eigene Autorität gewann und einen bestimmenden Platz in der Dramen- und Theaterliteratur unserer Zeit. Dürrenmatt war nie ›Mode‹ im Sinne des vorübergehenden, kurzlebigen Zeitgeschmacks. Man hat ihn einmal häufiger auf den Spielplänen angetroffen, als die Stücke neu waren, in Serien gespielt. Nun harren sie einer Wiederentdekkungswelle, die in Abständen unter bestimmten Konstellationen die Regel ist. Es gilt zu bestätigen, was entdeckt und erkannt ist. Eine neue Generation der Theaterarbeiter und Zuschauer verlangt nach Neuauflagen – und sie zeichnen sich bereits ab.

Aus: ›Text und Kritik‹, Heft 50/51: ›Friedrich Dürrenmatt I‹, München, März 1976.

Colin Wilson

Dürrenmatt scheint mir ein äußerst wichtiger Herold für die Zukunft zu sein, ja, ich vermute, daß man Dürrenmatt einst als den wichtigsten Schriftsteller betrachten wird, der gegenwärtig auf dem europäischen Kontinent tätig ist.

Dürrenmatt hat einen Ausweg aus der Sackgasse Sartres und Camus' gefunden. Er benützt alle traditionellen Analysen des Existentialismus, die Konzepte von nicht-authentischer Existenz, menschlicher Selbsttäuschung usw., jedoch mit einem instinktiven, mystischen Optimismus.

[...] eine der bedeutendsten Figuren der Literatur des 20. Jahrhunderts, ein Künstler, der in seiner Person einige der wichtigsten Strömungen seiner Zeit vereinigt.

Aus: ›The Strength to Dream. Literature and Imagination‹. London: Gollancz 1963. Aus dem Englischen von Michel Bodmer.

Anhang

Chronik

1921   5. Januar: Geboren in Konolfingen, Kanton Bern. Eltern: Reinhold Dürrenmatt, protestantischer Pfarrer, und Ehefrau Hulda geb. Zimmermann. Großvater: Ulrich Dürrenmatt, Berner Nationalrat, Verfasser satirischer Gedichte.

1933   bis 1935 Sekundarschule im Nachbardorf Großhöchstetten.

1935   Umzug der Familie nach Bern, wo der Vater Pfarrer am Diakonissenhaus wird. Zweieinhalb Jahre Freies Gymnasium, dann Humboldtianum.

1941   Reifeprüfung, Beginn des Philosophiestudiums, ein Semester in Zürich, mit Literatur- und Naturwissenschaften, dann in Bern. Liest Kierkegaard, Aristophanes, Heym, Trakl, später Kafka, Ernst Jünger. Will Maler werden.

1943   Erste schriftstellerische Versuche: *Komödie* (ungespielt, 1980 unter dem Titel *Untergang und neues Leben* veröffentlicht), *Weihnacht, Der Folterknecht, Die Wurst, Der Sohn* (Erzählungen).

1945   Erste Publikation: *Der Alte* (Erzählung) in der Berner Tageszeitung ›Der Bund‹. Erzählungen: *Das Bild des Sisyphos, Der Theaterdirektor.* Beginn der Arbeit am Drama *Es steht geschrieben.*

1946 Umzug nach Basel. *Es steht geschrieben* beendet. Erzählungen: *Die Falle, Pilatus.* Hörspiel *Der Doppelgänger.*

1947 Heirat mit der Schauspielerin Lotti Geißler, Geburt des
Sohnes Peter.
19. April: Uraufführung *Es steht geschrieben* im Schau-
spielhaus Zürich.
Regie: Kurt Horwitz. Bühnenbild: Teo Otto. Musik:
Max Lang. Mit Gustav Knuth (Bockelson), Heinrich
Gretler (Knipperdollinck), Margarethe Fries (Katheri-
na), Agnes Fink (Judith), Fred Tanner (Matthisson),
Hans Gaugler (Rottmann), Robert Freitag (Krechting).
Preis der ›Welti-Stiftung für das Drama‹ für *Es steht
geschrieben.*
Arbeit am Drama *Der Blinde* und an einem Roman, aus
dem 1952 das Fragment *Die Stadt* veröffentlicht wird.
Theaterkritiken für die Berner Zeitung ›Die Nation‹.

1948 Umzug nach Ligerz am Bielersee.
10. Januar: Uraufführung *Der Blinde* im Stadttheater
Basel.
Regie: Ernst Ginsberg. Bühnenbild: Max Bignens. Mit
Heinz Woester (Herzog), Kurt Horwitz (da Ponte),
Bernhard Wicki (Palamedes), Maria Becker (Octavia),
Klaus Steiger (Dichter), Alfred Schlageter (Schauspie-
ler), Willy Volker (Schwefel), Hermann Gallinger
(Neger).
Arbeit an der Komödie *Romulus der Große.* Mehrere
Sketchs für das Zürcher ›Cabaret Cornichon‹, zwei
davon werden aufgeführt. Arbeit an der Komödie *Der
Turmbau zu Babel,* die nach vier Akten aufgegeben und
vernichtet wird.

1949 Geburt der Tochter Barbara.
23. April: Uraufführung *Romulus der Große* im Stadttheater Basel.

Regie: Ernst Ginsberg. Bühnenbild: Eduard Gunzinger. Mit Kurt Horwitz (Romulus), Gina Petruschka (Julia), Margrit Winter (Rea), Alfred Schlageter (Zeno), Bernhard Wicki (Aemilian).
Oktober: Erste Dürrenmatt-Aufführung in Deutschland (*Romulus der Große* in Göttingen).

1950   Schreibt in Fortsetzungen seinen ersten Kriminalroman *Der Richter und sein Henker* für die Zeitschrift ›Der Schweizerische Beobachter‹. Beginn der Arbeit an der Komödie *Die Ehe des Herrn Mississippi*.

1951   Geburt der Tochter Ruth.
Zweiter Kriminalroman *Der Verdacht*. Hörspiel *Der Prozeß um des Esels Schatten*. Erzählung *Der Hund*. Theaterkritiken für die ›Zürcher Weltwoche‹ (bis 1953).

1952   Umzug ins eigene Haus in Neuchâtel.
26. März: Uraufführung *Die Ehe des Herrn Mississippi* in den Münchner Kammerspielen.
Regie: Hans Schweikart. Bühnenbild: Wolfgang Znamenacek. Musik: Karl von Feilitzsch. Mit Maria Nicklisch (Anastasia), Friedrich Domin (Mississippi), Peter Lühr (Übelohe), Wilfried Seyferth (Saint-Claude), Charles Regnier (Diego). Diese Uraufführung bringt den Durchbruch auf deutschen Bühnen.
Erste Dürrenmatt-Aufführung in einer fremden Sprache: *Les Fous de Dieu (Es steht geschrieben)* im Pariser Théâtre des Mathurins.
Neun Prosastücke erscheinen als Sammelband unter dem Titel *Die Stadt*.
Erzählung *Der Tunnel*. Hörspiele: *Stranitzky und der Nationalheld, Nächtliches Gespräch mit einem verachteten Menschen* (szenische Uraufführung am 26. 7. 1952 in den Münchner Kammerspielen.)

1953 Entstehung und (am 22. Dezember) Uraufführung *Ein Engel kommt nach Babylon* in den Münchner Kammerspielen.
Regie: Hans Schweikart. Bühnenbild: Caspar Neher. Mit Erich Ponto (Akki) und Peter Lühr (Nebukadnezar).

1954 Literaturpreis der Stadt Bern für *Ein Engel kommt nach Babylon.*
Arbeit an den Hörspielen *Herkules und der Stall des Augias, Das Unternehmen der Wega.* Theoretische Arbeit findet ihren Niederschlag in den *Theaterproblemen* (Komödientheorie). Inszeniert im Stadttheater Bern *Die Ehe des Herrn Mississippi.*

1955 Arbeit am Roman *Grieche sucht Griechin* und an der Komödie *Der Besuch der alten Dame.*

1956 29. Januar: Uraufführung *Der Besuch der alten Dame* im Schauspielhaus Zürich.
Regie: Oskar Wälterlin. Bühnenbild: Teo Otto. Musik: Rolf Langnese. Mit Therese Giehse (Claire Zachanassian), Gustav Knuth (Ill), Carl Kuhlmann (Bürgermeister), Hanns Krassnitzer (Lehrer), Heinz Woester (Pfarrer), Sigfrit Steiner (Polizist), Hermann Wlach (Butler). Oktober: Inszeniert *Der Besuch der alten Dame* in Basel. Hörspiele: *Die Panne* (später umgearbeitet als Erzählung, Fernsehspiel – 1958 in Italien, 1960 in Amerika –, Komödie), *Abendstunde im Spätherbst* (szenische Uraufführung am 19. 11. 1959 im Berliner Renaissancetheater). Neufassung *Die Ehe des Herrn Mississippi.* Vortrag *Vom Sinn der Dichtung in unserer Zeit.* Pläne für eine Zusammenarbeit mit Max Frisch: Dürrenmatt will ein Gegen-Stück zu ›Biedermann und die Brandstifter‹ schreiben, mit Knechtling als Hauptperson. Das Projekt wird nicht ausgeführt.

1957 Hörspielpreis der Kriegsblinden für *Die Panne*. Drehbuch zum Fernsehfilm *Der Richter und sein Henker* (mit Hans Gottschalk). Drehbuch zum Film *Es geschah am hellichten Tag* (Regie: Ladislao Vajda. Produktion: Praesens-Film, Zürich. Mit Heinz Rühmann, Gerd Fröbe und Michel Simon). Weiterentwicklung des Stoffs (Gegenentwurf) im Roman *Das Versprechen*. Neufassung der Stücke *Ein Engel kommt nach Babylon* und *Romulus der Große*. Erzählung *Mister X macht Ferien*. Erstaufführung *Der Besuch der alten Dame* in Paris.

1958 Prix Italia für *Abendstunde im Spätherbst*. Literaturpreis der ›Tribune de Lausanne‹ für *Die Panne*.
Arbeit (mit Paul Burkhard) an der Oper einer Privatbank *Frank V.*
Erstaufführung des Films *Es geschah am hellichten Tag* in Deutschland.
Erstaufführungen *Der Besuch der alten Dame* in New York: *The Visit,* Lunt-Fontanne Theatre. Regie: Peter Brook. Bühnenbild: Teo Otto. Englische Übersetzung: Maurice Valency. Mit Lynn Fontanne (Claire Zachanassian), Alfred Lunt (Ill), Eric Porter (Bürgermeister), und in Warschau, Krakau, Aarhus (Schweden), Kopenhagen, Oslo.

1959 19. März: Uraufführung *Frank V.* im Schauspielhaus Zürich.
Regie: Oskar Wälterlin. Bühnenbild: Teo Otto. Musik: Rolf Langnese. Mit Kurt Horwitz (Frank V.), Therese Giehse (Ottilie), Maria Becker (Frieda Fürst), Ernst Schröder (Böckmann), Gustav Knuth (Richard Egli).
Preis der New Yorker Theaterkritiker für *Der Besuch der alten Dame*.
April/Mai: Reise nach New York.
9. November: Schillerpreis in Mannheim: Vortrag *Friedrich Schiller*.

Preis zur Förderung des Bernischen Schrifttums für *Das Versprechen*.

Dezember: Inszeniert im Berner Ateliertheater seine Kammerspielfassung von *Der Besuch der alten Dame*.

Erstaufführungen: *Ein Engel kommt nach Babylon* in Stockholm; *Der Besuch der alten Dame* in Prag, London, Madrid, Lissabon, Jerusalem, Tokyo.

1960   Reise nach London.

Erstaufführung *Der Besuch der alten Dame* in Mailand: *La Visita della Vecchia Signora*, Piccolo Teatro. Regie: Giorgio Strehler. Bühnenbild: Luciano Damiani. Mit Sarah Ferrati (Claire Zachanassian), Tino Carraro (Ill), Tino Buazelli (Bürgermeister), Enzo Tarascio (Lehrer), Andrea Mateuzzi (Pfarrer).

4. Dezember: Großer Preis der Schweizerischen Schillerstiftung.

Drehbuch *Die Ehe des Herrn Mississippi*. (Regie: Kurt Hoffmann. Produktion: Praesens-Film, Zürich. Mit O. E. Hasse, Johanna von Koczian und Hansjörg Felmy).

Neuer Schluß für die Münchner Aufführung von *Frank V*.

Arbeit am Roman *Justiz* (unvollendet; 1980 wieder aufgegriffen).

1961   Reise nach Berlin.

Arbeit an der Komödie *Die Physiker*.

Erstaufführung des Films *Die Ehe des Herrn Mississippi* in Deutschland.

1962   20. Februar: Uraufführung *Die Physiker* im Schauspielhaus Zürich.

Regie: Kurt Horwitz. Bühnenbild: Teo Otto. Mit Therese Giehse (Fräulein Doktor), Hans Christian Blech (Möbius), Gustav Knuth (Newton), Theo Lingen (Einstein), Hanne Hiob (Monika), Fred Tanner (Voß).

Entwickelt aus seinem Hörspiel *Herkules und der Stall des Augias* eine Komödie.

Erstaufführungen *Die Physiker* in Santiago, Mexico City, Lima.

1963   20. März: Uraufführung *Herkules und der Stall des Augias* im Schauspielhaus Zürich.
Regie: Leonard Steckel. Bühnenbild: Teo Otto. Musik: Rolf Langnese. Mit Gustav Knuth (Herkules), Ernst Schröder (Augias), Jane Tilden (Deianeira), Rolf Henniger (Polybios), René Scheibli (Phyleus), Christa Witsch (Iole), Kurt Beck (Lichas), Peter Ehrlich (Kambyses), Robert Tessen (Tantalos).
Schreibt für die Kabarettisten Voli Geiler und Walter Morath den Text zur szenischen Kantate *Die Hochzeit der Helvetia mit dem Merkur. Die Heimat im Plakat*, ein Band mit satirischen Zeichnungen über die Schweiz, erscheint.
Erstaufführungen *Die Physiker* in London: *The Physicists*, Royal Shakespeare Company im Aldwych Theatre. Regie: Peter Brook. Bühnenbild: John Bury. Englische Übersetzung: James Kirkup. Mit Irene Worth (Fräulein Doktor), Cyril Cusack (Möbius), Michael Hordern (Newton), Alan Webb (Einstein), Diana Rigg (Monika), Clive Swift (Voß), und in Amsterdam, Helsinki, Stockholm, Kopenhagen, Oslo, Palermo, Ljubliana, Warschau, Israel, Buenos Aires.

1964   Juni: Reise nach Rußland (Einladung zur Gedenkfeier zum 150. Todestag des ukrainischen Nationaldichters Schewtschenko).
Beginn der Arbeit an der Komödie *Der Meteor*.
Inszeniert zusammen mit Erich Holliger in Bochum eine Neufassung von *Frank V.*: die Arbeit wird vor der Premiere abgebrochen.
Erstaufführung des Films *Der Besuch der alten Dame* (Originaltitel: *The Visit*) in Deutschland (Regie: Bern-

hard Wicki. Produktion: 20th Century Fox. Mit Ingrid Bergmann und Anthony Quinn in den Hauptrollen). Erstaufführung *Die Physiker* in New York.

1965 Fortsetzung der Arbeit am *Meteor*. Erzählung *Der Sturz* (Publikation erst 1971).

1966 20. Januar: Uraufführung *Der Meteor* im Schauspielhaus Zürich.
Regie: Leopold Lindtberg. Bühnenbild: Teo Otto. Mit Leonard Steckel (Schwitter), Kornelia Boje (Olga), Wolfgang Forester (Jochen), Willy Birgel (Koppe), Gert Westphal (Georgen), Peter Brogle (Nyffenschwander), Ellen Schwiers (Auguste), Kurt Beck (Lutz), Gustav Knuth (Muheim), Wolfgang Reichmann (Schlatter).
Das Erstlingsdrama *Es steht geschrieben* erhält seine Komödienfassung unter dem Titel *Die Wiedertäufer*. *Theater-Schriften und Reden* erscheint.
Erstaufführung des Films *Grieche sucht Griechin* in Deutschland (Regie: Rolf Thiele. Produktion: Franz Seitz. Mit Heinz Rühmann und Irina Demick in den Hauptrollen). Erstaufführung *Der Meteor* in London (Royal Shakespeare Theatre) und Buenos Aires.

1967 16. März: Uraufführung *Die Wiedertäufer* im Schauspielhaus Zürich.
Regie: Werner Düggelin. Bühnenbild: Teo Otto/Rudolf Heinrich. Mit Kurt Beck (Karl V.), Willy Birgel (Kardinal und Matthisson), Mathias Wieman (Waldeck), Wolfgang Danegger (Kurfürst), Jöns Andersson (Landgraf), Johannes von Spallart (Kanzler), Erwin Parker (Rottmann), Peter Ehrlich (Krechting), Gustav Knuth (Knipperdollinck), Ernst Schröder (Bockelson), Andrea Jonasson (Judith), Peter Brogle (Mönch).
Mai: Reise zum 4. sowjetischen Schriftstellerkongress in Moskau.

Beginn der Arbeit am Stück *Porträt eines Planeten*.
Vortrag *Israels Lebensrecht* (17. Juni im Zürcher Schau-
spielhaus). Essay *Persönliches über Sprache*.
Erstaufführung *Die Wiedertäufer* in Warschau.

1968   Januar: *Monstervortrag über Gerechtigkeit und Recht*
vor Studenten in Mainz.
8. September: Rede *Tschechoslowakei 1968* (Matinée im
Basler Stadttheater).
Beginn der Theaterarbeit in Basel mit Düggelin.
18. September: Uraufführung *König Johann* (nach
Shakespeare) im Stadttheater Basel.
Regie: Werner Düggelin. Bühnenbild: Jörg Zimmer-
mann. Musik: Konrad Elfers. Mit Horst Christian
Beckmann (König Johann), Lina Carstens (Eleonore),
Helga Schoon (Isabelle), Monika Koch (Blanka), Katha-
rina Tüschen (Konstanze), Steffen Knütter (Arthur
Plantagenet), Matthias Habich (Bastard).
Erstaufführung *Die Wiedertäufer* in Prag.
Grillparzer-Preis der österreichischen Akademie der
Wissenschaften.

1969   8. Februar: Uraufführung *Play Strindberg* in der Basler
Komödie.
Regie: Friedrich Dürrenmatt/Erich Holliger. Bühnenbild: Hannes Meyer. Mit Regine Lutz (Alice), Horst
Christian Beckmann (Edgar), Klaus Höring (Kurt).
April: Der Fortgang der Basler Theaterarbeit wird
durch eine schwere Krankheit Dürrenmatts und Diffe-
renzen mit der Direktion gestört: Dürrenmatt wendet
sich im Oktober enttäuscht vom ›Basler Experiment‹ ab.
25. Oktober: Großer Literaturpreis des Kantons Bern.
November: Ehrendoktor der Temple University, Philadelphia. November (bis Januar 1970): Reise nach Philadelphia, Florida, zu den Maya-Ausgrabungsstätten in

Yukatan, den Karibischen Inseln, nach Jamaika, Puerto Rico, New York.

Zeichnet als Mitherausgeber (bis 1971) der neuen Zürcher Wochenzeitung ›Sonntags-Journal‹. Arbeit am Essay *Sätze aus Amerika*.

1970   22. Oktober: Uraufführung *Urfaust* im Schauspielhaus Zürich.
Regie: Friedrich Dürrenmatt. Bühnenbild: Raffaëlli. Mit Attila Hörbiger (Faust), Hans-Helmut Dickow (Mephistopheles), Willy Birgel (Erdgeist/Wagner/Frosch/böser Geist), Anne-Marie Kuster (Margarete), Christiane Hörbiger (Marthe), Klaus Dieckmann (Valentin), Michael Schacht (Schüler).
10. November: Uraufführung *Porträt eines Planeten* im Schauspielhaus Düsseldorf.
Regie: Erwin Axer. Bühnenbild: Eva Starowieyska. Musik: Edward Aniol. Mit Wolfgang Arps, Karl-Heinz Martell, Wolfgang Reinbacher, Edgar Walther (Adam, Kain, Abel, Henoch), Renate Becker, Eva Böttcher, Christiane Hammacher, Marianne Hoika (Eva, Ada, Zilla, Naema).
12. Dezember: Uraufführung *Titus Andronicus* im Schauspielhaus Düsseldorf.
Regie: Karl Heinz Stroux. Bühnenbild: Heinz Mack. Mit Otto Rouvel (Titus), Rena Liebenow (Tamora), Peter Kuiper (Aaron), Waldemar Schütz (Saturninus), Libgart Schwarz (Lavinia), Hermann Weisse (Marcius). Der Essay *Sätze aus Amerika* erscheint.

1971   *Der Sturz* erscheint. Dürrenmatt inszeniert eine Neufassung von *Porträt eines Planeten* im Schauspielhaus Zürich (Premiere 25. März.)
23. Mai: Uraufführung der Oper *Der Besuch der alten Dame* von Gottfried von Einem in der Wiener Staatsoper (Wiener Festwochen).

1972 Arbeit an der Komödie *Der Mitmacher*. Inszeniert in Zürich Büchners *Woyzeck* (Premiere 17. Februar). Lehnt Berufung zum Direktor des Zürcher Schauspielhauses ab.

Italienische Verfilmung der *Panne* unter dem Titel *La più bella serata della mia vita* (Regie: Ettore Scola. Produktion: Dino de Laurentiis. Mit Alberto Sordi, Michel Simon, Charles Vanel, Pierre Brasseur; französische Synchronfassung: *La plus belle soirée de ma vie*).

Erstaufführungen: *Die Physiker* in Vancouver. *Herkules und der Stall des Augias* in Paris und London. *Porträt eines Planeten* in Yokohama.

1973 8. März: Uraufführung *Der Mitmacher* im Schauspielhaus Zürich.

Regie: Andrzej Wajda. Bühnenbild/Kostüme: Andrzej Wajda, Krystyna Zachwatowicz. Musik: George Gruntz. Mit Peter Arens (Doc), Kurt Beck (Boss), Hans Wyprächtiger (Cop), Wernher Buck (Jim), Andrea Jonasson (Ann), Ingold Wildenauer (Bill), Willy Birgel (Jack), Jon Laxdal (Sam), Heinz Bähler (Joe), Roland Steinacher (Al).

Erstaufführungen: *Der Mitmacher* in Warschau. *Der Besuch der alten Dame* (Opernfassung) in Glyndebourne. *Frank V.* in Paris. *Play Strindberg* in Paris, London, Kopenhagen, Ankara, Rio de Janeiro.

1974 Ehrenmitgliedschaft der Ben-Gurion-Universität, Beerschewa (Israel): bedankt sich mit der Rede *Zusammenhänge* (überarbeitet und erweitert, bis 1975: erscheint 1976). Inszeniert Lessings *Emilia Galotti* am Schauspielhaus Zürich (Premiere 5. Juni).

Erstaufführung *Der Mitmacher* in Athen.

1975 Beginn der Arbeit an der Komödie *Die Frist* und an *Stoffe, Zur Geschichte meiner Schriftstellerei.*
Vortrag gegen die antiisraelische Resolution der UNO, anläßlich der PEN-Tagung in Wien vom 14.–20. November.

1976 *Der Mitmacher. Ein Komplex* erscheint.
Verfilmung von *Der Richter und sein Henker* (Regie: Maximilian Schell. Produktion: MFG Film, München und P.R.A.C., Rom. Mit Martin Ritt, Jon Voight und Jacqueline Bisset in den Hauptrollen).

1977 6. März: Verleihung der Buber-Rosenzweig-Medaille des deutschen Koordinationsrats der Gesellschaften für christlich-jüdische Zusammenarbeit in der Paulskirche, Frankfurt a.M. Rede *Über Toleranz.*
5. Juni: Uraufführung der Oper *Ein Engel kommt nach Babylon* von Rudolf Kelterborn im Zürcher Opernhaus.
6. Oktober: Uraufführung *Die Frist* im Kino Corso, der Ausweichbühne des Schauspielhauses Zürich.
Regie: Kazimierz Dejmek. Bühnenbild: Andrzej Majewski. Mit Werner Kreindl (Exzellenz), Gert Westphal (Möller), Margrit Ensinger (Herzogin), Klaus Knuth (Herzog), Heinrich Trimbur (Goldbaum), Wolfgang Schwarz (Arkanoff), Dagmar Loubier (Rosa), Grete Heger (Rosaflora), Rosel Schäfer (Rosagrande), Hans Gerd Kübel (Nostromanni), Fred Tanner (Bauer Toto).
17. November: Ehrendoktor der Université de Nice.
26. November: Ehrendoktor der Hebräischen Universität Jerusalem (Verleihung in Basel).
Erstaufführung *Der Mitmacher* in Genua.

1978 Erstaufführungen: Maximilian Schells Film *Der Richter und sein Henker* (mit Friedrich Dürrenmatt als Schriftsteller Friedrich). *Die Frist* in Polen (Lodz).

November: Inszeniert den *Meteor* in einer neuen Fassung im Wiener Theater an der Josefstadt.

Ein umfangreicher Band *Bilder und Zeichnungen* erscheint (herausgegeben von Christian Strich, mit einer Einleitung von Manuel Gasser).

1979   24. Februar: Vortrag *Albert Einstein*, zur Feier seines 100. Geburtstags in der Eidgenössischen Technischen Hochschule, Zürich: erscheint darauf als Buch.

19. Juni: Großer Literaturpreis der Stadt Bern.

13. September: Uraufführung *Die Panne* in Wilhelmsbad/Hanau.

Regie: Friedrich Dürrenmatt. Bühnenbild: Gottfried Neumann-Spallart. Musik: Arthur Paul Huber. Mit Karl Heinz Stroux (Richter), Peer Schmidt (Traps), Wolfgang Preiss (Staatsanwalt), Heinrich Trimbur (Verteidiger), Guido Bachmann (Henker).

Erstaufführung *Die Frist* in der DDR (Rostock).

1980   Mitarbeit an der Edition der (zum 60. Geburtstag) im Herbst erscheinenden ersten Werkausgabe in 30 Bänden.

Bibliographie

I. Bibliographien

II. Primärliteratur

A) Gesamtausgabe

B) Theaterstücke und Hörspiele
   a) Sammelbände
   b) Einzelausgaben

C) Prosa
   a) Sammelbände
   b) Einzelausgaben

D) Theoretische Schriften
   a) Sammelbände
   b) Einzelausgaben und Zeitschriftenbeiträge

E) Bilder und Zeichnungen

F) Interviews

G) Übersetzungen

III. Sekundärliteratur in Auswahl

A) Allgemeine Arbeiten

B) Zu einzelnen Arbeiten

   1. Zu den Dramen und Hörspielen

   a) Es steht geschrieben
   b) Der Blinde
   c) Romulus der Große
   d) Nächtliches Gespräch mit einem verachteten Menschen
   e) Die Ehe des Herrn Mississippi
   f) Ein Engel kommt nach Babylon
   g) Herkules und der Stall des Augias

I. Bibliographien

Petersen, Klaus-Dietrich: *Friedrich Dürren-matt-Bibliographie*. Zürich: Arche 1966 [Ms.]

Wilbert-Collins, Elly: *A Bibliography of Four Contemporary German-Swiss Authors: Friedrich Dürrenmatt, Max Frisch, Robert Walser, Albin Zollinger*. The author's publications and the literary criticism relating to their works. Bern: Francke 1967

Jonas, Klaus W.: *Die Dürrenmatt-Literatur (1947-1967)*. In: ›Börsenblatt für den Deutschen Buchhandel‹, Frankfurter Ausgabe, 24. Jg., Nr. 59, 23. Juli 1968, S. 1725-1738

Hansel, Johannes: *Friedrich-Dürrenmatt-Bibliographie*. Bad Homburg/Berlin/Zürich: Gehlen 1968 (= Bibliographien zum Studium der deutschen Sprache und Literatur 3)

Spycher, Peter: *Bibliographie*. In: ders.: *Friedrich Dürrenmatt. Das erzählerische Werk*, Frauenfeld/Stuttgart: Huber 1972, S. 418-424

Hönes, Winfried: *Bibliographie zu Friedrich Dürrenmatt*. In: ›Text + Kritik‹, Heft 50/51, 1976, S. 93-108

Knapp, Gerhard P.: *Bibliographie der wissenschaftlichen Sekundärliteratur*. In: *Friedrich Dürrenmatt*, Heidelberg 1976, S. 257-268

Whitton, Kenneth: *Bibliography*. In: ders.: *The theatre of Friedrich Dürrenmatt*, London 1980

II. Primärliteratur

A) Gesamtausgabe

Werkausgabe in dreißig Bänden. Herausgegeben in Zusammenarbeit mit dem Autor.
Redaktion: Thomas Bodmer.
Gebundene Ausgabe: Zürich: Arche 1980
Taschenbuchausgabe: Zürich: Diogenes 1980 (detebe 250/1-30)
Inhalt der einzelnen Bände [Erstveröffentlichungen *kursiv*]:

Es steht geschrieben / Der Blinde. Frühe Stücke. detebe 250/1
Es steht geschrieben – Der Blinde – Henkerszene aus ›Thogarma‹ – *Untergang und neues Leben* – Der Doppelgänger

Romulus der Große. Eine ungeschichtliche historische Komödie. detebe 250/2
Romulus der Große. Neufassung 1980 – Zehn Paragraphen zu ›Romulus der Große‹ – Vierter Akt der ersten Fassung von ›Romulus der Große‹ – *Kaiser und Eunuch*

Die Ehe des Herrn Mississippi. Komödie und Drehbuch. detebe 250/3
Die Ehe des Herrn Mississippi. Komödie. Neufassung 1980 – Drehbuch – Bekenntnisse eines Plagiators – Etwas über ›Die Ehe des Herrn Mississippi‹ und etwas über mich

Ein Engel kommt nach Babylon. Eine fragmentarische Komödie. detebe 250/4
Ein Engel kommt nach Babylon. Neufassung 1980 – Anmerkungen zu einem Themenkomplex – *Gespräche über den Turm* – Der Uhrenmacher – Dies ist die Geschichte vom großen Turm

Der Besuch der alten Dame. Eine tragische Komödie. detebe 250/5
Der Besuch der alten Dame. Neufassung 1980 – Randnotizen – Szene ›Ills Laden‹ (Sondereinrichtung Atelier-Theater Bern)

Frank der Fünfte. Komödie einer Privatbank. detebe 250/6
Frank der Fünfte. Neufassung 1980 – Schluß der Bochumer Fassung – Schluß der ersten Buchausgabe – Die Richtlinien der Regie – Standortbestimmung – An die Kritiker Franks des Fünften

Die Physiker. Komödie, detebe 250/7
Die Physiker. Neufassung 1980 – 21 Punkte zu den Physikern

Herkules und der Stall des Augias / Der Prozess um des Engels Schatten. Griechische Stücke. detebe 250/8
Herkules und der Stall des Augias. Komödie. Neufassung 1980 – *Der Prozeß um des Esels Schatten. Hörspiel. Neufassung 1980* – Entwurf zum Hörspiel ›Herkules und der Stall des Augias‹ – Herkules und der Stall des Augias. Hörspiel

Der Meteor / Dichterdämmerung. Nobelpreisträger-Stücke. detebe 250/9
Der Meteor. Komödie. Wiener Fassung 1978 – *Dichterdämmerung. Komödie. 1980* – Voraussichtliches zum ›Meteor‹ – Zwanzig Punkte zum ›Meteor‹ – Schluß der ersten Fassung des ›Meteors‹ – *Über »Unverbindlichkeit«* – Notiz zur Dichterdämmerung – Abendstunde im Spätherbst. Hörspiel

Die Wiedertäufer. Komödie. detebe 250/10
Die Wiedertäufer. Urfassung – Dramaturgische Überlegungen zu den Wiedertäufern

König Johann / Titus Andronicus. Shakespeare-Umarbeitungen. detebe 250/11
König Johann – Titus Andronicus – Prinzipien der Bearbeitung von ›König Johann‹ – Theaterarbeit. Änderungen – Notizen zu

›Der fröhliche Weinberg‹ von Zuckmayer – ›Gespenstersonate‹ von Strindberg – Zweimal Shakespeare – Zum siebzigsten Geburtstag von Elisabeth Brock-Sulzer – *Friedrich Dürrenmatt interviewt F.D.*

Literatur und Kunst. Essays, Gedichte und Reden. detebe 250/26
Vom Anfang her – Dokument – *Meere – Gedichtband bei einer Mittagszigarre* – Randnotizen zu Else Lasker-Schülers ›Dichtungen und Dokumente‹ – Fingerübungen zur Gegenwart – Lieblingsgedichte – Die dritte Walpurgisnacht – ›Stiller‹. Roman von Max Frisch – Schriftstellerei als Beruf – Vom Sinn der Dichtung in unserer Zeit – Über Walter Mehring – Gibt es einen spezifisch schweizerischen Stoff, der verfilmt werden müsste? – Vom Schreiben – Friedrich Schiller – Untersuchung über den Film ›Das Wunder des Malachias‹ – »Der Rest ist Dank« – Über Balzac – Autorenabend im Schauspielhaus Zürich – Persönliches über Sprache – Ist der Film eine Schule für Schriftsteller? – Rede von einem Bett auf der Bühne aus – Nachträgliches zu ›Theaterschriften und Reden II‹ – Kunst – Zu den Teppichen von Angers – Über Ronald Searle – Geleitwort zu Paul Flora's ›Trauerflora‹ – Vorwort zum Buch von Bernhard Wicki ›Zwei Gramm Licht‹ – Über Rosalie de Constant – Varlin schweigt – Varlin – *An Varlin* – Notizen zu Hans Falk – Persönliche Anmerkung zu meinen Bildern und Zeichnungen – *Kronenhalle* – Versuche über Manuel Gasser – Essay über Tomi Ungerer, in welchem unter anderem auch von

Tomi Ungerer die Rede ist, doch mit der Absicht, nicht von ihm abzuschrecken

Philosophie und Naturwissenschaft. Essays, Gedichte und Reden. detebe 250/27
Hingeschriebenes – Trieb – *Gott und Péguy – Das Unvermeidliche wartet* – Lied – *Elektronische Hirne* – Die vier Verführungen des Menschen durch den Himmel – *Mond – Antares – Siriusbegleiter* – Gerechtigkeit und Recht – *Überlegungen zum Gesetz der grossen Zahl* – Über Toleranz – Albert Einstein – *Skizze zu einem Nachwort*

Politik. Essays, Gedichte und Reden. detebe 250/28
Sätze für Zeitgenossen – *Das Schicksal der Menschen* – ›Heller als tausend Sonnen‹. Zu einem Buch von Robert Jungk – *Sätze für Unterdrückte* – Die verhinderte Rede von Kiew – Israels Lebensrecht – Tschechoslowakei 1968 – *Zu den Zürcher Globus-Krawallen* – Über Kulturpolitik – Zur Dramaturgie der Schweiz – Sätze aus Amerika – Bericht über zwei Miniaturen – Nachrichten vom Schloß – Der schwierige Nachbar – *Zwei Reden eines Nicht-Penners an die Penner* – Erzählung vom CERN – R.A.F. – *Über Hochschulen* – 55 Sätze über Kunst und Wirklichkeit – *Rede zur Verleihung des Literaturpreises der Stadt Bern* – *Schweizerpsalm I–III*

Zusammenhänge / Nachgedanken. Essay über Israel. Eine Konzeption – *Nachgedanken 1980.* detebe 250/29

Über Friedrich Dürrenmatt. Essays, Aufsätze, Zeugnisse und Rezensionen. Herausgegeben von Daniel Keel. detebe 250/30

B) *Theaterstücke und Hörspiele*

a) *Sammelbände*

Komödien [I]. Zürich: Arche 1957
Romulus der Große – Die Ehe des Herrn Mississippi – Ein Engel kommt nach Babylon – Der Besuch der alten Dame
Komödien II und Frühe Stücke. Zürich: Arche 1964
Es steht geschrieben – Der Blinde – Frank

der Fünfte – Die Physiker – Herkules und der Stall des Augias
Komödien III. Zürich: Arche 1972
Der Meteor – Die Wiedertäufer – König Johann – Play Strindberg – Titus Andronicus
Gesammelte Hörspiele. Zürich: Arche 1961
Der Doppelgänger – Der Prozeß um des Esels Schatten – Nächtliches Gespräch mit

einem verachteten Menschen – Stranitzky und der Nationalheld – Herkules und der Stall des Augias – Das Unternehmen der Wega – Die Panne – Abendstunde im Spätherbst

b) Einzelausgaben

[in chronologischer Folge der Erstveröffentlichung]

Es steht geschrieben. Mit 6 Zeichnungen vom Autor.
Basel: Schwabe 1947 (= Sammlung Klosterberg. Schweizer Reihe)
Mit dem Untertitel: Ein Drama. Mit 2 Zeichnungen vom Autor. Zürich: Arche 1959

Der Blinde. Ein Drama. Berlin: Bühnenverlag Bloch Erben 1947
Zürich: Arche 1960

Die Ehe des Herrn Mississippi. Eine Komödie in 2 Teilen. Zürich: Oprecht 1952
2. Fassung: Zürich: Oprecht 1957
3. Fassung: Zürich: Europa Verlag / Arche 1964
4. Fassung: Zürich: Europa Verlag / Arche 1970
5. Fassung: Zürich: Arche / Diogenes 1980
Drehbuch: Zürich: Sanssouci 1961

Stranitzky und der Nationalheld. Ein Hörspiel. In: Hörspielbuch 1953. Frankfurt/M.: Europäische Verlagsanstalt 1953
Zürich: Arche 1959 (= Die kleinen Bücher der Arche 289)

Ein Engel kommt nach Babylon. Eine Komödie in 3 Akten. Zürich: Arche 1954
2. Fassung: Zürich: Arche 1958
3. Fassung: Zürich: Arche / Diogenes 1980

Herkules und der Stall des Augias. Mit Randnotizen eines Kugelschreibers. Zürich: Arche 1954 (= Herkules-Bücherei)
Zürich: Arche 1960 (= Die kleinen Bücher der Arche 283/84)
Theaterfassung mit dem Untertitel: Eine Komödie. Mit Zeichnungen von Friedrich Dürrenmatt. Zürich: Arche 1963
Schallplatte: Friedrich Dürrenmatt liest. Eine Kurzfassung der Komödie. Hamburg: Deutsche Grammophon-Gesellschaft 1957

Romulus der Große. Eine ungeschichtliche historische Komödie in 4 Akten. Basel: Reiß Bühnenvertrieb 1956

2. Fassung: Zürich: Arche 1958
3. Fassung: Zürich: Arche 1961
4. Fassung: Zürich: Arche 1964
5. Fassung: Zürich: Arche / Diogenes 1980

Der Besuch der alten Dame. Eine tragische Komödie. Zürich: Arche 1956
2. Fassung: Zürich: Arche / Diogenes 1980

Nächtliches Gespräch mit einem verachteten Menschen (Ein Kurs für Zeitgenossen). Zürich: Arche 1957 (= Die kleinen Bücher der Arche 237)
Schallplatte: Nächtliches Gespräch, vom Dichter selbst gesprochen. Zürich: Disco-Club, Europäischer Schallplatten-Club 1963

Der Prozeß um des Esels Schatten. Ein Hörspiel (nach Wieland – aber nicht sehr). Zürich: Arche 1956
Zürich: Arche 1958 (= Die kleinen Bücher der Arche 267)

Abendstunde im Spätherbst. Ein Hörspiel. In: ›Akzente‹ 4 (1957)
Zürich: Arche 1959 (= Die kleinen Bücher der Arche 276/77)

Das Unternehmen der Wega. Ein Hörspiel. Zürich: Arche 1958 (= Die kleinen Bücher der Arche 264)
2. Fassung: Zürich: Arche 1969

Der Doppelgänger. Ein Spiel. Zürich: Arche 1960

Frank der Fünfte. Oper einer Privatbank. Musik von Paul Burkhard. Zürich: Arche 1960
2. Fassung mit dem Untertitel: Komödie. Bochumer Fassung. Zürich: Arche 1964
3. Fassung mit dem Untertitel: Komödie einer Privatbank. Zürich: Arche / Diogenes 1980

Die Panne. Ein Hörspiel. Zürich: Arche 1961 (= Die kleinen Bücher der Arche 360/61)
Theaterfassung mit dem Untertitel: Komödie. Zürich: Diogenes 1979 (detebe 209)

Die Physiker. Eine Komödie in 2 Akten. Zürich: Arche 1962
2. Fassung: Zürich: Arche / Diogenes 1980

Der Meteor. Eine Komödie in 2 Akten. Zürich: Arche 1966
2. Fassung: Zürich: Arche / Diogenes 1980

Die Wiedertäufer. Eine Komödie in 2 Teilen. Zürich: Arche 1967
Urfassung: Zürich: Arche / Diogenes 1980

König Johann. Nach Shakespeare. Zürich: Arche 1968

Play Strindberg. Totentanz nach August Strindberg. Zürich: Arche 1969
Titus Andronicus. Eine Komödie nach Shakespeare. Zürich: Arche 1970
Porträt eines Planeten. Zürich: Arche 1971

Der Mitmacher. Ein Komplex. Text der Komödie. Dramaturgie. Erfahrungen. Berichte. Erzählungen. Zürich: Arche 1976
Die Frist. Eine Komödie. Zürich: Arche 1977

C) *Prosa*

a) *Sammelbände*

Die Stadt. Prosa I-IV. Zürich: Arche 1952
Prosa I: Weihnacht. 1943 – Der Folterknecht. 1943 – Prosa II: Der Hund. 1952 – Das Bild des Sysiphos. 1945 – Der Theaterdirektor. 1945 – Die Falle. 1946 – Prosa III: Die Stadt. 1946 – Prosa IV: Der Tunnel. 1952 – Pilatus. 1949
Friedrich Dürrenmatt Lesebuch. Zürich: Arche 1978, darin Erstveröffentlichung folgender Prosatexte:
Der Sohn. 1943 – Die Wurst. 1943 – Nachrichten über den Stand des Zeitungswesens in der Steinzeit. 1949 – Herkules und der Stall des Augias. Entwurf zum Hörspiel. 1953 – Mister X macht Ferien. 1957 – Abu Chanifa und Anan Ben David. Bearbeitete Fassung 1978 aus ›Zusammenhänge‹

b) *Einzelausgaben*

[in chronologischer Folge der Erstveröffentlichung]

Der Alte. ›Bund‹, Bern, 25. März 1945
Pilatus. Olten: Vereinigung Oltner Bücherfreunde 1949 (= Veröffentlichungen der Vereinigung Oltner Bücherfreunde 42)
Zürich: Arche 1963 (= Die kleinen Bücher der Arche 388)
Der Nihilist. Illustrationen von Teo Otto. Horgen-Zürich: Holunderpresse 1950
Unter dem Titel: *Die Falle*. Erzählung. Zürich: Arche 1966 (= Die kleinen Bücher der Arche 432)
Der Richter und sein Henker. ›Der Schweizerische Beobachter‹, Basel, 24. Jg., Nr. 23

(15. Dezember 1950) bis 25. Jg., Nr. 6 (31. März 1951)
Einsiedeln: Benziger 1952
Der Verdacht. ›Der Schweizerische Beobachter‹, Basel, 25. Jg., Nr. 17 (15. September 1951) bis 26. Jg., Nr. 4 (29. Februar 1952)
Einsiedeln: Benziger 1953
Grieche sucht Griechin. Eine Prosakomödie. Zürich: Arche 1955
Die Panne. Eine noch mögliche Geschichte. Zürich: Arche 1956 [Hörspielfassung 1961. Theaterfassung 1971]
Im Coiffeurladen. 2 Kapitel aus einem unveröffentlichten Roman. In: ›Neue Zürcher Zeitung‹, 21. April 1957
Es geschah am hellichten Tag. Präsens-Film AG, Zürich, Februar 1958 [maschinengeschriebenes, vervielfältigtes Manuskript des Filmdrehbuchs]
Das Versprechen. Requiem auf den Kriminalroman. In: ›Neue Zürcher Zeitung‹, 5. – 28. August 1958
Zürich: Arche 1958
Ur-Herkules. Programmheft des Schauspielhauses Zürich zur Uraufführung des Festspiels ›Herkules und der Stall des Augias‹, Spielzeit 1962/63
Der Tunnel. Zürich: Arche 1964 (= Die kleinen Bücher der Arche 396)
Bearbeitete Fassung 1978 in: ›Friedrich Dürrenmatt Lesebuch‹. Zürich: Arche 1978
Das Bild des Sysiphos. Zürich: Arche 1968 (= Die kleinen Bücher der Arche 463)
Der Sturz. Zürich: Arche 1971
Smithy. Eine Novelle. In: ›Der Mitmacher. Ein Komplex‹. Zürich: Arche 1976
Das Sterben der Pythia. Erzählung. In: ›Der Mitmacher. Ein Komplex‹. Zürich: Arche 1976

D) *Theoretische Schriften*

a) *Sammelbände*

Theater-Schriften und Reden. Herausgegeben von Elisabeth Brock-Sulzer. Zürich: Arche 1966
Vom Anfang her – Dokument – Zu den Teppichen von Angers – Kunst – Fingerübungen zur Gegenwart – Ansprache anläßlich der Verleihung des Kriegsblinden-Preises – Schriftstellerei als Beruf – Vom Sinn der Dichtung in unserer Zeit – Autorenabend – »Der Rest ist Dank« – Die verhinderte Rede von Kiew – Einleitung zur ›Panne‹ – Sätze für Zeitgenossen – Trieb – Hingeschriebenes – Theaterprobleme – Anmerkung zur Komödie – Etwas über die Kunst, Theaterstücke zu schreiben – Die alte Wiener Volkskomödie – Notizen – Schriftstellerei und Bühne – Amerikanisches und europäisches Drama – Teo Otto – Gedanken vor einer neuen Aufführung – Anmerkung I zu ›Romulus‹ – Anmerkung II zu ›Romulus‹ – Anmerkung zu ›Ein Engel kommt nach Babylon‹ – Anmerkung zum ›Besuch der alten Dame‹ – Standortbestimmung zu ›Frank V.‹ – Die Richtlinien der Regie [›Frank V.‹] – 21 Punkte zu den Physikern – Zum Tode Ernst Ginsbergs – Totenrede auf Kurt Hirschfeld – Friedrich Schiller – Lieblingsgedichte – Bekenntnisse eines Plagiators – Die Dritte Walpurgisnacht – Randnotizen zu Else Lasker-Schülers ›Dichtungen und Dokumente‹ – Über Walter Mehring – Eine Vision und ihr dramatisches Schicksal. Zu ›Graf Öderland‹ von Max Frisch – ›Stiller‹, Roman von Max Frisch. Fragment einer Kritik – Heller als tausend Sonnen. Zu einem Buch von Robert Jungk – Vorwort zum Buch von Bernhard Wicki ›Zwei Gramm Licht‹ – Untersuchung über den Film ›Das Wunder des Malachias‹ – Über Ronald Searle – Über Rosalie de Constant – Anmerkung zu Schillers Räubern. Aufführung des Basler Stadttheaters – Zu Aufführungen des Zürcher Schauspielhauses der Saison 1951/52: Schillers Räuber – Die beiden Veroneser. Komödie von Hans Rothe – Die Dame ist nicht fürs Feuer. Komödie von Christopher Fry – Der Teufel und die Liebe Gott. Schauspiel von Jean-Paul Sartre – Tartuffe. Lustspiel von Molière – Tanz ums Geld. Komödie von Silvio Giovaninetti – Lessings Nathan der Weise – Die Kleine Niederdorf-Oper. Von Walter Lesch und Paul Burkhard – Schillers Wilhelm Tell – Der Widerspenstigen Zähmung – Offener Brief des Schriftstellers Friedrich Dürrenmatt an den Theaterkritiker Friedrich Dürrenmatt, Ferdinand Bruckners Pyrrhus und Andromache betreffend – Weh dem, der lügt – Liebe, Freundespflicht und Redlichkeit. Komödie von Medrano – Der Fröhliche Weinberg. Von Carl Zuckmayer – Gespenstersonate. Kammerspiel von Strindberg – Zweimal Shakespeare. Zu zwei Aufführungen im Rahmen der Juni-Festspiele – An die Kritiker Franks des Fünften. Münchner Rede 1963 – Quellen und Daten

Dramaturgisches und Kritisches. Theater-Schriften und Reden II. Zürich: Arche 1972
Rede von einem Bett auf der Bühne aus – Die vier Verführungen des Menschen durch den Himmel – Über Kulturpolitik – Über Teo Otto – Varlin – Varlin schweigt – Plauderei über Kritik vor der Presse – Persönliches über Sprache – Ist der Film eine Schule für Schriftsteller? – Israels Lebensrecht – Tschechoslowakei 1968 – Zwei Dramaturgien? – Über die Freiheit des Theaters – Dramaturgie des Publikums – Zwanzig Punkte zum ›Meteor‹ – Dramaturgische Überlegungen zu den ›Wiedertäufern‹ – Prinzipien der Bearbeitung (Nachwort Buchausgabe ›König Johann‹) – Bericht – Notizen zu ›Titus Andronicus‹ – Vorwort zum ›Porträt eines Planeten‹ – Notizen zum ›Urfaust‹ – Aspekte des dramaturgischen Denkens – Zur Dramaturgie der Schweiz – Bericht über zwei Miniaturen – Nachrichten vom Schloß – Gespräch 1971 – Nachträgliches

b) Einzelausgaben und Zeitschriftenbeiträge

[Aufgenommen wurden nur Zeitschriftenbeiträge, die später *nicht* in Buchform erschienen sind]

Theaterprobleme. Zürich: Arche 1955
Zürich: Arche 1958 (= Die kleinen Bücher der Arche 257/58)
Friedrich Schiller. Eine Rede. Zürich: Arche 1960 (= Die kleinen Bücher der Arche 303)
›Der Rest ist Dank‹. Werner Weber. Friedrich Dürrenmatt. Zwei Reden. Zürich: Arche 1961 (= Die kleinen Bücher der Arche 331)

Meine Rußlandreise. In: ›Zürcher Woche‹, 10., 17., 24. Juli 1964
Friedrich Dürrenmatt zu Varlin. Ausstellungskatalog Kunsthalle Basel, 22. Oktober – 26. November 1967
Monstervortrag über Gerechtigkeit und Recht. Nebst einem helvetischen Zwischenspiel. (Eine kleine Dramaturgie der Politik). Zürich: Arche 1969
Sätze aus Amerika. Zürich: Arche 1970
Zusammenhänge. Essay über Israel. Eine Konzeption. Zürich: Arche 1976
Albert Einstein. Ein Vortrag. Zürich: Diogenes 1979 (= detebe 213)

E) *Bilder und Zeichnungen*

Die Heimat im Plakat. Ein Buch für Schweizer Kinder.
Zürich: Diogenes 1963 (= Club der Bibliomanen)
Zürich: Diogenes 1981 (= kunst-detebe 26)

Bilder und Zeichnungen. Herausgegeben von Christian Strich.
Mit einer Einleitung von Manuel Gasser und Kommentaren von Friedrich Dürrenmatt. Zürich: Diogenes 1978 (= Club der Bibliomanen 59)

F) *Interviews*

[in chronologischer Folge]

Vietta, Egon (Hg.): *Theater.* Darmstädter Gespräch 1955.
Darmstadt: Neue Darmstädter Verlagsanstalt 1955 (= Darmstädter Gespräch 5), S. 233-238
Seelig, Carl: *Interview mit Friedrich Dürrenmatt.* In: ›St. Galler Tagblatt‹, 24. März 1956
Anonym: *Gibt es einen spezifisch schweizerischen Stoff, der gestaltet werden müßte?* In: ›Die Weltwoche‹, Zürich, 18. Januar 1957, S. 5
Schaub, Franz: *Dichter zwischen Stuhl und Bank. Gespräch mit Friedrich Dürrenmatt.*

In: ›Das neue Journal‹ 7, 1958, Heft 21, S. 34f.
Roos, Hans-Dieter: *Der Fleiß beim Schriftsteller ist eine furchtbare Tragödie. Ein Gespräch mit dem Dramatiker Friedrich Dürrenmatt.* In: ›Die Kultur‹ 7, 1958/59, Nr. 117, S. 2
Gilles, Werner: *Ein Gespräch mit Friedrich Dürrenmatt. Notizen zu einer Typologie des neuen Mannheimer Schillerpreis-Trägers.* In: ›Mannheimer Morgen‹, 7. Dezember 1959, S. 28
Weber, Jean-Paul: *Friedrich Dürrenmatt ou la quête de l'absurde.* In: ›Le Figaro Litté-

raire‹, Paris, 10. September 1960, S. 3

Stryck, Josef: *Mörder mit der Freiheit zum Verbrechen. Interview mit Friedrich Dürrenmatt.* In: ›Der Mittag‹, 22. Okt. 1960

Schumacher, Ernst: *Interview mit Friedrich Dürrenmatt. Das Drama als Parabel und Störmanöver.* In: ›Deutsche Woche‹, 18. Januar 1961

Schumacher, Ernst: *›Panorama‹-Gespräch mit dem Schweizer Dramatiker Stören-Friedrich Dürrenmatt.* In: ›Panorama‹, Genève, 5. Jg., Nr. 1, Januar 1961, S. 5

Reisner, Stefan: *Das Wort Dichter nicht verwenden, Gespräch mit Friedrich Dürrenmatt, Henry Miller und Günter Grass.* In: ›Vorwärts‹, Bonn, 17. Februar 1961, S. 14

Jonas, Walter: *Friedrich Dürrenmatt und die »abstrakte Bühne«. Ein Gespräch.* In: ›Zürcher Woche‹, 30. Juni 1961, S. 17

Mennel, Ludwig: *Dürrenmatt sagt: Der Stoff diktiert die Moral.* In: ›Das Schönste‹, 7. Jg., Nr. 11, 1961, S. 78-82

Rieß, Curt: *Dürrenmatt. Eine Welt auf der Bühne. Interview.* In: ›Die Weltwoche‹, Zürich, 23. Februar 1962, S. 5

Wiese, Eberhard von: *Ein Dichter blickt zu den Sternen. Gespräch mit dem Schweizer Autor Friedrich Dürrenmatt.* In: ›Hamburger Abendblatt‹, 3./4. März 1962, S. 9

Bienek, Horst: *Arbeiten zu Hause.* In: ›Neue Zürcher Zeitung‹, 11. März 1962. Auch in: Horst Bienek: *Werkstattgespräche mit Schriftstellern,* München: Hanser 1962, S. 99-113. München: Deutscher Taschenbuch Verlag 1965 (= dtv 291), S. 120-136

Wiese, Eberhard von: *Gespräche mit Dürrenmatt.* In: ›Volksbühnenspiegel‹, Berlin (West), 9. Jg., Heft 3, März 1963

Grimme, Karl Maria: *Dürrenmatt, Humor beweist die Freiheit.* In: ›Christ und Welt‹, Düsseldorf, 21. Juni 1963

Esslin, Martin: *Dürrenmatt. Merciless Observer.* In: ›Plays and Players‹ 10, Nr. 6, 1963, S. 15f.

Wegner, Marianne: *Der Schriftsteller schreibt, weil er sich entladen muß: Ein Gespräch mit Friedrich Dürrenmatt.* In: ›Tages-Anzeiger‹, Zürich, 25. Mai 1964

Fleig, Hans/ Wollenberger, Werner: *Rußland ist gemütlich.* In: ›Spandauer Volksblatt‹, Berlin, 13. September 1964, S. 17f.

Anonym: *Interview mit Friedrich Dürrenmatt.* In: ›Divaldo‹, Nr. 9, 1964, S. 20-28 [in tschechischer Sprache]

Mayer, Hans: *Interview mit Dürrenmatt.* Programmheft des Schauspielhauses Zürich, Spielzeit 1965/66

Litten, Rainer: *Gespräch mit Dürrenmatt.* In: ›Christ und Welt‹, Düsseldorf, 28. Januar 1966, S. 16

cf: *Leidenschaft fürs Handwerk. Gespräch mit Friedrich Dürrenmatt.* In: ›Die Welt‹, Hamburg, 22. Februar 1966

Häsler, Alfred A.: *Gespräch zum 1. August mit Friedrich Dürrenmatt.* In: ›Ex Libris‹, Zürich, 21. Jg., Heft 8, 1966, S. 9-21

Sauter, F.: *Gespräch mit Dürrenmatt.* In: ›Sinn und Form‹, Berlin (Ost), 18, 1966, S. 1218-1232

Schärer, Bruno: *Entwurf zu einem neuen Theater. Gespräch mit Friedrich Dürrenmatt.* In: ›Die Weltwoche‹, Zürich, 7. Juli 1967, S. 23

Litten, Rainer: *Dürrenmatts Team-Theater. Ein Gespräch mit dem Schweizer Dramatiker.* In: ›Christ und Welt‹, 8. Dez. 1967

Melchinger, Siegfried: *Wie schreibt man böse, wenn man gut lebt? Ein Gespräch mit Friedrich Dürrenmatt.* In: ›Neue Zürcher Zeitung‹, 1. September 1968 und ›Theater heute‹, 9. Jg., Heft 9, 1968, S. 6-8

Joseph, Artur: *... weshalb man ein Drama schreibt. Ein Gespräch mit Friedrich Dürrenmatt.* In: ›Süddeutsche Zeitung‹, München, 8./9. Februar 1969

Litten, Rainer: *Wir haben zuviel Theater. Gespräch mit Dürrenmatt: Eine wissenschaftlich-kritische Kulturrevolution ist nötig.* In: ›Christ und Welt‹, Düsseldorf, 31. Oktober 1969

Joseph, Artur: *Theater unter vier Augen. Gespräche mit Prominenten.* Köln/Berlin: Kiepenheuer & Witsch 1969, S. 15-26

Litten, Rainer: *Zurück zum Theater. Friedrich Dürrenmatt inszeniert den Urfaust in Zürich.* In: ›Christ und Welt‹, Düsseldorf, 23. Oktober 1970

Rüedi, Peter: *Menschlicher Urfaust. Peter Rüedi sprach mit Friedrich Dürrenmatt über seine Inszenierung des Urfaust.* In: ›Sonntags-Journal‹, Zürich, 24./25. Oktober 1970

Ketels, Violet: *Friedrich Dürrenmatt at Temple University. Interview.* In: ›Journal of Modern Literature‹, 1, 1971, S. 88-108

Anonym: *Der Schriftsteller muß experimentieren. Gespräch mit Friedrich Dürrenmatt.* In: ›Süddeutsche Zeitung‹, München, 7. Dezember 1972

Simmerding, Gertrud / Schmid, Christof

(Hg.): *Literarische Werkstatt*. Interviews mit Dürrenmatt, Dorst, Zadek, Handke, Nossack, Heißenbüttel, Grass, Wohmann, Bichsel und Johnson. München: Oldenbourg 1972

Bachmann, Dieter: *Das Theater leidet unter Lebensangst. Dieter Bachmann sprach mit Friedrich Dürrenmatt über Theater, Theaterprobleme und Kulturpolitik*. In: ›Die Weltwoche‹, Zürich, 20. März 1974

Ebeling, Rago T.: *Dramatiker Dürrenmatt:* ›*Ich bin aus der Mode gekommen.*‹ *Gespräch mit dem Dichter auf Schloß Atzelsberg*. In.: ›Westfälisches Volksblatt‹, Paderborn, 9. Oktober 1976

Friedrich Dürrenmatt. Gespräch mit Heinz Ludwig Arnold. Zürich: Arche 1976

Fringeli, Dieter: *Nachdenken mit und über Friedrich Dürrenmatt*. Breitenbach [Schweiz]: Jeger-Moll 1977

Stumm, Reinhardt: *Apokalypse in weißen Linien. Gespräch mit Friedrich Dürrenmatt als Zeichner*. In: ›Nürnberger Nachrichten‹, 30. September/1. Oktober 1978

Wittmann, Jutta Georgie: *Ein Schweizer in Wien. Kleines Interview mit Friedrich Dürrenmatt*. In: ›Der Literat‹, Wien, Nr. 12, 1979, S. 277f.

G) *Übersetzungen*

Werke von Friedrich Dürrenmatt wurden in folgende Sprachen übersetzt: Afrikaans, Amerikanisch, Chinesisch, Dänisch, Englisch, Finnisch, Flämisch, Französisch, Georgisch, Griechisch, Italienisch, Japanisch, Jugoslawisch, Niederländisch, Norwegisch, Polnisch, Portugiesisch, Russisch, Schwedisch, Spanisch, Thailändisch, Tschechisch, Ungarisch.

III. Sekundärliteratur in Auswahl

A) Allgemeine Arbeiten

Anonym *Dürrenmatt oder die verantwortungsbewußte Respektlosigkeit*, In: ›Berner Student‹, Februar 1955, S. 127-130

Anonym *Der Dichter und das Theater*, In: ›Schweizer Theaterzeitung‹, 1. April 1957, 15-17

Anonym *Dürrenmatt: Zum Henker*, In: ›Spiegel‹, 8. Juli 1959, S. 43-52

Anonym *Morality Plays*, In: ›Times Literary Supplement‹, Bd. 62, Nr. 3, 176 (11. Januar 1963), S. [17]-19

Anonym *Schriftsteller zu den Ereignissen in der Tschechoslowakei*, In: ›Neue Zürcher Zeitung‹, 10. September 1968

Abirached, Robert: *Présentation de Dürrenmatt*. In: ›Études‹, Dezember 1960, S. 379-384

Allemann, Beda: *Die Struktur der Komödie bei Frisch und Dürrenmatt* In: Positionen des Dramas, 1977, S. 53-71, 261. (Zuerst in: *Das deutsche Lustspiel* 2, 1969, S. 200-217)

Angermeyer, Hans Christoph: *Zuschauer im Drama. Brecht, Dürrenmatt, Handke*. Frankfurt/M. 1971

Arnold, Armin: *Friedrich Dürrenmatt*. Berlin 1969. 3., erg. Neuaufl. 1974. 4. erg. Aufl. 1979

Arnold, Armin: *Friedrich Dürrenmatt*. New York 1972

Arnold, Heinz Ludwig: *Theater als Abbild der labyrinthischen Welt. Versuch über den Dramatiker Dürrenmatt*. In: ›Text + Kritik‹, 1976. Heft 50/51, S. 19-29

Arnold, Heinz Ludwig: *Meine Produktion ist mein befreiender Trost. – Der Zeichner Dürrenmatt* (mit Bild und zwei Zeichnungen). In: ›Deutsches Allgemeines Sonntagsblatt‹, 3. April 1977

Ashbrook, B.: *Dürrenmatt's detective stories*. In: ›The Philosophical Journal‹ 4, 1967, S. 17-29

Bachler, Karl: *Über Friedrich Dürrenmatt* In: ›Weser-Kurier‹, 22. September 1956, S. 16

Badanes, Leslie: *The grotesque in Friedrich Dürrenmatt's stage plays*. Northwestern University. Diss. 1973

Baensch, Norbert: *Dürrenmatt und die Bühne*. In: ›Text + Kritik‹, 1976, Heft 50/51, S. 65-72

Bänziger, Hans: *Frisch und Dürrenmatt*. Bern, München 1960. 7., neubearb. Aufl. 1976

Bartsch, Hans-Werner: *Das Fragwürdige bei Dürrenmatt*. In: ›Die andere Zeitung‹ Nr. 1 (7. Januar 1965); Nr. 6 (11. Februar 1965).

Bauland, Peter M.: *German drama on the American stage, 1894–1961*. Diss. Univ. of Pennsylvania 1964

Baumgartner, Christoph: *Staatsanwalt Friedrich Dürrenmatt*. In: ›Kirche und Film‹, Bd. 11, Nr. 9 (1958), S. 4-6

Beckmann, Heinz: *Was ist eigentlich Theater? Das Unwahrscheinliche bei Dürrenmatt, der theoretische Brecht oder Shakespeare als spezialisiertes Mitglied der Gesellschaft*. In: ›Rheinischer Merkur‹, 19. November 1976

Beckmeier, Ralph William: *Dürrenmatt and the detective novel. Commitment and responsibility*. New York Univ. 1973. Diss.

Berg, Leo Wilhelm: *Die Bildlichkeit und Symbolik im Prosawerk Friedrich Dürrenmatts*. 1971. Diss

Berghahn, Wilfried: *Dürrenmatts Spiel mit den Ideologien*. In: ›Frankfurter Hefte‹, 11. Jg. 1956, Heft 2, S. 100-106

Bernardi, Eugenio: *Friedrich Dürrenmatt: dal grottesco alla drammaturgia del caso*. In: ›Annali della Facolta' di Lingue e Letteratura Straniere di cà Foscari‹ (Venezia) 7 (1968) pp. 1-70

Bien, Günter *Abenteuer und verborgene Wahrheit: Gibt es den literarischen Detektivroman?* In: ›Hochland‹ 57 (1965), Heft 5, S. 456-466

bk., *Das Militärregime in Griechenland*, ›Neue Zürcher Zeitung‹, 10. August 1967.

Blum, Ruth: *Ist Friedrich Dürrenmatt ein christlicher Schriftsteller?*, In: ›Reformatio‹

8, Heft 9 (September 1959), S. 535-539

Bloch, Peter André: *Dürrenmatts Plan zur Bearbeitung von Shakespeare ›Troilus und Cressida‹*. In: ›Jahrbuch der Deutschen Shakespeare-Gesellschaft West‹, 1972, S. 67-72

Bodensieck, Heinrich: *Dürrenmatts Detektivgeschichten. Ihr literarischer Wert und die Möglichkeiten ihrer Behandlung im Deutschunterricht*. In: ›Pädagogische Provinz‹ 17, 1963, S. 385-396

Boyd, Ursel Doris: *Dürrenmatt*. In: ›American-German Review‹, Bd. 29, Nr. 4 (April–Mai 1963), S. 5-8, 33

Boyd, Ursel D.: *Die Funktion des Grotesken als Symbol der Gnade in Dürrenmatts dramatischem Werk*. Univ. of Maryland, Diss. 1964

Brady, P.V.: *Captain Scott in the cold-stones. Some ritual formalities in Friedrich Dürrenmatt*. In: ›Forum for modern language studies‹ 8, 1972, S. 27-39

Bräm, E. Max: *Wandel im schweizerischen Schrifttum*. In: ›Schaffhauser Nachrichten‹, 22. Juli 1961. Auch in: *Dichterporträts aus dem heutigen Schweizer Schrifttum*. Bern: Francke [1963] [Vergleich zwischen Robert Walser und Friedrich Dürrenmatt]

Brock, Erich: *Die neueren Werke Friedrich Dürrenmatts*, In: ›Neue Schweizer Rundschau‹, N.F. 21, 1953/54, S. 681-685

Brock-Sulzer, Elisabeth: *Dürrenmatt et le théâtre suisse*, In: ›Preuves‹, Nr. 78 (August 1957), S. 31

Brock-Sulzer, Elisabeth: *Das deutschschweizerische Theater der Gegenwart*. In: ›German life and letters‹, N.S. 12, 1958/59 S. 12-23

Brock-Sulzer, Elisabeth: *Friedrich Dürrenmatt. Stationen seines Werkes*. Zürich 1960, 4., erg. Aufl. Zürich 1973

Brock-Sulzer, Elisabeth: *Handlung werden lassen – und nichts weiter. Der Dramatiker unserer Epoche – am Beispiel Friedrich Dürrenmatts*. In: ›Frankfurter Allgemeine Zeitung‹, Nr. 110 (13. Mai 1961)

Brock-Sulzer, Elisabeth: *Dürrenmatt und die Quellen*. In: *Der unbequeme Dürrenmatt*. Basel 1962, S. 117-136. (= Theater unserer Zeit. 4)

Brock-Sulzer, Elisabeth: *Friedrich Dürrenmatt*. In: ›Der Monat‹ 15, 1963, Heft 176, S. 56-60

Brock-Sulzer, Elisabeth: *Friedrich Dürrenmatt*. In: *Schriftsteller der Gegenwart*.

Hrsg. v. Klaus Nonnenmann. Olten 1963, S. 84-91

Brock-Sulzer, Elisabeth: *Dürrenmatt in unserer Zeit. Eine Werkinterpretation nach Selbstzeugnissen*. Basel 1968, 2., erw. Aufl. 1971

Brock-Sulzer, Elisabeth: *Friedrich Dürrenmatt*. 1970

Brugger, Ilse: *Friedrich Dürrenmatt*, In: *Teatro alemán del siglo XX*. Buenos Aires: Ediciones Nueva Visión, 1961

Buddecke, Wolfram: *Friedrich Dürrenmatts experimentelle Dramatik*. In: ›Universitas‹ 28, 1973, S. 641-652

Buri, Fritz: *Der ›Einfall‹ der Gnade bei Dürrenmatt*, (Auszug). In: ›Buch und Leben‹, Heft 5, Mai 1963. Zuerst in: *Der unbequeme Dürrenmatt*. Basel 1962 (= Theater unserer Zeit. 4)

Buri, Fritz: *Friedrich Dürrenmatt – ein entwurzelter Protestant?* In: *Die Ernte: Schweizer Jahrbuch 1964*, Basel: Reinhardt, 1964

Butzlaff, Wolfgang: *Dürrenmatt als Dramatiker*. In: ›Der Deutschunterricht‹ 23, (1971). Heft 5, S. 33-40

Cahn, Alfredo: *Desde Suiza llega un gran mensaje: Friedrich Dürrenmatt*. In: *Literaturas germanicas: ensayo*, S. 160-165 et al. [Buenos Aires] Los Libros del Mirasol [1961]

Carew, Rivers: *The plays of Friedrich Dürrenmatt*. In: ›The Dublin Magazine‹ 4, 1965, S. 57-68

Carrier, Carl Ed.: *The comedy of death in the early plays of Dürrenmatt*. Indiana Univ. 1962. Diss.

Cases, Cesare: *Wieland, Dürrenmatt und die Onoskiamachia*. 1963. In: C.C.: *Stichworte zur deutschen Literatur*, 1969, S. 253-276

Cervani, Iole L.: *Aspette del grotesco in Friedrich Dürrenmatt*. Trieste 1963

Christiansen, P.V.: *Faenomenet Dürrenmatt*, In: ›Information‹, 16. August 1958

Chudacoff, Helga: *Der letzte Akt beim Schreiben hat begonnen. Doppelbegabung als Schriftsteller und Zeichner* (mit Abb.). In: ›Welt‹, 1. Dezember 1976

Colpaert, Marc: *Friedrich Dürrenmatt. Een origineel gerecht met ideologieen*. Antwerpen, Amsterdam 1976

Daviau, Donald G.: *Justice in the works of Friedrich Dürrenmatt*. In: ›Kentucky Foreign Language Quarterly‹ 9, 1962, S. 181-183

Daviau, Donald G.: *The role of ›Zufall‹ in the writings of Friedrich Dürrenmatt.* In: ›Germanic Review‹ 47, 1972, S. 281-293

Demetz, Peter: *Friedrich Dürrenmatt.* In: P.D.: *Die süße Anarchie.* Berlin 1970. S. 174-190.

Dennis, Nigel: *Fun with Fission.* In: ›Encounter‹ 20, 1963, S. 56-58

Deschner, Margareta N.: *Friedrich Dürrenmatt's experiments with man. Analysis of his first 5 plays.* Univ. of Colorado. Diss. 1967

Diller, Edward: *Aesthetics and the grotesque. Friedrich Dürrenmatt.* In: ›Wisconsin Studies in Contemp. Lit.‹ 7, 1960, S. 328-335.

Diller, Edward: *Die Gedankenwelt von Friedrich Dürrenmatt,* Ph. D. Diss., Middlebury College, Vermont, 1961

Diller, Edward: *Human dignity in a materialistic society. Friedrich Dürrenmatt and Bertolt Brecht.* In: ›Modern language Quarterly‹ 25, 1964, S. 451-460

Diller, Edward: *Despair and the Paradox. Friedrich Dürrenmatt.* In: ›Wisconsin Studies in Contemporary Literature‹ 7 (1966) pp. 328-335

Diller, Edward: *Dürrenmatt's use of the stage as dramatic elements.* In: ›Symposium‹ 22, 1966, S. 197-206

Diller, Edward: *Friedrich Dürrenmatt's theological concept of history.* In: ›German Quarterly‹ 40, 1967, S. 363-371

Diller, Edward: *Friedrich Dürrenmatt's Chaos and Calvinism.* In: ›Monatshefte‹ 63, 1971, S. 28-40

Drese, Claus Helmut: *Friedrich Dürrenmatt.* In: ›Eckart‹ 28, 1959, S. 385-388

Durzak, Manfred: *Dürrenmatt, Frisch, Weiss. Deutsches Drama der Gegenwart zwischen Kritik und Utopie.* Stuttgart 1972

Duwe, Wilhelm: *Friedrich Dürrenmatts Epik. - Friedrich Dürrenmatts Dramatik.* In: Duwe: *Deutsche Dichtung des 20. Jahrhunderts vom Naturalismus zum Surrealismus,* Bd. 2, Zürich 1962, S. 190-192 und S. 452-480

Duwe, Wilhelm: *Friedrich Dürrenmatt.* In: *Ausdrucksformen deutscher Dichtung vom Naturalismus bis zur Gegenwart,* S. 152-157 et al. [Berlin] [1965]

Dyrenforth, Harold D.: *The paradox and the grotesque in the work of Dürrenmatt.* Diss. Univ. of Southern California 1963

Eifler, Margret: *Das Geschichtsbewußtsein des Parodisten Dürrenmatt.* In: *Friedrich Dürrenmatt,* Heidelberg 1976, S. 44-52

Ellestad, Everett M.: *Friedrich Dürrenmatt's Mausefalle.* In: ›German Quarterly‹ 43 (1970), S. 770-779

Ellestad, Everett M.: *Das ›Entweder – Oder‹ der ›Mausefalle‹, Strukturtechnik in Dürrenmatts Dramen.* In: *Friedrich Dürrenmatt.* Heidelberg 1976, S. 69-79

Emmel, Hildegard: *Fülle der Möglichkeiten: Friedrich Dürrenmatt.* In: Emmel: *Das Gericht in der deutschen Literatur des 20. Jahrhunderts.* Bern 1963, S. 151-168

Esslin, Martin: *Dürrenmatt. Merciless observer.* In: ›Plays and Players‹ 10, 1963, No. 6, S. 15-16

Esslin, Martin: *Friedrich Dürrenmatt and the Neurosis of Neutrality.* In: Morris Freedman, Hrsg., *Essays in the Modern Drama,* S. 225-226 et al. Boston: Heath, 1964

Falkenberg, Hans-Geert. *Leben und Werk Friedrich Dürrenmatts.* In: ›Blätter des Deutschen Theaters in Göttingen‹, Bd. 7, Nr. 109 (1956/57), S. 165-168

Fechter, Paul: *Friedrich Dürrenmatt.* In: Fechter: *Das europäische Drama.* Bd. 3: Vom Expressionismus zur Gegenwart. Mannheim 1958, S. 247-256

Federico, Joseph Anthony: *Metatheater: selfconsciousness and sole-playing in the dramas of Max Frisch, Friedrich Dürrenmatt and Peter Handke.* Ohio State Univ. 1976. Diss. Dissertation Abstracts 37, 1976/77, 7148/49 A.

Fehr, Gertrud: *Das Porträt: Friedrich Dürrenmatt.* In: ›Elegante Welt‹, Bd. 53, Nr. 9 (September 1964), S. [140]

Fickert, Kurt J.: *Wit and wisdom in Dürrenmatt names.* In: ›Contemporary literature‹ 11, 1970, S. 382-388

Fickert, Kurt J.: *To heaven and back. The new morality in the plays of Friedrich Dürrenmatt.* Lexington: University Press of Kentucky 1972

Filippini, Felice: *Friedrich Dürrenmatt: I Fantasmi gotici di un esploratore moderno.* In: ›L'Europa Letteraria‹, Bd. 2, Nr. 7 (Februar 1961), S. 30-31

Franzen, Erich: *Das Drama zwischen Utopie und Wirklichkeit.* In: ›Merkur‹ 14, 1960, S. 739-756

Friedrich Dürrenmatt I: Hrsg. v. Heinz Ludwig Arnold, München 1976, (Text + Kritik 50/51)

Friedrich Dürrenmatt II: Hrsg. von Heinz Ludwig Arnold, München 1977, (Text + Kritik 56)

Friedrich Dürrenmatt, Studien zu seinem Werk. Hrsg. v. Gerhard P. Knapp, Heidelberg 1975 (= Poesie und Wissenschaft 33)

Frisch – Dürrenmatt – Walser. (= Jahresgabe des F. Reinhardt-Verlags). 1968

Fritzen, Bodo: Die Ironie Friedrich Dürrenmatts. University of Nebraska. Diss. 1972.

Furter, Pierre: Le théâtre politique, de Bertolt Brecht à Friedrich Dürrenmatt. In: ›Revista do livro‹ 29/30, 1966, S. 38-49

Gachot, François: Les comédies de Friedrich Dürrenmatt, In: ›Présences‹, Nr. 7/8 (1958), S. [56]–66. [Komödien I]

Garten, Hugh F.: Dürrenmatt's tragic comedies. In: ›Drama‹ N.S. 60, 1961, S. 30-33.

Garten, Hugh F.: Enter a Swiss Playwright: Friedrich Dürrenmatt, his so-called tragical farces. In: ›Times‹, 16. Januar 1956

Garten, Hugh F.: Friedrich Dürrenmatt, In: Modern German Drama, S. 249-252. Fair Lawn, New Jersey: Essential Books, 1959

Geiger, Richard Allen: Eschatology in the dramas of Friedrich Dürrenmatt. Louisiana State Univ. Diss. 1969

Gerster, Georg: Friedrich Dürrenmatt. In: ›Weltwoche‹, 10. Oktober 1952, S. 5

Georgi, Nephi: Friedrich Dürrenmatt. Berner Geist versus Zeitgeist. Diss. Univ. of Utah 1966

Gignoux H.: Dürrenmatt et le comique contemporain. In: ›Esprit des Lettres‹, 1963, Vol. 31, 1, pp. 264-277

Gillis, William: Dürrenmatt and the detectives. In: ›German Quarterly‹ 35, 1962, S. 71-74

Gontrum, Peter B.: Ritter, Tod und Teufel. Protagonists and antagonists in the prose works of Friedrich Dürrenmatt. In: ›Proceedings of the Pacific Northwest Conference on Foreign languages‹ 15, 1964, S. 119-129. Auch (leicht verändert) in: ›Seminar‹ 1, 1965, S. 88-98

Graves, Peter J.: Disclaines and paradoxes on Dürrenmatt. In: ›German Life and Letters‹ 27, 1973/74, S. 133-142

Grimm, Reinhold: Parodie und Groteske im Werk Friedrich Dürrenmatts. In: ›Germanisch-Romanische Monatsschrift‹ N.F. 11, 1961, S. 431-450. Auch in: Der unbequeme Dürrenmatt, Basel 1962, S. 71-96. Auch u. d. T.: Parodie und Groteske bei Friedrich Dürrenmatt. In: R. Grimm: Strukturen, Göttingen 1963, S. 44-72 und 353-354

Grimme, Karl Maria: Dürrenmatt: Humor beweist die Freiheit. In: ›Christ und Welt‹ Bd. 16, Nr. 25 (21. Juni 1963), S. 16

Gross, Alexander: The Theatre of the Manure: Dürrenmatt's Struggle against Literature. In: ›Encore‹, Bd. 12, Nr. 2 (1965), S. 28-29

Gutmann, Claudia: Der Narr bei Dürrenmatt. Hrsg. von Rolf Dircksen, Rüdiger Frommholz. 1975 (= Bielefelder Hochschulschriften 12)

Gygax, Georges: Besorgter Dürrenmatt vergleicht den Menschen zwischen Erde und Mond mit der Evolution, die nötig war, bis aus Reptilien Vögel wurden ... In: ›Sie und Er‹, Nr. 52, 28. Dezember 1967, S. 20-25

Hadamczik, Dieter: Dürrenmatt. In: ›Bühne und Parkett extra‹, 6/1979, 25. Jg., S. 1/2

Hahn, Karl Josef: Friedrich Dürrenmatt, In: ›De Linie‹, 13. September 1958

Hammel, Claus: Dramatiker nach Brecht: Dürrenmatt, Frisch. Die schlechten Schweizer, In: ›Sonntag‹, Nr. 11 (1963), S. 13; Nr. 12, S. 5

Hannemann, Bruno: Der böse Blick. Zur Perspektive von Nestroys und Dürrenmatts Komödie. In: ›Wirkendes Wort‹, 1976, S. 167-183

Harinek, Zdenêk: Kriminalroman, Theater, Dürrenmatt. In: ›Divaldo‹, Nr. 3 (1965), S. 41-47 [In tschechischer Sprache]

Harper, A.J.: Dürrenmatt: A Way of Approach. In: ›Germania‹, Bd. 2, Nr. 1 (1962)

Hartmann, Herbert: Friedrich Dürrenmatt. Dramaturgie der Realität oder der Phantasie, der Provokation oder der Resignation? Eine Analyse zum Problem des Grotesken im dramatischen Werk Friedrich Dürrenmatts. Diss. Marburg 1971

Harvey, William Journeaux: Franz Kafka and Friedrich Dürrenmatt. A comparison of narrative techniques and thematic approaches. Univ. of Texas at Austin. Diss. 1972

Hatfield, Henry: Friedrich Dürrenmatt. In: ›Modern German Literature‹, S. 140-142. New York: St. Martin's Press, 1967

Heilman, Robert B.: Tragic Elements in a Dürrenmatt Comedy. In: ›Modern Drama‹ 10 (1967/68), S. 11-16

Heim, Ilse: Ohne meine Frau wäre mein Leben ein Chaos, sagt Fritz. In: ›Annabelle‹, Nr. 329, 21. August 1963

Heißenbüttel, Helmut: Spielregeln des Kriminalromans. In H.H. *Über Literatur* (Texte und Dokumente zur Literatur), Walter, Olten/Freiburg i. Br., S. 96-110

Helbling, Robert E.: *The function of the ›Grotesque‹ in Dürrenmatt.* In: ›Satire Newsletter‹ 4, 1966, S. 11-19

Helbling, Robert E.: *Groteske und Absurdes – Paradoxie und Ideologie. Versuch einer Bilanz.* In: *Friedrich Dürrenmatt.* Heidelberg 1976. S. 233-253

Hemberger, Armin: *Dürrenmatt über Dichtung.* In: ›Deutschunterricht‹ 21, 1969, H. 2, S. 79-85

Hering, Gerhard F.: *Tiefe und Anstößigkeit: Begegnung mit Friedrich Dürrenmatt.* In: ›Rheinische Post‹, Nr. 3 (4. Januar 1958). Auch in: *Der Ruf zur Leidenschaft: Improvisationen über das Theater*, S. 33-40. Köln: Kiepenheuer & Witsch, 1959

Hertel, Hans: *Tillfaeldet Dürrenmatt.* In: ›Perspektiv: Det danske magasin‹, Bd. 18, Nr. 6 (1961), S. 20-26

Heuer, Fritz: *Das Groteske als poetische Kategorie. Überlegungen zu Dürrenmatts Dramaturgie des modernen Theaters.* In: ›Deutsche Vierteljahresschrift für Literaturwissenschaft und Geistesgeschichte‹ 47, 1973, S. 730-768

Hilty, Hans Rudolf: *Prolegomena zum modernen Drama.* In: ›Akzente‹ 5, 1958, S. 519-530

Hochkeppel, Willy: *Die Veränderung des Zeitbewußtseins im modernen Theater.* Diss. München 1957

Hoffmann, Werner: *La tragicomedia de Dürrenmatt.* In: ›Boletin de estudios Germanicos‹ 6, 1967, S. 95-108

Holzapfel, R.: *The Divine Plan behind the Plays of Friedrich Dürrenmatt.* In: ›Modern Drama‹ VIII, Lawrence, Kansas, 1965, pp. 237-246

Holzapfel, Robert E.: *Three facets of Friedrich Dürrenmatt's drama. The way of the individual to God. The way of the individual in the world. The world of chaos.* Diss. State Univ. of Iowa 1965

Horinek, Zdenek: *Detektivka, divadlo, Dürrenmatt.* In: ›Divadlo‹, 1965, N. 3.

Hornung, Peter: *Auf der Suche nach dem dritten Ort: Zum Werk von Friedrich Dürrenmatt.* In: ›Welt-Stimme‹ 26 (1957), S. 244-245

Horst, Karl August: *Notizen zu Max Frisch und Friedrich Dürrenmatt.* In: ›Merkur‹ 8, 1954, S. 592-596

Huder, Walther: *Friedrich Dürrenmatt oder die Wiedergeburt der Blasphemie.* In: ›Welt und Wort‹ 24, 1969, S. 316-319

Ihering, Herbert: *Brecht, Dürrenmatt, Hauptmann.* In: ›Sonntag‹, Nr. 25 (1956), S. 4

Ilijew, Konstantin: *Zur Struktur der dramatischen Werke Friedrich Dürrenmatts. Unter besonderer Berücksichtigung seines Schaffens in den fünfziger Jahren.* Berlin, Humboldt-Universität 1972, Diss. Masch.

Immoos, Thomas: *Dürrenmatts protestantische Komödie.* In: ›Doitsu Bungaku‹ 3 (1965), S. 1-16. Auch in: ›Schweizer Rundschau‹ 72, 1973, S. 271-280

Iwabuchi, Tatsuji: *Friedrich Dürrenmatt.* In: ›Doitsu Bungaku‹ 34 (1965), S. 40-52. [Japanischer Text mit kurzer deutscher Zusammenfassung]

Irmer, Hans-Jochen: *Friedrich Dürrenmatt.* In: Irmer: *Der Theaterdichter Frank Wedekind. Werk und Wirkung.* Berlin (DDR) 1975, S. 294-306

Ivernel, Philippe: *Le tragic-comédie de l'intellectuel chez Frisch et Dürrenmatt.* In: ›Les Langues Modernes‹ 60, 1966, Nr. 5, S. 54-58

Jacobs, Wilhelm: *Friedrich Dürrenmatt.* In: Jacobs: *Moderne deutsche Literatur. Porträts, Profile und Strukturen.* Gütersloh 1963, S. 118-127 (= Signum-Taschenbücher 217)

Jaeckle E.: *Der Zürcher Literaturschock*, München-Wien, 1968

Janowski, Hans Norbert: *Nicht fliehen, nicht mitmachen – standhalten. Der Dramatiker Friedrich Dürrenmatt – Protestanten im weltlichen Geschäft.* In: ›Unsere Kirche‹, 2. Oktober 1979

Jauslin, Christian M.: *Friedrich Dürrenmatt.* In: ›Basler Volksblatt‹, 28. April 1961.

Jauslin, Christian M.: *Friedrich Dürrenmatt. Zur Struktur seiner Dramen.* Diss. Zürich 1964

Jenny, Urs: *Friedrich Dürrenmatt.* Velber 1965 (= Friedrichs Dramatiker des Welttheaters 6)

Jens, Walter: *Ernst gemacht mit der Komödie. Über Mord, Moral und Friedrich Dürrenmatt.* In: ›Die Zeit‹ 13, 1958, N. 29

Jens, Walter: *Friedrich Dürrenmatt.* In: ›Mannheimer Hefte‹ 1959, N. 1, S. 47-48

Johnson, Peter: *Grotesqueness an injustice in Dürrenmatt.* In: ›German Life and Letters‹ N. 5, 15, 1962, S. 264-273

Jotterand, Frank: *Friedrich Dürrenmatt et Max Frisch à Paris.* In: ›Perspectives du Théâtre‹, Nr. 6 (Februar–März 1961), S. 8

Kaiser, Herbert: *Geschichtliches Handeln zwischen Friedensidee und Gewalt.* In: ›Literatur für Leser‹, 1978, S. 35–75 (zu Shakespeare, Goethe, Schiller, Grillparzer, Dürrenmatt)

Kaiser, Joachim: *Grenzen des modernen Dramas.* Vortrag, gehalten auf dem Germanistentag in Essen. In: ›Theater heute‹ 5, 1964, N. 12, S. 12-15

Kant, Hermann: *Der Dramatiker Friedrich Dürrenmatt.* In: ›der bücherkarren‹ VII, 1964

Keel, Daniel (Hg.): *Über Friedrich Dürrenmatt.* Zürich 1980 (= detebe 250/30)

Keller-Senn, Carl J.: *Friedrich Dürrenmatt – ein christlicher Dichter?* In: ›Neue Zürcher Nachrichten‹, Beilage »Christliche Kultur«, 20. November 1959

Kerr, Walter: *Dürrenmatt is Prutian, Cynic.* In: ›New York Herald Tribune‹, Section IV (14. Februar 1960)

Kesting, Marianne: *Lehrtheater ohne Lehre. Friedrich Dürrenmatt oder Dynamit in freundlicher Verpackung.* In: ›Handelsblatt‹, 17. März 1961

Kesting, Marianne: *Friedrich Dürrenmatt. Parabeln einer abstrusen Welt.* In: Kesting: *Panorama des zeitgenössischen Theaters,* 1969, S. 269-273

Kienzle, Siegfried: *Friedrich Dürrenmatt.* In: *Deutsche Literatur seit 1945,* 1968, S. 362-389. 2. Aufl. 1971, S. 396-424

Kienzle, Siegfried: (zu Dürrenmatt). In: *Deutsche Literatur der Gegenwart,* 1976, S. 390-417

Kieser, Rolf: *Gegenwartsliteratur der deutschen Schweiz.* In: ›The German Quarterly‹ 41, 1968, pp. 71-83

Kieser, Rolf: *Der Verlust des Himmels im Weltbild des Dichters. Friedrich Dürrenmatt und die Mondlandung.* In: ›Literatur in Wissenschaft und Unterricht‹ 4, 1971, S. 115-123

Kircher, Hartmut: *Schema und Anspruch. Zur Destruktion des Kriminalromans bei Dürrenmatt, Robbe-Grillet und Handke.* In: ›Germanisch-Romanische Monatsschrift‹ 28, 1978, 2, S. 195-215

Klarmann, Adolf D.: *Friedrich Dürrenmatt and the tragic sense of comedy.* In: ›The Tulane Drama Review‹ 4, 1960, N. 4, S. 67-104. Auch in: ›Modern Drama‹ 8,

1965, S. 237-246. Erneut abgedruckt in: *Modern Drama. Essays in criticism.* Hrsg. von Travis Bogard und William I. Oliver. New York 1964, S. 99-133

Klose, Werner: *Friedrich Dürrenmatt.* In: Klose: *Das Hörspiel im Unterricht.* Hamburg 1962. S. 106-111

Knapp, Gerhard P.: *Wege und Umwege. Ein Forschungsbericht.* In: *Friedrich Dürrenmatt.* Heidelberg 1976, S. 19-43

Knapp, M. und G. P. Knapp: *Recht-Gerechtigkeit-Politik. Zur Genese der Begriffe im Werk Friedrich Dürrenmatts.* In: ›Text + Kritik‹ II. 1977, Heft 56, S. 23-40

Knopf, Jan: *Friedrich Dürrenmatt.* München 1976 (Autorenbücher Bd. 3)

Knopf, Jan: *Theatrum mundi. Sprachkritik und Ästhetik bei Friedrich Dürrenmatt.* In: ›Text und Kritik‹ 1976, H. 50/51, S. 30-40

Koelb, Clayton: *The ›Einfall‹ in Dürrenmatts theory and practice.* In: ›Deutsche Beiträge zur geistigen Überlieferung‹ 7, 1972, S. 240-259

Krywalski, Diether: *Säkularisiertes Mysterienspiel? Zum Theater Friedrich Dürrenmatts.* In: ›Stimmen der Zeit‹ 179, 1967, S. 344-356

Kuczynski, Jürgen: *Friedrich Dürrenmatt – Humanist.* In: ›Neue Deutsche Literatur‹ 12, 1964, N. 8, S. 59–90; N. 9, S. 35-55

Kühne, Erich: *Satire und groteske Dramatik. Über weltanschauliche und künstlerische Probleme bei Dürrenmatt.* In: ›Weimarer Beiträge‹, 12. Jg. 1966, Heft 4, S. 539-565

Kulhanek, Anneliese: *Die dramatische Technik Friedrich Dürrenmatts.* Diss. Wien 1965. Masch.

Kurz, Paul Konrad: *Der Narr und der Zweifel. Zu einem Aspekt im Werk Friedrich Dürrenmatts.* In: P. K. K.: *Über moderne Literatur.* Bd. 3, Frankfurt 1971, S. 49-72

Kurz, Paul Konrad: *Wölfe und Lämmer. Friedrich Dürrenmatts Dramaturgie der Politik.* In: P. K. K.: *Über moderne Literatur.* Bd. 3, Frankfurt 1971, S. 73-88

Kurzenberger, Hajo: *Theater der Realität als Realität des Theaters. Zu Friedrich Dürrenmatts Dramenkonzeption.* In: ›Text + Kritik‹ 1976, Heft 50/51, S. 53-64

Kurzweil, Baruch Benedikt: *Betrachtungen zum Werk Friedrich Dürrenmatts.* In: ›Neue Zürcher Zeitung‹, Sonntagsausgabe Nr. 1, 156 (28), 24. März 1963, Bl. 3

Leah, Gordon N.: *Dürrenmatt's Detective Stories.* In: ›Modern Languages‹ 4, (1967)

Leber, Hugo: *Dürrenmatts engelloses Babylon. Zeichnungen eines Dramatikers.* In: ›Frankfurter Allgemeine Zeitung‹, 17. Dezember 1976

Leiser, Erwin: *Spelet om det trasiga Europa: Tva schweiziska dramatiker.* In: ›Teatern‹, Bd. 19, Nr. 5 (September 1952), S. 5. [Friedrich Dürrenmatt und Max Frisch]

Leiser, Erwin: *Den fromme nihilisten.* In: ›Bonniers litterära magasin‹ 25, 1956, S. 123-128

Lengborn, Thorbjörn: *Schriftsteller und Gesellschaft in der Schweiz. Eine Studie zur Behandlung der Gesellschaftsproblematik bei Zollinger, Frisch und Dürrenmatt.* Frankfurt/M. 1972

Lenning, W.: *Welttheater aus Bern:* In: ›Sonntagsblatt‹, Nr. 17 (1962), S. 2

Loetscher, Hugo: *Max Frisch und Friedrich Dürrenmatt.* In: ›Madame‹ I (Mai 1952)

Lübbren, Rainer: *Realismus im modernen Drama: Max Frisch, Friedrich Dürrenmatt, Samuel Beckett.* In: ›Theater und Zeit‹, Bd. 5, Nr. 6 (1957/58), S. 7-11

Madler, Herbert Peter: *Dürrenmatts mutiger Mensch.* In: ›Hochland‹ 62, 1970, S. 36-49

Maier, Wolfgang: *Tragikomödie Farce.* In: ›Sprache im Technischen Zeitalter‹ 4 (1962), S. 328-333

Maione, Italo: *Il teatro di Dürrenmatt.* In: ›Il Baretti‹, Nr. 15 (Mai–Juni 1962)

Mander, John: *Dürrenmatt's Little Game.* In: ›New Statesman‹, Bd. 60, Nr. 1, 529 (1960), S. 28

Mariacher, Bruno und Friedrich Witz: *Friedrich Dürrenmatt.* In: *Bestand und Versuch: Schweizer Schrifttum der Gegenwart.* Zürich: Artemis 1964

Marrey, Jean C.: *Un nihilisme confortable.* In: ›Mercure de France‹ 351, 1964, S. 539-542

Mauranges, Jean-Paul: *L'image de l'Amerique dans l'œuvre de Dürrenmatt: Une perspective theologique?* In: ›Seminar‹ 12, 1976, S. 156-173

Mayen, Veronika: *Das Problem des Todes im Werk Friedrich Dürrenmatts bis zu dem Drama ›Herkules und der Stall des Augias‹.* Diss. Hamburg 1966

Mayer, Hans: *Anmerkungen zum zeitgenössischen Drama. Dürrenmatt und Brecht oder Die Zurücknahme.* In: ›Sinn und Form‹ 14, 1962, S. 667-695. Auch u. d. T.: *Dürrenmatt und Brecht oder Die Zurücknahme.* In: *Der unbequeme Dürrenmatt.*

Basel 1962, S. 97-116 und in: Mayer: *Dürrenmatt und Frisch.* Pfullingen 1963, S. 5-21, sowie in: Mayer: *Anmerkungen zu Brecht.* Frankfurt/M. 1965, S. 56-83 (= edition suhrkamp 143), und in: *Das deutsche Drama vom Expressionismus bis zur Gegenwart* (1977), S. 212-223

Mayer, Hans: *Dürrenmatt und Frisch. Anmerkungen.* Pfullingen 1963. (= Opuscula aus Wissenschaft und Dichtung 4)

Mayer, Hans: *Friedrich Dürrenmatt.* In: ›Zeitschrift für deutsche Philologie‹ 87, 1968, S. 482-498

Mayer, Hans: *Friedrich Dürrenmatt. The worst possible turn of events.* In: Mayer: ›Steppenwolf and Everyman‹. 1971. S. 163-180

Mayer, Hans: *Über Friedrich Dürrenmatt und Max Frisch.* Pfullingen 1977

Melchinger, Siegfried: *Zornige Männer.* In: ›Stuttgarter Zeitung‹, 24. Mai 1958

Melchinger, Siegfried: *Sprache als Partitur. Anmerkungen zum Theater des jungen Dürrenmatt.* In: ›Neue Zürcher Zeitung‹, 18./19. Juni 1977

Mendes dos Santos, Giselda: *Introducao à obra de Friedrich Dürrenmatt.* Sao Paulo 1965 (= Universidade de Sao Paulo. Faculdade de Filosofia, Ciências e Letras. Cadeira de lingua e literatura Alema. Serie Textos Modernos 2)

Mennemeier, Franz Norbert: *Optimistische und pessimistische Zeitkritik. Brecht, Dürrenmatt.* In: F. N. M.: *Modernes deutsches Drama,* 1975, II., S. 180-191

Mettin, Christian: *Das Bild des Menschen im Drama der Gegenwart.* In: ›Maske und Kothurn‹ 2, 1956, S. 66-73

Middleton, Christopher: *German-Swiss Writing.* In: ›New Statesman‹, 12. September 1959, S. 324-326

Mihalyi, Gábor: *Friedrich Dürrenmatt.* In: *Die deutsche Literatur im 20. Jahrhundert,* S. 477-491, [Budapest] Gondolat, 1966. [In ungarischer Sprache]

Miyashita, Keizô: *Die Bühnenwelt Dürrenmatts oder ein grotesker, tragikomischer Raum.* In: ›Neue Stimme‹ 4 (1965), S. 4-24. [In japanischer Sprache]

Momson, Reimer: *Dürrenmatt auf dem Schultheater.* In: ›Bremer Lehrerzeitung‹ II (1961), S. 35

Monroe, E. P.: *The Author: Friedrich Dürrenmatt.* In: ›Saturday Review‹, 28. März 1959, S. 20

Müller, André: *Die Haltung des Friedrich Dürrenmatt.* In: ›Theater der Zeit‹ 14, 1959, N. 2, S. 9-11, 14-15

Müller, Joachim: *Max Frisch und Friedrich Dürrenmatt als Dramatiker der Gegenwart.* In: ›Universitas‹ 17, 1962, S. 725-738

Müller, Joachim *Verantwortung des Dramas für unsere Zeit – Bert Brecht und Friedrich Dürrenmatt.* In: ›Universitas‹ 20, 1965, S. 1247-1258

Müller, Klaus Detlev: *Das Ei des Kolumbus? Parabel und Modell als Dramenformen bei Brecht, Dürrenmatt, Frisch, Walser.* In: *Beiträge zur Poetik des Dramas.* 1976, S. 432-461

Natan Alexander: *Friedrich Dürrenmatt.* In: *German Men of Letters.* Bd. 3, S. 26-30. London: Oswald Wolff; Philadelphia: Dufour 1964

Naumann, Dietrich: *Der Kriminalroman: Ein Literaturbericht* (Forschungsberichte: Literaturwissenschaft 12), Beilage zu ›Deutschunterricht‹ (Stuttgart) 19, Heft 1 (März 1967)

Neumann, Gerhard u.a.: *Dürrenmatt, Frisch, Weiss. 3 Entwürfe zum Drama der Gegenwart.* Mit einem Essay von Gerhart Baumann. München 1969

Nisse, Günter: *Tragik und Komik bei Friedrich Dürrenmatt.* In: ›Literaturwissenschaftliches Jahrbuch‹ 19, 1978, S. 77-93

Nordmann, Walter: *Evangelische Erwägungen zu den Werken Friedrich Dürrenmatts.* In: ›Der evangelische Erzieher‹ 15, Heft 11 (November 1963), S. 364-375

Oberle, Werner: *Grundsätzliches zum Werk Friedrich Dürrenmatts.* In: *Der unbequeme Dürrenmatt.* Basel 1962, S. 9-29

Pausch, Holger A.: *Systematische Abnormität. Zur Technik der Personengestaltung im dramatischen Werk Dürrenmatts.* In: *Friedrich Dürrenmatt.* Heidelberg 1976, S. 191-202

Pawlowa, Nina S.: *Theater und Wirklichkeit. Über das Schaffen von Friedrich Dürrenmatt.* In: ›Kunst und Literatur. Sowjetwissenschaft‹ 14, 1966, S. 76-86

Peppard, Murray B.: *The grotesque in Dürrenmatt's dramas.* In: ›Kentucky Foreign Language Quarterly‹ 9, 1962, S. 36-44.

Peppard, Murray B.: *Friedrich Dürrenmatt.* New York 1969 (= World Authors Series Nr. 87)

Pestalozzi, Karl: *Friedrich Dürrenmatt.* In: *Deutsche Literatur im 20. Jahrhundert.* Hrsg. von Otto Mann und Wolfgang Rothe. Bd. 2: »Gestalten«. 5., erw. Aufl. Bern 1967, S. 385-402, 415-416. Auch in: *Geschichte der deutschen Literatur aus Methoden.* Hrsg. von Heinz Ludwig Arnold. Bd. 1. Frankfurt/M. 1973, S. 230-250

Pfeiffer, John R.: *Windows, detectives and justice in Dürrenmatts detective stories.* In: ›Revue de Langues Vivantes‹ 33, 1967, S. 451-460

Philipp, Felix: *Dürrenmatt im Spiegel der sowjetischen Kritik.* In: ›Die Tat‹, 3. Dezember 1965

Pinkus, Th.: *Zum Fragwürdigen bei Dürrenmatt.* In: ›Die andere Zeitung‹, Nr. 4 28. Januar 1965

Pistorius, Siegfried M.: *Der Einsiedler von Neuchâtel: Besuch bei Friedrich Dürrenmatt: Ein literarischer Raketenfabrikant.* In: ›Westfälische Rundschau‹, 19. Februar 1959

Plavkalns, G.: *Friedrich Dürrenmatts satirische Tragikomödie und sein poetisches Theater.* University of Adelaide, 1968, Diss. Masch.

Profitlich, Ulrich: *Der Zufall in den Komödien und Detektivromanen Friedrich Dürrenmatts.* In: ›Zeitschrift für deutsche Philologie‹ 90, 1971, S. 258-280

Profitlich, Ulrich: *Friedrich Dürrenmatt.* In: *Deutsche Dichter der Gegenwart.* Stuttgart 1973, S. 497-514

Profitlich, Ulrich: *Friedrich Dürrenmatts Komödienbegriff und Komödienstruktur. Eine Einführung.* Stuttgart u.a. 1973

Prorini-Hagen, Brigitte: *Friedrich Dürrenmatt.* In: Johannes Beer, Hrsg., *Der Romanführer,* Bd. 13, S. 75-79. Stuttgart: Hilsemann 1964

Pulver, Elsbeth: *Literaturtheorie und Politik. Zur Dramaturgie Dürrenmatts.* In: ›Text + Kritik‹ 1976, Heft 50/51, S. 41-52.

Radimesky, George W.: *Das Konzept der Geschichte in den Dramen Dürrenmatts und Frischs.* In: ›Kentucky Foreign Language Quarterly‹ 13, 1967, S. 200-208

Raffa, Piero: *Da Studi sul realismo. Dürrenmatt ovvero Brecht più Adorno (senza Lukàcs).* In: ›La Nuova Corrente‹ 18, 1960, S. 25-54

Regensteiner, Henry: *Introduction.* In: Dürrenmatt, *Die Hörspiele von F. D.,* S. xi-xiii. New York: Holt, Rinehart, Winston 1965

Reich-Ranicki, Marcel: *Für Polen ist Dürrenmatt ein politischer Dichter.* In: ›Welt‹, 20. Mai 1958

Richter, Karl: *Vom Herrschaftsanspruch der Komödie. Dramentheoretische Betrachtungen im Anschluß an Dürrenmatt und Hacks.* In: ›Jahrbuch der Deutschen Schillergesellschaft‹ 22, 1978, S. 637-656

Rieß, Curt: *The Shocking World of Friedrich Dürrenmatt.* In: ›Esquire‹ 55, Nr. 5 (Mai 1961), S. 119f.

Rieß, Curt: *Sein oder Nichtsein. Der Roman eines Theaters. Zürcher Schauspielhaus.* Zürich 1963, S. 299ff., 314-319, 328-335, 344-345

Robinson, Gabriele Scott: *The games Dürrenmatts plays.* In: ›Modern Drama‹ 18, 1975, S. 325-335

Rosenthal, Erwin Theodor: *Theatersatire und Satirisches im Theater.* In: ›Akten des V. Intern. Germ. Kongresses 1976‹, B, S. 418-424, (u. a. Wedekind, Frisch und Dürrenmatt)

Ruppel, Karl Heinz: *Wer ist Friedrich Dürrenmatt?* In: ›Programmheft Staatstheater Braunschweig‹, Nr. 12 (1955/56), S. 118-121

Sander, Volkmar: *Form und Groteske: Zu Gottfried Benn und Friedrich Dürrenmatt.* In: ›Germanisch-Romanische Monatsschrift‹ 14 (1964), S. 302-311

Scheible, Konrad: *Max Frisch und Friedrich Dürrenmatt. Betrachtungen über ihre Geisteshaltung und Arbeitsweise.* In: ›Studies in German‹ 1969, S. 197-235

Scherer, Josef: *Der mutige Mensch. Versuch einer Deutung von F. Dürrenmatts Menschenbild.* In: ›Stimmen der Zeit‹ 169, 1962, S. 307-312

Schirmer, Helmut: *Raum und Zeit in Dürrenmatts Tragikomödien.* Univ. of the Witwatersrand (South Africa) 1975. Dissertation Abstracts 37, 1976/77, S. 5112-5113 A.

Schnabel, Ernst: *Friedrich Dürrenmatt.* In: *Der Friede und die Unruhestifter.* 1973, S. 291-304

Schneider, Marcel: *Friedrich Dürrenmatt, le fils prodigue de l'occident.* In: ›La Revue de Paris‹ 68, N. 8, August 1961, S. 99-105

Schneider, Peter: *Die Fragwürdigkeit des Rechts im Werk von Friedrich Dürrenmatt.* Vortrag Karlsruhe 1967 (= Juristische Studienges. Karlsruhe, Schriftenreihe 81)

Scholl, Amédée A.: *Zeichen und Bezeichnetes im Werk Friedrich Dürrenmatts.* In: *Friedrich Dürrenmatt*, Heidelberg 1976, S. 203-217

Schriftsteller, Film, Kritik. Antworten an Friedrich Dürrenmatt. Günter Herburger: *Kunst und Dürrenmatt sind in Ordnung.* Alexander J. Seiler: *Versuch, Dürrenmatt ernst zu nehmen.* In: ›Die Weltwoche‹, 26. Januar 1968

Schulz, Klaus: *Die dramatischen Experimente Friedrich Dürrenmatts.* In: ›Deutsche Rundschau‹ 84, 7, 1958, S. 657-663

Schumacher, Ernst: *Dramatik aus der Schweiz.* In: ›Theater der Zeit‹ 17 (1962), Nr. 5, S. 63-71

Schwarz, Theodor: *Die Kritik der bürgerlichen Gesellschaft bei Dürrenmatt und Frisch.* In: ›Sborník filozofickej fakulty Univerzity Komenského‹. Philologica 18 (1966), S. 83-89

Seel, O.: *Friedrich Dürrenmatt: Das erzählerische Werk.* Frauenfeld und Stuttgart 1972

Seelig, Carl: *Friedrich Dürrenmatt: Versuch eines Porträts.* In: ›Kaufmännisches Zentralblatt‹, Zürich, 2. November 1956.

Seidmann, Peter: *Modern Swiss drama. Frisch and Dürrenmatt.* In: ›Books Abroad‹ 34, 1960, S. 112-114

Seidmann, Peter: *Zwei Apostel des modernen Theaters: Wie kam die Schweiz zu Frisch und Dürrenmatt?* In: ›Westdeutsches Tageblatt‹, Nr. 296 (21. Dezember 1962); ›Der Mittag‹, Nr. 299 (27. Dezember 1962); ›Das freie Wort‹, Nr. 11 (9. Februar 1963)

Seiler, Jan Jopling: *Wedekind and Dürrenmatt. A comparative study.* Univ. of Wisconsin 1973. Diss.

Sharp, Sr. Corona: *Dürrenmatt and the spirit of play.* In: ›University of Toronto Quarterly‹ 39, 1969/70, S. 63-76

Sharp, Sr. Corona: *The dance of death in modern drama: Auden; Dürrenmatt and Ionesco.* In: ›Modern Drama‹ 20, 1977, S. 107-116. (Zu Auden ›The dance of death‹, Dürrenmatt: ›Der Meteor‹, Ionesco: ›Massacre games‹)

Sheppard, Vera: *Friedrich Dürrenmatt. The playwright and his plays.* Diss. Univ. of Wisconsin 1965

Sheppard, Vera: *Friedrich Dürrenmatt as dramatic theorist.* In: ›Drama Survey‹ 4, 1965, S. 244-263

Sola, Graciela de: *Friedrich Dürrenmatt. Te-*

stigo y juez de nuestra época. In: ›Boletin de Estudios Germanicos‹ 5, 1964, S. 91-115

Spira Raymond: *Entretiens avec Friedrich Dürrenmatt.* In: ›Théâtre Populaire‹, Nr. 31 (September 1958), S. 101

Spycher, Peter: *Friedrich Dürrenmatt. Das erzählerische Werk.* Frauenfeld/Stuttgart 1972

Stadnicke, J.: *Dürrenmatt und die Polen.* In: ›Deutsch-Polnische Hefte‹ 6 (1963), S. 430-432

Stadtfeld, Frieder: *Friedrich Dürrenmatts Historiogramm.* In: ›Literaturihnachtennschaft und Unterricht‹ 5, 1972, S. 286-298

Steiner, Jacob: *Die Komödie Dürrenmatts.* In: ›Der Deutschunterricht‹ 15, 1963, Heft 6, S. 81-98

Strauß, Georg: *Friedrich Dürrenmatt,* In: *Irrlichter und Leitgestirne.* Zürich: Classen 1966

Strelka, Joseph: *Friedrich Dürrenmatt. Die Paradox-Groteske als Wirklichkeitsbewältigung.* In: J. S.: *Brecht, Horváth, Dürrenmatt; Wege und Abwege der modernen Dramas.* Wien 1962, S. 114-165

Stumm, Reinhardt: *Bilder gehen schneller ... Dürrenmatt als Maler.* In: ›Deutsche Zeitung, Christ und Welt‹, 6. Oktober 1978

Suter, Gody: *Friedrich Dürrenmatt und der Erfolg.* In: ›Weltwoche‹, Bd. 26, Nr. 1, 288 (18. Juli 1958), S. 3.

Syberberg, Hans-Jürgen: *Zum Drama Friedrich Dürrenmatts. Zwei Modellinterpretationen zur Wesensdeutung des modernen Dramas.* München 1963. Urspr. Diss. München 1962. Behandelt: ›Der Besuch der alten Dame‹ und ›Romulus der Große‹

Tank, Kurt Lothar: *Brecht antwortet Dürrenmatt.* In: ›Die Volksbühne‹ 1963/64, S. 42-45

Tank, Kurt Lothar: *Dürrenmatt im Deutschunterricht: Zum fünften Konstanzer Gespräch des Buchhändler-Börsenvereins.* In: ›Sonntagsblatt‹, Nr. 16 (1964), S. 26

Temkine, Raymonde: *Friedrich Dürrenmatt.* In: ›Lettres Nouvelles‹ N. S. 8, Oktober 1960, S. 140-145

Tinsanen, Timo: *Dürrenmatt. A Study in plays, prose, theory.* Princeton, N. J. Princeton UP. 1977

Uhlig, Gudrun: *Autor, Werk und Kritik. Inhaltsangaben, Kritiken und Textproben für den Literaturunterricht.* Bd. 2: ›Friedrich Dürrenmatt, Max Frisch, Martin Walser‹. 1969

Der unbequeme Dürrenmatt. Mit Beitr. von Gottfried Benn, Elisabeth Brock-Sulzer, Fritz Buri, Reinhold Grimm, Hans Mayer und Werner Oberle. Basel 1962 (= Theater unserer Zeit 4)

Usmiani, Renate E.: *Justice and the Monstruous Meal in the Work of Friedrich Dürrenmatt.* In: ›Canadian Humanities Association Bulletin‹ 20 (1969), pp. 8-14

Usmiani, Renate E.: *Twentieth-Century Man, The Guilt-Ridden Animal.* [Echoes of Kafka in the Dramatic Work of F. Dürrenmatt and Ugo Betti]. In: ›Mosaik‹ III (4/1970), pp. 163-178

Usmiani, Renate E.: *Masterpiece in disguise. The radio plays of Friedrich Dürrenmatt.* In: ›Seminar‹ 7, 1971, S. 42-57

Usmiani, Renate E.: *Friedrich Dürrenmatt, escape artist. A look at the novels.* In: ›Mosaic‹ 5, 1971/72, N. 3, S. 27-41

Usmiani, Renate E.: *Die Hörspiele Friedrich Dürrenmatts: Unerkannte Meisterwerke.* In: *Friedrich Dürrenmatt,* Heidelberg 1976, S. 125-144

Völker, Klaus: *Das Phänomen des Grotesken im neueren deutschen Drama.* In: *Sinn oder Unsinn? Das Groteske im modernen Drama.* Fünf Essays von Martin Esslin u. a. Basel 1962, S. 9-46 (= Theater unserer Zeit 3)

Voser, Hans Ulrich: *Friedrich Dürrenmatt, das Enfant terrible.* In: ›Ex Libris‹, Bd. 12, Nr. 7 (1958), S. 3-5

Wagner, Geoffrey: *Dürrenmatt and the ›Kriminalroman‹.* In: ›Commonweal‹ 76, Nr. 13 (22. Juni 1962), S. 324-326

Waidson, Herbert Morgan: *Friedrich Dürrenmatt.* In: ›German Men of Letters‹, op. cit., pp. 323-343 und in: ›Swiss Men of Letters‹ (A. Natan), op. cit., pp. 259-286

Waidson, Herbert Morgan: *Dürrenmatt: The Comedy of Despair.* In: ›Nation‹ 190 (9. Januar 1960), S. 34-35

Waidson, Herbert Morgan: *Friedrich Dürrenmatt.* In: ›Natan‹, Nr. 346, S. 323-343

Waidson, Herbert Morgan: *Friedrich Dürrenmatt.* In: *German Men of Letters. 12 literary essays.* Hrsg. von Alex Natan. Bd. 3, London 1964, S. 323-343

Waldmann, Günter: *Requiem auf die Vernunft. Dürrenmatts christlicher Kriminalroman.* In: ›Pädagogische Provinz‹ 15, 1961, S. 376-384

Waldmann, Günter: *Friedrich Dürrenmatt.* In: *Handbuch zur modernen Literatur im*

Deutschunterricht ... Hrsg. von Paul Dormagen u.a. Frankfurt/M. 1963, S. 310-317

Waldmann, Günter: *Dürrenmatts paradoxes Theater. Die Komödie des christlichen Glaubens.* In: ›Wirkendes Wort‹ 14, 1964, S. 22-35

Weber, Emil: *Friedrich Dürrenmatt und die Frage nach Gott. Zur theologischen Relevanz der frühen Prosa eines merkwürdigen Protestanten.* Zürich 1980

Weber, Jean Paul: *Friedrich Dürrenmatt ou la quête de l'absurde.* In: ›Le figaro littéraire‹ 15, 10. September 1960

Weber, Werner: *Rede, gehalten am 4. Dezember 1960 zur Verleihung des Großen Preises der Schweizerischen Schiller-Stiftung an Friedrich Dürrenmatt.* In: *Der Rest ist Dank. Zwei Reden.* Zürich 1961, S. 7-26

Weber, Werner: *Dürrenmatts Hörspiele: Hinweis auf einen Sammelband.* In: ›Neue Zürcher Zeitung‹, 16. Juni 1962

Wehrli, Max: *Gegenwartsdichtung der deutschen Schweiz.* In: *Deutsche Literatur in unserer Zeit.* Göttingen 1959, S. 105-124, insbesondere 118-124 (= Kleine Vandenhoeck-Reihe 73/74)

Weiser, Ernest L.: *Dürrenmatt's Dialogue with Schiller.* In: ›The German Quarterly‹ 48 (1975), pp. 332-336

Wells, Maurice Burton: *Friedrich Dürrenmatts concept of exaggeration.* Univ. of Utah. Diss. 1970

Wellwarth, George E.: *Friedrich Dürrenmatt and Max Frisch. Two views of the drama.* In: ›Tulane Drama Review‹ 6, 1962, N. 3, S. 14-42

Wellwarth, George E.: *The German-speaking drama. Dürrenmatt.* In: ›The theatre of protest and paradox‹, New York 1964, S. 134-161

Werner, Hans Georg: *Friedrich Dürrenmatt.*

Der Moralist und die Komödie. In: ›Wissenschaftliche Zeitschrift der Universität Halle-Wittenberg‹ 18, 1969, S. 143-156

Westphal, Gundel: *Das Verhältnis von Sprechtext und Regieanweisung bei Frisch, Dürrenmatt, Ionesco und Beckett.* Diss. Würzburg 1965

Whitton, Kenneth S.: *Friedrich Dürrenmatt and the legacy of Bertolt Brecht.* In: ›Forum for Modern Language Studies‹ 12, 1976, S. 65-81

Whitton, Kenneth S.: *The theater of Friedrich Dürrenmatt.* London 1980

Widmer, Jean-Claude: *Note sur Friedrich Dürrenmatt.* In: ›Théâtre Populaire‹ Nr. 31 (1958), S. 108-109

Wieckenberg, Ernst Peter: *Dürrenmatts Detektivromane.* In: ›Text + Kritik‹ II, 1977, Heft 56, S. 8-19

Williams, Uta Barbara: *Dialektik im dramaturgischen Denken Friedrich Dürrenmatts.* Univ. of British Columbia 1974. Diss.

Wizelius, Angemar: *Världen som teater.* In: ›Dagens Nyheter‹, 22. Juli 1957

Wollenberger, Werner: *Wer viel fragt ...: Friedrich Dürrenmatt.* In: ›Weltwoche‹, 14. Dezember 1956

Wyrsch, Peter: *Die Dürrenmatt-Story.* In: ›Schweizer Illustrierte‹ Nr. 12, 18. 3. 1963, S. 23-25; 32; Nr. 13, 25. 3. 1963, S. 23-25; Nr. 14, 1. 4. 1963, S. 23-25; Nr. 15, 7. 4. 1963, S. 23-25; Nr. 16, 15. 4. 1963, S. 37-39; Nr. 17, 22. 4. 1963, S. 37-39

Zahrnt, Heinz: *Man spiele den Vordergrund richtig. Zum Werk Friedrich Dürrenmatts.* In: ›Radius‹ 1958, Nr. 2, S. 39-43

Züfle, Manfred: *Friedrich Dürrenmatt.* In: *Der Christ auf der Bühne.* Einsiedeln 1967, S. 183-226 (= Offene Wege 4/5)

Züfle, Manfred: *Zu den Bühnengestalten Friedrich Dürrenmatts.* In: ›Schweizer Rundschau‹ 66, 1967, S. 29-39 und 98-110

B) *Zu einzelnen Arbeiten*

1. Zu den Dramen und Hörspielen

a) »Es steht geschrieben«

Allemann, Beda: *Friedrich Dürrenmatt ›Es steht geschrieben‹.* In: *Das deutsche Drama vom Barock bis zur Gegenwart. Interpretationen.* Hrsg. von Benno von Wiese. Bd. 2. Düsseldorf 1958. S. 415-432

Biedermann, Marianne: *Vom Drama zur Komödie. Ein Vergleich des Dramas ›Es steht geschrieben‹ mit der Komödie ›Die Wiedertäufer‹.* In: ›Text + Kritik‹ 1976, Heft 50/51, S. 73-85

Böth, Wolfgang: *Vom religiösen Drama zur politischen Komödie. Friedrich Dürrenmatts ›Die Wiedertäufer‹ und ›Es steht geschrieben‹. Ein Vergleich.* Frankfurt, Bern 1978

Bohrer, Rudolf: ›Es steht geschrieben‹. In: ›Der Ruf‹, 1. Februar 1948, S. 8

Brock-Sulzer, Elisabeth: *Einführung in die Dürrenmatt-Premiere.* In: ›Die Tat‹, 24. April 1947

Brock-Sulzer, Elisabeth: *Zürcher Schauspielhaus (Es steht geschrieben).* In: ›Schweizer Monatshefte‹ 37, Mai 1957, S. 12-14

Heim, Ilse: *Der unbekannte Autor Friedrich Dürrenmatt. Urteile der Schweizer Presse zur Uraufführung von ›Es steht geschrieben‹ am 19. April 1947.* In: ›Die Weltwoche‹, 10. Februar 1967

Hubacher, Edwin: ›Es steht geschrieben‹. In: ›Volksbühne‹ 26 (Februar 1948)

Noll, Hans: *Friedrich Dürrenmatt: ›Es steht geschrieben‹.* In: ›Basler Studentenschaft‹, Bd. 29, Nr. 6 (Mai 1949), S. 125-128

Ruppel, Karl Heinz: *Dürrenmatts Wiedertäufer-Drama in Wiesbaden.* In: ›Deutsche Zeitung und Wirtschaftszeitung‹, Bd. 5, Nr. 50 (24. Juni 1950), S. 15

Ruppel, Karl H.: *Friedrich Dürrenmatt ›Es steht geschrieben‹.* In: ›Die Tat‹, 24. April 1947.

b) »Der Blinde«

Fischer, Hermann: *Friedrich Dürrenmatt: ›Der Blinde‹. Zur deutschen Erstaufführung in Münster.* In: ›Rheinischer Merkur‹, Bd. 6, Nr. 14 (1951), S. 8

Groseclose, D. Sidney: *The murder of Gnadenbrot Suppe. Language and levels of reality in Friedrich Dürrenmatts ›Der Blinde‹.* In: ›German Life and Letters‹ 28, 1974/75. S. 64-71

Kutter, Markus: *Zur Uraufführung des Schauspiels ›Der Blinde‹ von Friedrich Dürrenmatt.* In: ›Schweizer Rundschau‹ 47, Februar 1948, S. 840-844

Madler, Herbert Peter: *Dürrenmatts Konzeption des mutigen Menschen. Eine Untersuchung der Bühnenwerke Friedrich Dürrenmatts unter besonderer Berücksichtigung des ›Blinden‹.* In: ›Schweizer Rundschau‹ 69, 1970, S. 314-325

Muschg, Walter: *Friedrich Dürrenmatt, ›Der Blinde‹.* In: ›Basler Studentenschaft‹ 29, Mai 1948, N. 6, S. 124-125

c) »Romulus der Große«

Alexander, M.: *Rezension.* In: ›German Life and Letters‹ 17, N.S., (April 1964), 286-287

Bayerl, Elfriede: *Friedrich Dürrenmatts ›Romulus der Große‹. Vergleich der Fassungen.* Wien 1970. Diss. Masch.

Brock-Sulzer, Elisabeth: *Dürrenmatt (›Romulus der Große‹).* In: ›Die Tat‹, 14. Dezember 1949

Brock-Sulzer, Elisabeth: *Dürrenmatt (Romulus der Große, Neufassung).* In: ›Die Tat‹, 30. Januar 1957

Clurman, Harold: *I Recommend,* In: ›Nation‹, 3. Februar 1962, S. 106. [Romulus der Große]

Drews, Wolfgang: *Rettung durch Indolenz: Dürrenmatts ›Romulus der Große‹ in München.* In: ›Frankfurter Allgemeine Zeitung‹, Nr. 122 (29. Mai 1958)

Driver, Tom F.: *Theatrical Miscellany: ›Romulus‹.* In: ›Christian Century‹, 21. Februar 1962, S. 233

Frisch, Max: *Friedrich Dürrenmatt: Zu seinem neuen Stück ›Romulus der Große‹.* In: ›Die Weltwoche‹, 5. Mai 1949

Garten, Hugh F.: *Introduction.* In: Dürrenmatt, *Romulus der Große*, S. VII–XXXVI. Boston: Houghton Mifflin [1962], London: Methuen [1965] [Vgl. Alexander, Nr. 4]

Gassner, John: *Broadway in Review* In: ›Educational Theatre Journal‹ 14 (März 1962), S. 68

Ginsberg, Ernst: *Über Friedrich Dürrenmatts ›Romulus‹*, In: Elisabeth Brock-Sulzer, Hrsg., *Abschied: Erinnerungen, Theateraufsätze, Gedichte*, S. 191-193. Zürich: Die Arche [1965]

Haller, Horst: *Friedrich Dürrenmatts ungeschichtliche Komödie ›Romulus der Große‹. Ein Versuch, sie zu verstehen.* In: ›Germanistische Studien‹ 1. Braunschweig 1966, S. 77-106 (= Schriftenreihe der Pädagogischen Hochschule – Kanthochschule Braunschweig 12)

Herrmann, Wilhelm: *Dürrenmatt: ›Romulus der Große‹.* In: ›Theater heute‹, Bd. 2, Nr. 3 (1961), S. 39

Hubacher, Edwin: *Zur Aufführung ›Romulus der Große‹* In: ›Theaterprogramm Berner Stadttheater‹, März 1951, S. 4-9

Ivernel, Philippe: *Romulus le grand.* In: ›Théâtre Populaire‹ 54, 1964, S. 90-91

Neis, Edgar: *Erläuterungen zu Friedrich Dürrenmatt: ›Romulus der Große‹. ›Ein Engel kommt nach Babylon‹. ›Der Meteor‹.* Hollfeld 1971

Menck, Clara: *Puttputt, Hühnchen: Dürrenmatts ›Romulus‹ in Stuttgart.* In: ›Frankfurter Allgemeine Zeitung‹, Nr. 221 (23. September 1965)

Poser, Thérèse: *Friedrich Dürrenmatt.* In: *Zur Interpretation des modernen Dramas. Brecht, Dürrenmatt, Frisch.* Hrsg. von Rolf Geisler. Frankfurt 1959. S. 67-96. Mit Biographie und Bibliographie

Scholdt, Günter: *Romulus der Große, Dramaturgische Konsequenzen einer Komödien-Umarbeitung.* In: ›Zeitschrift für Deutsche Philologie‹ 47, 1978, S. 270-287

Seyfarth, Ingrid: *›Romulus der Große‹ von Friedrich Dürrenmatt.* In: ›Theater der Zeit‹, Bd. 20, Nr. 13 (1965), S. 30

Simon, John: *Theatre Chronicle.* In: ›Hudson Review‹ 15 (Sommer 1962), S. 264

Stobbe, Rudolf: *Mut zur Lächerlichkeit: Zu Friedrich Dürrenmatts Komödie ›Romulus der Große‹* In: ›Volksbühne‹ 31 (1. August 1953), S. 15-17

Syberberg, Hans-Jürgen: s. III, A).

Syberberg, Hans-Jürgen: *Friedrich Dürren-*

matt: *›Romulus der Große‹.* In: *Das deutsche Drama vom Expressionismus bis zur Gegenwart.* 1977, S. 224-240. Zuerst in: H. J. S.: *Zum Drama Friedrich Dürrenmatts* (1965) S. 68-87

Vidal, Gore: *Romulus. Adaptation of ›Romulus the Great‹.* In: ›Esquire‹ 57 (Januar 1962), S. 47-54

Voser, Hans Ulrich: *Notizen zur Neufassung von Dürrenmatts ›Romulus der Große‹.* In: ›Programmheft des Schauspielhauses Zürich‹, 1957/58, S. 3-10.

d) »*Nächtliches Gespräch mit einem verachteten Menschen*«

E. H.: *Der Dichter und sein Henker. Friedrich Dürrenmatts ›Nächtliches Gespräch mit einem verachteten Menschen‹ in Mannheim.* In: ›Deutsche Woche‹, 28. Oktober 1959

Fröhlich, Willy: *Musik im Hintergrund. Jiri Smutnys Kurzoper nach Dürrenmatt im Stuttgarter kleinen Haus.* In: ›Stuttgarter Zeitung‹, 17. Dezember 1968

Schnebel, Dieter: *Vertonter Dürrenmatt. Smutnys Kurzoper ›Nächtliches Gespräch‹ in Stuttgart uraufgeführt.* In: ›Die Welt‹, 27. Dezember 1968

Whitton, Kenneth S.: *Afternoon conversation with an uncomfortable person.* In: ›New German Studies‹ 2, 1974, S. 14-30

e) »*Die Ehe des Herrn Mississippi*«

Alvares, M.: *The Mirror and the Arena.* In: ›New Statesman‹, 10. Oktober 1959, S. 469

Anonym: *Dürrenmatt: Justiz-Krise.* In: ›Der Spiegel‹, 1. März 1961, S. 85f. Zum Film ›Die Ehe des Herrn Mississippi‹

Anonym: *Die Ehe des Herrn Mississippi.* In: ›Badische Neueste Nachrichten‹, 26. August 1952, S. 12

Anonym: *Friedrich Dürrenmatt: Die Ehe des Herrn Mississippi.* In: ›Die Tat‹, Nr. 105 (15. April 1957), S. 5

Anonym: *Ideen fressen Menschen. ›Die Ehe des Herrn Mississippi‹.* In: ›Der Spiegel‹, 2. April 1952 S. 31-32

Anonym: *Komödie mit vielen Leichen.* In: ›Stuttgarter Nachrichten‹, 31. März 1952, S. 2

Anonym: *Über das Scheitern der Ideale:*

zum Film ›Die Ehe des Herrn Mississippi‹ von Friedrich Dürrenmatt. In: ›Orientierung‹ 25 (1961), S. 177-178

Benn, Gottfried: Die Ehe des Herrn Mississippi. In: ›Programmheft des Berliner Schloßparktheaters‹ 1952/53, H. 12. Auch in: Der unbequeme Dürrenmatt. Basel 1962, S. 31-33, und in: Benn: Gesammelte Werke. Hrsg. von Dieter Wellershoff, Bd. 7, Wiesbaden 1968, S. 1754-1756

Bohrer, Rudolf: Komödie oder Gotteslob? In: ›Kirchenblatt für die Reformierte Schweiz‹, 3. Juli 1952

Brock-Sulzer, Elisabeth: Dürrenmatt: Die Ehe des Herrn Mississippi. In: ›Die Tat‹, 1. März 1954

Cases, Cesare: Friedrich Dürrenmatt: ›Die Ehe des Herrn Mississippi‹. 1960. In: Cases: Stichworte zur deutschen Literatur. 1969, S. 241-252

Colberg, Klaus: Dürrenmatt-Premiere in München. In: ›Neue Zürcher Zeitung‹, 29. März 1952, S. 16

Ferber, Christian: Don Quijote reitet ins Nichts. In: ›Die Literatur‹, Bd. 1, Nr. 3 (1952), S. 8

Gehrke, Martha M.: ›Die Ehe des Herrn Mississippi‹. In: ›Neue Zürcher Zeitung‹, 4. Januar 1952, S. 19

Goelz, Erwin: Witzige Provokation. Der Film nach Dürrenmatts ›Ehe des Herrn Mississippi‹. In: ›Stuttgarter Zeitung‹, 28. Juli 1961

Gregor, Ulrich: Verfilmtes Theater. Gefahren und Möglichkeiten. – Dürrenmatts ›Mississippi‹ – Verfilmung oder Verfälschung. In: ›Theater heute‹ 2, 1961, N. 8, S. 44-46

Grimm, Reinhold: Nach zwanzig Jahren. Friedrich Dürrenmatt und seine ›Ehe des Herrn Mississippi‹. In: ›Basis‹ 3, 1972, S. 214-237

Heilman, Robert B.: Tragic elements in a Dürrenmatt comedy. In: ›Modern Drama‹ 10, 1967/68, S. 11-16

Hillard-Steinbömer, Gustav: Theater in dieser Zeit. In: ›Merkur‹ 10, 1956, S. 618-624

Jauslin, Christian M.: Friedrich Dürrenmatt: ›Die Ehe des Herrn Mississippi‹. In: ›Neue Zürcher Zeitung‹, 25. August 1961

Kästner, Erich: Dürrenmatts neues Stück. In: ›Die Weltwoche‹ 20, 4. April 1952, S. 5

Kaiser, Joachim: Friedrich Dürrenmatt: ›Die Ehe des Herrn Mississippi‹. In: ›Süddeutsche Zeitung‹, 9. September 1957

Loetscher, Hugo: Groteske der menschlichen Ohnmacht: ›Die Ehe des Herrn Mississippi‹. In: ›Programmheft des Schauspielhauses Zürich‹, 1956/57

Loetscher, Hugo: ›Die Ehe des Herrn Mississippi‹: Dürrenmatt-Premiere am 11. April 1957 in Zürich. In: ›Weltwoche‹, Bd. 25, Nr. 1, 223 (1957), S. 4

Luft, Friedrich: Friedrich Dürrenmatt ›Die Ehe des Herrn Mississippi‹. In: Luft: Berliner Theater 1945-1961. Hrsg. von Henning Rischbieter. Velber 1961. S. 155-157

Marahrens, Gerwin: Friedrich Dürrenmatt ›Die Ehe des Herrn Mississippi‹. In: Friedrich Dürrenmatt, Heidelberg 1976, S. 93-124

Niehoff, Karena: Gift, auf Flaschen gezogen. Friedrich Dürrenmatts ›Ehe des Herrn Mississippi‹ auf den Berliner Filmfestspielen. In: ›Christ und Welt‹, 7. Juli 1961

Phelps, Leland R.: Dürrenmatts ›Die Ehe des Herrn Mississippi‹. The revision of a play. In: ›Modern Drama‹ 8, 1965, S. 156-160

Ramseger, Georg: Die Dämonen waren nicht geladen. Kurt Hoffmanns Dürrenmatt-Verfilmung ›Die Ehe des Herrn Mississippi‹. In: ›Die Welt‹, 26. Juni 1961

Schlappner, Martin: Dürrenmatt auf der Leinwand. In: ›Neue Zürcher Zeitung‹, 25. August 1961, S. 14

Schulze-Vellinghausen, Albert: ›Die Ehe des Herrn Mississippi‹. In: ›Frankfurter Allgemeine Zeitung‹, 10. Januar 1956, S.8

f) »Ein Engel kommt nach Babylon«

Anonym: Ein Engel kommt nach Babylon. In: ›Neue Zürcher Nachrichten‹, Bd. 18, Nr. 6 (12. Februar 1954); ›Basler Volksblatt‹, Nr. 36 (12. Februar 1954), Bl. 3

Anonym: Ein Engel kommt nach Babylon. In: ›Neue Zürcher Zeitung‹, 1. Februar 1954, S. 23

Bernhard, André: Ein wirklich groteskes Ende meiner Bühnenlaufbahn. Gespräch mit Friedrich Dürrenmatt und Rudolf Kelterborn. In: ›Die Weltwoche‹, 1. Juni 1977

Brock-Sulzer, Elisabeth: Dürrenmatt (Ein Engel kommt nach Babylon). In: ›Die Tat‹, 2. Februar 1954

Dürrenmatt, Friedrich: Zur zweiten Fassung meiner Komödie ›Ein Engel kommt nach Babylon‹. In: ›Blätter des deutschen Theaters in Göttingen‹, Heft 109, 1956/57, S. 154 f.

Geitel, Klaus: *Einem Bettler geht die Luft aus. R. Kelterborns Oper ›Ein Engel kommt nach Babylon‹ nach Dürrenmatt in Zürich uraufgeführt.* In: ›Die Welt‹, 13. Juni 1977

Hartmann, Rainer: *Dürrenmatt in der Stiftsruine.* In: ›Theater heute‹, Bd. 4, Nr. 8 (1963), S. 43.

Koch, Heinz W.: *Immer am Text entlang. Kelterborns Dürrenmatt-Oper in Zürich uraufgeführt.* In: ›Stuttgarter Zeitung‹, 14. Juni 1977

Neis, Edgar: *Erläuterungen zu Friedrich Dürrenmatt: ›Romulus der Große‹. ›Ein Engel kommt nach Babylon‹. ›Der Meteor‹.* Hollfeld 1971

Poser, Thérese: *Friedrich Dürrenmatt.* In: *Zur Interpretation des modernen Dramas. Brecht, Dürrenmatt, Frisch.* Hrsg. von Rolf Geisler. Frankfurt 1959. S. 67-96. Mit Biographie und Bibliographie

Scheck, Hanns: *Friedrich Dürrenmatt: Ein Engel kommt nach Babylon.* In: ›Die Kommenden‹, Bd. 8, Nr. 2 (1954), S. 6

St. Z.: *Das Zürcher Opernhaus unter Drese. Rudolf Kelterborn vertont Dürrenmatts ›Ein Engel kommt nach Babylon‹.* In: ›Stuttgarter Zeitung‹, 19.9.1975

Wälterlin, Oskar: *Ein Engel kommt nach Babylon.* In: ›Programmheft des Schauspielhauses Zürich‹, 1953/54, S. 3-6

Weigel, Hans: *Dürrenmatt ›Ein Engel kommt nach Babylon‹.* In: Weigel: *Tausendundeine Premiere. Wiener Theater 1946-1961.* Wien 1961. S. 54-55

Weiser, Ernest L.: *Dürrenmatts Akki: An actor's life for me!* In: ›Monatshefte‹ 68, 1976, S. 393-394

g) »Herkules und der Stall des Augias«

Anonym: *Dürrenmatt: Wir sind gesund.* In: ›Der Spiegel‹, 17. Jg., Nr. 13, 27. März 1963, S. 79-81

Baer-Raducanu, Sevilla: *Sinn und Bedeutung der Wiederaufnahme der antiken Thematik in Dürrenmatts: Hercules und der Stall des Augias.* In: Analele Universitatii Bucurestii Filologie‹ 14 (1965), pp. 185-197

Beckmann, Heinz: *Dürrenmatt im Augiasstall. Zürcher Uraufführung: Weder Komödie noch Cabaret.* In: ›Rheinischer Merkur‹, 29. März 1963

Brock-Sulzer, Elisabeth: *Herkules und der Mist der Welt. Uraufführung von Dürrenmatts neuer Komödie ›Herkules und der Stall des Augias‹ in Zürich.* In: ›Frankfurter Allgemeine Zeitung‹, 22. März 1963

I.V.: *Herkules und der Stall des Augias. Uraufführung im Schauspielhaus (20. März).* In: ›Neue Zürcher Zeitung‹, 23. März 1963

Jacobi, Johannes: *Vergebliche Versuche mit Mist. Friedrich Dürrenmatts ›Herkules und der Stall des Augias‹ im Schauspielhaus Zürich.* In: ›Die Zeit‹, 29. März 1963

Kaiser, Joachim: *Dürrenmatt und Herkules scheitern in Elis.* In: ›Süddeutsche Zeitung‹, 22. März 1963

Karasek, Hellmuth: *Nicht ganz ausgemistet. Friedrich Dürrenmatts ›Herkules und der Stall des Augias‹ in Zürich.* In: ›Deutsche Zeitung‹, 22. März 1963

Liepmann, Heinz: *Hat er die Kritik beherzigt? Dürrenmatt bearbeitete sein Stück ›Herkules und der Stall des Augias‹.* In: ›Die Welt‹, 7. Mai 1963

Luft, Friedrich: *Dürrenmatts Flucht ins Traktätchenparadies. Des Schweizers Komödie ›Herkules und der Stall des Augias‹ uraufgeführt.* In: ›Die Welt‹, 22. März 1963

Peters, Wolfang A.: *Herkules als Kabarettfigur.* In: ›Frankfurter Allgemeine Zeitung‹, 25. Mai 1957

Rischbieter, Henning: *Der neue Dürrenmatt.* In: ›Theater heute‹ 4, 1963, N. 5, S. 36-37

sm: *Der Augias-Stall. Dürrenmatt-Uraufführung im Zürcher Schauspielhaus.* In: ›Stuttgarter Zeitung‹, 22. März 1963

Steindl, M.: *Erfahrungen mit Friedrich Dürrenmatt im Schulspiel.* In: ›Das Spiel in der Schule‹ I (1961)

Vielhaber, Gerd: *Herkules in der Schweizer Bütt. Dürrenmatt-Uraufführung in Zürich: Herkules und der Stall des Augias.* In: ›Ruhr-Nachrichten‹, 22. März 1963

Westecker, Wilhelm: *Elis – Bern – Bonn. Herkules in Nöten. Dürrenmatts neue Komödie.* In: ›Christ und Welt‹, 5. April 1963

h) »Abendstunde im Spätherbst«

Anonym: *Dürrenmatt: Old Mord und Totschlag.* In: ›Der Spiegel‹, 11. Jg., N. 10, 6. März 1957

Kotschenreutter, Hellmut: *Wenn Kunst und Leben identisch werden. Zur Uraufführung von Dürrenmatts ›Abend im Spät-*

herbst‹ in Berlin. In: ›Der Mittag‹, 8. Dezember 1959

Lietzmann, Sabine: *Einakter am Kurfürstendamm. Schnitzler, Wedekind und ein neuer Dürrenmatt.* In: ›Frankfurter Allgemeine Zeitung‹, 10. Dezember 1959

i) »Der Besuch der alten Dame«

Ackermann, Paul Kurt: *Introduction.* In: *Friedrich Dürrenmatt, Der Besuch der alten Dame,* S. VII-X. New York: Houghton Mifflin [1960]

Alvares, M.: *Waste Land Revisited.* In: ›New Statesman‹, 2. Juli 1960, S. 15

Anonym: *Dürrenmatt et sa vieille dame rancunière.* In: ›Les Lettres Nouvelles‹ 5, N. 48, April 1957, S. 16

Anonym: *Dürrenmatt: Ungeheuer abgeändert.* In: ›Der Spiegel‹, 17. Jg., N. 6, 6. Februar 1963. (zum Wicki-Film)

Anonym: *Dürrenmatt – Besuch einer jungen Dame.* In: ›Der Spiegel‹, 17. Jg., N. 46, 13. November 1963, S. 116-118 (zum Film)

Anonym: *The visit.* In: ›Time‹ 71, N. 20, 20. November 1958, S. 44-45

Arnold, Armin: *Friedrich Dürrenmatt und Mark Twain. Zur Methode der vergleichenden Interpretation.* In: ›Proceedings of the Fourth Congress of the International Comparative Literature Association‹. Bd. 2. Den Haag 1966. S. 1097-1104

Askew, Melvin W.: *Dürrenmatt's The Visit of the Old Lady.* In: ›Tulane Drama Review‹ 4 (1961), pp. 89-105

Atkinson, Brooks: *Lunts in The Visit.* In: ›New York Times Magazine‹, Section II, 18. Mai 1959. [Betrifft Maurice Valencys Version von ›Der Besuch der alten Dame‹]

Bänziger, Hans: *Kurze Startbahn. Schweizer Literaturbrief.* In: ›Merkur‹ 11, Oktober 1957, S. 991-996

Beckmann, Heinz: *Friedrich Dürrenmatt ›Der Besuch der alten Dame‹.* In: Beckmann: *Nach dem Spiel. Theaterkritiken 1950–1962.* München 1963, S. 149-151

Blum, Heino R.: *Abkehr von der Satire. Spielfilm ›Der Besuch‹ nach Dürrenmatt von Bernhard Wicki.* In: ›Frankfurter Rundschau‹, 9. August 1973

Breuer, Paul Josef: *Friedrich Dürrenmatt (Der Besuch der alten Dame).* In: *Europäische Komödien.* Hrsg. v. Kurt Bräutigam. Frankfurt 1964. S. 214-242

Brien, Alan: *The Visit.* In: ›Spectator‹, 1. Juli 1960, S. 20

Briner, Andres: *Zu Gottfried von Einems Dürrenmatt-Oper Der Besuch der alten Dame.* In: *Views and reviews of modern German literature,* 1974, S. 251-256

Brock-Sulzer, Elisabeth: *Dürrenmatt (Der Besuch der alten Dame).* In: ›Charivari‹ 107, Februar 1956, N. 5, S. 1

Burgert, Helmuth: *Dürrenmatts ›Besuch der alten Dame‹: Demaskierte Wohlstandsgesellschaft.* In: ›Zeichen der Zeit‹, 17 (1963), S. 394-396

Carat, Jacques: *La visite de la vieille dame* In: ›Preuves‹, Nr. 74 (April 1957), S. 86-88

Chessex, Jacques: *Quelques remarques sur Friedrich Dürrenmatt.* In: ›Pour l'Art‹, Nr. 64 (1959), S. 15-17

Daviau, Donald G. und Harvey J. Dunkle: *Friedrich Dürrenmatt's ›Der Besuch der alten Dame‹. A parable of Western society in transition.* In: ›Modern Language Quarterly‹ 35, 1974, S. 302-316

Davis, Fitzroy: ›The Visit‹: *Letter to the Editor.* In: ›New York Times‹, Drama Section X (18. Mai 1958), S. 3

Dick, E. S.: *Dürrenmatts ›Der Besuch der alten Dame‹. Weltheater und Ritualspiele.* In: ›Zeitschrift für deutsche Philologie‹, 87, 1968, S. 498-509

Dittberner, Hugo: *Dürrenmatt, der Geschichtenerzähler. Ein 50-Dollar-Mißverständnis zum ›Besuch der alten Dame‹.* In: ›Text + Kritik‹ H. 50/51, S. 86-92

Driver, Tom F.: *Masterpiece: The Visit.* In: ›Christian Century‹, 4. Juni 1958, S. 668-669

Durzak, Manfred: *Die Travestie der Tragödie in Dürrenmatts ›Der Besuch der alten Dame‹ und ›Die Physiker‹.* In: ›Deutschunterricht‹ 28, 1976, H. 6, S. 86-96

Fickert, Kurt J.: *Dürrenmatt's ›The Visit‹ and Job.* In: ›Books Abroad‹ 41, 1967, S. 389-92

Fishler, Nathan: ›The Visit‹: *Letter to the Editor.* In: ›New York Times‹, Drama Section X (18. Mai 1958), S. 3

Franzen, Erich: *Der Besuch.* In: ›Frankfurter Allgemeine Zeitung‹, 8. Februar 1956

Friedrich Dürrenmatt: Der Besuch der alten Dame. Erläuterungen und Dokumente. Hrsg. von Karl Schmidt, Stuttgart 1976

Garambe, B. de: *La vieille dame rancunière.* In: ›Rivarol‹, 21. März 1957

Gascoigne, Bamber: *Switzerland.* In: ›Twen-

tieth Century Drama, S. 194-195 et al. London: Hutchinson 1962

Gassner, John: *Dürrenmatt: The Visit*. In: *Theatre at the Crossroads*, S. 271-272. New York: Holt, Rinehart, Winston 1960

George, Manfred: *Dürrenmatt in der Fremde. In New York ›Besuch der alten Dame‹ als Bernhard-Wicki-Film*. In: ›Stuttgarter Zeitung‹, 8. September 1964

Gibbs, Wolcott: *The Theatre: At Home with the Lunts*. In: ›New Yorker‹, 17. Mai 1958, S. 87

Goodman, Randolph G.: *Friedrich Dürrenmatt ›The visit‹*. In: *The Drama on Stage*. New York 1961. S. 378-423

Guth, Hans P.: *Dürrenmatt's ›visit‹. The play behind the play*. In: ›Symposium. A Quarterly Journal in Mod. Lit.‹ 16, 1962, S. 94-102

Guthke, K. S.: *Friedrich Dürrenmatt: Der Besuch der alten Dame*. In: *Das deutsche Drama vom Expressionismus bis zur Gegenwart*. 1977, S. 241-249. (Zuerst in K. S. G.: *Geschichte und Poetik der deutschen Tragikomödie*. 1961, S. 379-391)

Haberkamm, K.: *Die alte Dame in Andorra. Zwei Schweizer Parabeln des nationalsozialistischen Antisemitismus*. In: *Gegenwartsliteratur und Drittes Reich*. 1977, S. 95-110

Hamilton, Jack: *The Visit*. In: ›Look‹, Bd. 28, Nr. 12 (16. Juni 1964), S. 52-59

Hatch, Robert: *Theatre*. In: ›Nation‹, 17. Mai 1958, S. 455

Hayes, Richard: *The Stage – the Swept Chamber*. In: ›Commonweal‹ 68 (11. Juli 1958), 377-379

Heer, Friedrich: *Politische Tragödie. ›Der Besuch der alten Dame‹*. In: ›Die Furche‹ 12, 1956, N. 38, S. 13

Hewes, Henry: *Tragedy without Tears*. In: ›Saturday Review‹, 24. Mai 1958, S. 30-31

Hortenbach, Henny C.: *Biblical echoes in Dürrenmatt's ›Der Besuch der alten Dame‹*. In: ›Monatshefte für deutschen Unterricht‹ 57, 1965, S. 145-161

Jacobi, Johannes: *Wenn plötzlich der Abgrund sich öffnet*. In: ›Die Welt‹, 3. Februar 1956

Kaiser, Joachim: *Der Tanz um die goldene Greisin. Erstaufführung im Nationaltheater: ›Besuch der alten Dame‹, diesmal von Gottfried von Einem*. In: ›Süddeutsche Zeitung‹, 27. Oktober 1975

Knapp, M.: *Die Verjüngung der alten Dame*.

Zur Initialrezeption Dürrenmatts in den Vereinigten Staaten. In: ›Text + Kritik‹ II, 1977, Heft 56, S. 58-66

Lefcourt, Charles R.: *Dürrenmatt's Güllen and Twain's Hadleyburg. The corruption of two towns*. In: ›Revue des langues vivantes‹ 33, 1967, S. 303-308

Linzer, Martin: ›*Der Besuch der alten Dame‹ von Friedrich Dürrenmatt im Schillertheater Berlin*. In: ›Theater der Zeit‹, Bd. 12, Nr. 6 (1957), S. 48-49

Loeffler, Michael Peter: *Friedrich Dürrenmatts ›Der Besuch der alten Dame‹ in New York. Ein Kapitel aus der Rezeptionsgeschichte der neueren Schweizer Dramatik*. Basel, Stuttgart 1976

Loram, Jan C.: *Der Besuch der alten Dame and The visit*. In: ›Monatshefte für deutschen Unterricht‹, 53, 1961, S. 15-21

Luft, Friedrich: *Friedrich Dürrenmatt ›Besuch der alten Dame‹*. In: Luft: *Berliner Theater 1945-1961*. Hrsg. v. Henning Rischbieter. Hannover 1961, S. 242-244

McDonald, Edward R.: *Friedrich Dürrenmatt's ›The visit‹, Comedy or tragedy? Avantgarde or traditional theater?* In: ›Maske und Kothurn‹, 23, 1977, S. 130-135

Mayer, Hans: *Friedrich Dürrenmatts junge und alte Dame*. In: H. M.: *Außenseiter*. Sonderausgabe. Frankfurt/M. 1977. S. 137-140

Milne, T.: *The Lunts in Town*. In: ›Time and Tide‹, Bd. 41, Nr. 27 (27. November 1960), S. 760

Nef, Ernst: *[Bericht über eine Dürrenmatt-Inszenierung der ›Alten Dame‹ in veränderter Fassung]*. In: ›German Life and Letters‹ 13 (1959/60), S. 226f.

Neis, Edgar: *Erläuterungen zu Dürrenmatts ›Der Besuch der alten Dame‹ und ›Die Physiker‹*. Hollfeld 1965

Neuse, Erna K.: *Das Rhetorische in Dürrenmatts ›Der Besuch der alten Dame‹. Zur Funktion des Dialogs im Drama*. In: ›Seminar‹ 11, 1975, S. 225-241

Pfefferkorn, Eli: *Dürrenmatt's mass play*. In: ›Modern Drama‹ 12, 1969/70, S. 30-37

Plant, Richard: ›*The Visit‹: Letter to the Editor*. In: ›New York Times‹, Drama Section X, 18. Mai 1958, S. 3

Profitlich, U.: *Dürrenmatt: Der Besuch der alten Dame*. In: *Die deutsche Komödie*. 1977. S. 324-341, 406-409

Punte, Maria Luisa: *La justicia en ›la visita de la anciana dama‹ de Friedrich Dürrenmatt*.

In: ›Boletin de estudios germanicos‹ 9, 1972, S. 95-112

Reed, Eugene E.: *Dürrenmatts ›Besuch der alten Dame‹. A study in the grotesque.* In: ›Monatshefte für deutschen Unterricht‹ 53, 1961, S. 9-14

Rogoff, Gordon: *Mr. Dürrenmatt buys new shoes.* In: ›The Tulane Drama Review‹ 3, 1958, S. 27-34. Auch in: *The context and craft of drama.* Hrsg. v. Robert W. Corrigan. San Francisco 1964, S. 455-466

Romulus, Hans: *Dürrenmatt ›Der Besuch der alten Dame‹.* In: ›Theater heute‹ 2, 1961, N. 3, S. 36-37

Sandford, John E.: *The anonymous characters in Dürrenmatt's ›Der Besuch der alten Dame‹.* In: ›German Life and Letters‹ 27, 1970/71, S. 335-345

Schlappner, Martin: *Der Besuch der jungen Dame: Ein Abschnitt aus einem Filmbericht.* In: ›Neue Zürcher Zeitung‹, 15. Mai 1964

Scholdt, Günter: *Timeo danaos et dona ferentes oder Die alte Dame kommt aus Montevideo. Zur Dramaturgie Friedrich Dürrenmatts und Curt Goetz'.* In: ›Deutsche Vierteljahresschrift‹ 50, 1976, S. 720-730

Schüler, Volker: *Dürrenmatt. ›Der Besuch der alten Dame‹. ›Der Verdacht‹. Untersuchungen und Anmerkungen. 1975* (= Analysen und Reflexionen 16.), 2. Aufl. 1977

Schweizer, Eduard: *Zu Friedrich Dürrenmatts ›Der Besuch der alten Dame‹.* In: ›Reformatio‹ 5 (März 1956), S. 154-161

Sierig, Hartmut: *Die ihre Väter sterben sahen: Überlegungen zu drei wichtigen Theaterstücken der Gegenwart.* In: ›Zeitwende‹. Die Neue Furche‹, 30 (April 1959), S. [255]-262. [Besuch der alten Dame, S. 257-259; Dylan Thomas, Unter dem Milchwald; John Osborne, Blick zurück im Zorn]

Slater, Maximilian: *›The Visit‹: Letter to the Editor.* In: ›New York Times‹, Drama Section X, 18. Mai 1958, S. 3

Sonntag, Brunhilde: *Wie sich die alte Dame veränderte. Dürrenmatts Tragische Komödie und von Einems Oper.* In: ›Opernwelt‹, 13, 1972, 2, S. 45-47

Speidel, E.: *Aristotelian and non-Aristotelian elements in Dürrenmatt's ›Der Besuch der alten Dame‹.* In: ›German Life and Letters‹ 28, 1974/75, S. 14-24

Steinwender, Helene: *Die Gerechtigkeit in Güllen.* In: ›Horizont‹, Nr. 6 (Juni 1963),

S. [12]-15

Stuckenschmidt, H. H.: *Bittere Komödie, süße Musik. Von Einem – Dürrenmatt ›Besuch der alten Dame‹ in Wien.* In: ›Frankfurter Allgemeine Zeitung‹, 25. Mai 1971

Stuckenschmidt, H. H.: *Eine musikalische Höllenkomödie. Von Einems Dürrenmatt-Oper ›Besuch der alten Dame‹ in Berlin.* In: ›Frankfurter Allgemeine Zeitung‹, 6. März 1972

Syberberg, H. J.: (s. III, A)

Tynan, Kenneth: *Nymphs and Shepherds Go Away!* In: ›New Yorker‹, 19. März 1960, S. 118

Tynan, Kenneth: *›The Visit‹ by Friedrich Dürrenmatt at the City Center,* In: ›Curtains‹, S. 346. New York: Atheneum 1961

Valency, Maurice: *›The Visit‹ – a Modern Tragedy.* In: ›Theatre Arts‹, 42 (Mai 1958), 17, S. 90-91; auch in ›Time‹, 19. Mai 1958, S. 83

Valency, Maurice: *›The Visit‹: The Complete Text.* In: ›Theatre Arts‹, 43 (Dezember 1959), S. 33-64

Wälterlin, Oskar: *Zu Dürrenmatts ›Besuch der alten Dame‹.* In: ›Programmheft des Schauspielhauses Zürich‹, Nr. 10 (1955/56). S. 3

Weigel, Hans: *Dürrenmatt ›Besuch der alten Dame‹.* In: Weigel: *Tausendundeine Premiere. Wiener Theater 1946-1961.* Wien 1961. S. 55-56

Wilson, Rodger Edward: *The devouring mother: an analysis of Dürrenmatt's ›Der Besuch der alten Dame‹.* In: ›Germanic Review‹ 52, 1977, S. 274-288.

Winston, Kristina: *The old lady's day of judgement: notes on a mysterious relationship between Friedrich Dürrenmatt and Ödön von Horvath.* In: ›Germanic Review‹ 51, 1976, S. 312-322. (›Der Besuch der alten Dame‹ und Ödön von Horváths ›Der jüngste Tag‹)

Wysling, Hans: *Dramaturgische Probleme in Frischs ›Andorra‹ und Dürrenmatts ›Besuch der alten Dame‹.* In: ›Akten des V. Intern. Germ. Kongresses‹, 1976, 3, S. 425-431

k) »Die Panne«

Bänziger, Hans: *Die Gerichte und das Gericht von Alfredo Traps in einer ländlichen Villa.* In: *Friedrich Dürrenmatt,* Heidelberg 1976, S. 218-232. [Die Panne]

cbg.: *Von der Todesstrafe zum Freispruch.*

Bühnen-Uraufführung von Friedrich Dürrenmatts ›Panne‹ in Hanau-Wilhelmsbad. In: ›Neue Zürcher Zeitung‹, 25. September 1979

Clay, George R.: Friedrich Dürrenmatt (›Traps‹). In: ›New York Times‹, 6. 3. 1960

Clurman, Harold: The Deadly Game. In: ›Nation‹, 27. Februar 1960, S. 194

Dach, Charlotte von: Ist es Stil? In: ›Bund‹, 2. März 1957. [Die Panne]

Driver, Tom F.: Law without reprieve. The deadly game. In: ›Christian Century‹, 24. Februar 1960, S. 224-228

Grasshoff, Wilhelm: Ein makabres Szenarium. Friedrich Dürrenmatt: Die Panne. In: ›Frankfurter Allgemeine Zeitung‹, 22. Juni 1957

Guerne, Armel: Friedrich Dürrenmatt, le romancier qui a horreur du roman. In: ›Tribune de Lausanne‹, 2. November 1958

Grözinger, Wolfgang: Friedrich Dürrenmatt: Die Panne. In: ›Süddeutsche Zeitung‹, 15. November 1958

Hellwig, Gerhard: Die Götter sind an allem schuld. Zur Konstanzer Premiere von Friedrich Dürrenmatts ›Die Panne‹. In: ›Südkurier‹, 9. November 1979

Hewes, Ilena: A Trial of a Salesman. In: ›Saturday Review‹, 20. Februar 1960, S. 28

Khittl, Klaus: Ein Toter hängt im Kronleuchter. Friedrich Dürrenmatts ›Die Panne‹ gastiert am Theater in der Josefstadt. In: ›Die Presse‹, 13./14. Oktober 1979

Kirchberger, Lida: ›Kleider machen Leute‹ und Dürrenmatts ›Panne‹. In: ›Monatshefte für deutschen Unterricht‹ 52 (1960). S. 1-8

Kohlschmidt, Werner: Selbstrechenschaft und Schuldbewußtsein im Menschenbild der Gegenwartsdichtung. Eine Interpretation des ›Stiller‹ von Max Frisch und der ›Panne‹ von Friedrich Dürrenmatt. In: Das Menschenbild in der Dichtung. Hrsg. v. Albert Schaefer. München 1965, S. 174-193 (= Beck'sche Schwarze Reihe 34). Auch in: W. K.: Konturen und Übergänge 1977, S. 173-188

Mayer, Hans: ›Die Panne‹ von Friedrich Dürrenmatt. In: Mayer: Zur deutschen Literatur der Zeit, 1967, S. 214-223

m. v.: ›Die Panne‹. Gastspiel im Zürcher Schauspielhaus. In: ›Neue Zürcher Zeitung‹, 20. Dezember 1979

Sahl, Hans: Dürrenmatt – Panne in New York. Zur Uraufführung einer dramatisierten Novelle. In: ›Süddeutsche Zeitung‹, 10. Februar 1960

Sahl, Hans: Über die Dramatisierung der ›Panne‹ durch James Yaffe: The Deadly Game. In: ›Neue Zürcher Zeitung‹, 13. Februar 1960

Sahl, Hans: Untauglicher Versuch an Dürrenmatt. Es gab nur tierischen Ernst. Die Panne wurde dramatisiert. In: ›Die Welt‹, 11. Februar 1960

Stickelberger, Rudolf: Poet Dürrenmatt als eigener Regisseur. In: ›Reformatio‹ 5 (Januar 1956), S. 684-686

Ternes, Hans: Das Problem der Gerechtigkeit in Dürrenmatts ›Panne‹. In: ›Germanic Notes‹, 6, 1975, S. 2-4

Terry, Th.: Dürrenmatts ›Die Panne‹. In: ›Tages-Anzeiger‹, 29. November 1958

Tynan, Kenneth: A Touch of Truth. In: ›New Yorker‹, 13. Februar 1960, S. 89

Yaffe, James: The Deadly Game. In: Louis Kronenberger (Hrsg.), The Best Plays of 1959-1960. Dodd, Mead & Co., New York/Toronto 1960, S. 118-137

Weber, Werner: Sprachfehler in der ›Panne‹. In: ›Neue Zürcher Zeitung‹, 15. Dezember 1956

l) »Der Doppelgänger«

Brües, Otto: Waren die beiden Morde ein Traum? Dürrenmatts Hörspiel ›Der Doppelgänger‹ im Norddeutschen Rundfunk. In: ›Der Mittag‹, 23. Dezember 1960

Regitz, Hartmut: ›Der Doppelgänger‹. Eine Dürrenmatt-Vertonung in Gelsenkirchen. In: ›Neue Zürcher Zeitung‹, 21./22. 6. 1975

Regitz, Hartmut: Geschichte eines Delinquenten. Jiri Smutnys Dürrenmatt-Oper ›Doppelgänger‹ in Gelsenkirchen. In: ›Stuttgarter Zeitung‹, 27. Juni 1975

Terblin, Hans: Eine Uraufführung erinnert an gestern. Oper von Jiri Smutny nach Dürrenmatt-Hörspiel. In: ›Neue Rhein-Zeitung‹, 16. Juni 1975

m) »Frank V.«

Anonym: Friedrich Dürrenmatt, ›Frank V.‹ Uraufführung im Zürcher Schauspielhaus. In: ›Neue Zürcher Zeitung‹, 22. März 1959

Brock-Sulzer, Elisabeth: Dürrenmatt: Frank V. In: ›Die Tat‹, 23. März 1959

Carat, Jacques: *Ruses tactiques. Bertolt Brecht: La Vie de Galilé. – Friedrich Dürrenmatt: Frank V.* In: ›Preuves‹, Nr. 145 (März 1963), S. 66-69

Delling, Manfred: *Frank V. oder: Brecht läßt grüßen. Von der Oper einer Privatbank zum Tele-Lustspiel: Das Erste Programm und Dürrenmatts Bühnenstück.* In: ›Sonntagsblatt‹, 26. Februar 1967

E. J.: *›Frank V.‹ aufs neue. Dürrenmatt inszenierte seine Komödie im Fernsehen.* In: ›Frankfurter Allgemeine Zeitung‹, 18. Februar 1967

Guggenheimer, W. M.: *Fernsehen – Erstes Programm: Dürrenmatts ›Frank V.‹.* In: ›Süddeutsche Zeitung‹, 20. Februar 1967

Guimaud, Jean: *Frank de Vijde door Friedrich Dürrenmatt,* In: ›De Vlaamse Gids‹, 46 (1962), S. 487-488

Hiltbrunner, Hermann: *Friedrich Dürrenmatt.* In: *Alles Gelingen ist Gnade,* S. 231-232. Zürich 1958

Kaiser, Joachim: *Friedrich Dürrenmatts singende Mörder. Uraufführung von ›Frank V. – Oper einer Privatbank‹ in Zürich.* In: ›Süddeutsche Zeitung‹, 21./22. März 1959

Kaiser, Joachim: *Freud und Leid des modernen Managers: Deutsche Erstaufführung von Dürrenmatts ›Frank V.‹ in den Kammerspielen.* In: ›Süddeutsche Zeitung‹, Nr. 252 (20. Oktober 1960)

Karasek, Hellmuth: *Ein Stück macht Pleite, Dürrenmatt inszeniert Dürrenmatt.* In: ›Stuttgarter Zeitung‹. 18. Februar 1967 (zur Fernsehinszenierung)

Korn, Karl: *Moritat parodistisch. Dürrenmatt/Burkhards ›Frank V. – Oper einer Privatbank‹ in Zürich.* In: ›Frankfurter Allgemeine Zeitung‹, 23. März 1959

Leier, Manfred: *Gangster, die beim Morden singen. ›Der Staat ist eine Firma‹ – Gespräch mit Friedrich Dürrenmatt über Frank V.* In: ›Die Welt‹, 11. Januar 1967

Leier, Manfred: *Wenn der Autor Regie führt. Gestern abend im Ersten Programm: ›Frank V.‹ von Dürrenmatt.* In: ›Die Welt‹, 17. Februar 1967.

Loetscher, Hugo: *Frank V.* In: ›Programmheft des Schauspielhauses Zürich‹ 1958/59.

Marcuse, Ludwig: *Die Mädchen und die Gangster.* In: ›Die Zeit‹, Nr. 45 (4. November 1960).

Mayer, Hans: *Komödie, Trauerspiel, deutsche Misere.* In: ›Theater heute‹, Bd. 7, Nr. 3 (1966), S. 23-26.

Melchinger, Siegfried: *Dürrenmatts Gangster-Oper. ›Frank V. – Oper einer Privatbank‹ in Zürich.* In: ›Stuttgarter Zeitung‹, 21. März 1959.

Müller, André: *Zerrspiegel der Wolfsmoral: Frank V.* In: ›Theater der Zeit‹, Bd. 16, Nr. 3 (1961), S. 58-61.

Pfeiffer-Belli, Erich: *Es ist nicht alles gut, was neu ist.* In: ›Die Welt‹, Nr. 252 (27. Oktober 1960).

Reifferscheidt, Friedrich M.: *Dürrenmatt, ›Frank V.‹: Oper einer Privatbank‹.* In: ›Weltbühne‹ 14 (1959), S. 497.

Rischbieter, Henning: *Dürrenmatts dünnstes Stück ›Frank V., Oper einer Privatbank‹ und die Aufführungen in Münster und Frankfurt.* In: ›Theater heute‹, 1. 1960, Nr. 3, S. 8-12

Stickelberger, Rudolf: *Friedrich Dürrenmatt: Frank V.* In: ›Reformatio‹ 8 (April 1959), 239

Weigel, Hans: *Dürrenmatts ›Frank V.‹.* In: ›Illustrierte Kronen-Zeitung‹, 28. Januar 1962

Westecker, Wilhelm: *Der zornige Moralist. Zur Zürcher Uraufführung von Friedrich Dürrenmatts neuem Stück ›Frank V. – Oper einer Privatbank‹.* In: ›Christ und Welt‹, 16. 4. 1959

n) »Die Physiker«

Alexander, N. F.: *Friedrich Dürrenmatt: Die Physiker. Die Verantwortung des Forschers.* In: *Denken und Umdenken.* Hrsg. von Heinrich Pfeiffer, München/Zürich, 1977, S. 176-193

Anonym: *Dürrenmatt: Im Irrenhaus.* In: ›Der Spiegel‹, 16. Jg., 28. Februar 1962 (Zur Uraufführung)

Anonym: *Dürrenmatts Farce vom Weltuntergang.* In: ›Neue Zürcher Zeitung‹, 9. März 1962

Anonym: *Swiss Cheese.* In: ›Time‹, Bd. 84, Nr. 17 (23. Oktober 1964), S. 67

Beckmann, Heinz: *Drei Leichen – drei Physiker.* In: ›Rheinischer Merkur‹, Bd. 17, Nr. 9 (1962), S. 8; auch in: ›Zeitwende: Die Neue Furche‹ 33 (1962), S. 283-284. Wieder abgedruckt in: *Nach dem Spiel: Theaterkritiken 1950-1962,* S. 328-331. München/Wien, 1963

Brock-Sulzer, Elisabeth: *Dürrenmatt, der Klassiker. ›Die Physiker‹. Uraufführung in*

Zürich. In: ›Frankfurter Allgemeine Zeitung‹, 26. Februar 1962

Brüche, Ernst: *Die Physiker. Komödie von Friedrich Dürrenmatt. Eine Besprechung der Weltuntergangsfarce aus zweiter Hand.* In: ›Physikalische Blätter‹ 18, 1962, S. 169-172, 290

Buri, Fritz: ›Die Physiker‹ – *Hoffnung für unsere Zukunft.* In: Predigten aus der Münstergemeinde, Bd. 2, Nr. 6 (Februar 1963).
Dokumente zu Friedrich Dürrenmatt ›Die Physiker‹. Bearb. v. Peter C. Plett. Stuttgart 1973

Drews, Wolfgang: *Die andere Seite.* In: ›Frankfurter Allgemeine Zeitung‹, Nr. 227 (29. September 1962)

Driver, Tom F.: *Secularized Eschatology.* In: ›Christian Century‹, 6. März 1963, S. 301-302

Durzak, Manfred: *Die Travestie in Dürrenmatts ›Der Besuch der alten Dame‹ und ›Die Physiker‹.* In: ›Der Deutschunterricht‹ 28, 1976, Heft 6, S. 86-96

Fickert, Kurt J.: *The curtain speech in Dürrenmatt's The Physicists.* In: ›Modern Drama‹ 13, 1970, S. 40-46
Friedrich Dürrenmatt: Die Physiker. Hrsg. v. Gerhard P. Knapp. Frankfurt/M. 1979. (Grundlagen und Gedanken zum Verständnis des Dramas.)

Gascoigne, Bamber: *Fable and Fiction.* In: ›Spectator‹, 18. Januar 1963, S. 69

Gellert, Roger: *In the Sere Mead.* In: ›New Statesman‹, 18. Januar 1963, S. 69

Gröger, Herbert: *Friedrich Dürrenmatts ›Physiker‹: Eine erschütternde Vision.* In: ›Aktuell‹, März 1962, S. 45-46

Helbling, Robert E.: *Introduction.* In: Dürrenmatt, Die Physiker, S. XI-XXVIII. New York: Oxford University Press [1965]

Hertel, Hans: *Dürrenmatt og bomben.* In: ›Information‹, 8. Juni 1962, S. 4

Hewes, Henry: *He Who Laughs First.* In: ›Saturday Review‹, 31. Oktober 1964, S. 31

Hübner, Paul: *Beifall für Dürrenmatt?* In: ›Wort und Wahrheit‹ 17 (August-September 1962), S. 563-566

Jacobi, Johannes: *Keine politische Botschaft aus der Schweiz. Die jüngsten Dramen von Frisch und Dürrenmatt.* In: ›Die Zeit‹, 9. März 1962. Auch in: ›Neue Zürcher Zeitung‹, 16. März 1962

Jauslin, Christian M.: *Anmerkungen zu ›Die Physiker‹.* In: ›Städtische Bühnen Frankfurt a. M., Schauspielheft‹, Nr. 5 (1962/63)

Kaiser, Joachim: *Friedrich Dürrenmatts Weltuntergangs-Libretto. Die Uraufführung der ›Physiker‹ im Schauspielhaus Zürich.* In: ›Süddeutsche Zeitung‹, 23. Februar 1962

Kaiser, Joachim: *Die Welt als Irrenhaus. Dürrenmatts ›Physiker‹ in Zürich uraufgeführt.* In: ›Theater heute‹ 3, 1962, H. 4, S. 5-7

Kalenter, Ossip: *Irre auf der Bühne. Zur Uraufführung der Komödie ›Die Physiker‹ von Dürrenmatt.* In: ›Der Tagesspiegel‹, 1. 3. 1962

Keller, Oskar: *Friedrich Dürrenmatt: ›Die Physiker‹. Interpretation.* München 1970.

Kesting, Marianne: *Die Dramen von Friedrich Dürrenmatt.* In: ›Blätter des Deutschen Theaters in Göttingen‹, Bd. 13, Nr. 214 (1962/63), S. 180-183

Kim, Tja-Huan: *Paradoxe als Komik und Ernst in der Komödie ›Die Physiker‹ von Dürrenmatt.* In: ›Zeitschrift für Germanistik‹ 6, 1967, S. 87-98

Kügler, H.: *Dichtung und Naturwissenschaft. Einige Reflexionen zum Rollenspiel des Naturwissenschafters in Bert Brecht: Das Leben des Galilei, Friedrich Dürrenmatt: Die Physiker, Heinar Kipphardt: In der Sache J. Robert Oppenheimer.* In: Kügler: Weg und Weglosigkeit. 1969. S. 209-235

Lauer, Hans Erhard: *Friedrich Dürrenmatts ›Physiker‹ und die Probleme des Atomzeitalters* In: ›Blätter für Anthroposophie‹, Bd. 13, Nr. 2 (Februar 1963)

Lehnert, Herbert: *Fiktionale Struktur und physikalische Realität in Dürrenmatts ›Die Physiker‹.* In: ›Sprachkunst‹ 1, 1970, S. 318-330

Luft, Friedrich: *Letzter Ernst – dargeboten als Ulk. Friedrich Dürrenmatts ›Physiker‹ uraufgeführt: Gelächter und Schauder.* In: ›Die Welt‹, 23. Februar 1962

Martin, Bernhard: *Nur im Irrenhaus sind wir noch frei: Zu Friedrich Dürrenmatts Komödie ›Die Physiker‹* In: ›Die Neue Schau‹ 24 (1963), S. 395

Massberg, Uwe von: *Der gespaltene Mensch. Vergleichende Interpretation der Physiker-Dramen von Brecht, Dürrenmatt, Zuckmayer und Kipphardt auf der Oberstufe.* In: ›Der Deutschunterricht‹ 17, 1965, Heft 6, S. 56-74

Mavelty, Beht Emily: *Three phases of Comedy. A study of the archetypical patterns in Leonce u. Lena, Der zerbrochene Krug, and The Physiker.* Univ. of Oregon 1969.

Mayer, Hans: *Friedrich Dürrenmatt. ›Die Physiker‹.* In: ›Stuttgarter Zeitung‹, 23. Februar 1962

Melchinger, Siegfried: *Die Physiker im Tollhaus. Dürrenmatts neue Komödie in Zürich uraufgeführt.* In: ›Stuttgarter Zeitung‹, 23. Februar 1962

Morley, Michael: *Dürrenmatt's dialogue with Brecht. A thematic analysis of Die Physiker.* In: ›Modern Drama‹ 14, 1971/72, S. 232-242

Müller, Joachim: *Verantwortung im Drama. Brechts ›Galilei‹ und Dürrenmatts ›Physiker‹.* In: J.M.: *Epik, Dramatik, Lyrik.* 1974. S. 369-377, 450. (Zuerst in: ›Universitas‹ 20, 1965, S. 1247-1258)

Murdoch, Brian: *Dürrenmatt's Physicists and the tragic tradition.* In: ›Modern Drama‹ 13, 1970/71, S. 270-275

Muschg, Walter: *Dürrenmatt und die Physiker.* In: Muschg: *Pamphlet und Bekenntnis.* 1968, S. 352-356. (Aus dem Programmheft des Schauspielhauses Zürich zur Premiere vom 21.2.1962). Auch in: ›Moderna Sprak‹ 56, 1962, S. 280-283

Muschg, Walter: *Friedrich Dürrenmatts ›Die Physiker‹.* In: ›Programmheft des Schauspielhauses Zürich‹, 1961/62, S. 5-10

Neis, Edgar: *Erläuterungen zu Dürrenmatts ›Der Besuch der alten Dame‹ und ›Die Physiker‹.* Hollfeld 1965

Petersen, Klaus-Dietrich: *Friedrich Dürrenmatts Physiker-Komödie. Eine Interpretation für den Deutsch-Unterricht.* In: ›Die pädagogische Provinz‹ 5, 1967, S. 289-302

Prideau, Tom: *Dilemma of Adam, Daedalus and Faust.* In: ›Life Magazine‹ 57, N. 21, 20. November 1964, S. 92-99

Pruszak, H.J.: *Physiker.* In: ›Zeichen der Zeit‹ 17 (1963), S. 314-315

Reifferscheidt, Friedrich M.: *Münchener Theaterbrief.* In: ›Weltbühne‹, 17 (1962), I, S. 431-I, 435

Rieß, Curt: *Friedrich Dürrenmatt – eine neue Welt auf der Bühne. Erschrecken ist die heutige Form von Ergriffenheit.* In: ›Die Weltwoche‹, 23. Februar 1962

Saurel, Renée: *Le public, cet inconnu. II. Les Physiciens de F. Dürrenmatt à la Comédie de l'Est.* In: ›Temps Modernes‹ 20, 1964, S. 943-954

Schleyer, Winfried: *Zur Funktion des Komischen bei Friedrich Dürrenmatt und Peter Hacks.* In: ›Der Deutschunterricht‹ 30, 1978, Heft 2, S. 67-78

Schüler, Volker: *Dürrenmatt. Der Richter und sein Henker. Die Physiker. Dichterbiographie und Interpretation.* 1974 (Analysen und Reflexe, 13). 2. Aufl. 1976

Schumacher, Ernst: *Dramatik aus der Schweiz. Zu Max Frischs ›Andorra‹ und Friedrich Dürrenmatts ›Die Physiker‹.* In: ›Theater der Zeit‹ 17, 1962, N. 5, S. 63-71.

Sheed, Wilfrid: *The Stage.* In: ›Commonweal‹ 81 (November 1964), S. 237

Steiner, Jacob: *Ein moralisches Stück: Zu Friedrich Dürrenmatts Komödie ›Die Physiker‹.* In: ›Programmheft des Schauspielhauses Zürich‹, 1961/62

Stickelberger, Rudolf: *Weltsensation des Theaters? Fridrich Dürrenmatt, seine ›Physiker‹, seine Lobredner und sein Publikum.* In: ›Reformatio‹ 11 (März 1962), S. 158-162

Süskind, W.E.: *Flucht ins Irrenhaus.* In: ›Frankfurter Allgemeine Zeitung‹, 25. September 1962

Suter, Gody: *Dürrenmatt und die Nutzanwendung. Ein Brief und eine Antwort.* In: ›Die Weltwoche‹, 30. Februar 1962. (Zur Uraufführung)

Tank, Kurt Lothar: *Mit dem Irrsinn leben.* In: ›Sonntagsblatt‹, Nr. 40 (7. Okt. 1962)

Taylor, John R.: *The Moral is … In:* ›Plays and Players‹, Bd. 10, Nr. 6 (1963), S. 44

Trevin, J.C.: *Three Men.* In: ›Illustrated London News‹, 26. Januar 1963, S. 134

Weimar, Karl S.: *The scientist and society. A study of the modern play.* In: ›Modern Language Quarterly‹ 27, 1966, S. 431-448

Wendt, Ernst: *Mit dem Irrsinn leben? Anläßlich mehrerer Aufführungen von Dürrenmatts ›Physikern‹.* In: ›Theater heute‹ 3, 1962, H. 12, S. 11-15

Westecker, Wilhelm: *Phyik und Irrsinn. Der neue Dürrenmatt in Zürich: Mord mit tiefer Bedeutung.* In: ›Christ und Welt‹, 2. März 1962

Wilker, Peter: *Bemerkungen zu Dürrenmatts Physikern.* In: ›Neue Zürcher Zeitung‹, Sonntagsausgabe Nr. I, 156 (24. März 1963), S. 4. [Preis der New Yorker Theaterkritiker für Dürrenmatt]

Wolff-Windegg, Philipp: *Friedrich Dürrenmatt: ›Die Physiker‹.* In: ›Basler Nachrichten‹, 23. Februar 1962, S. 8

Wollenberger, Werner: *Rombacher Trichter.*
In: ›Nebelspalter‹, 4. April 1962.

Wollenberger, Werner: *Interview mit Fried-*
rich Dürrenmatt. In: ›Blätter des Deutschen Theaters in Göttingen‹, Bd. 13 Nr.
214 (1962/63), S. 184, 186

o) ›*Der Meteor*‹

Anonym: *Dürrenmatt: Etwas, das einfällt.*
In: ›Der Spiegel‹, 24. 1. 1966, 20. Jg. N. 5

Beckmann, Heinz: *Blaugekachelte Wahrheit.*
›*Der Meteor*‹ *von Friedrich Dürrenmatt in*
Zürich. In: ›Rheinischer Merkur‹, 28. Janu-
ar 1967

Brock-Sulzer, Elisabeth: *Komödie vom ver-*
hinderten Tod. Dürrenmatts ›*Meteor*‹ *am*
Zürcher Schauspielhaus. In: ›Frankfurter
Allgemeine Zeitung‹, 24. Januar 1966

Caputo-Mayr, Maria-Luise: *Dürrenmatts*
›*Meteor*‹ *in Philadelphia. Erinnerungen an*
eine Premiere, an Reden und Gespräche.
In: ›Neue Zürcher Zeitung‹, Fernausgabe,
16. April 1970. S. 61

Dürrenmatt, Friedrich: *Dürrenmatt kom-*
mentiert seinen ›*Meteor*‹. In: ›Süddeutsche
Zeitung‹, 8. März 1966

Ferber, Christian: *Erstaufführung im Thalia-*
Theater. In: ›Die Welt‹, Nr. 34 (10. Februar 1966)

Franz, Hertha und Egon: *Zu Dürrenmatts*
Komödie Der Meteor. In: ›Zeitschrift für
deutsche Philologie‹ 87, 1968, S. 660–661.

Freund, Winfried: *Modernes Welttheater.*
Eine Studie zu Friedrich Dürrenmatts Ko-
mödie ›*Der Meteor*‹ In: ›Literatur in
Wissenschaft und Unterricht‹ 6, 1973,
S. 110-121

Gasser, Manuel: *Moritat in Weltformat. Zur*
Uraufführung von Friedrich Dürrenmatts
›*Der Meteor*‹ *am Zürcher Schauspielhaus.*
In: ›Die Weltwoche‹, 28. Januar 1966

Herdieckerhoff, Reinhard: *Der Meteor. Ein*
Versuch der Deutung. In: Gestalt, Gedanke, Geheimnis. Festschrift für Johannes
Pfeiffer. Hrsg. v. Rolf Bohnsack u.a. Berlin 1967, S. 152-162

Holz, Hans Heinz: *Theaterskandal um Dür-*
renmatt. Premiere des ›*Meteor*‹ *im Zürcher*
Schauspielhaus. In: ›Franfurter Rundschau‹, 24. Januar 1966

I. V.: *Der Meteor. Uraufführung im Schau-*
spielhaus Zürich. In: ›Neue Zürcher Zeitung‹, 22. Januar 1966

Ignée, Wolfgang: *Uraufführung: Stirb und*
Stirb. ›*Der Meteor*‹ – *ein neuer Dürren-*
matt. In: ›Christ und Welt‹, 28. Januar
1966

Jacobi, Johannes: *Das Theater hilft dem Au-*
tor. ›*Der Meteor*‹ *von Dürrenmatt im Spie-*
gel seiner drei Erstinszenierungen. In:
›Die Zeit‹, 18. Februar 1966

Jenny, Urs: *Beim Lesen von Friedrich Dürren-*
matt und Ben Jonson. Vom Komödienzufall
und Komödientod. In: ›Du‹, 26. April 1966,
N. 302, S. 304

Jenny, Urs: *Lazarus, der Fürchterliche. Urs*
Jenny im Gespräch mit Friedrich Dürren-
matt über dessen neue Komödie ›*Der Me-*
teor‹. In: ›Theater heute‹ 7 (1966), H. 2, S.
10-12

Jenny, Urs: *Qualitäten des Totseins. Zur Ur-*
aufführung einer neuen Dürrenmatt-Ko-
mödie im Zürcher Schauspielhaus. In: ›Die
Zeit‹, 28. Januar 1966

Jenny, Urs: *Überlebensgroß Herr Schwitter.*
Dürrenmatts ›*Meteor*‹ *im Zürcher Schau-*
spielhaus, im Hamburger Thalia-Theater
und in den Münchner Kammerspielen.
In: ›Theater heute‹ 7, N. 3, März 1966,
S. 20-22

Karasek, Hellmuth: *Das verpaßte Sterben.*
Die Zürcher Uraufführung von Dürren-
matts ›*Meteor*‹. In: ›Stuttgarter Zeitung‹,
24. Januar 1966

Keller, Otto: *Der zitierte Mythos. Dürren-*
matts ›*Meteor*‹ *als Dokument eines neuen*
Denkens. In: ›Neue Zürcher Zeitung‹,
24./25. November 1979

Kroner, Wolfgang: *Der Tod eines Literaten.*
Dürrenmatts ›*Der Meteor*‹ *in Koblenz auf-*
geführt. In: ›Rhein-Zeitung‹, 27. April
1979

Litten, Rainer: *Gespräch mit Dürrenmatt.*
In: ›Christ und Welt‹ 19, 28. Januar 1966

Loetscher, Hugo: *Von der Unmöglichkeit zu*
sterben. Präsentation von Friedrich Dür-
renmatts ›*Der Meteor*‹ *(Uraufführung am*
20., 21., 22. Januar im Schauspielhaus Zü-
rich). – Nach der Lektüre, nach Proben
und Gesprächen mit dem Autor. In: ›Die
Weltwoche‹, 21. Januar 1966

Luft, Friedrich: *Von einem, der nicht sterben*
konnte. Friedrich Dürrenmatts tragische
Farce ›*Der Meteor*‹ *im Zürcher Schauspiel-*
haus uraufgeführt. In: ›Die Welt‹, 22. Januar 1966

Lutz, Hedwig: *Totentanz 66. Uraufführung*
von Dürrenmatts ›*Meteor*‹ *im Zürcher*

Schauspielhaus, 20./22. I. 1966. In:›Schweizer Rundschau‹ 65, 1966, S. 119-120

Mayer, Hans: *Komödie, Trauerspiel, deutsche Misere. Über Dürrenmatts ›Meteor‹ und Grass'›Die Plebejer proben den Aufstand‹*. In: ›Theater heute‹ 7, N. 3, März 1966, S. 23-26

Melchinger, Siegfried: *Dürrenmatts Salto Mortale. Das zehnte Stück:›Der Meteor‹*. In: ›Theater heute‹ 7, N. 3, März 1966, S. 16, 18-19

Neis, Edgar: *Erläuterungen zu Friedrich Dürrenmatt:›Romulus der Große‹.›Ein Engel kommt nach Babylon‹.›Der Meteor‹*. Hollfeld 1971

Schäble, Gunter: *Witze ohne Witz. Dürrenmatts neues Stück – ›Der Meteor‹ in Zürich*. In: ›Der Tagesspiegel‹, 25. Januar 1966

Schumacher, Ernst: *Der Dichter als sein Henker. Zur Premiere des ›Meteor‹ von Dürrenmatt in Zürich*. In: ›Sinn und Form‹ 18, 1966 (Sonderheft), S. 769-779

Siefkin, H.: *Dürrenmatt and Comedy: Der Meteor*. In:›Trivium‹ 17, 1977, pp. 1-16

Spycher, Peter: *Friedrich Dürrenmatts ›Meteor‹. Analyse und Dokumentation*. In: *Friedrich Dürrenmatt*, Heidelberg 1976, S. 145-187

Tank, Kurt Lothar: *Anstoß durch Dürrenmatt. Komödie ›Der Meteor‹ im Schauspielhaus Zürich*. In: ›Sonntagsblatt‹, 30. Januar 1966

Tank, Kurt Lothar: *›Der Meteor‹ und die Mimen. Dreimal Dürrenmatt in Zürich, Hamburg und München*. In: ›Sonntagsblatt‹, 6. März 1966

Usmiani, Renate: *Friedrich Dürrenmatt as Wolfgang Schwitter. An autobiographical interpretation of ›The Meteor‹*. In: ›Modern Drama‹ 11, 1968, S. 143-150

Vier Autoren über einen Autor. (Peter Bichsel, Otto F. Walter, Herbert Meier, Walter Vogt über Dürrenmatts ›Meteor‹. In: ›Die Weltwoche‹, 18. März 1966

Wehrli, Max: *Gut christlich*. In: ›Theater heute‹, Bd. 7, Nr. 3 (1966), S. 17

Wie der Meteor einschlug. Drei Meinungen über Dürrenmatts Stück. In: ›Theater heute‹ 7, N. 3, März 1966, S. 17. (Beitr. v. Elisabeth Brock-Sulzer, Max Wehrli, Albert Schulze-Vellinghausen)

p) »Die Wiedertäufer«

Beckmann, Heinz: *Ein Nachtwächter ging verloren. ›Die Wiedertäufer‹ in Zürich: Friedrich Dürrenmatt laugte sein erstes Drama aus*. In: ›Rheinischer Merkur‹, N. 12, Ostern 1967

Biedermann, Marianne: *Vom Drama zur Komödie. Ein Vergleich des Dramas ›Es steht geschrieben‹ mit der Komödie ›Die Wiedertäufer‹*. In: ›Text + Kritik‹ 1976, H. 50/51, S. 73-85

Böth, Wolfgang: *Vom religiösen Drama zur politischen Komödie. Friedrich Dürrenmatts ›Die Wiedertäufer‹ und ›Es steht geschrieben‹. Ein Vergleich. Frankfurt, Bern 1978*

Brock-Sulzer, Elisabeth: *Der Mensch – ein untauglicher Versuch. Friedrich Dürrenmatts ›Wiedertäufer‹ in Zürich*. In:›Frankfurter Allgemeine Zeitung‹, 20. März 1967

Deschner, Margareta N.: *Dürrenmatts ›Die Wiedertäufer‹. What the dramatist has learned*. In: ›German Quarterly‹ 44, 1971, S. 227-234

Hamner, John C.: *Friedrich Dürrenmatt and the tragedy of B. Brecht. An interpretation of ›Die Wiedertäufer‹*. In: ›Modern Drama‹ 12, 1969, S. 204-209

Holz, Hans Heinz: *Dürrenmatts ›Wiedertäufer‹-Remake*. In: ›Frankfurter Rundschau‹, 20. März 1967

Hübner, Hans: *Dürrenmatt und die Welt als Hölle*. In: ›Christ und Welt‹, 20. Jg. N. 12, 24. März 1967

Jacobi, Johanna: *Der Theatraliker Dürrenmatt. Zur Uraufführung der ›Wiedertäufer‹ in Zürich*. In: ›Die Zeit‹, 24. März 1967

Kaiser, Joachim: *Mattes Comeback der ›Wiedertäufer‹. Dürrenmatts Neufassung seines ersten Stückes in Zürich uraufgeführt*. In: ›Süddeutsche Zeitung‹, 18./19. März 1967

Karasek, Hellmuth: *Die verspätete Taufe. Dürrenmatts erstes Stück erlebt seine zweite Premiere*. In: ›Stuttgarter Zeitung‹, 18. März 1967

Loetscher, Hugo: *Das Engagement im Welttheater. Über Friedrich Dürrenmatts ›Die Wiedertäufer‹*. In: ›Die Weltwoche‹, 17. März 1967

Luft, Friedrich: *Uraufführung im Zürcher Schauspielhaus:Glaubensbarbarei zu Münster. Nach zwanzig Jahren in neuer Fassung: Friedrich Dürrenmatts Komödie ›Die Wiedertäufer‹*. In: ›Die Welt‹, 18. März 1967

Rühle, Günther: *Ein Hauptgericht mit Dürrenmatt. Nach der Uraufführung der ›Wiedertäufer‹ in Zürich notiert.* In: ›Frankfurter Allgemeine Zeitung‹, 23. März 1967

Schäble, Gunter: *Ein Hitler aus der Reformationszeit. Dürrenmatt schrieb seinen Erstling um. – Uraufführung der ›Wiedertäufer‹ im Zürcher Schauspielhaus.* In: ›Der Tagesspiegel‹, 21. März 1967

Schärer, Bruno: *Modelle der Macht. Zur Uraufführung der Komödie ›Die Wiedertäufer‹ von Friedrich Dürrenmatt im Schauspielhaus Zürich.* In: ›Die Weltwoche‹, 23. März 1967

q) »König Johann«

Buschkiel, Jürgen: *Vom Mittelmaß des Mächtigen. Dürrenmatt bearbeitete Shakespeares ›König Johann‹ für Basel.* In: ›Die Welt‹, 20. September 1968

Holz, Hans Heinz: *Konzentrat unverdauter Folgerungen. Basler Uraufführung von Dürrenmatts mißlungener ›King-John‹-Bearbeitung.* In: ›Frankfurter Rundschau‹, 21. September 1968

Jenny, Urs: *Shakespeare, ziemlich frei. Dürrenmatts ›König Johann‹ in Basel.* In: ›Die Zeit‹, 27. September 1968

Kaiser, Joachim: *Dürrenmatt kämpft mit Shakespeare. Werner Düggelin inszeniert in Basel den ›König Johann‹.* In: ›Süddeutsche Zeitung‹, 20. September 1968

Labroisse, Gerd M.: *Zu Dürrenmatts Bearbeitung des ›König Johann‹.* In: ›Revue des Langues Vivantes‹ 38 (1972), S. 31-38

Litten, Rainer: *Ist Shakespeare zu ändern? Gespräch mit Dürrenmatt vor der Premiere des ›König Johann‹.* In: ›Christ und Welt‹, 13. September 1968

Reber, Trudis Elisabeth: *Dürrenmatt und Shakespeare, Beobachtungen zu Friedrich Dürrenmatts ›König Johann‹.* In: ›Friedrich Dürrenmatt, Heidelberg 1976, S. 80-89

Rühle, Günther: *Blut, was ist schon Blut? Uraufführung von Dürrenmatts ›König Johann‹ (nach Shakespeare) am Basler Stadttheater.* In: ›Frankfurter Allgemeine Zeitung‹, 20. September 1968

Schärer, Bruno: *Die Zyniker der Macht. ›König Johann‹ von Friedrich Dürrenmatt nach Shakespeare. Uraufführung im Stadttheater Basel.* In: ›Die Weltwoche‹, 27. September 1968

Stein, Karoll: *Cherchez la femme. Dürrenmatt und sein ganz persönlicher Shakespeare.* In: ›Die Zeit‹, 9. Februar 1968

Subiotto, A.: *The ›Comedy of politics‹. Dürrenmatts ›King John‹.* In: ›Affinities‹ 7, S. 139-153

r) »Play Strindberg«

Ammann, Hans J.: *Theaterarbeit. Zur Entstehung von ›Play Strindberg‹, arrangiert von Friedrich Dürrenmatt.* In: ›Neue Zürcher Zeitung‹, 15. Juni 1969, S. 51f.

Beckmann, Heinz: *Plüsch oder Play. Aufforderung zum Zweikampf zwischen Dürrenmatt und Strindberg.* In: ›Rheinischer Merkur‹, 28. Februar 1969

Boyd, Ursel D.: *Friedrich Dürrenmatt und sein Drama ›Play Strindberg‹.* In: ›Germanic Notes‹ 3, 1972, S. 18-21

Buschkiel, Jürgen: *Ehe im Boxring. Friedrich Dürrenmatts ›Play Strindberg‹ in Basel uraufgeführt.* In: ›Die Welt‹, 11. Februar 1969

Jaensch, Wilfrid: *Strindberg, Marx und Dürrenmatt. Zur Basler ›Totentanz‹-Inszenierung.* In: ›Palemos‹, 1969, Heft 10, S. 37-40

Jenny, Urs: *Dürrenmatts Zimmerschlacht. ›Play Strindberg‹ – in Basel uraufgeführt.* In: ›Süddeutsche Zeitung‹, 10. Februar 1969

Leber, Hugo: *Spiel im Ring. August Strindbergs ›Totentanz‹ – arrangiert von Friedrich Dürrenmatt in der Komödie Basel.* In: ›Publik‹, 14. Februar 1969

Leber, Hugo: *Strindberg-Playground für Friedrich Dürrenmatt. August Strindbergs ›Totentanz‹, arrangiert von Friedrich Dürrenmatt, in der Komödie Basel.* In: ›Die Weltwoche‹, 14. Februar 1969

Pritzker, Markus: *Strindberg und Dürrenmatt.* In: ›Studien zur dänischen und schwedischen Literatur‹, 1976, S. 241-255

Rubinstein, Hilde: *Der Schaukampf des Friedrich Dürrenmatt.* In: ›Frankfurter Hefte‹, 25. Jg., 1970, H. 3, S. 202-206

Rühle, Günther: *Strindberg – schlagkräftig.* In: ›Frankfurter Allgemeine Zeitung‹, 11. Februar 1969

Rumler, Fritz: *Mit Strindberg in den Boxring.* In: ›Der Spiegel‹, 23. Jg., 3. Februar 1969, N. 6

Schäble, Gunter: *›Play Strindberg‹ in Basel.*

12 Runden Zimmerschlacht. Dürrenmatts ›Totentanz‹-Bearbeitung. In: ›Stuttgarter Zeitung‹, 10. Februar 1969

Sharp, Corona: *Dürrenmatt's ›Play Strindberg‹.* In: ›Modern Drama‹ 13, 1970/71, S. 276-283

Sharp, Corona: *Strindberg and Dürrenmatt. The dynamics of play.* In: Modern language Quarterly‹, 38, 1977, S. 292-303

s) »Porträt eines Planeten«

Anonym: *Dürrenmatt: Reineres Nichts.* In: ›Der Spiegel‹, 24. Jg., N. 47, 16. November 1970

Beckmann, Heinz: *Kein Staubkorn Erde. Friedrich Dürrenmatt bastelte aus Zeitungspapier das ›Porträt eines Planeten‹.* In: ›Rheinischer Merkur‹, 28. November 1970

Hensel, Georg: *Die Erde – eine Chance. Zur Düsseldorfer Uraufführung von Dürrenmatts ›Porträt eines Planeten‹.* In: ›Die Weltwoche‹, 20. November 1970

Lewy, Hermann: *Wahrlich, eine Katastrophe. Uraufführung von Dürrenmatts ›Porträt eines Planeten‹ in Düsseldorf.* In: ›Allgemeine unabhängige jüdische Wochenschrift‹, 20. November 1970, No. 47

Lindemann, Reinhold: *Uraufführung in Düsseldorf: Dürrenmatt – kosmisch, ›Porträt eines Planeten‹.* In: ›Stuttgarter Zeitung‹, 20. November 1970

Plumien, Eo: *Die Erde ist eine Chance. Dürrenmatts neues Schauspiel ›Porträt eines Planeten‹. Uraufführung in Düsseldorf.* In: ›Die Welt‹, 12. November 1970

Rüedi, Peter: *Apokalyptisches Rondo. Peter Rüedi sprach mit Friedrich Dürrenmatt über ›Porträt eines Planeten‹.* In: ›Zürcher Woche‹, 27./28. März 1971

Schreiber, Ulrich: *Porträt eines Planeten. Der neue Dürrenmatt in Düsseldorf uraufgeführt.* In: ›Frankfurter Rundschau‹, 12. November 1970

Schultz, Uwe: *Abschied von der Komödie. Der neue Dürrenmatt.* In: ›Deutsche Zeitung/Christ und Welt‹, 20. November 1970

Schwab-Felisch, Hans: *Dürrenmatts kleines Welttheater. ›Porträt eines Planeten‹. Uraufführung in Düsseldorf.* In: ›Frankfurter Allgemeine Zeitung‹, 12. November 1970

Tank, Kurt Lothar: *Unbekömmliche Bibelhilfe. Dürrenmatts Bühnenwerk ›Porträt eines Planeten‹ in Düsseldorf uraufgeführt.* In: ›Deutsches Allgemeines Sonntagsblatt‹, 23. November 1970

Vielhaber, Gerd: *Chance vertan. Dürrenmatts ›Porträt eines Planeten‹ in Düsseldorf uraufgeführt.* In: ›Der Tagesspiegel‹, 13. November 1970

Vielhaber, Gerd: *Potpourris vom Weltuntergang. Friedrich Dürrenmatts ›Porträt eines Planeten‹ in Düsseldorf uraufgeführt.* In: ›Publik‹, 20. November 1970

Vormweg, Heinrich: *Parolen aus ›Reader's Digest‹. Friedrich Dürrenmatts ›Porträt eines Planeten‹ in Düsseldorf uraufgeführt.* In: ›Süddeutsche Zeitung‹, 12. November 1970

t) »Titus Andronicus«

Beckmann, Heinz: *Shakespeares Metzgergeselle. ›Titus Andronicus‹ – in Düsseldorf als Greuelstück von Friedrich Dürrenmatt.* In: ›Rheinischer Merkur‹, 18. Dezember 1970

Hensel, Georg: *Dürrenmatts ›Titus Andronicus‹ in Düsseldorf.* In: ›Die Weltwoche‹, 18. Dezember 1970

Lindemann, Reinhold: *Düsseldorfer Uraufführung – Rebellion im Sperrsitz. Dürrenmatts ›Titus Andronicus‹ frei nach Shakespeare.* In: ›Stuttgarter Zeitung‹, 14. Dezember 1970

Mellin, Urs H.; Claus Bremer, Renate Voss: *Die jämmerliche Tragödie von Titus Andronicus. Friedrich Dürrenmatts ›Titus Andronicus‹. Hans Hollmann: ›Titus, Titus. Ein Vergleich‹.* In: ›Jahrbuch der Deutschen Shakespeare-Gesellschaft West‹, 1972, S. 73-98

Plumien, Eo: *Blick zurück auf Shakespeare. Friedrich Dürrenmatt-Bearbeitung des ›Titus Andronicus‹.* In: ›Die Welt‹, 14. Dezember 1970

Schwab-Felisch, Hans: *Shakespeare als Grusical. Dürrenmatts Bearbeitung des ›Titus Andronicus‹ uraufgeführt.* In: ›Frankfurter Allgemeine Zeitung‹, 14. Dezember 1970

Vielhaber, Gerd: *Tumult um Dürrenmatt. ›Titus Andronicus‹ in Düsseldorf uraufgeführt.* In: ›Der Tagesspiegel‹, 18. Dezember 1970; ›Publik‹, 8. Januar 1971

Vormweg, Heinrich: *Ziellose Dauerschlächterei, Dürrenmatts ›Titus Andronicus‹ in Düsseldorf uraufgeführt.* In: ›Süddeutsche Zeitung‹, 14. Dezember 1970

u) »Der Mitmacher«

Anonym: *Immer schwieriger.* In: ›Der Spiegel‹, 27. Jg., 12.3. 1973, S. 131 ff., Nr. 11

Bachmann, Dieter: *Enttäuschte Erwartung. Dürrenmatts ›Der Mitmacher‹ im Schauspielhaus uraufgeführt.* In: ›Die Weltwoche‹, 14. März 1973

Baumgart, Reinhard: *Ein Kübel scharfe Limonade. ›Der Mitmacher‹, Dürrenmatts neuestes Stück, wurde in Zürich uraufgeführt.* In: ›Süddeutsche Zeitung‹, 11. März 1973

Beckmann, Heinz: *Lauter flüssige Leichen. Die Komödie ›Der Mitmacher‹, abermals ein Debakel mit Friedrich Dürrenmatt.* In: ›Rheinischer Merkur‹, 16. März 1973

Carlsson, Anni: *Schwarzer Humor. Friedrich Dürrenmatts ›Mitmacher‹. Ein Stück und sein Sinn.* In: ›Neue Zürcher Zeitung‹ 18./19. Juni 1977

Deering, C.: *Friedrich Dürrenmatt's ›Der Mitmacher‹. Old themes and a new cynicism.* In: ›Colloquia Germanica‹, 10, 1976/77, S. 55-72

Dürrenmatt, Friedrich: *›Mitmacher sind wir alle‹. Dieter Bachmann sprach mit Friedrich Dürrenmatt über sein neues Stück und über seine Theaterarbeit.* In: ›Die Weltwoche‹, 7. März 1973

Dürrenmatt, Friedrich: *Von der Gabe, individuell Stellung zu nehmen. Ein Gespräch mit dem regieführenden Friedrich Dürrenmatt.* In: ›Stuttgarter Zeitung‹, 31. Oktober 1973

g.r.: *Der Mitmacher. Dürrenmatts neue Komödie uraufgeführt.* In: ›Frankfurter Allgemeine Zeitung‹, 10. März 1973

I.V. *›Der Mitmacher‹, Uraufführung im Schauspielhaus Zürich.* In: ›Neue Zürcher Zeitung‹, 13. März 1973

Karasek, Hellmuth: *Theater: Dürrenmatts ›Mitmacher‹ in Zürich. Alles Leben spurlos beseitigt.* In: ›Die Zeit‹, 16. März 1973

Krättli, Anton: *(Rezension zu ›Der Mitmacher‹).* In: ›Schweizer Monatshefte‹ 56, 1976/1977, S. 1077-1085

Krättli, Anton: *Wie soll man es spielen? Mit Humor! Friedrich Dürrenmatts Selbstkommentar ›Der Mitmacher – ein Komplex‹.* In: ›Text + Kritik‹ II, 1977, H. 56, S. 49-57

Mayer, Hans: *Dramaturgie ohne Drama. ›Der Mitmacher‹.* In: ›Frankfurter Allgemeine Zeitung‹, 21. Mai 1977

Luft, Friedrich: *Als Dürrenmatt mit Karl May durchging ... geriet er auf den schwarzen Holzweg: Uraufführung ›Der Mitmacher‹ in Zürich.* In: ›Die Welt‹, 12. März 1973

Rieß, Curt: *Ein Dürrenmatt-Schlachtfest. Gespräch mit dem Autor nach dem Uraufführungs-Eklat des ›Mitmacher‹ in Zürich.* In: ›Die Welt‹, 19. März 1973

Rühle, Günther: *Ein schwerer Fall. Dürrenmatts Komödie ›Der Mitmacher‹, Uraufführung in Zürich.* In: ›Frankfurter Allgemeine Zeitung‹, 12. März 1973

Schloz, Günther: *Viel Sprüch, viel Leichen. Dürrenmatts ›Der Mitmacher‹ in Zürich.* In: ›Deutsche Zeitung/Christ und Welt‹, 16. März 1973

Schmidt, Dietmar N.: *Anklagen wurden zu Spiegelgefechten. Dürrenmatts fünfzehntes Stück ›Der Mitmacher‹ uraufgeführt.* In: ›Frankfurter Rundschau‹, 12. März 1973

Stumm, Reinhardt: *Billig zu haben. ›Der Mitmacher‹ von Friedrich Dürrenmatt. Uraufführung in Zürich.* In: ›Stuttgarter Zeitung‹, 12. März 1973

Terry, Thomas: *Debakel mit Dürrenmatt. ›Der Mitmacher‹ im Zürcher Schauspielhaus uraufgeführt.* In: ›Der Tagesspiegel‹, 10. März 1973

Wieckenberg, Ernst Peter: *Nachgedacht, weitergedichtet. ›Der Mitmacher‹.* In: ›Deutsches Allgemeines Sonntagsblatt‹, 13. März 1977

v) »Die Frist«

Anonym: *Wütend und schmerzensreich. Dürrenmatts ›Die Frist‹ und Roths ›Sehnsucht‹.* In: ›Frankfurter Rundschau‹, 12. Oktober 1977

Beckmann, Heinz: *Die alten Vetteln. ›Die Frist‹ in Zürich uraufgeführt.* In: ›Rheinischer Merkur‹, 14. Oktober 1977

Hensel, Georg: *Das aufgeschobene Ableben des Diktators. F. Dürrenmatts neue Komödie ›Die Frist‹. Uraufführung in Zürich.* In: ›Frankfurter Allgemeine Zeitung‹, S. 10, 1977

Kerndl, Rainer: *Ein Stück, mit dem es das Theater schwer hat. Rostocker Ensemble zeigte Dürrenmatts ›Die Frist‹.* In: ›Neues Deutschland‹, 4. Oktober 1979

Luft, Friedrich: *... aber zugebissen hat er nicht. ›Die Frist‹ in Zürich uraufgeführt.* In: ›Welt‹, 8. Oktober 1977

Petz, Thomas: *Welttheater im Vorzimmer. Uraufführung in Zürich:* ›Die Frist‹. In: ›Süddeutsche Zeitung‹, 8./9. Oktober 1977

Schmidt, Dietmar N.: *Die Ewigkeit und das Sterile.* ›Die Frist‹ *in Zürich uraufgeführt.* In: ›Deutsches Allgemeines Sonntagsblatt‹, 16. Oktober 1977

Skasa, Michael: *Eine Sanduhr verblutet im Small Talk.* ›Die Frist‹ *in Zürich.* In: ›Die Zeit‹, Jg. 32, 1977, Nr. 43, S. 48

Stumm, Reinhardt: *Der ausgebeutete Dürrenmatt. Anläßlich der Aufführungen seines neuen Stückes* ›Die Frist‹. In: ›Theater heute‹ 18, 1977, 12, S. 18-21

2. Zur Prosa

a) »Weihnacht«

Diller, Edward: *Friedrich Dürrenmatt's* ›Weihnacht‹. *A Short, Short, Revealing Story.* In: ›Studies in Short Fiction‹ 3 (1966), S. 138-140

b) »Pilatus«

Bark, Joachim: *Dürrenmatts* ›Pilatus‹ *und das Etikett des christlichen Dichters.* In: *Friedrich Dürrenmatt.* Heidelberg 1976, S. 53-68

c) »Die Stadt«

Dach, Charlotte von: *Dürrenmatts Stadt.* In: ›Der Bund‹, 12. Februar 1953

Gerster, Georg: *Dürrenmatts* ›Stadt‹. In: ›Die Weltwoche‹, 19. Dezember 1952. S. 5

Melton, Judith Mary: *Friedrich Dürrenmatt's* ›Die Stadt‹. *Analysis and significance of Dürrenmatt's early prose.* Louisiana State Univ. and Agricultural and Mechanical College 1972. Diss.

Muschg, Walter: *Erzählungen von Friedrich Dürrenmatt.* In: ›Basler Nachrichten‹, 21. Dezember 1952

Störi, Fritz: *Alles oder nichts: Zu Friedrich Dürrenmatts* ›Die Stadt‹. In: ›Tages-Anzeiger‹, 7. Februar 1953, S. 21

Weber, Werner: *Dichter oder Kritiker? Zur Prosa von Friedrich Dürrenmatt.* In: ›Neue Zürcher Zeitung‹, 6. Dezember 1952

d) »Der Tunnel«

Baschung, Urs J.: *Zu Friedrich Dürrenmatts* ›Der Tunnel‹. In: ›Schweizer Rundschau‹ 68, 1969, S. 480-490

Kim, Whang Chin: ›Der Tunnel‹ *von Friedrich Dürrenmatt. Versuch einer Interpretation.* In: ›Zeitschrift für Germanistik‹ (London), 8 (1969), pp. 82-105

Moritz, Karl: *Friedrich Dürrenmatt: Der Tunnel. Umarbeitung zu einem Hörspiel in einer Unterprima.* In: ›Deutschunterricht‹ 12, 1960, H. 6, S. 73-80

Wirsching, Johannes: *Friedrich Dürrenmatt:* ›Der Tunnel‹. *Eine theologische Analyse.* In: ›Deutschunterricht‹ 25, 1973, H. 1, S. 103-117

Zimmermann, Werner: *Friedrich Dürrenmatt: Der Tunnel (1952).* In: Zimmermann: *Deutsche Prosadichtung unseres Jahrhunderts,* 2, 1969, S. 60-66. (1. Aufl. 1960, S. 229-236)

e) »Der Richter und sein Henker«

Benham, G. F.: *Escape into inquietude,* ›Der Richter und sein Henker‹. In: ›Revue des langues vivantes‹, 42, 1976, S. 147-154

Boucher, Anthony: *Friedrich Dürrenmatt, The judge and his hangman.* In: ›New York Times‹, 12. Juli 1955

Eisenbeiß, Ulrich: *Friedrich Dürrenmatts Roman* ›Der Richter und sein Henker‹ *auf Sekundarstufe I.* In: ›Deutschunterricht‹, Jg. 28, 1976, H. 5, S. 45 ff.

Forster, Leonard: *Introduction.* In: Dürrenmatt, *Der Richter und sein Henker.* London: Harrap, 1962

Haerdter, Robert: *Friedrich Dürrenmatt: Der Richter und sein Henker.* In: ›Gegenwart‹, II (25. Februar 1956)

Hienger, Jörg: *Lektüre als Spiel und Deutung. Zum Beispiel: Friedrich Dürrenmatts Detektivroman* ›Der Richter und sein

Henker‹. In: ›Unterhaltungsliteratur‹ 1976, S. 55-81

Horst, Karl August: *Der Richter und sein Henker.* In: ›Merkur‹ 10 (1956), S. 818-819

H. P.: *Dürrenmatt-Film mit Dürrenmatt. Festspielerfolg in San Sebastian.* In: ›Welt am Sonntag‹, 5. Oktober 1975

Knorr, Wolfram: *Possenhafter Szenenzauber. Maximilian Schells Dürrenmatt-Verfilmung ›Der Richter und sein Henker‹.* In: ›Die Weltwoche‹, 27. Dezember 1979

Paul, Wolfgang: *Der Richter und sein Henker.* In: ›Neue literarische Welt‹, 4 (10. März 1953)

Prorini-Hagen, Brigitte: *Der Richter und sein Henker.* In: *Deutsche Romane der Gegenwart*; Bd. II; hg. v. Johannes Beer. Stuttgart: Reclam 1963; S. 144-146

Reed, Eugene E.: *The image of the unimaginable. A note on Dürrenmatt's ›Der Richter und sein Henker‹.* In: ›Revue des langues vivantes‹, 27, 1961, S. 117-123

Schüler, Volker: *Dürrenmatt. ›Der Richter und sein Henker‹. ›Die Physiker‹. Dichterbiographie und Interpretation.* 1974 (= Analysen und Reflexionen 13). 2. Aufl. 1976

Seifert, Walter: *Frisch und Dürrenmatt, ›Der Richter und sein Henker‹. Zur Analyse und Didaktik des Kriminalromans. Interpretation.* München 1975

f) »Der Verdacht«

Acherson, Neal: *The Quarry.* In: ›New Statesman‹, 31. August 1962, S. 261

Anonym: *Modern morality play.* In: ›Time‹ 76, N. 6, 9. 2. 1962, S. 84-85

Anonym: *Zeigen Sie mir Ihren Glauben.* In: ›Orientierung‹ 31, 1967, S. 157 f.

Forster, Leonard (Hrsg.): *Introduction.* In: Friedrich Dürrenmatt, *Der Verdacht,* Harrap, London 1965, S. 11-24

Gillis, William: *›The Quarry‹ by Friedrich Dürrenmatt.* In: ›American-German Review‹, Bd. 24, Nr. 4 (April–Mai 1963), S. 37

Gillis, William (Hrsg.): *Introduction.* In: Friedrich Dürrenmatt, *Der Verdacht,* Houghton Mifflin, Boston 1964, S. V–X

Janeway, Elizabeth: *Friedrich Dürrenmatt ›The Quarry‹.* In: ›New York Times‹, Sect. VII, 4. Februar 1962, S. 4

Nordin, Per Gunnar: *Inledning.* In: Dürrenmatt, *Der Verdacht,* Stockholm: Svenska Bokförlaget 1964

Schüler, Volker: *Dürrenmatt. ›Der Besuch der alten Dame‹. ›Der Verdacht‹. Untersuchungen und Anmerkungen.* 1975. (= Analysen und Reflexionen 16). 2. Aufl. 1977

g) »Grieche sucht Griechin«

Darack, Arthur: *An Accident of Life: Once a Greek ...* In: ›Saturday Review‹, 17. Juli 1959, S. 36

Delling, Manfred: *Die Großen und der kleine Mann. Thieles ›Grieche sucht Griechin‹ nach Dürrenmatt uraufgeführt.* In: ›Die Welt‹, 8. Oktober 1966.

Haerdter, Robert: *Scherzo sostenuto. Friedrich Dürrenmatt ›Grieche sucht Griechin‹.* In: ›Die Gegenwart‹, 11, 25. Februar 1956. S. 118-119

Horst, Karl August: *Humoristische Brechung und Trickmechanik.* In: ›Merkur‹ 10 (1956), S. 818-821

Humm, R. J.: *Friedrich Dürrenmatt: Grieche sucht Griechin.* In: ›Die Weltwoche‹, 2. Dezember 1955

Trachsler, Reinhard: *Improvisation eines apokalyptischen Clowns. Der Fall Dürrenmatt.* In: ›Tages-Anzeiger‹, 13. Dezember 1955

Vonnegut, Kurt: *Everything goes like Clockwork.* In: ›New York Times Book Review‹, 13. 6. 1965, S. 4

Weber, Ingeborg: *Ein neuer Film nach Dürrenmatt.* In: ›Stuttgarter Zeitung‹, 17. Mai 1966

h) »Die Panne«
siehe III. B. l. k

i) »Das Versprechen«

Anonym: *Es geschah am hellichten Tage.* In: ›Sie und Er‹, 6. März 1958

Anonym: *Ein Plus für die Schweiz.* In: ›Woche‹, Nr. 30 (21.–27. Juli 1957), S. 8

Bellow, Saul: *The Ordeal of Inspector Matthei.* In: ›Saturday Review‹, 28. März 1959, S. 20, 32

Duplain, Georges: *Les deux promesses de Dürrenmatt.* In: ›Gazette de Lausanne‹,

13./14. Dezember 1958.

Grözinger, Wolfgang: *Dramatischer Versuch am Kriminalroman. Friedrich Dürrenmatt: Das Versprechen*. In: ›Süddeutsche Zeitung‹, 15. Juni 1958

Haerdter, Robert: *Eine pädagogische Provokation*. In: ›St. Galler Tagblatt‹, 16. November 1958

Heilmar, Robert B.: *The Lure of the Demonic: James and Dürrenmatt*. In: ›Comparative Literature‹ 13, Nr. 4 (Herbst 1961), S. 346–357

Hempel, Johannes: ›*Das Versprechen*‹: *Beobachtungen zu Friedrich Dürrenmatts Erzählung*. In: ›Zeichen der Zeit‹ 19 (1965), S. 313–319

Innes, Howard: *Friedrich Dürrenmatt.* ›*The pledge*‹. In: ›New York Times‹ Sect. VII, 22. März 1959

Johann, Ernst: *Der Fall des Detektivs. Friedrich Dürrenmatts* ›*Das Versprechen*‹. In: ›Frankfurter Allgemeine Zeitung‹, 23. Mai 1959

Loetscher, Hugo: *Requiem auf den Kriminalroman?* In: ›Du‹ 18, Dez. 1958, S. 102

Ramsey, Roger: *Parody and Mystery in Dürrenmatt's* ›*The Pledge*‹. In: ›Modern Fiction Studies‹ 17 (1971/72), pp. 525–532

Schlappner, Martin: *Ein neuer Schweizer Film:* ›*Es geschah am hellichten Tag*‹. In: ›Neue Zürcher Zeitung‹, 13. Juli 1958

Stickelberger, Rudolf: *Ein Dichter begräbt seinen Film: Dürrenmatts Roman* ›*Das Versprechen*‹ *gegen Dürrenmatts Film* ›*Es geschah am hellichten Tage*‹. In: ›Reformatio‹, 7 (Oktober 1958), [592]–595

Vidal, Gore: *In the shadow of the scales*. In: ›The Reporter‹, 30. 4. 1959. S. 40–41

Weber, Werner: ›*Das Versprechen*‹. *Ein neuer Roman von Friedrich Dürrenmatt*. In: ›Neue Zürcher Zeitung‹, 2. August 1958

k) »Der Sturz«

Bondy, François: *Gute Hirten – untereinander. Dürrenmatt: Vom* ›*Monstervortrag*‹ *zum Exempel* ›*Der Sturz*‹. In: ›Die Weltwoche‹, 27. August 1971

Brock-Sulzer, Elisabeth: *Sesseltanz der Macht. Elisabeth Brock-Sulzer über Friedrich Dürrenmatts neuesten Prosatext*. In: ›Zürcher Woche‹, 1./2. Mai 1971, N. 18

Graf, Hansjörg: *Schach dem Diktator. Eine Geschichte von Friedrich Dürrenmatt*. In: ›Frankfurter Allgemeine Zeitung‹, 5. September 1973

Jenny, Urs: *Schachmatt im Kreml. Dürrenmatts Denkspiele – diesmal wieder als Erzählung*. In: ›Süddeutsche Zeitung‹, 29. Mai 1971

Weber, Werner: *Dürrenmatts Geschichte* ›*Der Sturz*‹. In: ›Neue Zürcher Zeitung‹, 2. 5. 1971, N. 200 (= Fernausgabe N. 118)

l) »Lesebuch«

Brode, Hanspeter: *Ein anderer Dürrenmatt. Sein selbst zusammengestelltes* ›*Lesebuch*‹. In: ›Frankfurter Allgemeine Zeitung‹, 29. 3. 1979.

3. Zu den theoretischen Schriften

a) »Theaterschriften und Reden«

Melchinger, Siegfried: *Einfall und Zufall. Friedrich Dürrenmatt* ›*Theater-Schriften und Reden*‹. In: ›Neue Zürcher Zeitung‹, 20. September 1966

Reich-Ranicki, Marcel: *Verbeugung vor einem Raubtier: Die Theater-Schriften und Reden Friedrich Dürrenmatts*. In: ›Die Zeit‹, Jg. 21, Nr. 44, (1966), S. 28

b) »Monstervortrag über Gerechtigkeit und Recht«

Kesting, Marianne: *Wie unbequem ist Dürrenmatt? Zu seinem Vortrag über Politik und Gerechtigkeit*. In: ›Frankfurter Allgemeine Zeitung‹, 25. April 1970

Schulze-Reimpell, Werner: *Die Menschheit rutscht nach links ab. Friedrich Dürrenmatt: Der Dichter und die Gerechtigkeit*. In: ›Publik‹, 3. April 1970

c) »Zusammenhänge«

Améry, Jean: *Das einsame Land. Friedrich Dürrenmatts Israel-Bericht.* In: ›Frankfurter Rundschau‹, 12. 6. 1976

Améry, Jean: *Friedrich Dürrenmatts politisches Engagement. Anmerkungen zum Israel-Essay ›Zusammenhänge‹.* In: ›Text + Kritik‹ II, 1977, H. 56, S. 41-48

Barth, Hannes: *Die Zukunft ist immer Utopie. Friedrich Dürrenmatt: ›Zusammenhänge‹.* In: ›Die Rheinpfalz‹, 2. Januar 1977

Dietz, Otto Edzard: *Gegen vorschnelle Urteile. ›Zusammenhänge‹.* In: ›Neue Rundschau‹, Jg. 87, 1976, H. 3, S. 494 ff.

Goldschmidt, Hermann Levin: *Israels Fall ist unser Fall. Zu Dürrenmatts Essay über Israel.* In: ›Allgemeine Jüdische Wochenzeitung‹, 23. April 1976

Helwig, Werner: *Dürrenmatt in Israel. ›Zusammenhänge‹.* In: ›Rheinischer Merkur‹, 17. September 1970

Helwig, Werner: *Dürrenmatts Bekenntnis.* In: ›Rhein–Neckar-Zeitung‹, 12. Juni 1976

Kahn, Lothar: *(Rezension zu ›Zusammenhänge‹).* In: ›Books abroad‹ 50. 1976, S. 870

Mayer, Hans: *Die Zukunft ist immer utopisch. ›Zusammenhänge – Essay über Israel‹.* In: ›Die Zeit‹, Jg. 31. Nr. 16, S. LIT 1 ff.

Uthmann, Jörg von: *Ein Poet auf Seitenwegen. ›Zusammenhänge‹.* In: ›Frankfurter Allgemeine Zeitung‹, 6. März 1976

Friedrich Dürrenmatt
im Diogenes Verlag

Monographien und Materialien

Über Eric Ambler

Aufsätze von Alfred Hitchcock bis Helmut Heißenbüttel. Chronik und Bibliographie. Herausgegeben von Gerd Haffmans. detebe 187

Über Alfred Andersch

Essays, Aufsätze, Rezensionen von Thomas Mann bis Arno Schmidt. Interviews, Chronik, Bibliographie der Werke. Auswahlbibliographie der Sekundärliteratur. Zweite, vermehrte und verbesserte Auflage. Herausgegeben von Gerd Haffmans. detebe 53

Über Balzac

Zeugnisse und Aufsätze von Victor Hugo bis Somerset Maugham. Mit einem Repertorium der wichtigsten Romanfiguren, Chronik und Bibliographie. Herausgegeben von Claudia Schmölders. detebe 152

Ludwig Börne

Aus der Frühzeit der deutschen Demokratie. Von Ludwig Marcuse. detebe 21/8

Über Chaplin

Aufsätze und Reportagen von Sergej Eisenstein bis Theodor W. Adorno. Herausgegeben von Wilfried Wiegand. detebe 159

Über Friedrich Dürrenmatt

Essays, Zeugnisse und Rezensionen von Gottfried Benn bis Saul Bellow. Mit Interviews, Chronik und Bibliographie. Herausgegeben von Daniel Keel. detebe 251

Über William Faulkner

Aufsätze und Rezensionen von Malcolm Cowley bis Siegfried Lenz. Mit Essays und Zeichnungen, einem Interview mit William Faulkner, Chronik und Bibliographie. Herausgegeben von Gerd Haffmans. detebe 54

Fellini

Ein Porträt. Von Liliana Betti. Mit 80 Fotos und Zeichnungen. Aus dem Italienischen von Inez de Florio-Hansen. detebe 149

Über Gustave Flaubert

Aufsätze und Zeugnisse von Guy de Maupassant bis Heinrich Mann. Mit Chronik und Bibliographie. Herausgegeben von Gerd Haffmans und Franz Cavigelli. detebe 211

Sigmund Freud

Sein Bild vom Menschen. Von Ludwig Marcuse. Mit Register und Literaturverzeichnis. detebe 21/2

Über Jeremias Gotthelf

Vier Essays von Gottfried Keller. Mit einem Nachwort von Heinz Weder, Chronik und Bibliographie. detebe 169

Heinrich Heine

Melancholiker, Streiter in Marx, Epikureer. Von Ludwig Marcuse. detebe 21/9

Über Patricia Highsmith

Essays und Zeugnisse von Graham Greene bis Peter Handke. Mit Bibliographie, Filmographie und zahlreichen Fotos. Herausgegeben von Fritz Senn und Franz Cavigelli. detebe 223

Ignatius von Loyola

Ein Soldat der Kirche. Von Ludwig Marcuse. detebe 21/5

Über Gottfried Keller

Sein Leben in Selbstzeugnissen und Zeugnissen von C. F. Meyer bis Theodor Storm. Mit Chronik und Bibliographie. Herausgegeben von Paul Rilla. detebe 167

Über Carson McCullers

Elf Essays und Aufsätze von Carson McCullers, erstmals deutsch. Essays, Aufsätze und Rezensionen über Carson McCullers von Edward Albee bis Gabriele Wohmann. Übersetzungen von Elisabeth Schnack und Elizabeth Gilbert. Mit Chronik und Bibliographie. Herausgegeben von Gerd Haffmans. detebe 20/8

Theorie · Philosophie · Historie · Theologie
Politik · Polemik
in Diogenes Taschenbüchern